L'ABDICATION

AQUILINO MORELLE

L'ABDICATION

BERNARD GRASSET
PARIS

ISBN 978-2-246-85529-3

À la mémoire de François Dufay. Et de Tilly.

À ceux de Montalcino.

Pour Louis, Antoine, Hannah, Emma et Simon.

Et Laurence.

« Je dis toujours la vérité ; pas toute, parce que toute la dire, on n'y arrive pas. La dire toute, c'est impossible, matériellement : les mots y manquent. C'est même par cet impossible que la vérité tient au réel. »

Jacques LACAN, *Télévision*

« Donc, lorsque j'ai tourné mon esprit vers la politique (...), j'ai tâché de ne pas rire des actions des hommes, de ne pas les déplorer, encore moins de les maudire – mais seulement de les comprendre. »

Baruch SPINOZA, *Traité politique*

Chapitre I

LE BOURGET

> « Voler les pauvres, c'est voler deux fois. Tromper les simples, c'est tromper deux fois. Voler ce qu'il y a de plus cher, la croyance. La confidence. La confiance (...). C'est bien ce qui les fait rire aujourd'hui. Quels sont, dit-il, quels sont ces imbéciles qui croyaient ce que je disais ? »
>
> Charles PÉGUY, *Notre jeunesse*

> « The people have the power »
>
> Patti SMITH

Dimanche 24 août 2014 : la fin des vacances, ou presque.

La veille, nous avons quitté le val d'Orcia et son paysage devant lequel nous restons éblouis et interdits à chacun de nos retours, depuis plus de vingt ans. Le cœur un peu serré, égrenant, en guise de consolation, les visites que nous nous promettons de faire l'année prochaine, nous avons laissé derrière nous Montalcino et sa douceur de vivre, nos amis. La voiture file vers la France, remontant cette large plaine du Pô qui semble un sourire fendant la terre montueuse d'Italie. Un autre ami nous attend à Annecy. D'une ancienne noblesse de Bourgogne, catholique pratiquant, conservateur endurci, ancien membre important de cabinet ministériel engagé « à droite », il semble bien éloigné de moi. Et pourtant nous sommes liés de longue date, depuis le temps de nos études, par une vraie affection.

Heureux de ces retrouvailles, il nous accueille chaleureusement. Directif comme à son habitude, il a pris les choses en main et organisé un emploi du temps serré pour ces quelques journées que nous nous réjouissons de partager. Il semble néanmoins préoccupé et me prend à part.

— J'ai l'impression que l'on va vers une crise ministérielle...
— Ah... Pourquoi ?

Je n'ai pas écouté la radio française sur le chemin et ignore ce qu'il s'est passé, il y a quelques heures, lors de la fête de la Rose à Frangy.

— Ton copain Montebourg en a fait des tonnes et ça tangue. Il faut dire, aussi, le coup de la « cuvée du redressement productif », ce n'est pas très malin !
— Ce n'est pas non plus très original : il a déjà fait ce genre de sorties. Et ce n'est pas non plus très grave : Hollande est habitué à avaler des couleuvres.

La journée s'écoule, paisible. L'eau du lac, limpide et sans rides, nous attire irrésistiblement avant de nous saisir, glacée, une fois la petite échelle descendue et les premières brasses allongées. Pendant que nous profitons de ces derniers instants de tranquillité, à Paris la tension monte. À Matignon, on indique dans un « off » avec la presse, qu'en ce jour, à Frangy, « une ligne jaune a été franchie ». Le soir venu, Arnaud m'appelle, comme il le fait si souvent, pour échanger. Sa voix est claire, il semble tranquille, satisfait de sa saillie. Je le sens tout de même lassé par la guerre de position qu'il mène depuis son entrée au gouvernement en mai 2012.

« Redressement productif » : derrière la trouvaille sémantique, c'est la difficile mission de sauver l'industrie française que le Président lui a confiée. Fermetures d'usines, délocalisations, démantèlement de sites pourtant rentables, attributions de stock-options indécentes : il lui aura d'abord fallu parer au plus pressé, faire face à l'avalanche de plans sociaux « retenus » par une partie du patronat jusqu'au résultat de l'élection présidentielle, sauver les emplois qui pouvaient l'être, traduire en actes cette ambition industrielle qui avait été au cœur de la campagne. Arnaud Montebourg est un homme de passion, qui se livre totalement une fois engagé dans une bataille. Il a pris celle-ci à bras-le-corps et, en dépit des difficultés et des avanies, son enthousiasme n'a jamais faibli. Tout au long de ces vingt-sept mois, il n'a cessé de plaider pour une politique économique différente, respectueuse des engagements pris, donnant réellement la priorité à la croissance, refusant l'austérité décrétée par la Commission de Bruxelles, mettant la finance au service de l'économie et au pas le lobby bancaire. Sa force de caractère et son énergie lui auront permis de ne jamais lâcher prise et de continuer cette bataille au sein de l'exécutif. En vain.

Désormais ministre de l'Économie, il dispose, sur le papier, d'une plus grande latitude d'action ; et cela d'autant qu'il a contribué à la nomination de Manuel Valls à Matignon, sur la base d'un accord prévoyant une inflexion de la politique économique conforme à ses vœux. Un accord qui ne sera pas honoré, le Premier ministre ayant, au bout de six mois, fait le choix d'endosser le tournant libéral voulu par le président de la République. Il n'y a et il ne peut y avoir qu'une seule ligne au sein de l'exécutif : celle du Président. La réaffirmation de cette suprématie politique et institutionnelle du chef de l'État, rejoignant en l'occurrence la volonté du Premier ministre d'asseoir son autorité, est au cœur des événements qui vont se dérouler le lundi 25 août 2014.

Peu avant 9 h 30, ce jour-là, mon portable annonce un nouvel appel de Montebourg. Cette fois, son ton est différent.

— Je suis à la Chancellerie, je t'appelle une seconde avant une réunion de crise avec Taubira. Ils vont me virer, Aquilino ! Tu entends ? Ils vont me sortir. Hamon aussi. Et Aurélie, mais elle a pris les devants ce matin, en écrivant à Valls. Christiane ne s'est pas encore décidée. Elle râle parce qu'elle croit qu'on a monté le coup avec Benoît et qu'on veut lui forcer la main… Alors que c'est Hollande et Valls qui ont décidé la rupture, tout seuls, pour avoir les mains libres.

— Qu'est-ce que c'est que cette histoire ?

— Valls vient de remettre la démission de son gouvernement, carrément. Et Hollande l'a reconduit dans la foulée, en lui demandant de constituer une nouvelle équipe, « cohérente », comme il dit… Aux ordres, plutôt !

— Quoi ?

— Le communiqué vient de tomber, il y a cinq minutes.

— À cause de Frangy ? Ce n'est pas possible. Cela prouve une seule chose : ils n'en peuvent vraiment plus…

— Exactement. C'est Manuel qui est à la manœuvre. Il a décidé de faire le « chef » et de constituer un gouvernement à sa main. Mais c'est surtout que ni lui ni Hollande n'ont digéré mon discours du 10 juillet dernier à Bercy. Tu te rappelles ?

Et il rit aux éclats.

Bien entendu, je me rappelle. Absorbé par la lecture de l'*Histoire de France* de Michelet, extraordinaire roman national que je pouvais enfin savourer à l'occasion de ces vacances forcées, je pansais alors mes plaies, chez moi. Arnaud m'avait secoué : « Qu'est-ce que tu fabriques ? Michelet ? Oui, c'est génial. Mais je voudrais que tu relises quelque chose pour moi. Si, fais-le ! Cela te changera les idées. »

Les dix premières pages de son projet de discours parcourues, je m'étais arrêté. Ce texte, qui reprenait les principales propositions déjà avancées à plusieurs reprises par Montebourg pour desserrer l'étau financier qui meurtrissait la France depuis des années et pour relancer une économie française en plein marasme, ne servirait à rien. La politique suivie ne changerait pas et tout le travail accompli depuis des mois pour convaincre, expliquer, démontrer qu'une autre manière de faire est possible, serait vain. Rien ne ferait dévier le Président de sa ligne. Rien, pas même l'échec. Échec économique, avec la stagnation. Échec social, avec un chômage dont la progression s'égrenait statistique après statistique. Échec politique, avec une majorité qui s'était désarticulée et un Front national menaçant. Échec électoral, avec des élections intermédiaires qui étaient autant de stations d'un même chemin de croix.

Alors, à quoi bon ?

— Arnaud, j'ai regardé ton texte, c'est bien. C'est bien mais ça ne servira à rien. Rien ne bougera et tu le sais comme moi. Combien de notes as-tu envoyées à Hollande pour réclamer l'inflexion de notre politique économique ? Trois ! Et combien de fois ai-je plaidé cette cause auprès de lui ?

— Oui, je sais, mais je veux marquer les esprits. Cette fois, je vais dire publiquement mes désaccords avec Hollande et maintenant avec Valls. Toute la presse sera là. Je veux qu'on le sache. Et prendre date aux yeux de tous.

— D'accord. Mais n'en fais pas trop. Ce discours ressemble déjà à une véritable déclaration de politique générale…

— Et tu n'as pas tout vu… Cela se passera dans le grand amphithéâtre de Bercy. Quel dommage que je ne puisse utiliser ce barnum pour dire la vérité…

— Si tu le faisais, ce serait la rupture. Tu devrais quitter le gouvernement.

— Oui, mais la vérité ! La dire ! Que l'on n'a pas été élus pour faire cette politique ! Que le discours du Bourget, ce n'était pas ça ! Que nous crevons de ce conformisme politique ! Celui du Trésor, celui de Hollande et maintenant celui de Valls !

Le Bourget…

Le 22 janvier 2012, devant des milliers de partisans chaleureux, puis émus et enfin enthousiastes, François Hollande avait revêtu le costume du présidentiable, galvanisé la gauche et pris son envol. Le Bourget : un discours pétri de volontarisme politique et d'ambition économique, vibrant de patriotisme et promesse d'un sursaut républicain pour redresser la France. Le Bourget, un discours désormais oublié, si loin.

— Eh bien dis-le ! Dis-le, mais sans le dire. Joue les tartuffes, pour une fois !
— C'est-à-dire ?
— Dénonce le conformisme ambiant tout en rappelant l'esprit du Bourget, tu feras d'une pierre deux coups… Transforme la phrase sur « mon adversaire, c'est le monde de la finance ». Et balance : « Dans ce ministère qui vient, je n'aurai qu'un adversaire : le conformisme… »
— Très bonne idée ! Je prends !

Devant un parterre de chefs d'entreprise, de responsables politiques et syndicaux, de fonctionnaires, le ministre de l'Économie avait donc, ce 10 juillet-là, « pris date » en déroulant une feuille de route gouvernementale alternative, précise, étayée. Il avait surtout planté cette banderille sur « le conformisme » dans le dos du Président. Celui-ci ne broncha pas. Pas de déclaration, pas de sanction.

Quelques semaines après, la veille de son discours à Frangy, Montebourg avait poursuivi son offensive politique en accordant un entretien au quotidien *Le Monde*, trois jours seulement après que le président de la République avait répondu aux questions des journalistes dans ces mêmes colonnes. Toujours pas de réaction ni de sanction.

Alors pourquoi cette décision de rompre, aujourd'hui, 25 août ? Pour cette blague de potache, cette « cuvée du redressement productif » adressée au locataire de l'Élysée ? Absurde.

On ne rompt pas une alliance politique pour un motif aussi futile. Seul un grave désaccord de fond peut justifier une telle rupture, en aucun cas une mauvaise manière ou une insolence. La preuve en serait apportée *a contrario*, plus tard, par le spectacle de l'indulgence présidentielle face aux marques répétées et croissantes de désinvolture personnelle et politique d'Emmanuel Macron, lorsque celui-ci, ayant entre-temps succédé à Montebourg à Bercy, déciderait de prendre ses distances avec le couple exécutif.

Je reprends le cours de la conversation.

— Il avait quelques raisons de ne pas le digérer, en effet… Mais tu es sûr de quitter le gouvernement ? Que t'a dit Manuel ? Et Hollande ?

— Je vois Manuel à 15 heures, je te dirai. Ce serait bien si c'était de vive voix.

— Je rentre à Paris tout de suite.

— On se voit dès que tu seras arrivé.

Dans le TGV qui me ramène, l'évocation de ce qui se joue au même moment à Paris me remplit de nostalgie et de tristesse. Ainsi donc, en ce lundi de rentrée, le Premier ministre a présenté la démission de son gouvernement au Président, qui l'a acceptée et lui a immédiatement demandé de constituer une nouvelle équipe « en cohérence avec les orientations qu'il a lui-même définies pour notre pays ». Ainsi, ce que nous avions tant de fois redouté et toujours repoussé s'était produit. Ainsi, l'alliance passée entre François Hollande et Arnaud Montebourg était morte. Liquidée.

Une alliance qui s'était nouée à mon domicile, presque trois ans plus tôt, entre les deux tours de la primaire de la gauche, le mardi 11 octobre 2011.

Ce jour-là, les deux hommes étaient venus déjeuner chez moi. Tous les trois, nous avions examiné les conditions à réunir pour que Montebourg, ayant rassemblé sur son nom 17 % des quelque 2,7 millions de suffrages exprimés, puisse accepter de soutenir l'ancien premier secrétaire du PS. Comme sa rivale du second tour, Martine Aubry, le futur Président avait reçu la lettre que nous avions rédigée à l'attention des deux « impétrants » – comme Montebourg les qualifia sur le plateau du journal télévisé de France 2. Une lettre précisant les priorités politiques que « le troisième homme de la primaire » souhaitait voir reprises par les deux finalistes. À cette missive, le député de Tulle avait décidé de répondre favorablement. Après avoir enregistré, très vite, les ralliements de Ségolène Royal et de Manuel Valls, il devait, pour aborder le second tour en position de force, décrocher le soutien de Montebourg.

Il voulait être Président. Il savait la chose possible. Le rassemblement des socialistes autour de sa candidature était la condition de sa victoire. Il lui fallait non seulement être désigné au soir du second tour, mais l'être de façon suffisamment nette pour provoquer une dynamique en sa faveur ; il avait donc impérativement besoin des 460 000 voix qui s'étaient portées sur Montebourg ; ces voix, il les voulait, et il les aurait, il ferait tout ce qu'il faudrait pour cela.

François Hollande se montra donc souple, conciliant, ouvert, subtil, rapide, comme toujours ; charmeur, caressant, enjôleur, habile, comme il sait l'être lorsqu'il a décidé d'obtenir ce qui lui importe.

— La finance ? Oui, bien entendu, pas de problème, c'est vous deux et Ségolène qui avez eu raison là-dessus. L'Europe ? C'est un gros morceau, mais il faut en effet remettre les choses d'équerre, on ne peut pas continuer ainsi. Non, le problème pour moi, c'est le protectionnisme… Là, j'aurai du mal. Et mon équipe sera vent debout, tu les connais. Il faut trouver une issue, une manière de dépasser cette difficulté. Tu vas nous aider, Aquilino ? Tu vas trouver quelque chose ?…

Échange agréable, fructueux, drôle par moments, politique toujours.

Quel contraste avec l'entretien que nous aurions le lendemain avec Martine Aubry !

Un véritable psychodrame, un choc d'ego hérissés, l'affrontement de deux personnalités blessées, ne se comprenant pas, ne souhaitant pas se comprendre, enfermées dans leurs certitudes, s'invectivant plutôt que dialoguant, refusant de dépasser leurs querelles. Nous avions pris place dans la salle à manger de la Questure de l'Assemblée nationale, aimablement prêtée pour l'occasion par Marylise Lebranchu. Aubry et Montebourg face à face ; Christian Paul et moi de même, à leurs côtés respectifs. Servis dans les tasses, le café et le thé ne parvinrent pas à adoucir l'amertume dont les deux candidats débordaient. Emportés par leur ressentiment, à aucun moment ils ne furent capables de nouer un échange politique, n'ayant à la bouche que leurs souvenirs d'affronts, réels, et de trahisons, supposées. Médusés et désolés, osant à peine tourner nos regards vers ces deux fauves se lacérant joyeusement, Christian et moi assistâmes, unis dans une conversation silencieuse mais éloquente, à un grand gâchis.

— Jamais, tu m'entends, Arnaud, jamais je ne te pardonnerai d'avoir mis en cause mon honnêteté dans l'affaire Guérini !

— C'est toi qui es une irresponsable ! Comment as-tu pu soutenir ce type sachant ce que tu savais ! C'est honteux !

Non, vraiment, le déjeuner avec François s'était très bien passé.

— Je vais répondre à ta lettre, Arnaud, et je le ferai avec la volonté de te convaincre. Je veux que tu te rallies à ma candidature, et que tu le fasses vite, le second tour est désormais proche. Même pour toi, il est important que tu clarifies ta position.

— C'est vrai. Je vais me décider rapidement.

— J'irai aussi loin que je le pourrai. Avec la lutte contre la finance, la réorientation de l'Europe, la modernisation de nos institutions, la priorité à l'industrie, je reprends déjà beaucoup de tes propositions. Tu as vu Martine ?

— Non, je la verrai demain.

— Comment sens-tu les choses ?

— J'ai tenu une réunion à l'Assemblée, avec tous mes amis, mes relais sur le terrain, afin de les consulter. Les avis sont partagés. Je dirais que 40 % d'entre eux sont pour Martine, 30 % pour que je m'abstienne et les 30 % restants pour toi.

— 30 % pour moi, c'est beaucoup ! Je ne m'attendais pas à tant…

Disant cela, il penche la tête sur le côté en levant les yeux au ciel avec une expression qui n'appartient qu'à lui. Nous rions tous les trois. Difficile de lui résister quand François s'est décidé à être drôle. Mais derrière l'humour, la réflexion politique est juste : au sein d'une sensibilité politique qui s'est largement construite contre Hollande, Aubry n'est pas parvenue à obtenir la majorité des vœux.

— Oui, c'est beaucoup, mais ce n'est pas assez. Je ne te cache pas que la tentation de vous renvoyer dos à dos, Martine et toi, est forte. Cela serait logique, sur le plan politique. Tu sais ce que je pense de vos prétendues « différences ». Mais je dois aussi te dire que tu as le soutien de Christiane. C'est important.

La future garde des Sceaux, le « poto mitan » de la campagne des primaires de Montebourg, comme elle s'était elle-même désignée, est effectivement favorable à un désistement en faveur de Hollande. Elle nous l'a dit sans détour. François se tourne vers moi.

— Et toi, Aquilino, quel est ton choix ?

— J'ai donné mon conseil à Arnaud. Mon choix est de te soutenir.

— Tant mieux. Je t'en remercie.

Arnaud Montebourg reprend :

— François, il faut que nous soyons bien d'accord, toi et moi : c'est une alliance politique que je veux passer, pas rédiger une motion du PS. Si tu gagnes, cette alliance devra être le socle de ta présidence. J'y veillerai.

Le ton s'est fait grave. Chacun a conscience qu'une bonne part de l'élection présidentielle se joue là, à ce moment précis. Soit Hollande parvient à convaincre son interlocuteur, et il sera alors désigné aisément, ce qui lui permettra de s'engager avec force dans la bataille, avec des chances sérieuses de victoire. Soit le doute persiste, Montebourg hésite, finit par ne pas se prononcer, et la dynamique, si importante dans une campagne, fera défaut au candidat socialiste.

— Écoute, Arnaud, je partage ta vision. Ce que nous sommes en train de décider, en tout cas je l'espère, est très important pour la suite. C'est une véritable alliance politique. Comme celle que Mitterrand et Chevènement ont nouée, avant 1981. Il nous faudra faire très attention, tous. Si cette alliance devait se défaire, alors tout se déferait…

« Tout se déferait… » Nous y sommes. Tout se défait.

Mais ce jour-là, tout était sur le point d'apparaître, de se mettre en place. Nous étions des bâtisseurs. Nous voulions, ensemble, réussir à accorder nos lignes politiques, parce que nous voulions gagner, ensemble. Ce ne fut pas chose facile ; tant d'affrontements avaient opposé les deux hommes ; tant d'incompréhensions les avaient séparés ; ils se ressemblaient si peu ; ils avaient si peu en partage. À ma place, je voulais les rapprocher, je voulais réussir cela, ce mariage insensé, ce que le talentueux éditorialiste de France Inter, Thomas Legrand, appelait drôlement mon « Kama-sutra politique »… Il fallait que Hollande gagne ; et il ne pouvait pas gagner sans Montebourg. Équation facile à poser, délicate à résoudre. Cette alliance entre les deux hommes, dont j'étais l'artisan et dès lors le gardien, constituait la première étape, décisive, de la campagne présidentielle qui s'ouvrait et de la victoire à forger.

Les deux finalistes répondirent à la lettre de Montebourg ; leurs courriers respectifs reflétaient fidèlement les conversations que nous avions eues avec eux. Le choix du député de Saône-et-Loire en faveur de Hollande devenait dès lors logique. Restait à rendre publique sa décision.

Nous étions convenus à cette fin d'un entretien avec *Le Monde*. Rendez-vous avait été pris avec David Revault d'Allonnes, le journaliste du service politique qui avait suivi François Hollande durant la campagne de la primaire, pour le jeudi 13 octobre à 18 heures.

Dans l'après-midi, vers 16 h 30, le téléphone sonna chez moi ; c'était Arnaud. Sa voix était blanche.

— Comment vas-tu ? Tu es prêt pour l'interview ?
— Non, ça ne va pas. Je n'y arriverai pas.
— Comment ça, tu n'y arriveras pas ?
— Je n'y arriverai pas.
— Où es-tu ?
— Là, tout près de chez toi.
— Je descends, on se retrouve dans deux minutes. On va parler.

En sortant de mon immeuble, je le vois, sur le trottoir d'en face, tête baissée.

— Viens, allons marcher un peu. Et raconte-moi.

Nous remontons la rue Saint-Jacques vers le Panthéon.

— Je n'y arriverai pas, Aquilino. Je ne pourrai pas choisir entre Aubry et Hollande. Pour moi, ils sont les deux faces d'une même médaille. Et je me suis affronté autant à l'une qu'à l'autre. Non ! Même pas ! Cela fait dix ans que je me bats contre Hollande. Avec Aubry, c'est cette affaire Guérini qui nous a séparés. Et maintenant, là, je devrais choisir entre les deux ? Alors qu'ils représentent la même politique, la même méthode ? Et tous mes amis, qui se sont démenés contre Hollande, dans tous les départements, qui se sont fait étriller par les siens lors des investitures à toutes les élections, je vais leur demander de voter pour lui ? C'est impossible, je te le dis. Je n'y arriverai pas. Je suis déchiré, tu entends ? Déchiré.

Très affecté, presque bouleversé, il semblait, là, tout près de l'issue, comme devenu étranger aux arguments politiques conditionnant le choix à faire, arguments que nous avions examinés tous deux, à plusieurs reprises, à froid. Ne pas choisir entre Aubry et Hollande aurait été une faute grave : un responsable politique ne peut se réfugier sur son Aventin, s'en laver les mains. Se prononcer pour Aubry aurait fait courir un danger à la gauche. Avec 30 % des suffrages exprimés, et même avec le renfort des 17 % de Montebourg, elle n'aurait pu, dans le meilleur des cas, l'emporter que de justesse. Or nous avions besoin de force, de la plus grande force possible, pour battre Nicolas Sarkozy. Même s'il était en deçà de ses espérances (39 %), le résultat de Hollande, parvenu en tête au premier tour, lui permettait d'envisager une désignation nette s'il obtenait le soutien du « troisième homme ». Avec cet élan, il pourrait engager la lutte dans de bonnes conditions. Le PS avait besoin d'un leader, la gauche d'un candidat fort, les primaires d'un succès comme acte de baptême : autant de raisons qui devaient logiquement conduire Montebourg à faire le choix de Hollande – raisons qu'il connaissait.

Ce qui était en jeu, ce soir, c'était autre chose : sa vie. Ce qui résistait n'était pas la tête, mais le cœur. À quelques minutes de se prononcer publiquement, il était encore prisonnier des liens personnels et affectifs noués avec tant de militants, des combats partagés avec eux contre celui qui avait été premier secrétaire du PS pendant onze ans.

Gulliver était empêtré.

— Arnaud, je vais te dire une dernière fois ce que tu sais : cette décision est *ta* décision. Quelle qu'elle soit, je te soutiendrai. Mais je veux te répéter une chose importante. Puisque Hollande et Aubry représentent une même ligne politique, alors cela doit te libérer. Fais le choix de la force, le choix de la victoire. C'est difficile pour toi, parce que pour faire ce choix, tu dois t'arracher à beaucoup de tes amis, à ton histoire personnelle, à tes combats, à ta vie. Et cet arrachement est douloureux. Mais je suis intimement convaincu que tu dois le faire. Tu dois te libérer de toutes ces choses auxquelles tu es lié, mais qui sont le passé. Tu dois grandir.

Il me regarde longuement, sans un mot.

— Quelle heure est-il ?
— 17 h 40.
— On y va.

Arrivés dans son minuscule bureau à l'Assemblée nationale, nous y retrouvons Sylvie Guittard, sa précieuse assistante. David Revault d'Allonnes nous y rejoint peu après. L'entretien commence par une question d'évidence : « Vous êtes arrivé en troisième position de la primaire. L'indication que vous allez donner sera décisive. Pour qui appelez-vous à voter ? » Les yeux dans le vide, après quelques secondes de silence, il entame sa réponse, une longue digression, plutôt, sur l'histoire récente du PS, les convictions qui l'animent, ses combats pour la rénovation de la vie politique, l'importance de la rupture qu'ont introduite les primaires – des primaires dont il a été le concepteur et l'architecte, avant d'en être le protagoniste. Les minutes passent sans qu'arrive la phrase tant attendue. N'osant l'interrompre, Revault d'Allonnes se tourne vers moi, ses yeux de porcelaine trahissant le désarroi qui le gagne. Je lui fais signe de rester coi. Arnaud a besoin de ce détour ; ce n'est pas une réponse qu'il livre, c'est un exercice mental auquel il s'astreint, le travail intime nécessaire pour parvenir à prononcer les quelques mots auxquels il sait désormais qu'il ne pourra pas échapper.

Il finit son propos, pousse un soupir. Il n'a pas répondu. Il me regarde. Je me tais. Cette réponse doit venir de lui, elle est sienne. Le journaliste le relance : « Et, concrètement, vous faites quoi ? Vous appelez à voter pour lequel des deux finalistes ? » Nouvelle tirade emberlificotée, mais dans laquelle il finit par glisser : « À titre personnel, je voterai pour François Hollande. » La messe est dite. Le reste de l'entretien se déroule sans anicroches. Vers 3 heures du matin, dans le salon du premier étage d'un café-restaurant de la rue de Turenne, nous finirons de relire le script de l'entretien. Et *Le Monde* du vendredi 14 octobre pourra titrer : « Montebourg : je voterai pour Hollande. »

C'est donc chez moi, autour de la table basse où nous prenions le café, qu'est né le discours du Bourget. Parce que c'est là, dans cette conversation et dans l'alliance qu'elle a scellée, qu'est né l'esprit du Bourget.

Quant à la lettre du discours, c'est parce que j'avais dirigé la campagne d'Arnaud Montebourg, parce que ce texte devait refléter l'équilibre politique auquel nous étions parvenus, que la ligne harmonique de cette partition politique devait être celle du « Chant du départ des volontaires » plutôt que celle de l'« Ode à la joie », c'est pour toutes ces raisons que le candidat du PS devait, un peu plus tard, me solliciter pour l'accompagner dans la rédaction de ce qui serait « le » discours du Bourget.

De longues semaines nous séparaient en effet encore de ce qui devait être le point d'orgue de sa campagne.

Après sa désignation comme candidat du PS à l'élection présidentielle, le 16 octobre 2011, avec 56 % des 3 millions de citoyens de gauche ayant participé à ce second tour des primaires, François Hollande a entamé une curieuse phase politique. Candidat désigné, il n'avait pas encore face à lui d'adversaire officiel. Héraut du PS, il lui fallait désormais dessiner son propre programme. Ancien premier secrétaire de ce parti, il s'était affronté à la plupart de ses dirigeants, en commençant par ses adversaires défaits lors de la primaire. Visage familier pour les Français, son image n'en était pas pour autant fixée dans leurs esprits. Après six mois d'une campagne interne inédite, s'ouvrait devant lui une période encore aussi longue avant l'échéance suprême.

Que faire ?

La situation politique était délicate et mêlée. Trente ans auparavant, un autre François avait pu utiliser ce délai pour lire, voyager en Chine ou flâner sur les quais de Seine, consulter les intellectuels comme les publicitaires, peaufiner sa stratégie. Leader incontesté d'une formation politique dont les succès électoraux éclatants comme les échecs, certes d'un cheveu, comme en 1974 ou 1978, avaient représenté autant de promesses de victoire, ayant déjà été candidat à deux reprises à l'élection présidentielle et, à ce titre, faisant partie, pour le meilleur comme pour le pire, du quotidien des Français, armé des « 110 propositions », à la tête d'une gauche unie dans les cœurs et dans les urnes à défaut de l'être dans les appareils, portée par le désir puissant de la « grande alternance », Mitterrand disposait de deux atouts majeurs : cette véritable « levée en masse » culturelle, sociale, citoyenne et politique, bien entendu ; son adversaire, surtout, le Président sortant – ses défauts, le rejet qu'il suscita dans la dernière année de son septennat.

Par bien des aspects, 2012 ressemblait à 1981 ; toutefois les différences entre les deux élections comptaient aussi. Hollande a très vite compris la proximité de ces deux situations à trois décennies d'écart, mais aussi l'importance de ce qui les séparait. Avec une très grande habileté, il décida de jouer sur les similitudes

– afin de mobiliser le plus grand nombre : la gauche, mais pas seulement –, et, dans le même temps, de s'attacher à résoudre, une par une, les difficultés propres à son époque et à sa candidature.

Comme en 1981, il s'appuya donc sur le rejet de son adversaire. Ce fut chose aisée tant l'antisarkozysme, virulent à gauche et même au-delà, était alors à son paroxysme. Conscient aussi de l'absolue nécessité pour lui de rassembler tous ceux dont l'expérience et le talent lui étaient indispensables, et avec lesquels il s'était affronté, parfois violemment, souvent insidieusement, toujours durement, il déploya des trésors de diplomatie pour les ramener à lui, tenant à chacun le discours qu'il voulait entendre. Fabius, Peillon, Montebourg, Valls, Aubry même : tous finirent par rejoindre son équipe, aux côtés des fidèles de la première heure, oubliant leurs critiques ou leur mépris, à défaut de jeter toute rancune à la rivière. Dans ce travail de bénédictin, il fut grandement aidé par l'envie de gagner qui était celle de la gauche, une envie faite de désir de revanche, d'exaspération après un quinquennat brutal, de colère devant la gravité de la situation économique et sociale, d'indignation, aussi, celle née de la course au Front national qui caractérisa le pouvoir sarkozyste. Une envie irrésistible que Hollande sut cultiver et qui conduisit les barons socialistes à suivre l'exemple de leurs électeurs en se rangeant derrière le champion en lice. Quant au programme, il décida d'adapter celui élaboré par le PS à l'air du temps : moralisme politique et fatigue démocratique mêlés, il prendrait des « engagements » plutôt que de présenter des « propositions » ; et 60 suffiraient bien, 110 c'était décidément trop.

Ainsi, il mettrait ses pas dans ceux de son maître tout en ouvrant son propre chemin. Dans le miroir tendu par le Florentin, il se verrait tel qu'il était mais aussi tel qu'il devrait se montrer pour l'emporter.

Comme je lui relisais, une matinée de travail, des extraits d'interventions de François Mitterrand dans les semaines précédant le 10 mai 1981, passages dont la résonance avec sa propre campagne était frappante, il se dit à lui-même autant qu'il me le fit remarquer : « C'est incroyable... Décidément, en politique, on n'invente rien ! On redécouvre perpétuellement. » Refus de la résignation, volonté de changement et de justice, mobilisation de toutes les forces pour lutter contre le chômage et pour le redressement économique, priorité accordée à la jeunesse, appel à une Europe plus politique et plus sociale, dénonciation du bilan et de l'usure du Président sortant, évocation de la nécessaire « renaissance nationale » : tous les thèmes de 2012 étaient là, dans la bouche ou sous la plume de François Mitterrand.

L'inspiration mitterrandienne ne fut pas que politique et stratégique ; elle alla jusqu'au mimétisme physique, lorsque ce dernier lui parut nécessaire pour conforter sa stature. Tous ceux qui assistèrent à son premier meeting, le 4 janvier 2012 à Mérignac, n'ont pu l'oublier : dans cette petite salle pleine à craquer, ce n'était pas le député de Tulle qui subjuguait son auditoire, mais le fantôme de l'ancien Président. La posture – torse appuyé sur le pupitre en bois –, le jeu des mains – tendues vers le public et le caressant presque –, la voix haut perchée et chuintante par instants, jusqu'à la lippe moqueuse accompagnant le bon mot ou la saillie : l'imitation, pour être convaincante, n'en était pas moins déroutante, gênante presque. Dès que le candidat se sentit tranquille, il renonça à ce stratagème et ne renoua avec celui-ci que trois mois plus tard, à Mont-de-Marsan, le 29 mars, quand, tétanisé par la semaine de suspension de campagne décidée après les atroces tueries de Toulouse et de Montauban, il décida, ce jour-là, de reprendre l'offensive en renouant avec cette veine qui lui avait si bien réussi.

Une intelligence parfaite de la situation, un rapport de force favorable, une équipe dévouée, 60 engagements ciselés, un guide spirituel dont les mânes l'entouraient et le protégeaient : tout cela était précieux. Pour réussir, lui manquait toutefois une dernière chose, une chose dont Mitterrand avait pu se dispenser, mais dont son héritier savait qu'il ne pourrait se passer : un sacre.

Ce sacre, ce serait Le Bourget.

Ce ne fut sans doute pas le meilleur discours de Hollande, mais assurément le plus important.

Conscient de la gravité du moment et de ce qui se jouait alors – pour lui, à l'évidence, mais pour la gauche et pour le pays avant tout –, l'orateur était tendu. Il ne s'agissait pas de se livrer à l'une de ces brillantes improvisations dont il était coutumier – drôles, enlevées, mordantes, sarcastiques – qui faisaient la joie des foules rassemblées, les soulevant d'enthousiasme ; travaillant avec filet, l'artiste ne s'écarta pas de son texte. L'enjeu était de réussir une épreuve initiatique, celle du « discours fondateur », qui vous pose en vrai présidentiable. Redoutable, l'exercice l'est par la variété et l'intensité des contraintes, contradictoires, qu'il conduit à intégrer. La France doit être le cœur du propos, mais il faut se livrer et parler de soi ; les militants doivent y trouver leur compte, dans le même temps où il faut rassurer les tièdes et convaincre les indécis ; l'état du pays – ses souffrances, ses angoisses, ses plaies, ses crispations – doit affleurer à tout moment afin que les Français se sentent compris et aimés, mais il faut aussi leur dévoiler un projet, leur indiquer un chemin ; le contenu doit être dense et complet, s'étendre des questions sociales à la géopolitique, sans toutefois lasser l'auditoire ; la personnalité du candidat doit être respectée et mise en valeur, tout en montrant que celui-ci est déjà engagé dans la métamorphose qui, d'un homme politique, fait l'homme d'État – un Président.

Davantage que la qualité formelle ou l'habileté rhétorique, ce sont la force de conviction personnelle et l'adéquation politique d'un tel texte aux enjeux du moment qui en font le succès. D'ailleurs, pas plus que le discours de la porte de Versailles, qui lança la campagne victorieuse de Nicolas Sarkozy en 2007, celui du Bourget n'était particulièrement bien construit ; leurs structures également éclatées, leurs contenus sans véritable unité, n'ont cependant pas empêché l'un et l'autre d'atteindre leur unique objectif – faire gagner le candidat – et ils resteront pour cela dans les annales.

Le Bourget ne saurait être rangé dans la catégorie des discours « visionnaires » ; aucune percée conceptuelle n'y est opérée, aucun « grand dessein » n'y est convoqué, ni radieux ni périlleux ; le propos est celui d'un constat et non d'une perspective, l'exhortation à l'effort national tenant lieu de « lendemains qui chantent ». Et lorsque Hollande, anticipant les critiques qui ne manqueraient pas de lui être adressées à ce sujet, défend son idée du « rêve français », ce dernier est présenté comme un retour *à* et un accomplissement *de* la promesse républicaine. Rien de révolutionnaire donc, ni même de novateur.

On n'y trouve pas davantage de proposition pour une quelconque avancée politique ou institutionnelle d'envergure. Alors qu'en 2007 Ségolène Royal, avec sa « démocratie participative », avait su capter une aspiration profonde des citoyens et indiquer une perspective, François Hollande, lui, s'est épargné toute démarche novatrice.

Quant aux questions que l'on qualifie par commodité, et trop souvent avec dédain, « de société », elles y étaient réduites à la portion congrue. Même ce qui deviendrait la grande affaire du quinquennat, et qui lestera son bien maigre bilan, le droit nouveau pour les personnes homosexuelles de se marier, fut expédié en deux lignes, cette annonce discrète contrastant de façon saisissante avec la tirade sur la sécurité et l'insécurité qui la précédait immédiatement, valorisée, elle, par une chute qui marqua les esprits : « Tous ceux-là, les délinquants financiers, les fraudeurs, les petits caïds (…) le prochain Président les prévient, la République, oui, la République vous rattrapera ! »

Ni incantation socialiste, ni *Weltanschauung*, ni rupture politique, ni percée démocratique ou sociétale : à quoi tient dès lors le succès indéniable de ce discours, la force qui fut la sienne et l'empreinte qu'il aura laissée dans la mémoire collective ?

Sans aucun doute l'attente, fébrile, un peu anxieuse mais pleine de bienveillance, de tous ceux qui voulaient battre Nicolas Sarkozy a-t-elle joué un rôle essentiel. La gauche voulait gagner, à tout prix ; elle ne supportait plus ce Président sortant qui l'avait tant effrayée et malmenée, tétanisée même ; elle voulait placer tous ses espoirs de victoire, immenses, en ce champion qu'elle avait démocratiquement désigné ; elle l'attendait, l'espérait, le couvait, le désirait et l'entourait. À l'exception de ses premiers rangs, ceux des responsables et des dirigeants du PS dont une part notable observait l'intervention de l'impétrant avec scepticisme, pour certains avec condescendance ou parfois même avec inquiétude – « Et s'il réussissait son grand oral ? Il ne manquerait plus que cela ! » –, la salle n'était qu'une vague d'amour pour le candidat dont elle buvait les paroles. Au-delà, tous les Français de gauche écoutaient, attentifs et pleins d'espoir.

Si le charme opéra ce jour-là, on le doit aussi au talent de François Hollande. Ne cherchant plus à imiter l'homme de Jarnac, il fut simplement lui-même, solennel mais naturel, inspiré et brillant par moments, émouvant quand il le fallait, convaincant toujours, habité mais maîtrisé. Un artiste de la politique, au service d'une partition qui sonnait juste.

La force du discours ne tenait pas aux promesses distribuées aux électeurs ; elle procédait de la pertinence du constat posé devant les citoyens ; elle n'était pas le fruit de largesses annoncées, mais d'un diagnostic politique rigoureux ; pas liée au lyrisme du propos, mais à sa lucidité. La puissance qui se dégageait de l'exercice oratoire n'était donc pas celle de la séduction, mais celle de la vérité.

Quelle vérité ?

Laissons François Hollande nous la rappeler, avec ses mots, ceux prononcés au Bourget : « Comme vous, je connais la gravité de l'heure que nous vivons. Une crise financière déstabilise les États, des dettes publiques énormes donnent aux marchés tous les droits. L'Europe se révèle incapable de protéger sa monnaie de la spéculation. Notre propre pays est confronté à un chômage record et s'enfonce dans la récession autant que dans l'austérité. Le doute s'est installé. Je le mesure chaque jour. Il se charge de défiance envers l'Europe et même envers la démocratie. Il se transforme en indignation devant l'injustice d'un système, l'impuissance d'une politique, l'indécence des nantis. Il dégénère en violence privée, familiale, sociale, urbaine, avec cette terrible idée qui s'est installée, qui se diffuse dans notre conscience collective : la marche vers le progrès se serait arrêtée, nos enfants seraient condamnés à vivre moins bien que nous. Eh bien, c'est contre cette idée-là que je me bats. Voilà pourquoi je suis candidat à l'élection présidentielle. »

L'homme qui brigue la magistrature suprême affiche et assume la lucidité de son analyse : la gravité et la profondeur de la crise sont décrites en termes univoques. Un peu plus tard, dans le livre-manifeste de sa candidature, il soulignerait même combien la situation d'alors était unique : « Chaque élection présidentielle est présentée depuis 1965 comme décisive. Sans doute ! Aucune ne fut anodine ou banale (…). Mais qui niera le caractère exceptionnel de la situation de 2012 ? (…) La France traverse l'une des plus grandes épreuves de l'après-guerre ; au chômage record s'ajoutent des déficits considérables, une dette publique historique, une désindustrialisation continue, une perte de compétitivité et une croissance zéro[1] ! »

Parvenu au pouvoir, dès les premières semaines de sa présidence, François Hollande donna aux Français le sentiment d'avoir

1. François Hollande, *Changer de destin*, Robert Laffont, 2012, pp. 163-164.

oublié ces paroles, d'avoir mis de côté ce diagnostic si juste, et de n'être plus qu'un « Président normal », pas le Président respectueux des institutions et des hommes que cette expression visait, mais un Président pour temps « normal », ordinaire, alors même qu'il avait laissé clairement entendre avoir compris le caractère « anormal » des défis que le pays – et donc lui-même – devait relever.

Plus tard, les difficultés accumulées, le quinquennat enlisé, la clairvoyance rétrospective fleurissant d'un coup chez nombre de commentateurs, beaucoup d'entre eux avanceraient qu'il aurait manqué, en cet été 2012, un « discours churchillien » pour marquer les esprits de nos concitoyens et les préparer à la rigueur de l'effort à consentir. Position absurde et souvent hypocrite. Comparer la France de mai 2012 à l'Angleterre de mai 1940 n'est qu'une facilité de langage et une paresse de pensée : pas de Blitzkrieg, pas de guerre contre « une tyrannie monstrueuse, sans égale dans le sinistre et lamentable catalogue du crime humain », le pays n'avait pas à affronter « la plus terrible des épreuves » ni le Président à proclamer : « Je n'ai à offrir que du sang, du labeur, des larmes et de la sueur[1]. »

Ce qui a manqué en ce temps-là, ce n'est pas un discours churchillien, mais une volonté rooseveltienne.

La volonté de prendre à bras-le-corps les problèmes de la Nation – parfaitement identifiés, répétons-le –, de sortir des sentiers battus, de briser le conformisme français et européen, de mettre en avant des solutions nouvelles, rendues nécessaires par la gravité et la longueur de la crise, de relancer l'économie pour faire reculer à toute force le chômage, de soumettre à un ordre juste les forces perverses de la finance. Celle dont avait fait

1. Discours de Winston Churchill devant la Chambre des Communes, le 13 mai 1940, in *Discours de guerre*, édition bilingue, Tallandier, coll. « Texto », 2009, pp. 51-55.

preuve le Président Roosevelt en inventant le New Deal, pour sortir son pays et le monde de la Grande Dépression.

Une volonté qui ne fut pas au rendez-vous de l'Histoire.

Mais ce dimanche 22 janvier dans l'après-midi, au Bourget, les Français saisirent distinctement l'acuité du regard porté par le candidat Hollande sur la situation de leur pays, l'état d'esprit conquérant qui était le sien – la volonté de rétablir la politique dans ses droits – et auquel ils adhéraient.

Avant d'être un discours, Le Bourget fut un esprit.

L'esprit d'une alliance, celle nouée entre Hollande et Montebourg. L'esprit d'un refus, celui de la fatalité économique et de la résignation politique. L'esprit d'une gauche, celle qui avait dit « non » en 2005, qui n'était pas celle de Hollande, mais dont celui-ci savait qu'elle lui était indispensable pour l'emporter. L'esprit d'une nation, la France, harassée et désillusionnée, néanmoins prête encore une fois – une dernière fois ? – à faire confiance à la gauche.

L'esprit du Bourget tient en deux phrases, que je connais bien.

La première semble tout droit tirée d'une harangue d'Arnaud Montebourg : « Ce qui est en cause, c'est la souveraineté de la République face aux marchés et à la mondialisation. »

La seconde éclaire la péroraison du discours et n'aurait pas été reniée par Charles de Gaulle : « La France, la France n'est pas un problème. La France est la solution ! »

Volontarisme et patriotisme : telles sont les deux lignes de force du discours du Bourget.

Le volontarisme y est présent de la première à la dernière ligne. Toute la démonstration est construite sur une idée simple et majestueuse : la politique est plus forte que l'économie. Idée qui fut au cœur de la campagne des primaires d'Arnaud Montebourg et que Hollande reprit à son compte. Elle inspire toutes les propositions, très nettement formulées, du candidat Hollande, que ce soit dans le domaine européen, industriel, financier ou économique. Pour illustrer et symboliser ce volontarisme, qu'il suffise de se souvenir de ce passage décisif du discours : « Il n'y a jamais, je dis bien jamais, une seule politique possible, quelle que soit la gravité de la situation. L'Histoire n'est pas l'addition de fatalités successives, elle nous enseigne qu'il y a toujours plusieurs chemins. »

Ou, pour le dire plus simplement – l'écrire, en l'occurrence : « Qu'est-ce que la gauche, finalement, sinon le refus des fatalités[1] ? »

Quant au patriotisme, il fait vibrer, de façon inusitée chez François Hollande, nombre de ses développements. À commencer par ceux consacrés à l'économie : « Notre pays a abandonné depuis trop longtemps son industrie. (...) La réindustrialisation de la France sera ma priorité. (...) Je favoriserai la production en France. (...) Je mobiliserai l'épargne des Français. (...) J'exigerai des entreprises qui se délocalisent qu'elles remboursent immédiatement les aides publiques reçues ; je donnerai la priorité aux PME. (...) » Ce plaidoyer pour un « patriotisme industriel » se verrait consacré un peu plus tard, noir sur blanc[2].

Plus significatif encore, ce patriotisme n'est pas envisagé sur le seul plan économique ; ce jour-là, le candidat socialiste ne s'est pas non plus contenté d'invoquer « la France, patrie des droits de l'homme », figure imposée en de telles circonstances : il a consacré de longues minutes à ce « rêve français » dont il avait fait son mantra.

1. François Hollande, *Changer de destin, op. cit.*, p. 165.
2. *Ibid.*, pp. 62-66.

Et lui, viscéralement réticent à cet exercice qu'il ne goûte guère, s'est pourtant avancé, dans ce discours, à évoquer l'identité politique de la France : « Chaque nation a une âme. L'âme de la France, c'est l'égalité. » Et de conclure, une fois n'est pas coutume, par une envolée lyrique : « (…) Français, Français, parce que c'est le plus beau nom qu'on puisse donner à un citoyen du monde (…). »

Volontarisme et patriotisme, volontarisme au service du patriotisme : autrement dit, la réhabilitation du politique mise au service du redressement de la France.

Toute la démonstration du candidat était *de facto* centrée sur l'impérieuse nécessité de redresser le pays. Redressement financier, industriel, économique, parce que tout le reste – le reflux du chômage, l'espoir rendu à la jeunesse, le soutien de la croissance, la progression du pouvoir d'achat – était considéré comme devant en procéder. C'était exprimer là la conviction et la vision de François Hollande comme de ceux qui l'épaulèrent dans la préparation du discours du Bourget. Une conviction qui ne correspondait certes pas aux canons de la doxa socialiste. On chercherait ainsi en vain dans ce texte la moindre analyse ou proposition relevant de ce qu'il est convenu d'appeler « l'économie de la demande ». Le mot « redistribution » ne fut ainsi prononcé qu'une seule fois, au moment d'indiquer, en quelques secondes, qu'après le temps du redressement et des réformes structurelles viendrait celui de la répartition des fruits de cet effort national.

Une nation peut toujours maîtriser son destin ; le déclin du pays n'est pas une fatalité ; l'idée de progrès garde une actualité ; le scepticisme doit laisser place à la volonté ; la politique conserve un sens et une utilité ; elle peut encore agir au service du plus grand nombre : autant de facettes d'une même vérité dont le rappel, solennel, constituait le principal message du discours.

Davantage encore que la lettre du discours, les Français en perçurent distinctement l'esprit ; un esprit qui rencontrait et répondait à leurs inquiétudes comme à leurs espoirs. Davantage que les « 60 engagements » du candidat, c'est cet esprit, ce souffle, cette inspiration – « le changement, c'est maintenant » – qu'ils ont voulu porter au pouvoir, placer au sommet de l'État.

Voilà pourquoi c'est grâce au discours du Bourget que François Hollande fut élu président de la République.

Un discours n'appartient qu'à une seule personne : l'orateur qui le signe et le prononce. Lui, et lui seul, en assume la responsabilité et doit en recueillir les lauriers. Reste que celui-là peut solliciter l'avis de tel ou tel de ses amis ou de ses camarades ; il peut même, s'il le souhaite, s'appuyer sur une personne de confiance, avec laquelle il partage – au moins le temps de ce travail de conception et d'écriture – une communauté de vues.

Je fus cette personne. Et c'est ce rôle que j'ai tenu auprès de François Hollande dans l'élaboration du discours du Bourget.

En ce tout début d'année 2012, l'équipe de campagne du candidat Hollande n'avait pas encore investi l'immeuble du 59 avenue de Ségur, et c'est donc rue de l'Arcade, près de la place de la Madeleine, que je le retrouvai le lundi 2 janvier à 11 h 15. Deux mois et demi s'étaient écoulés depuis le dimanche 16 octobre 2011 qui avait vu la désignation de François Hollande comme candidat officiel du PS. Après cet intermède politique, le temps était venu d'entrer dans le vif du sujet.

Hollande avait par conséquent décidé de s'exprimer vigoureusement, en cette semaine de rentrée, afin de marquer les esprits et de donner le ton de la campagne à venir. Après m'avoir confié son insatisfaction devant le premier texte qui lui avait été préparé, il me demanda de l'épauler dans la rédaction de son

« adresse aux Français » que le quotidien *Libération* publierait le lendemain.

Surtout, il insista sur l'importance qu'il accordait au discours de lancement de sa campagne, dont la date venait d'être arrêtée au 22 janvier. « Ce sera un moment décisif. En 2007, Sarkozy avait réussi son discours de la porte de Versailles et il avait pris là une avance que Ségolène n'a jamais pu rattraper. Je n'ai pas le droit de rater ce discours. C'est très important. J'ai besoin de toi. Veux-tu m'aider ? » J'acquiesçai. « As-tu des idées ? » J'en avais. « Lesquelles ? » Je les lui exposai.

Après avoir confronté nos vues sur l'architecture et le contenu qui devaient être ceux du discours, et vérifié ainsi que l'alliance passée avec Arnaud Montebourg serait respectée, je pris soin d'aborder deux questions que je savais être délicates pour lui et cruciales pour le succès du discours.

— Il faut que tu parles de la France. De la France en tant que nation. Pas seulement de ses difficultés économiques et sociales, mais de son histoire, de son identité.
— Oui, je suis d'accord.
— Et puis, il faut aussi que tu parles de toi.

Sa moue fut aussi éloquente que son silence.

— Je sais que tu n'aimes pas ça, mais il le faut. Il faut évoquer ton parcours personnel et ta famille. Pas besoin d'être long, il suffit que ce soit sincère. Je pense que tu dois le faire sous un angle politique. De même avec la gauche. Tu dois t'exprimer sur ces deux sujets. J'ai préparé quelque chose.

Ouvrant le cahier mauve à spirales qui ne me quittait pas, je lui montrai les esquisses que j'y avais consignées.

— C'est bien, c'est juste. Cela me va.

Il souriait.

— On fait comme ça ? On y va ?
— On y va.

Nous nous embrassâmes. Et nous y allâmes.

Chaque jour, nous nous retrouvions, d'abord rue de l'Arcade, puis très vite avenue de Ségur, à son domicile parfois. Chaque jour, nous échangions, de vive voix ou par téléphone ; nous relisions et reprenions le texte ; il me donnait ses consignes, passait ses commandes, retranchait ce qui ne lui convenait pas, retouchait ce qui devait l'être, me soumettait les passages qu'il avait rédigés ou ceux, préparés par d'autres, qu'il avait décidé d'intégrer dans le discours, relisait ceux que j'avais écrits de mon côté. Par itérations successives, le texte acquit sa forme, prit son ampleur et sa coloration. Comme un enfant fragile et malhabile devient, grâce aux soins qui l'entourent, l'homme découplé qu'il était déjà en puissance, le texte que nous avions patiemment construit devint le discours du Bourget.

Quelques jours avant l'échéance, le mercredi 18 ou le jeudi 19 janvier, dans l'après-midi, alors que je travaillais à mon domicile, on sonna à la porte. Un camarade de l'équipe de campagne m'apportait la dernière version du discours, que le candidat me transmettait comme de coutume. Je déchirai l'enveloppe et feuilletai le texte en regagnant mon bureau ; arrivé au centre de la pièce, je m'immobilisai : au milieu d'une page figurait un paragraphe nouveau dont la force était telle que sa lecture m'avait coupé le souffle :

« Mais avant d'évoquer mon projet, je vais vous confier une chose. Dans cette bataille qui s'engage, je vais vous dire qui est mon adversaire, mon véritable adversaire. Il n'a pas de nom, pas de visage, pas de parti, il ne présentera jamais sa candidature, il ne sera donc pas élu, et pourtant il gouverne. Cet adversaire, c'est le monde de la finance. »

Debout, encore sous le coup, je répondis à l'appel téléphonique de Hollande.

— Aquilino, bonsoir. Tu as reçu le pli ?
— Oui, je viens de l'ouvrir et je suis en train de relire le discours.
— Alors, tu as lu ? Tu as vu ?
— François… Ce passage est extraordinaire.
— Ça te plaît ? Tu trouves ça bien ?
— Plus que ça ! C'est d'une force incroyable.
— Je suis content que cela te plaise.
— Je m'en veux… Cela fait des jours que l'on tournait autour de cette idée et c'est moi qui aurais dû la trouver.
— L'essentiel, c'est de l'avoir trouvée. Et si je l'ai trouvée, c'est grâce à toi.

Suscitant l'attente, ménageant une progression comme par degrés avant la révélation finale, la tirade est devenue à elle seule le symbole du discours du Bourget. Politiquement, elle se révélait d'une redoutable habileté. Elle donnait corps à l'ambition affichée de maîtriser une finance devenue folle. Ce faisant, elle permettait d'opérer la « synthèse », chère à Hollande, entre sa campagne et celle de Montebourg. Puis, comment la droite aurait-elle pu la réfuter sans se disqualifier ? Enfin, dernier atout et non le moindre : en désignant la finance comme son « véritable adversaire », François Hollande reléguait symboliquement Nicolas Sarkozy au second plan, alors même que celui-ci obsédait son esprit.

Comme libéré par cette trouvaille, le candidat décida de lâcher les chevaux. Le vendredi, en reprenant une nouvelle fois le texte de son discours, une évidence nous apparut : à quoi bon attendre la date fixée la semaine suivante pour dévoiler le programme présidentiel du candidat ? Qu'apporteraient ces quelques jours supplémentaires ? Pourquoi se priver de ce qui s'annonçait un grand moment politique pour révéler, devant le plus grand nombre, ses principales propositions ? C'est ainsi qu'à l'insu de tous, et en particulier des responsables de l'élaboration du programme présidentiel, furent introduites dans le texte les grandes mesures que défendrait Hollande tout au long de sa campagne.

La dernière séance de travail eut lieu le dimanche matin, avenue de Ségur, dans son bureau. Vers midi, nous nous séparâmes, le temps du déjeuner. Parti pour le Parc des Expositions du Bourget avec Arnaud Montebourg et son chef de cabinet, Christophe Lantoine, je dus résister à leurs questions amicales mais pressantes : « Alors ? À quoi aura-t-on droit ? Ce sera un bon discours ? On parlera d'Europe ? De la finance ? » Arrivés à destination peu avant 14 heures, devant l'entrée réservée à l'équipe du candidat et aux responsables du PS, je retrouve Manuel Valls. Ensemble, nous prenons la mesure de ce qui va se jouer dans quelques dizaines de minutes. Accompagné de Valérie Trierweiler, François Hollande arrive. Tout va désormais aller très vite. Manuel le guide jusqu'à sa loge, où je pénètre avec Valérie. Tranchant, Manuel ordonne à la protection de ne laisser entrer aucune autre personne. Pendant une dizaine de minutes, assis côte à côte sur un petit canapé, nous relisons une dernière fois ce texte que nous avons travaillé pendant tant d'heures.

D'une intensité particulière, ce moment sera immortalisé sur le papier glacé de *Paris-Match* par Stéphane Ruet, le photographe de confiance qui suit la campagne de François Hollande[1]. L'heure de rejoindre ma place et de laisser l'orateur se concentrer arrive.

---

1. Ce reportage photographique, ainsi que le livre *François Hollande Président* (Le Cherche Midi, 2012) de Stéphane Ruet et Valérie Trierweiler, réduisent à néant toutes les mesquineries et les mensonges puérils distillés après mon départ de l'Élysée à propos de la genèse de ce discours et du rôle que j'y ai tenu. Disposant d'archives personnelles fort intéressantes – dont plusieurs versions successives de ce discours annotées de ma main et de celle du candidat Hollande –, j'en ferai don, le moment venu, à la Bibliothèque nationale de France.

Dès les premières minutes du discours, il est clair que le pari sera gagné. La salle s'emballe, les applaudissements font place aux ovations, les traits des visages se détendent et accrochent des sourires de plus en plus larges, les regards s'illuminent, les dirigeants du PS qui escomptaient que Hollande trébuchât ou ne fût que convenable doivent ravaler leur amertume : devant cette foule qui chavire, le candidat désigné est en train de devenir le prochain président de la République. Cela s'entend, cela se voit, cela se sent, cela se crie aussi.

La Marseillaise, reprise par 25 000 poitrines, terminée, il quitte l'estrade pour saluer ses amis et les responsables socialistes. Arrivé à ma hauteur, il fend les rangs qui nous séparent pour m'embrasser. Je le suis dans la cohue en tombant dans les bras de Manuel. Au loin, Arnaud, tout sourire, me fait signe en agitant son pouce levé : il est heureux et le montre. Ses idées, nos idées, ont irrigué le discours de Hollande et ont contribué à ce magnifique succès. La campagne du candidat de la gauche est lancée, la victoire est désormais possible et, trente et un ans après, le peuple va peut-être donner un successeur à François Mitterrand. Comme me le dit alors en m'étreignant un Claude Bartolone hilare : « On est au Bourget ! Au Bourget ! L'avion de Hollande vient de réussir son décollage ! »

L'avion n'est jamais arrivé à destination.

Certes, François Hollande a été élu président de la République, le 6 mai 2012, avec 51,64 % des suffrages exprimés. Combien de citoyens parmi les 18 000 668 qui lui ont accordé leur confiance ce jour-là ont-ils voté avec en tête la tirade sur « mon adversaire, (...) c'est le monde de la finance » ? Nul ne le sait et ne le saura jamais ; mais beaucoup, sans aucun doute. Combien, parmi ceux-là, seraient prêts à renouveler leur geste ? Peu, trop peu, si l'on en juge par les enquêtes d'opinion, ou mieux (pire) encore, par les résultats des scrutins successifs depuis l'élection de Hollande. Combien d'entre eux estiment-ils avoir été floués et jugent-ils que la politique conduite depuis 2012 n'est pas celle pour laquelle ils ont voté ? Une large majorité, ce que confirment toutes les enquêtes d'opinion. Et ils ont raison.

Car si François Hollande a été élu grâce au discours du Bourget, il n'a pas honoré les engagements pris alors.

Que disait le discours du Bourget ?

La maîtrise de la finance ? La séparation des activités bancaires ? La remise à plat de la relation franco-allemande ? La renégociation du pacte budgétaire ? La réorientation de l'Europe vers la croissance ? Le redressement industriel ? La priorité donnée à l'École ? La jeunesse placée au cœur du quinquennat ?

Rien de cela n'a été appliqué, n'a souvent même été engagé. Tout a été dénaturé, travesti, tronqué. Comment réussir lorsque l'on n'essaie même pas ?

La « loi sur les banques qui les obligera à séparer leurs activités de crédit et leurs opérations spéculatives » ?

Vidée de toute substance. Sous l'influence du lobby bancaire, la liste des activités spéculatives à isoler dans des filiales particulières a été réduite à presque rien : moins de 1 % des activités bancaires est ainsi concerné. Même le *trading* à haute fréquence, pourtant de la spéculation à l'état pur, lui échappe.

L'interdiction pour les banques françaises d'avoir une « présence dans les paradis fiscaux » ?

Voilà une « promesse complètement oubliée », selon un avis bien renseigné[1]. Rien n'a été entrepris. Le scandale des « Panama

1. En l'occurrence celui du précieux blog du quotidien *Le Monde* « Lui Président. "Mes promesses, je les tiendrai" », qui réalise un travail de salut public. Travail prolongé par la publication de *Lui, Président. Que reste-t-il*

papers » a ainsi révélé que la Société générale, à elle seule, avait immatriculé 979 sociétés offshore grâce au sulfureux cabinet Mossack Fonseca, au cœur de l'affaire. Pire encore : en novembre 2014, au moment de choisir un successeur à José Manuel Barroso, qui a par la suite rejoint la banque d'affaires Goldman Sachs – celle de la crise des *subprimes* de 2007, celle du maquillage des comptes de la Grèce –, le Parlement européen désignerait Jean-Claude Juncker, l'ancien ministre des Finances du Luxembourg au moment de l'instauration du secret bancaire dans son pays (1989) et, surtout, de la criminalisation du non-respect de celui-ci (1991), puis Premier ministre entre 1995 et 2013 et, à ce titre, premier responsable de la politique qui a fait de ce micro-État, signataire du traité de Rome en 1957, un paradis fiscal au cœur de l'Union européenne[1].

La « suppression des stock-options » ?

Abandonnée.

L'instauration d'une « véritable taxe sur les transactions financières » ?

Annoncée le 29 juin 2012, elle s'est depuis enlisée dans le marais de l'impuissance européenne : ouvertes au début de l'année 2013, les négociations entre les onze pays, dont la France, ayant accepté la « coopération renforcée » qu'une telle mesure

---

des promesses de François Hollande ?, par Corentin Dautreppe, Clément Parrot et Maxime Vaudano, Armand Colin, 2016.

1. La désignation de Juncker à la présidence de la Commission européenne s'est faite grâce au soutien actif de la majorité conservatrice issue des élections européennes de 2014, la bêtise et la lâcheté de l'opposition sociale-démocrate, la complicité bienveillante des chefs d'État et de gouvernement européens – au premier rang desquels François Hollande – et dans l'indifférence quasi générale. Sur la signification politique de ce scandale, qui indique sinistrement ce que l'Europe est devenue, on profitera de la lecture du document d'Eva Joly et Guillemette Faure, *Le Loup dans la bergerie. Est-ce dans cette Europe-là que nous voulons vivre ?*, Les Arènes, 2016.

suppose à l'échelle de l'Europe, n'ont pas réussi jusqu'ici à s'entendre. Ils n'y parviendront pas.

Devant cette paralysie européenne et l'hypocrisie du gouvernement français, les députés socialistes, ulcérés, se sont révoltés et ont voté, le 20 octobre 2016, contre l'avis du ministre de l'Économie et des Finances, l'augmentation du taux (de 0,2 à 0,3 %) et l'élargissement de l'assiette (en y incluant les transactions dénouées dans la journée) de la taxe française sur les transactions financières.

La mise en place « au niveau européen d'une agence publique de notation » ?

Enterrée par la Commission européenne en 2015.

La « renégociation du traité européen issu de l'accord du 9 décembre, pour lui apporter la dimension qui lui manque, c'est-à-dire la coordination des politiques économiques, des projets industriels, la relance des grands travaux dans le domaine de l'énergie et puis les instruments pour dominer la spéculation, un fonds européen qui puisse avoir les moyens d'agir sur les marchés avec l'intervention de la Banque centrale européenne » ?

Voulu par Angela Merkel, signé par Nicolas Sarkozy, le pacte budgétaire n'a pas été, contrairement à l'engagement pris, renégocié par François Hollande. Le 29 juin 2012, à l'issue du Conseil européen, il annoncerait bien un « plan de relance » de 120 milliards d'euros, censé venir rééquilibrer les disciplines instaurées par le traité budgétaire. Insuffisant en soi – représentant moins de 1 % du PIB européen –, ce « plan de relance » ne comportait, de surcroît, que 10 milliards de crédits nouveaux destinés à recapitaliser la Banque européenne d'investissement (BEI), le reste étant constitué de sommes hypothétiques, devant être obtenues par « effet de levier ». Une citrouille de 10 milliards censée se transformer en carrosse de 120 milliards par la grâce du coup de baguette magique de la fée Europe. Un conte, une berceuse pour endormir les citoyens français.

Le nécessaire changement de « l'orientation de l'Europe vers la croissance et dans (sic) le lancement de grands travaux » ?

L'Europe reste engluée dans le marasme économique. Aucun véritable programme de relance n'a été élaboré : le « plan Juncker » de juin 2015, avec ses 21 milliards d'euros censés eux aussi se transformer en 315 milliards – ce qui serait de toute façon très insuffisant –, n'est qu'une nouvelle manœuvre de diversion. Les grands travaux n'ont jamais existé que dans les conférences de presse de François Hollande. Les « eurobonds » – ces obligations européennes souhaitées par le candidat socialiste – sont restés dans les limbes européens, Angela Merkel ayant déclaré, de façon très claire à défaut d'être diplomatique : « Pas de mon vivant. » Quant au budget européen pour la période 2014-2020, non seulement il est en recul de 35 milliards d'euros, stagnant à 1 % du PIB de l'Union, mais, au sein de celui-ci, les « projets d'avenir » ne représentent que 10 % du montant total : ils ont été « massacrés[1] ». Contrairement à l'engagement pris, la France n'a pas su « retrouver l'ambition de changer l'orientation de l'Europe », pas su « convaincre et entraîner ses partenaires ». Pourquoi ? Parce que son Président n'a pas voulu accepter la confrontation avec la Chancelière allemande et a refusé de devenir le leader d'une Europe nouvelle que bien des pays espéraient.

La « nouvelle politique commerciale en Europe qui fera obstacle à la concurrence déloyale » ?

Les PME françaises et européennes l'attendent toujours.

1. Selon la formule de l'éditorial « Inacceptable budget européen », *Les Échos*, 11 février 2013.

La « nouvelle relation de vérité et d'égalité » entre la France et l'Allemagne ?

L'Allemagne continue d'être hégémonique, sûre d'elle-même et dominatrice, la France continue de subir et d'encaisser les décisions prises ailleurs qu'à Paris, l'Europe continue de se défaire, minée par le chômage de masse et menacée par les extrémismes.

L'Allemagne assoit sa suprématie en Europe sur des performances industrielles et commerciales écrasantes : en 2015, l'excédent de sa balance commerciale, atteignant près de 250 milliards d'euros, représentait plus de 98 % de celui de l'ensemble de la zone euro. Un excédent acquis pour les deux tiers au détriment des autres pays de cette zone. Un excédent commercial dépassant régulièrement 8 % de son PIB, plaçant ainsi l'Allemagne en infraction avec les règles européennes qui interdisent à un État membre d'enregistrer plus de 6 % d'excédent trois années de suite – « performance » que l'Allemagne réalise continûment depuis 2007. Un excédent dû à l'excellente spécialisation de son tissu industriel, constitué de grosses PME bénéficiant du soutien d'un secteur bancaire éclaté et très concurrentiel. Un excédent imputable aussi à l'élargissement, à partir de 2004, de l'Union vers l'Europe centrale – la « Mitteleuropa » de nos livres d'histoire, qui n'est pas que celle de Kafka, Zweig ou Musil – qui a permis à l'Allemagne de se tailler un vaste hinterland industriel. Un excédent explicable, enfin, par la gestion de l'euro, qui favorise ce pays en le dotant d'une monnaie structurellement sous-évaluée d'environ 15 %, selon les calculs du FMI[1], avantage considérable faisant de l'Allemagne une sorte de Chine au cœur de la zone euro.

Loin d'avoir rétabli l'indispensable « rapport de force psychologique avec l'Allemagne » préconisé par Hubert Védrine, François Hollande a prolongé la politique suiviste et soumise de son prédécesseur. Au couple « Merkozy » a ainsi succédé le couple

1. FMI, 2016 External Sector Report, July 27, 2016.

« Merkhollande ». Il est vrai que, dès février 2012, juste après son discours du Bourget, Hollande envoyait, dans le plus grand secret, Emmanuel Macron à Berlin afin d'y rencontrer Nikolaus Meyer-Landrut, le conseiller d'Angela Merkel pour les affaires européennes et, par son truchement, rassurer la Chancelière sur la réalité de ses intentions : il y avait donc un discours pour les électeurs français et un autre – le bon, le vrai, le « raisonnable » – pour les gens sérieux. Le 27 juillet 2015, ce « faucon » serait nommé ambassadeur d'Allemagne à Paris et la boucle bouclée.

Pour reprendre la formule que François Hollande avait réservée au quinquennat de Nicolas Sarkozy, dans le « couple moderne » qu'il constitue avec la Chancelière allemande, c'est toujours « Angela Merkel qui est au volant »[1].

« L'éducation, grande cause nationale » ?

Trois ministres en cinq ans, c'est beaucoup pour une grande ambition. Au prix d'une astuce classique – la création de 12 800 emplois dans le budget de l'année… 2017 – qui vient parachever un effort financier réel – 47 200 postes créés entre 2012 et 2016 –, l'objectif de « 60 000 postes supplémentaires » sur le quinquennat devrait être atteint. Encore faut-il préciser que seuls 54 000 de ces postes iront bien à l'Éducation nationale, 5 000 étant affectés à l'enseignement supérieur et 1 000 à l'enseignement agricole. Que ces postes sont inégalement répartis sur le territoire, que la démographie scolaire a entre-temps vivement crû, que 26 000 de ces postes correspondent à des recrutements d'enseignants stagiaires, d'autres à des personnels non enseignants, et que, par conséquent, trop de classes restent surchargées, trop d'enseignants absents non remplacés. L'engagement, important, peut toutefois être considéré comme honoré. Tant mieux. Car la situation de l'École, comme institution, est loin d'être rétablie. La priorité au primaire n'est pas suffisamment assurée. La réforme du collège, toujours contestée.

1. François Hollande, *Changer de destin*, *op. cit.*, p. 99.

La mixité sociale, fondamentale pour que l'École conserve son rôle de creuset républicain et de cœur de la Nation, toujours défaite par la pauvreté, la ségrégation urbaine, le contournement de la carte scolaire. La loi de « refondation de l'École » du 8 juillet 2013 est restée, sur ce point décisif, battue en brèche. Une loi ayant créé une institution, le Conseil national d'évaluation du système scolaire, qui a rendu en septembre 2016 un verdict sans appel : les inégalités à l'École n'ont cessé de se creuser depuis trente ans.

Et « la jeunesse », celle pour laquelle François Hollande voulait « présider la France », celle à laquelle il voulait « redonner confiance » et pour cela « mobiliser toute la Nation », cette jeunesse dont l'amélioration du sort serait le « seul objectif » sur lequel il souhaiterait « être jugé » à la fin de son quinquennat, son « seul engagement », sa « seule promesse » ?

Elle est dans la rue, défile dans les manifestations contre la mort de Rémi Fraisse, contre la loi El Khomri, contre la déchéance de nationalité, contre le chômage et contre la précarité. On la retrouve aussi dans les urnes, se tournant trop souvent vers le Front national. Le chômage des jeunes, déjà très élevé, est passé de 24,2 à 25,7 % en quatre ans. La part des jeunes sans emploi et sortis prématurément du système éducatif atteint 16,6 %, deux fois plus élevée qu'en Allemagne. La jeunesse est la grande oubliée du quinquennat Hollande.

Mais il y a pire encore que la litanie de ces renoncements. Il y a la cause de ces renoncements : le reniement.

Le reniement, auquel les Français ont assisté, incrédules, inquiets, irrités puis indignés. L'abandon de l'esprit du Bourget. La fin du volontarisme, le retour à la résignation présentée comme seule option politique. L'oubli du patriotisme, la soumission à l'ordre européen, à la fois libéral et conservateur – l'ordolibéralisme[1].

---

1. Essentielle, la question de l'emprise de l'ordolibéralisme sur l'Europe,

Pendant deux ans et demi, le Président a fait semblant de conduire la politique pour laquelle il avait été élu, celle présentée et détaillée dans le discours du Bourget. Il a singé le volontarisme, mimé le patriotisme, simulé une politique de lutte contre la finance spéculative jamais engagée, proclamé à répétition une réorientation de l'Europe sans cesse repoussée. Toute une chorégraphie politique destinée à donner le change. En vain. Intelligent, très intelligent, le peuple français possède une longue et riche culture politique, ancrée dans l'histoire tumultueuse de la plus vieille nation d'Europe ; et, s'il est désabusé, il est déniaisé de longue date : il a rapidement compris, au bout de six mois, que toute cette mise en scène n'offrait qu'un seul spectacle – pas seulement celui de l'impuissance, mais celui de l'impuissance voulue et consentie, cette impuissance singulière qui porte le nom d'abdication.

À son monarque républicain, comme à ses prédécesseurs, le peuple français aurait été prêt à pardonner bien des choses : son manque de charisme, ses palinodies, son irrésolution, ses doutes, sa malchance météorologique, ses frasques amoureuses.

Mais pas son abdication.

On ne se choisit pas un souverain démocratique, on ne convoque pas quelque 45 millions de Français afin qu'ils élisent un roi, pour voir ensuite celui-ci déposer, paisiblement, benoîtement, au bout de seulement quelques mois, sans explication et avec le sourire, le pouvoir que l'on vient de lui confier.

Une abdication, dissimulée – maladroitement – derrière un simulacre de changement : voilà ce que les Français ne peuvent

---

et cela dès son origine, a été éclairée par Pierre Dardot et Christian Laval, dans leur puissante analyse *La Nouvelle Raison du monde. Essai sur la société néolibérale*, parue aux éditions La Découverte en 2009, et notamment dans les chapitres 7, « L'ordolibéralisme entre "politique économique" et "politique de société" » et 11, « Les origines ordolibérales de la construction européenne ».

pardonner à François Hollande, voilà la cause profonde et irrémédiable de leur rupture avec lui, une rupture consommée très vite.

Les premiers linéaments de cette « rupture d'opinion », pour reprendre l'heureuse formule de l'analyste politique Gérard Le Gall[1], étaient discernables dès juillet 2012. Se sont mêlés, pour y donner naissance, le défaut d'incarnation de la fonction présidentielle, le manque cruel d'autorité révélé au plus grand nombre par l'épisode ravageur du tweet de Valérie Trierweiler, le spectacle du « Président normal » en vacances, l'impression – peu importe qu'elle fût infondée ou injuste – que le Président et le gouvernement n'étaient pas à pied d'œuvre. À cette première dimension – institutionnelle – de la rupture d'avec les Français, est venue rapidement s'ajouter une seconde – politique cette fois. Celle de l'abdication, précisément. Ouverte avec l'absence d'une grande mesure symbolisant le changement, occasion manquée de l'été, cette crise-là s'est approfondie et aggravée à la rentrée 2012, avec la conviction, diffuse et croissante chez les citoyens, que le changement tant attendu ne viendrait pas. Elle se verrait consacrée après la débandade de Florange.

« Le changement, c'est maintenant » : tel avait été l'engagement. Or, dès septembre 2012, les citoyens ont saisi que de changement, il n'y aurait pas ; ni maintenant, ni après, ni aujourd'hui, ni demain, ni jamais. Puis, au fil des mois, compris que l'homme choisi par eux avait d'autres intentions, qu'il leur avait cachées ; qu'il était en mouvement vers une destination qui n'était pas celle qu'il leur avait indiquée.

Le Président a ainsi passé – gâché – la moitié de son quinquennat à reculer, à organiser le repli stratégique de ses troupes

1. À propos de cette « rupture d'opinion » entre François Hollande et les Français, voir l'entretien accordé par Gérard Le Gall au *Monde* le 21 avril 2016, « L'élimination de Hollande au premier tour, en 2017, est un "risque majeur" ». Et celui du 9 décembre 2016, dans le même quotidien, « La suprématie du PS sur la gauche est en jeu ».

par rapport à la ligne du Bourget, à préparer les esprits à ce qui adviendrait ensuite, à se libérer lui-même aussi – lentement, progressivement, jour après jour, centimètre par centimètre, mais inéluctablement – de la carapace de faux-semblants sous laquelle il s'était réfugié pendant les trente années de sa vie politique.

François Hollande avait prévenu ses auditeurs du Bourget et, au-delà, tous les Français auxquels il s'adressait : il y aurait deux temps dans son quinquennat. Après les réformes de structure, proclama-t-il ce jour-là, viendrait la redistribution de ce qui aurait été créé. Il faut toujours écouter attentivement cet homme ; souvent un aveu se glisse dans son propos, même lorsqu'il le croit maîtrisé.

Car il y eut bien deux phases, bien distinctes, dans son quinquennat. Mais pas celles annoncées.

Après le long mais irrémédiable reniement, qui s'étira du premier jour de pouvoir, le 15 mai 2012, jusqu'au remaniement du gouvernement, le 25 août 2014, au bout de deux ans et demi, donc, à mi-parcours de son mandat, vint le second temps de son quinquennat, celui du ralliement de François Hollande à un libéralisme dit « de gauche », dont on chercherait en vain la moindre annonce ou le plus discret signe précurseur dans le texte fondateur du Bourget.

Que ne disait pas le discours du Bourget ?

La priorité accordée à la compétitivité – un mot qui n'y est prononcé qu'une seule fois ? La politique de l'offre ? Les allègements massifs de charges accordés aux entreprises – plus de 40 milliards d'euros – et sans aucune contrepartie ? Le rapport Attali commandité en son temps par Nicolas Sarkozy et rebaptisé « loi Macron » ? La déconstruction du droit du travail opérée par la loi El Khomri ? L'austérité fiscale décidée à Bruxelles et docilement entérinée à Paris ? Le pouvoir d'achat des classes moyennes amputé ?

Rien de tout cela n'avait été prévu, pas même esquissé, encore moins annoncé, dans le discours du Bourget. Telle est pourtant la politique que le Président a décidé de préparer, dès septembre 2012, et de conduire, à partir de septembre 2014, une politique que les Français, eux, n'avaient pas choisie.

Les Français ont voté pour le discours du Bourget et c'est le programme des Gracques[1] qui a été appliqué.

Cette béance entre le dit et le non-dit, entre ce qui avait été annoncé et ce qui a effectivement été réalisé, entre les paroles et les actes, entre le discours du Bourget et la politique menée, a désorienté puis dégoûté de nombreux citoyens, les a durablement – définitivement ? – éloignés du PS et de la gauche ; plus grave encore, elle déstabilise la République et mine l'idée démocratique.

Dans cette béance s'engouffre désormais le Front national, laminant la gauche, subjuguant la droite, mithridatisant le pays.

Certains, au sein de l'exécutif, très peu nombreux, ont lutté pied à pied, note après note, réunion après réunion, discours après discours, entretien après entretien, dispute après dispute, affrontement après affrontement, pour rappeler les engagements pris, proposer d'autres solutions que celles dictées par le conformisme et la résignation qui, chaque jour, gagnaient du terrain, contenir les tentatives de ceux qui, très vite, ont voulu étouffer l'espérance au nom d'un prétendu « réalisme », tenter de revenir à l'esprit et à la lettre du Bourget, en un mot : résister.

---

1. Derrière cette référence à deux frères, Tiberius et Caius Gracchus, patriciens et tribuns de la plèbe dans la Rome antique, qui tentèrent l'un et l'autre, à dix ans d'intervalle, au IIe siècle avant notre ère, une audacieuse réforme agraire, réforme qui provoquera leur chute et leur massacre, se cache un groupe de hauts fonctionnaires se revendiquant de la « gauche moderne », c'est-à-dire libérale, au premier rang desquels l'ancien secrétaire d'État de Nicolas Sarkozy, Jean-Pierre Jouyet, actuellement secrétaire général de l'Élysée.

Ceux-là – dont j'étais – ont perdu la bataille.

C'est l'histoire de leur combat, de leur volonté de rester fidèles – fidélité, oui, que certains esprits qui se croient forts désignent aujourd'hui en ricanant du mot « naïveté », mais il s'agit bien de fidélité –, de leur résistance, de leurs erreurs, de leur incapacité à empêcher une telle faillite morale et politique, l'histoire de leur défaite, au bout du compte, qui est relatée ici.

Leur reste à gagner la guerre.

L'histoire aussi, personnelle et politique, d'un homme qui, après avoir consacré plus de trente années de sa vie au PS, et être parvenu, au nom de ce parti, à la magistrature suprême, a décidé de devenir qui il était depuis toujours, a choisi de se dévoiler enfin, mais de le faire partiellement, incomplètement, sans jeter bas le masque et sans assumer clairement son identité, sans nommer ses actes, sans utiliser les mots justes, ouvrant ainsi une béance inédite entre le dire et le faire.

Un homme qui, se présentant aux suffrages de ses concitoyens en 2012, leur écrivait : « Dans le scrutin qui s'annonce, je n'avance pas masqué. Je suis socialiste. Mon projet l'est aussi[1]. » Un homme qui, une fois élu, après avoir tourné le dos à ses engagements et avoir déclaré, dans le secret de son bureau, le 11 décembre 2005, à propos de son parti, le Parti socialiste : « Il faut un acte de liquidation. Il faut un hara-kiri[2] », au moment suprême d'annoncer son abdication aux Français, dans son allocution du 1er décembre 2016, prétendrait une dernière fois être « socialiste ».

C'est le récit de ce dévoilement qui est entrepris dans les pages qui suivent.

---

1. François Hollande, *Changer de destin, op. cit.*, p. 79.

2. Cité par Gérard Davet et Fabrice Lhomme, dans *« Un président ne devrait pas dire ça... » Les secrets d'un quinquennat*, Stock, 2016, p. 622.

Dévoilement d'une conviction, longtemps dissimulée. Dévoilement d'une personnalité, habilement travestie. Dévoilement qu'il sera revenu à d'autres que lui d'achever, même si, dans un de ces drolatiques pieds de nez dont l'Histoire est coutumière, François Hollande, par sa vanité, son narcissisme, son sentiment de supériorité sans limites qui le conduit à tant d'imprudences, aura fini par révéler lui-même sa vraie nature au plus grand nombre, en se confiant dans des conditions extravagantes à deux journalistes qu'il imaginait manipuler, conformément à sa philosophie désormais avouée.

Le manipulateur manipulé : on périt toujours par là où l'on a péché[1].

C'est enfin de la trajectoire politique de la gauche tout entière dont il est ici question.

Quelle que soit la part de l'homme Hollande dans le fiasco sans précédent qu'aura été son quinquennat – et elle est écrasante –, il n'en reste pas moins que la responsabilité de cet échec est partagée. Singulier par son histoire, François Hollande est aussi représentatif de toute une part de la gauche ; premier secrétaire du Parti socialiste pendant onze ans, son destin personnel n'est pas séparable d'une aventure collective ; animé d'une ambition qui le fait vivre, il a bénéficié du soutien de nombre de ses camarades, qu'il a su séduire ou convaincre ; solitaire de tempérament, il n'a néanmoins pas surgi du néant ; et ses fautes ne sauraient être complètement étrangères aux socialistes.

La principale d'entre elles consiste à ne pas avoir appliqué le discours du Bourget et à l'avoir ainsi renié. Non seulement à l'avoir renié, mais à l'avoir bafoué, en prétendant, sans vergogne et à l'encontre de tous les faits, qu'il l'avait bien mis en œuvre. À ce qui se révéla, *a posteriori*, un mensonge fondateur, celui proféré

1. Le livre de Gérard Davet et Fabrice Lhomme, *op. cit.*, offre ce spectacle inédit et sidérant.

au Bourget, il en ajoute ainsi un second – pire encore, peut-être –, celui répété quotidiennement depuis l'Élysée : « Je n'ai pas trahi le discours du Bourget[1]. »

Dans une prestigieuse revue, le Président a récemment choisi de s'expliquer sur la situation de la France, celle de la gauche, la sienne aussi. Treize pages d'entretien serré, révélateur de sa personnalité et de l'impasse politique dans laquelle il s'est perdu[2]. Treize pages, donc ; et une quinzaine de lignes, seulement, consacrées au discours du Bourget.

Et pour dire quoi ?

« Le discours du Bourget qui dénonçait la finance, celle qui étreignait les États avec la crise des *subprimes*, a été emblématique, parce qu'une campagne se résume à une formule et quelques mots. Je ne les renie pas. Une campagne présidentielle doit en appeler à l'audace, à l'espérance, à l'engagement. Il faut déterminer qui est l'adversaire. Sans mentir sur les capacités à le terrasser et sans occulter les difficultés à venir. Cette position était d'autant plus nécessaire que nous étions, en 2011-2012, sous le coup d'une crise qui n'autorisait pas les largesses. Dans ce fameux discours du Bourget, j'ai dit qu'il y aurait deux temps dans le quinquennat, d'abord le redressement et ensuite la redistribution. »

Quinze lignes, c'est peu ; mais c'est assez pour qui sait les lire.

Perce d'abord l'irritation : celle provoquée par cet encombrant discours, dont on aimerait pouvoir se débarrasser, mais qui vous

1. On retrouve là l'argument central – le double manquement du Président à la parole donnée – de la démonstration à laquelle s'est livré Jean-François Kahn dans *L'Ineffaçable Trahison*, Plon, 2015.
2. François Hollande, « Une France fraternelle », *Le Débat*, n° 191, septembre-octobre 2016, Gallimard, pp. 3-15.

colle à la peau, telle une tunique de Nessus, irritation que traduit autant la brièveté du propos – quinze lignes – que la formule « ce fameux discours ».

Puis surgit le mensonge : « Je ne les renie pas. » Ne pas reconnaître un reniement, le réfuter contre l'évidence des faits et des actes, c'est renier deux fois. Une fois aurait suffi. « L'audace, l'espérance, l'engagement » : c'étaient bien les termes du serment du Bourget. Qu'avons-nous eu, à leur place ? Le conformisme, la désillusion, la pusillanimité.

Frappe l'aveu, enfin : « Une campagne se résume à une formule et quelques mots. » La démocratie comme supplément d'âme du marché, la démocratie comme un mal nécessaire, un mauvais moment à passer, une formalité dont il faut malheureusement s'acquitter…

Voilà ce que le Président avait à nous dire, au crépuscule de son quinquennat, sur ce qui fut son soleil d'Austerlitz.

Scripta manent. Heureusement.

Ouverte telle une plaie dans le corps de la gauche, cette béance fait du discours du Bourget « la principale pièce à charge dans le procès en haute trahison » de François Hollande[1].

Trahison : le mot, terrible, est lâché.

Est-il équitable ? Pour beaucoup il sonne juste, mais est-il adéquat ?

Ce n'est pas la première fois que, dans notre histoire nationale, la gauche échoue politiquement ou connaît un désastre électoral. 1926, 1938, 1986, 1993, 2002 : bien des différences

1. Procès dont Jean-François Kahn s'est fait l'implacable procureur, *op. cit.*

existent entre toutes ces défaites ; mais si, à chaque fois, elle a alors perdu la bataille, parfois cruellement, elle n'a jamais eu comme maintenant le sentiment d'avoir perdu son âme. Même en 1993, lors de la lugubre fin de règne de Mitterrand, marquée par la déroute aux élections législatives et le suicide de Pierre Bérégovoy, quand il ne faisait pas bon être socialiste, lorsque les gens nous crachaient à la figure – au sens figuré, la plupart du temps, mais, de temps à autre, un crachat nous atteignait bel et bien –, la gauche n'avait pas cette amertume dans la bouche, cette tristesse au cœur, ce dégoût devant le spectacle des siens, cette haine d'elle-même et cette envie de disparaître, n'était à ce point pleine « d'accablement, de colère et même de honte », une gauche désormais menacée d'être « atomisée », « pulvérisée », en 2017, de « sortir de l'Histoire » même, selon les mots de Manuel Valls[1], au lendemain de la publication de propos atterrants tenus en privé par François Hollande[2].

Trahison : quelques-uns, de moins en moins nombreux, des partisans irréductibles du Président – il en reste –, peuvent bien récuser le mot, ils ne sont plus qu'une poignée ; et François Hollande est désormais bien seul à s'offusquer des « procès en trahison » qui lui seraient, dit-il, injustement intentés[3]. D'une certaine façon, sa protestation est fondée : lui sait qu'il n'a jamais cru aux paroles prononcées au Bourget, lui connaît sa véritable conviction, celle qu'il a celée aux autres si longtemps, lui n'a jamais adhéré à ce qui n'était pour lui qu'un artifice de circonstance, un enjolivement rhétorique, une arabesque politique dessinée à seule fin de séduire, une sorte de parade nuptiale destinée à posséder la gauche puis la France. On ne peut trahir ce à quoi l'on ne croit pas, ce à quoi l'on est toujours resté étranger.

1. Sur l'antenne de France Inter, notamment, le 26 octobre 2016.
2. *« Un président ne devrait pas dire ça... », op. cit.*
3. François Hollande, « Je suis prêt », entretien accordé à *L'Obs*, n° 2710, 13 octobre 2016.

Plus que d'une trahison, il s'agissait là d'un mensonge, un triste et banal mensonge. Pas un mensonge nécessaire, utile, un mensonge rendu inévitable par le cours de l'Histoire, conçu pour le bien du peuple, le mensonge que peut être amené à endosser un grand politique, face à la nudité de l'événement, pour sauver ce qui doit l'être, tel le général de Gaulle à Alger, levant les bras au ciel pour assener un « Je vous ai compris ! » que chacun pouvait comprendre à sa guise. Pas une variation de la « pseudologie », cet art du mensonge politique que Jonathan Swift définissait comme celui « (…) de faire accroire au peuple des faussetés salutaires, pour quelque bonne fin ». Pas un mensonge nécessaire mais un mensonge utilitaire, un mensonge pour se protéger soi-même, un mensonge pour continuer à mentir, un mensonge pour seulement gagner, un mensonge pour berner le peuple et non pour le sauver. Pas un mensonge politique, un mensonge politicien. Un mensonge désormais éventé.

Car si Swift avait raison quand il écrivait que « le mensonge vole et la vérité ne le suit qu'en boitant », cet avantage ne dure pas et, telle la tortue de la fable, la vérité finit toujours par l'emporter. Quels que soient les trésors d'intelligence dans lesquels il pioche et en dépit de toute l'énergie déployée, vient inévitablement le moment où le menteur est rattrapé par son mensonge, tant il est vrai que, selon le mot prêté à Lincoln, « on peut tromper tout le monde une partie du temps, et une partie du monde tout le temps, mais on ne peut pas tromper tout le monde tout le temps ».

Trahison : une majorité de citoyens de gauche, quoi qu'il en soit, prononcent le mot ouvertement, le crient dans la rue et en justifient l'emploi, preuves à l'appui, comme il y a peu un collectif d'une quarantaine d'intellectuels et de chercheurs ayant choisi de décrire et de commenter chacun des moments de ce reniement, de revenir sur chacun des temps de cette grande désillusion[1].

1. Sous la direction de Laurent de Sutter, *Le Livre des trahisons*, PUF, 2016.

Qu'ajouter à leur réquisitoire ? Ceci.

« Mon premier déplacement sera pour rencontrer la Chancelière d'Allemagne et pour lui dire que nous devons ensemble changer l'orientation de l'Europe vers la croissance et dans le lancement de grands travaux. Ici, dans notre pays, sans même attendre le renouvellement de l'Assemblée nationale, j'engagerai, avec les nouveaux ministres et le nouveau gouvernement, les premières mesures contre la finance et pour la réforme bancaire. Pas un instant, nous ne resterons inactifs. Le quinquennat ne sera pas une volte-face, un zigzag, une contradiction. D'ores et déjà, nous savons où nous voulons aller. (...) Nous savons que nous avons des moyens limités, mais que nous avons la volonté ! »

Ainsi parlait François Hollande.

La finance et la réforme bancaire ?

Combat perdu, puisque combat pas même engagé.

Le quinquennat ?

Certes pas une « volte-face », non ; François Hollande n'est pas adepte des mouvements rapides ; il préfère les évolutions lentes, souterraines mais irrémédiables, longtemps dissimulées avant de surgir. Pas davantage un « zigzag », en effet, car une fois le changement de cap opéré, il aura suivi la nouvelle direction prise avec constance et même entêtement. « Contradiction », oui, le mot conviendrait mieux, encore qu'il manque une chose, essentielle, pour qu'on puisse l'employer pour décrire ce quinquennat : se contredire précisément, dire le contraire de ce que l'on a dit une première fois et, ainsi, assumer ce revirement.

Rien n'est endossé, tout est nié.

La « volonté » ?

Elle ne fut pas même limitée, comme les moyens ; simplement défaillante. Absente. Dans sa profession de foi de candidat, publiée pour le plus grand nombre, François Hollande avait affirmé : « Il n'y a pas de réussite durable en politique qui ne s'appuie sur des valeurs. La première, c'est *la vérité*. Sans elle, il n'y a pas d'authentique démocratie. (...) Je ne serai pas le président des déclarations sans lendemain. Je ne serai pas le président qui viendra vous dire six mois après son élection : mon programme est caduc parce que, finalement, les caisses sont vides[1]. » Il n'aura pas été le Président des caisses vides, non, mais celui d'un autre déficit, celui de la volonté ; le résultat est le même : pas de vérité, pas de réussite politique durable, pas de démocratie authentique.

Reste cette phrase : « D'ores et déjà, nous savons où nous voulons aller. » Elle sonne clair aujourd'hui, comme un aveu. Et que le pluriel est cruel.

Il savait où *il* voulait aller ; mais *il* ne *nous* l'a pas dit.

Il voulait aller à Berlin.

C'était à Berlin que l'on pouvait réduire Bruxelles et sauver Paris. Pour cela, il aurait fallu le vouloir et se battre pour négocier, discuter, convaincre ou imposer. Il ne le voulait pas.

Il voulait aller à Berlin pour une autre raison, la raison inverse. Il voulait aller à Berlin parce que c'est là que quelqu'un d'autre – la Chancelière – pourrait le libérer, lui, d'un fardeau dont il savait déjà qu'il n'aurait pas la force de se délester seul : Le Bourget.

1. François Hollande, *Changer de destin, op. cit.*, p. 25. C'est Hollande qui souligne.

François Hollande est ainsi fait qu'il préfère que ce soient les autres, ou, mieux encore, les événements, qui le soulagent des actes qu'il n'est pas capable d'accomplir.

À peine la cérémonie d'investiture terminée, le 15 mai 2012 aux alentours de 15 heures, le nouveau Président quitta donc ses invités et s'envola pour la capitale allemande. Le Falcon n'emmenait pas que le chef de l'État, mais tous les espoirs de la gauche et la confiance du pays. Avec le vote des Français pour viatique, après une vraie discussion politique avec la Chancelière, une nouvelle relation entre les deux pays, « de vérité et d'égalité », comme il fut dit au Bourget, pouvait être fondée. Une relation équilibrée, où la France accomplirait des « efforts de compétitivité » tandis que l'Allemagne ferait « preuve de solidarité ». Une relation refondée qui permettrait au Président, comme il s'y était engagé, de renégocier le traité budgétaire européen conclu le 9 décembre 2011 par Nicolas Sarkozy.

Alors un nouveau cours pouvait être donné à l'Europe. Une nouvelle Europe pouvait naître, celle dessinée au Bourget : une Europe refusant l'« austérité sans fin », une Europe dotée d'une « nouvelle politique commerciale (...) qui fera obstacle à la concurrence déloyale », une Europe « des projets industriels », de « la relance des grands travaux », dotée des moyens de « dominer la spéculation ». Bref, « une Europe de croissance (...), une Europe de solidarité (...), une Europe de protection ».

Sans cette nouvelle Europe, sans cette nouvelle relation franco-allemande, la nouvelle politique proposée par François Hollande au Bourget était impossible. Il le savait. Il n'aura pas voulu engager la bataille personnelle, diplomatique et politique qui aurait permis ce nouveau départ.

Les engagements pris dans le discours du Bourget sont donc restés lettre morte.

Pas tous, en vérité : le nouveau chef de l'État a bien consacré son premier déplacement à rencontrer la Chancelière allemande.

Et le Falcon du Président, à propos ?

Après avoir parcouru quelques centaines de kilomètres, l'avion fut foudroyé dans le ciel de France. Événement rare, presque incroyable, de ceux que la littérature n'ose imaginer et que seule la vie peut réserver. Selon la chronique officielle, le Président, après avoir rebroussé chemin et changé d'aéronef, aurait repris son vol et se serait posé sans encombre à Berlin.

Les lois de la politique ne sont pas celles de la physique et la vérité est tout autre : l'avion présidentiel s'est écrasé, six mois plus tard, quelque part en Lorraine, près des hauts-fourneaux de Florange.

Chapitre II

FLORANGE

« En dernier ressort, la décision est d'ordre moral. »
Charles de GAULLE, *Le Fil de l'épée*

« Patriotisme et intelligence devront être réconciliés. »
George ORWELL, *Le Lion et la Licorne*

« Campagne, bataille, stratégie, ligne, camp, offensive, état-major, quartier général, mobilisation » : le vocabulaire l'indique, la politique et la guerre ont partie liée. Le lien est profond, consubstantiel, ontologique, diraient les philosophes.

Comme la guerre, la politique se fonde sur l'existence d'un ennemi – qu'on l'ait choisi ou que ce soit lui qui vous ait désigné comme tel – et sur le commandement. Comme la politique, la guerre est l'art de la décision, puis de l'exécution, et vise le salut de la Cité. Toutes deux exaltent la volonté, la persévérance, le caractère, le courage et la force d'âme plus que l'intelligence. César, Bonaparte, de Gaulle : des soldats de génie furent de grands politiques. Lincoln, Churchill, Clemenceau : des géants politiques surent se hisser au rang de chefs de guerre.

On peut donc renverser la sentence fameuse de Clausewitz et affirmer avec Foucault que la « politique est la continuation de la guerre par d'autres moyens ».

À l'heure d'engager une bataille politique, l'état des forces respectives en présence est décisif.

S'il existe un déséquilibre trop net entre les camps sur le point de s'affronter, la lutte est vaine pour celui qui est en position d'infériorité. Pas plus que le génie militaire, le talent politique ne peut renverser une situation par trop inégale. L'honneur de la politique, et elle se distingue en cela de la conduite des armées, est de livrer néanmoins combat, quoi qu'il en soit et quoi qu'il en coûte. Toutes les batailles doivent être menées, même celles perdues d'avance. Il n'y a pas de « recul stratégique », ni même tactique, qui vaille ; il faut « porter le drapeau ». Ce fut le cas pour la gauche parlementaire en 1993, lors d'élections législatives que l'on savait très difficiles et qui tournèrent à la déroute. De même, Lionel Jospin ne pouvait être élu en 1995 ; il le savait, il accomplit néanmoins son devoir en se portant candidat à l'élection présidentielle.

Lorsque le jeu est ouvert, le sort des urnes dépend alors de cinq paramètres.

L'union d'un camp politique ne recouvre pas seulement des valeurs fédératrices, une idéologie partagée, un vocabulaire commun, une entente programmatique ou un accord électoral ; elle désigne surtout cette soif de vaincre qui est le meilleur ciment d'une coalition. Exaspération devant la nature de l'adversaire, enthousiasme pour un projet politique, dévouement passionné à une cause, colère sociale, goût de la conquête, volonté d'en découdre : les formes peuvent en être diverses, la formule reste irremplaçable. Le désir de victoire ne se décrète pas ; il se constate et doit être entretenu, comme une flamme. Sans lui, rien n'est possible. Puissant, il est le meilleur facteur d'unité et le gage du succès. Évanoui, il faut alors attendre que le temps passe et qu'avec lui revienne l'envie. Il en va ainsi des partis politiques comme des corps humains : la fatigue, l'aboulie, le dégoût même peuvent les saisir. La gauche désirait ardemment l'emporter en 2012 et ce désir compta pour beaucoup dans le résultat final ; désormais lasse, épuisée, dévitalisée et écœurée, sa désunion et sa démobilisation sont les meilleurs atouts d'une droite avide, elle, de prendre sa revanche en 2017.

Une stratégie claire et intelligible pour les citoyens est indispensable. À la fois diagnostic et remède, elle doit correspondre et répondre à l'état du pays. Le programme d'un parti ou d'un candidat est la première traduction, fondamentale, de la stratégie politique retenue. Gauche et droite ne sont pas égales devant l'exigence démocratique de présenter un projet clair, argumenté, étayé et financé. Pour des raisons historiques et culturelles, le « parti de l'ordre » jouit d'une indulgence que ne connaît pas celui du « mouvement ». Cette asymétrie renvoie sans nul doute au préjugé tenace qui voit dans la droite le détenteur « naturel » du pouvoir ; la gauche, elle, étant encore trop souvent regardée comme illégitime à cet égard. Il faut certainement trouver là l'explication à ce fait flagrant : les textes programmatiques de la gauche restent dans la mémoire collective, quand ceux de la droite disparaissent dès l'élection achevée.

Personne ne se souvient des programmes de Valéry Giscard d'Estaing ou de Jacques Chirac, mais tout le monde connaît les « 110 propositions » ou la « Lettre à tous les Français » de François Mitterrand. Plus près de nous, qui se rappelle le programme de Nicolas Sarkozy en 2012 ? Alors que le discours du Bourget et les « 60 engagements » de François Hollande ont marqué les esprits. Devant, idéalement, désigner un adversaire, il faut aussi que la stratégie retenue puisse se cristalliser en un slogan de campagne, dont la vocation est d'adresser un message simple, mais significatif et signifiant, à chaque électeur. Un soin particulier doit donc être apporté au choix de celui-ci. Il faut en particulier proscrire les dimensions institutionnelles ou personnelles du combat – c'est de la France et des Français dont il s'agit, et de rien d'autre. Les élections présidentielles de 1995 et de 2002 illustrent ce danger.

Face à la « fracture sociale » et à « La France pour tous » de Jacques Chirac, le « Avec Lionel Jospin, c'est clair », bien vite remplacé par un « Le Président citoyen » qui ne valait guère mieux, firent bien pâle figure, tant ils étaient à côté de la plaque. Sept ans plus tard, en choisissant de proclamer qu'il voulait « Présider autrement », Lionel Jospin dissimulait mal une hostilité devenue obsessionnelle à l'égard de Chirac et qu'il dévoilerait bien vite en commettant l'erreur de le décrire comme « usé, vieilli, fatigué ». Les formules gagnantes sont toujours celles qui évoquent la France et convoquent le volontarisme politique. Ainsi, en 2007, Nicolas Sarkozy fit logiquement le choix de se démarquer de l'immobilisme qui avait caractérisé le quinquennat qui s'achevait en proclamant qu'« Ensemble, tout devient possible ».

Cinq ans plus tard, François Hollande fit habilement appel à un thème classique de la gauche – « le changement » –, en l'agrémentant d'une injonction – « c'est maintenant » –, qui lui permettait de jouer à plein du rejet suscité par la personnalité comme par la politique du président sortant, sans toutefois l'afficher. Un antisarkozysme d'autant plus efficace qu'il était déguisé.

À l'inverse, que cette stratégie soit absente ou indéchiffrable, et les chances de l'emporter se réduisent comme peau de chagrin. Ainsi en alla-t-il, en 1997, de la dissolution de l'Assemblée nationale décidée par Jacques Chirac sur le conseil de Dominique de Villepin. Décision extravagante, ne répondant à aucune nécessité politique ou sociale, elle fut immédiatement comprise par les Français comme ce qu'elle était : une manœuvre dictée par des considérations de pure opportunité. Elle échoua donc.

Troisième facteur, déterminant pour le sort d'une bataille politique, jouant souvent un rôle décisif au cours d'une campagne, le talent d'un candidat comporte bien des facettes. La stature personnelle ; l'autorité morale ; l'envergure intellectuelle ; l'ampleur de la culture historique et politique ; la capacité à rassembler les siens et au-delà ; l'acuité de l'analyse ; le talent oratoire ; l'habileté médiatique : toutes ces qualités concourent à définir le charisme propre à une personnalité. Il en est encore une, particulière et particulièrement importante, qui constitue même « la qualité psychologique déterminante de l'homme politique » selon Max Weber, et qu'il désigne ainsi : « le coup d'œil ». Il faut entendre par là la capacité à se maintenir à distance des choses et des hommes, l'aptitude à les regarder tels qu'ils sont et à les tenir pour ce qu'ils sont, une forme d'intelligence qui permet de discerner, au-delà des apparences et en dépit du tumulte des événements, la vérité d'une situation. Aussi subtile ou profonde soit-elle, aucune intelligence ne vaut en politique si elle ne possède cette dimension-là.

De ce « coup d'œil », je reçus la première leçon de Lionel Jospin. C'était le mercredi 16 avril 1997. Après une « défaite d'avenir » à l'élection présidentielle, deux ans auparavant, Lionel Jospin était redevenu premier secrétaire du PS. À la recherche d'un collaborateur politique, il s'était ouvert à Pierre Moscovici de cette préoccupation : « J'ai besoin de quelqu'un. Un jeune, capable, qui sache réfléchir et écrire, et qui ait envie d'apprendre. Il travaillerait directement avec moi. Il aurait des fonctions de directeur de cabinet, tu vois, mais n'en aurait pas le titre. D'abord, parce que je n'aurai pas de cabinet, donc il ne dirigerait personne ; et puis parce que je ne veux pas faire comme mes prédécesseurs. En même temps, il serait constamment à mes côtés, exactement comme un directeur de cabinet. Enfin, tu vois… »

Pierre, qui connaissait son Jospin sur le bout des doigts, « voyait » très bien… Grâce à sa confiance, je devins le Maître Jacques du premier secrétaire, tantôt préparant des trames de discours, tantôt rédigeant des notes sur les sujets d'actualité, l'accompagnant le soir venu, ou en fin de semaine, dès que ma vie d'inspecteur des affaires sociales m'en laissait la disponibilité. Je suivais cet apprentissage depuis plus d'un an quand nous nous retrouvâmes, ce mercredi-là, dans le bureau exigu que Jospin occupait dans l'immeuble moderne de la rue de Vaugirard où le PS avait emménagé pendant la durée des travaux de rénovation de son siège historique, rue de Solférino. Le dimanche suivant, il devait être l'invité d'Anne Sinclair dans son émission « 7 sur 7 ». Il nous avait donc réunis, vers 16 heures, Nicole Baldet, son assistante, Dominique Merchez, son attaché de presse, Jean-Christophe Cambadélis, Pierre Moscovici et moi-même, dans cette perspective.

Nous réfléchissions au contenu de cet entretien à venir quand François Hollande vint, avec un peu de retard, se joindre à nous. Alors porte-parole du parti, il était quotidiennement au contact des journalistes politiques de la place de Paris. Avec quelque précaution, compte tenu de « l'énormité » de la chose, il nous informa de la rumeur venue jusqu'à lui : le président de la République envisageait de dissoudre l'Assemblée nationale. Notre incrédulité n'eut d'égale que notre incompréhension. Pourquoi ? Pourquoi dissoudre quand on dispose d'une majorité confortable et docile ? Pour quoi faire ? Comment justifier une telle décision devant le peuple ? Et, de surcroît, pourquoi annoncer cette dissolution le lundi suivant, comme l'indiquaient les contacts de Hollande, soit le lendemain de la participation du leader de l'opposition au rendez-vous majeur de l'actualité politique ? Pour lui permettre d'anticiper l'annonce ? Pour qu'il puisse prendre la main ? Tout cela était absurde. « Oui, c'est absurde, mais c'est pourtant ce que préparent Chirac et Villepin. C'est ce que me disent les journalistes et ils sont bien informés » : Hollande était catégorique. D'incrédules, nous devînmes perplexes ; puis la perplexité céda le pas à la prudence : si la rumeur était fondée, il fallait s'organiser et, en particulier, revoir la préparation de l'émission télévisée à venir qui aurait, dans un tel contexte, une importance cruciale.

À mesure que les minutes s'écoulaient et que notre discussion s'animait, j'observais que Jospin ne répondait plus au même rythme à nos questions ou à nos remarques ; je le devinais, laconique puis silencieux, entrer en lui, opérant une retraite intime, poursuivant une réflexion intérieure, soupesant les arguments, examinant la situation, démêlant l'écheveau des motivations, des raisonnements et des passions qui agitaient le sommet de l'État. Ainsi, il comprenait ce qui se jouait ; mieux : il *voyait* les choses. La réunion finie, une fois ses participants éparpillés, à la fois dubitatifs et goguenards, je me retrouvai seul à ses côtés devant l'ascenseur. Là, il se pencha vers moi pour me glisser : « Tu vas déposer autant de jours de congé que tu pourras. Prépare-toi à travailler jour et nuit, préviens ta femme et tes enfants. On va donner le maximum. Parce que, écoute-moi bien, si Chirac commet cette faute, et maintenant je suis convaincu qu'il va la commettre, s'il fait cela, alors sondages ou pas sondages, on peut gagner. Et même, je te le dis, on va gagner. » Le lundi 21 avril, Jacques Chirac annonçait dans une allocution solennelle la dissolution de l'Assemblée nationale. Le 1er juin, la gauche plurielle devenait la majorité plurielle. Le lendemain, Lionel Jospin était nommé Premier ministre.

Quel que soit son talent, un homme politique doit savoir s'appuyer sur une équipe. Son état-major. « Avec cent hommes déterminés, on peut prendre le pouvoir », aurait un jour assené François Mitterrand à un Pierre Mauroy interloqué. Héritière de la tradition révolutionnaire du « coup de main », inaugurée par les hommes de 1789 et à laquelle Lénine et ses bolcheviks donneraient en octobre 1917 un lustre sans pareil depuis, cette vision de la conquête du pouvoir par un petit nombre soudé reste vraie, même si elle est désormais pacifique. Plus que leur valeur propre, c'est la confiance qu'ils inspirent qui doit guider le choix de ces hommes. La confiance et donc la connaissance que l'on peut en avoir, qualités et défauts mêlés. En 1997, Lionel Jospin avait choisi Manuel Valls pour assurer sa communication, Pierre Moscovici pour superviser avec Claude Allègre son projet, et

François Hollande pour porter sa parole. J'étais à ses côtés pour être sa « plume ». En 2012, une fois désigné candidat à l'élection présidentielle, François Hollande demanda à Pierre de diriger sa campagne, à Manuel de diriger sa communication et me confia la tâche de l'accompagner dans la préparation des nombreux discours qui allaient émailler sa campagne. Comme je lui faisais remarquer, dans l'avion qui nous menait à Bordeaux pour son premier meeting, que les hommes de 1997 se retrouvaient quinze ans plus tard, il me souffla avec un sourire malicieux : « Chut ! C'est un secret, c'est le secret de cette campagne… »

S'adapter aux surgissements de la réalité et aux embardées politiques – mieux : les anticiper –, corriger la trajectoire que l'on a définie afin de tenir compte du cours des événements, surprendre l'adversaire, le priver d'un argument ou d'une critique, adresser un signal à son camp, réagir à l'actualité, savoir accélérer le rythme : une campagne se gagne enfin sur le terrain tactique.

De cette habileté, François Hollande a donné la mesure à deux reprises en février 2012. Toutefois, ayant perdu de vue que la tactique ne saurait, en aucun cas, supplanter la stratégie à laquelle elle doit toujours rester subordonnée, ces deux stratagèmes allaient, par la suite, se retourner contre leur auteur. Plus grave : contre la gauche aussi.

Il y avait un peu plus d'un mois que le candidat avait pris son envol au Bourget. D'abord considérable et sans valeur aucune, son avantage dans les sondages sur Nicolas Sarkozy s'amenuisait régulièrement ; rien que de très normal, mais une tendance défavorable pouvait se dessiner. Sur son flanc gauche, Jean-Luc Mélenchon, lui, ne cessait de le harceler ; son discours virulent pouvait finir par décrocher une part des électeurs jusque-là soucieux d'un vote utile, mais susceptibles de douter de la sincérité de l'ancrage « à gauche » du candidat socialiste. Sarkozy qui remontait et Mélenchon qui le ciblait : il fallait réagir et desserrer l'étau. Ce fut chose faite, et bien faite, en l'espace d'une petite semaine.

Le vendredi 24 février 2012, il était environ 5 h 30 quand mon téléphone portable vibra sur la table de chevet : Manuel Valls.
— Désolé de te réveiller…
— Tu ne me réveilles pas.

C'était vrai : il n'y a pas de jour, pas de nuit, quand on mène campagne.

— Écoute, je voulais te prévenir. Cela s'est décidé hier soir tard : François va se rendre ce matin à Florange pour soutenir les salariés d'ArcelorMittal. C'est un gros coup, j'ai réussi à le convaincre.
— Vous partez maintenant ?
— Oui. Personne n'est au courant. Ni Le Foll, ni Mosco. Si l'on avait dû leur demander leur avis, on y serait encore. Ils vont brailler quand ils vont entendre ça à la radio…
— Je file au siège de campagne de suite. On se parle dans la matinée.
— À tout à l'heure.

Acuité de l'analyse, netteté de la décision, rapidité d'exécution : Manuel Valls dans un de ses meilleurs jours.

Ces mêmes qualités m'avaient déjà frappé quand, seize ans plus tôt, j'avais fait sa rencontre. Je venais de commencer ma collaboration étroite avec Lionel Jospin, redevenu premier secrétaire du PS et, très logiquement, j'avais été amené à travailler avec le secrétaire national à la communication qu'il était alors. Tout au long de l'année 1996, nous apprîmes à nous connaître et à nous apprécier, déjouant les pronostics de ceux qui, nombreux à Solférino, ricanaient sur notre passage : « Ces deux-là ne mettront pas longtemps à s'étriper. »

D'étripage, il n'y eut pas ; au contraire, la confiance puis l'amitié se sont installées, puis fortifiées à l'occasion de la campagne des élections législatives de 1997 et, surtout, au fil des quatre années passées ensemble à Matignon, jusqu'à son élection, en 2001, comme maire d'Évry. Quatre années où nous avons partagé la même tranchée et servi le même général, quatre années de labeur acharné et d'éclats de rire quotidiens, quatre années d'un bel apprentissage commun de l'État, pour moi le jeune haut fonctionnaire, pour lui le militant expérimenté qui, presque dix ans plus tôt, en 1988, était déjà chargé de mission auprès de Michel Rocard, Premier ministre.

La passion qu'il nourrissait pour la chose politique dévorait sa vie entière ; il lui avait sacrifié ses études d'histoire et lui consacrait tout – son temps, son talent, son énergie, ses pensées, sa jeunesse. Volontiers décrit comme raide et brutal – ce qu'il lui arrivait d'être, effectivement –, il était surtout pudique et orgueilleux, sensible aussi, une sensibilité qu'il protégeait sous des propos quelquefois abrupts et des actes parfois tranchants. Grandi dans une famille intellectuelle et artiste, il s'était endurci pour affronter le monde politique qu'il s'était choisi, son épiderme continuant toutefois à réagir avec vivacité à la moindre blessure, ce qui ne manquait jamais de me surprendre chez un tel homme. Catalan de naissance, Espagnol de nationalité jusqu'à ses vingt ans, profondément français, amoureux de son pays, son histoire personnelle avait fait de lui un patriote intransigeant. Rocardien de toujours et sincère, il l'était à sa manière, singulière, pénétré qu'il était des préoccupations populaires et revendiquant l'autorité, en particulier celle de l'État, comme une valeur cardinale. La force de son caractère ne l'empêchait pas de se montrer roué, quand les circonstances l'exigeaient. Ferme dans ses principes, il savait être souple dans l'action. Politique par toutes ses fibres, il avait intégré le rôle de la communication dans une société moderne, se servant de l'instrument avec distance et maîtrise. Il allait encore en faire la démonstration ce jour-là.

Aller à la Florange soutenir les salariés en grève d'Arcelor-Mittal : l'initiative était un joli coup de communication et une belle manœuvre tactique. Couper l'herbe sous le pied de Sarkozy, qui avait prévu de visiter le même jour la raffinerie normande Petroplus en grande difficulté, et, dans le même temps, désamorcer les critiques de Mélenchon, c'était pour Hollande faire d'une pierre deux coups. Trois, même : il s'agissait aussi de redonner de l'allant à sa campagne, de reprendre la main, d'imposer ses thèmes et son agenda à ses adversaires comme à la presse.

Pour les mêmes raisons, et avec les mêmes résultats, la même méthode serait utilisée cinq jours plus tard, lorsqu'il annoncerait sur le plateau de l'émission de TF1 « Parole de candidat », devant une Laurence Ferrari médusée, sa proposition de taxer à hauteur de 75 % les revenus au-delà de un million d'euros par an. Après ces deux « coups de Jarnac », Nicolas Sarkozy ne se déferait plus de son image de « Président des riches » et porterait comme sa croix la « plaque » que les salariés de Gandrange lui avaient attribuée après son reniement de 2009[1]. Quant à Jean-Luc Mélenchon, il userait de son talent d'orateur en vain et ne serait à aucun moment en mesure de faire « turbuler le système ».

Aller à Florange soutenir les salariés en grève d'Arcelor-Mittal : ce geste revêtait une importance politique qui dépassait la seule tactique.

C'était une manière de chercher à renouer avec le monde ouvrier, que le PS avait eu trop souvent tendance à négliger, ou même à oublier, depuis de si longues années. Dans leur hâte à enterrer une « lutte des classes » jugée politiquement dépassée et, pire encore, « ringarde », de nombreux intellectuels et responsables socialistes en étaient arrivés à nier jusqu'à l'existence des classes sociales elles-mêmes. Marxistes ou gauchistes dans leur jeunesse, ils avaient adoré cette figure idéalisée de la classe ouvrière qu'ils appelaient « le prolétariat ». La Révolution les

1. « Ici reposent les promesses de N. Sarkozy faites le 4 février 2008 à Gandrange : "Avec ou sans Mittal, l'État investira dans Gandrange". »

ayant quittés, et convertis au réformisme, leurs illusions perdues avaient emporté dans leur débâcle cette classe ouvrière devenue désormais, à leurs yeux, inutile. Parvenue au pouvoir, tombée sous le charme du marché quand ce n'était pas de l'argent, fascinée par la gestion, cette génération ancienne avait été rejointe par une troupe de catéchumènes qui s'étaient empressés d'oublier le peu de philosophie et d'histoire qu'ils connaissaient, pour se cramponner à quelques rudiments d'économie qui devinrent leur viatique. Ignorant la sentence hautaine et définitive de Fernand Braudel – « l'économie, en soi, cela n'existe évidemment pas » –, beaucoup versèrent même dans l'économisme : tout était économique et ce qui ne l'était pas le deviendrait.

Les passions, les intérêts, les identités, les histoires, les cultures, les classes sociales bien entendu : toute la réalité humaine était sommée de se laisser mettre en équations. Et comme l'on fait dire aux chiffres ce que l'on veut, ceux-ci annonceraient ce qui était attendu d'eux : la disparition de la classe ouvrière.

Cette inculture dissimulée derrière une logorrhée statistique se doublait d'une étrange cécité, une « cécité volontaire » pour paraphraser La Boétie. Car le fait était là, massif : la classe ouvrière se refusait à mourir de la belle mort qu'on lui avait choisie ; elle perdurait, vivace, différente certes, transformée sans doute, mais bien là. De l'industrie qui se réduit comme peau de chagrin, mais des services industriels qui la remplacent. Moins d'usines, mais plus de « call centers ». Des contremaîtres en voie de disparition, mais des téléphones portables qui sonnent pour demander des comptes et contrôler les cadences. Des OS et des fileuses en moins, des livreurs et des caissières en plus. Toujours la même subordination, toujours le même travail répétitif, toujours la même fatigue à la fin de la journée, toujours ce qui constitue la réalité du travail ouvrier, toujours ce qui fait la condition ouvrière. Il suffisait d'ouvrir les yeux pour la voir, la classe ouvrière, à commencer par celle qui n'avait pas changé, celle des ateliers et des laminoirs, celle qui s'obstinait.

Oui, mais voilà : la classe ouvrière, ces « socialistes » nouvelle manière ne la voyaient pas, ne la voyaient plus. Elle était devenue littéralement *invisible* pour eux. Ils n'avaient désormais d'yeux que pour les minorités « tendance », les exclus « hype », la partie de la société certes dominée, mais « moderne ». Pire, la classe ouvrière, ils ne voulaient plus la voir, même en graphique ; ils décidèrent donc de lui signifier son congé.

Ce fut chose faite le 10 mai 2011, une date choisie vraisemblablement à dessein.

La lettre de licenciement prit la forme d'une note de la fondation Terra Nova, un « think tank progressiste » – placé sous le parrainage de Michel Rocard, président de son conseil scientifique, jusqu'à son décès en 2016 – auquel le PS avait choisi de confier la « bataille des idées ». Les entreprises externalisent bien leur comptabilité, alors pourquoi ne pas déléguer l'élaboration du programme politique à ce cabinet de conseil d'un nouveau genre ? Voilà qui était « moderne » et qui éviterait bien des débats fastidieux… L'état des lieux dressé par ce document éloquemment intitulé « Gauche : quelle majorité électorale pour 2012[1] ? » était celui d'un divorce consommé entre « la gauche » – entendez leur gauche, la gauche libérale – et les ouvriers – présentés comme des agents de la réaction : « À partir de la fin des années 1970, la rupture va se faire sur le facteur culturel. Mai 68 a entraîné la gauche politique vers le libéralisme culturel : liberté sexuelle, contraception et avortement, remise en cause de la famille traditionnelle. Ce mouvement sur les questions de société se renforce avec le temps pour s'incarner

1. Bruno Jeanbart et Olivier Ferrand, « Gauche : quelle majorité électorale pour 2012 », tnova.fr

aujourd'hui dans la tolérance, l'ouverture aux différences, une attitude favorable aux immigrés, à l'islam, à l'homosexualité, la solidarité avec les plus démunis. En parallèle, les ouvriers font le chemin inverse. Le déclin de la classe ouvrière – montée du chômage, précarisation, perte de l'identité collective et de la fierté de classe, difficulté de vie dans certains quartiers – donne lieu à des réactions de repli : contre les immigrés, contre les assistés, contre la perte de valeurs morales et les désordres de la société contemporaine. »

Les choses étaient dites clairement : les ouvriers pensaient mal, de plus en plus mal ; et ils votaient mal, de plus en plus mal. On allait donc proposer de mettre au rebut l'ancienne coalition électorale, condamnée à sortir de l'Histoire, pour lui substituer une nouvelle, incarnant elle seule l'avenir : « La nouvelle coalition de la gauche n'a plus rien à voir avec la coalition historique : seuls les jeunes appartiennent aux deux. L'identité de la coalition historique était à trouver dans la logique de classe, la recomposition en cours se structure autour du rapport à l'avenir. La nouvelle gauche a le visage de la France de demain : plus jeune, plus féminin, plus divers, plus diplômé mais aussi plus urbain et moins catholique. Elle est en phase avec la gauche politique sur l'ensemble de ses valeurs. Contrairement à l'électorat historique de la gauche, coalisé par les enjeux socio-économiques, cette France de demain est avant tout unifiée par ses valeurs culturelles, progressistes : elle veut le changement, elle est tolérante, ouverte, solidaire, optimiste, offensive. C'est tout particulièrement vrai pour les diplômés, les jeunes, les minorités. Elle s'oppose à un électorat qui défend le présent et le passé contre le changement, qui considère que “la France est de moins en moins la France”, “c'était mieux avant”, un électorat inquiet de l'avenir, plus pessimiste, plus fermé, plus défensif. »

Finie la gauche sociale, dépassée, caduque, obsolète, archaïque, aux oubliettes ! Place à la gauche culturelle, porteuse d'avenir, radieuse, progressiste, souriante. Et en avant pour une nouvelle stratégie électorale, dite « de valeurs » :

« Il n'est pas possible aujourd'hui pour la gauche de chercher à restaurer sa coalition historique de classe : la classe ouvrière n'est plus le cœur du vote de gauche, elle n'est plus en phase avec l'ensemble de ses valeurs, elle ne peut plus être comme elle l'a été le moteur entraînant la constitution de la majorité électorale de la gauche. La volonté pour la gauche de mettre en œuvre une stratégie de classe autour de la classe ouvrière, et plus globalement des classes populaires, nécessiterait de renoncer à ses valeurs culturelles, c'est-à-dire de rompre avec la social-démocratie (...). Quelle stratégie la gauche doit-elle adopter pour faire le plein de son nouvel électorat naturel ? Elle doit opter pour une stratégie de valeurs. L'électorat "France de demain" les partage. Il y a des marges de manœuvre. Les élections régionales de 2010 ont montré que le vote à gauche des femmes, des jeunes, des diplômés progresse plus fortement que la moyenne de l'électorat. Pour accélérer ce glissement tendanciel, la gauche doit dès lors faire campagne sur ses valeurs, notamment culturelles : insister sur l'investissement dans l'avenir, la promotion de l'émancipation, et mener la bataille sur l'acceptation d'une France diverse, pour une identité nationale intégratrice, pour l'Europe (...). Une telle stratégie, sous les hypothèses du rapport, pourrait ramener 2 500 000 voix à la gauche au second tour, de quoi effacer les 2 200 000 d'avance obtenues en 2007 par Nicolas Sarkozy. Toutefois, le résultat demeurerait serré. »

Serré en effet. Très. Perdu d'avance, pour être précis.

Car, comme le reconnaissaient avec une ingénuité confondante les auteurs de cette note, leur « stratégie de valeurs » posait un petit problème politique... La coalition nouvelle par eux préconisée n'était – comment disaient-ils ? – « pas majoritaire ». Et pour cause ! Les classes populaires ont ceci de particulier qu'occupant l'espace central de la société française, sans elles, sans leurs suffrages, pas de victoire possible.

Renoncer à reconquérir les classes populaires, et en particulier la classe ouvrière, comme le proposait Terra Nova, constituait une grave faute[1].

Faute politique.

Pour la gauche, la reconquête des milieux populaires est difficile, certes, mais indispensable. Les classes populaires – les ouvriers et les employés – sont le cœur de la société française et non une sorte de « noyau » en voie de contraction. Même si elles se sont évidemment transformées, elles existent toujours et nous le prouvent régulièrement par leur vote, comme ce fut le cas le 29 mai 2005, lors du référendum sur le traité constitutionnel européen. L'échec collectif de la gauche à convaincre cet électorat a signé ses défaites de 1995, 2002 et 2007. Inspiré par l'exemple de François Mitterrand qui, en 1981 et en 1988, réussit à rassembler une majorité des voix ouvrières sur son nom, François Hollande serait élu en 2012 en s'adressant et en convainquant une large part de cet électorat.

Faute morale.

La politique, à gauche, ne saurait être un calcul : quel groupe social me rapporte combien de voix ? Cette catégorie est-elle plus ou moins récalcitrante ? Telle stratégie électorale est-elle plus ou moins difficile ou risquée ? La politique, à gauche, est une analyse de la société et de ses inégalités ; puis, ce qui en découle, c'est-à-dire une volonté de réduire celles-ci, quelle que

1. Faute contre laquelle je m'élevai, quelques jours après la publication de cette note, le 30 mai 2011, dans une interview accordée au quotidien *Libération* : « Sans les classes populaires, la gauche ne sert plus à rien, elle n'est plus rien », propos recueillis par Éric Aeschimann, entretien auquel je me permets de renvoyer ici.

soit la difficulté de ce combat. Dès lors, les seules questions qui valent sont : qui veut-on défendre ? Mieux : qui *doit*-on défendre ? Quels sont ceux de nos concitoyens dont la vie est la plus dure, ceux qui subissent les inégalités sociales les plus grandes ? Approche cynique de la politique, la démarche « marketing » prônée par la « fondation progressiste » est surtout naïve : mise en œuvre, elle déboucherait, en effet, non seulement sur la faillite morale, mais encore sur l'échec politique et, enfin, sur le naufrage électoral.

Même fusionnées, les promotions « Voltaire » et « Senghor » de l'ENA ne sauraient constituer une base populaire pour conquérir le pouvoir…

Plus tard, le directeur général de Terra Nova en conviendrait, au moins en partie, reconnaissant que « considérer que l'électorat ouvrier intégré dans l'emploi était un électorat perdu et qu'il n'y avait pas lieu de s'adresser à lui était une erreur[1] » ; et même, que « la gauche n'avait pas attendu ce rapport pour perdre le contact avec toute une partie de l'électorat populaire » et qu'il fallait « sortir de l'antipopulisme indigné »[2].

Mélange de naïveté et de cynisme, donc, de désinvolture et de calcul, de prétention sociologique et d'inconséquence politique, la note de la fondation Terra Nova eut néanmoins un grand mérite : elle vendit la mèche, couchant noir sur blanc la vision politique d'une bonne part des dirigeants du PS, dévoilant leurs intentions réelles : se débarrasser au plus vite des ouvriers, des employés, de tous ces « gens de peu » dont Pierre Sansot a parlé avec sensibilité et générosité[3].

1. « La gauche a-t-elle abandonné la France périurbaine ? », entretien accordé par Thierry Pech au *Figaro* du 22 octobre 2014.
2. « Sortir de l'antipopulisme indigné », *L'Obs*, n° 2666, 10 décembre 2015.
3. Pierre Sansot, *Les Gens de peu*, PUF, coll. « Sociologie d'aujourd'hui », 1991.

Il faut dire qu'ils étaient fatigants, ces gens-là.

Jamais ils ne réclamaient de « discrimination positive », mais des hausses de salaire, des logements décents, des conditions de travail meilleures – quand ce n'était pas du travail tout court –, des trains et des autobus qui arrivent à l'heure, des rues propres et sûres, une école qui permette à leurs enfants de se faire une place un peu meilleure que la leur. Jamais ils ne dénonçaient de « stigmatisation » ou de « fascisme qui ne passera pas », mais le chômage et la crise de l'autorité. Jamais on ne les voyait dans les cortèges colorés et sonores des manifestations exigeant des droits nouveaux, ni dans les lieux de création alternatifs ; seulement dans les stades de football et les troquets miteux. Leur seule revendication ? Celle résumée avec simplicité et justesse par George Orwell : « Dans quel but les travailleurs luttent-ils ? Simplement pour une vie décente qu'ils savent de plus en plus être matériellement possible[1]. »

Rétif au libéralisme, étranger au culte de la nouveauté, critique à l'égard de l'Europe telle qu'elle avait été décidée et telle qu'on la lui imposait, ce monde populaire avait beaucoup pour déplaire aux maîtres de la nouvelle doxa de gauche.

Dans ces conditions, son sort était scellé : ce serait la disparition symbolique.

Effacée des statistiques, oubliée des médias, jamais invitée sur le plateau du « Grand Journal » de Canal Plus, progressivement éliminée des discours politiques, l'invisibilité programmée de la classe ouvrière serait à la fois une punition méritée et la justification de celle-ci. Pourquoi parler *de* ou donner la parole *à* des personnes qui n'existent plus puisqu'on ne les voit plus ? Bien entendu, il y eut quelques résistances. Ainsi, Lionel Jospin, dans son discours à l'Université d'été du PS à La Rochelle, en août 1999, proposa-t-il

1. George Orwell, *Réflexions sur la guerre d'Espagne*.

une « nouvelle alliance » entre classes populaires et moyennes. De même, excédé par les débats au sein du conseil politique du candidat Jospin, en mars 2002, Pierre Mauroy s'emporta-t-il : « Mais, quoi, bon sang ! Pourquoi ne parle-t-on jamais des ouvriers ici ! Ce n'est pas un gros mot, ouvrier[1] ! »

Un gros mot, non ; mais un mot gênant, embarrassant, irritant, comme un caillou – un gros caillou – dans la chaussure de la gauche libérale. Un mot qui rappelait que tout le monde n'était pas convaincu des bienfaits du « laissez faire, laissez passer ». Que beaucoup de citoyens n'étaient pas partisans de la « mondialisation heureuse » – et pour cause : elle les faisait souffrir dans leur vie de tous les jours, cette satanée mondialisation. Que ceux-là ne rêvaient pas d'ouverture des frontières à marche forcée et qu'ils n'étaient pas « mobiles », mais fixes, désespérément immobiles, cloués à leurs territoires, ou simplement souhaitant continuer à y vivre. Qu'ils ne se sentaient pas « citoyens du monde », parce qu'ils étaient trop souvent niés comme citoyens dans leur propre pays. Qu'ils étaient occupés à gagner leur vie et préoccupés par l'avenir de leurs enfants. Qu'ils ne pensaient pas que la gauche pût être libérale et qu'ils ne souhaitaient pas qu'elle le fût. Et que si c'était ainsi qu'elle tournait, si elle se décidait donc à les abandonner, à les abandonner à leur sort, à leurs vies, alors ils l'abandonneraient eux aussi. Ils ne voteraient plus pour elle.

Longtemps, la gauche s'était préoccupée en priorité de ceux qui allaient mal, dont la vie était la plus dure, et qui réclamaient simplement de vivre mieux.

Progressivement, elle se désintéressa d'eux et s'attacha à ceux qui allaient bien, qui avaient une vie plus douce, et qui désiraient qu'elle le fût davantage.

1. Jugement qu'il renouvela dans un entretien accordé au quotidien *Le Parisien*, le 5 avril 2002, « La classe ouvrière existe ». Et qu'il approfondira dans ses *Mémoires. « Vous mettrez du bleu au ciel »*, Plon, 2003, pp. 479-484.

Ainsi s'installa le « Grand Schisme » : le peuple sans la gauche, la gauche sans le peuple[1].

Le peuple, désabusé, puis irrité, dégoûté et résigné enfin, se détourna d'une gauche qui l'avait quitté. Souffrant du chômage de masse, supportant l'essentiel du poids de l'intégration des populations immigrées, constatant la dégradation continue des services publics – et en particulier de l'École, seule chance d'ascension sociale pour ses enfants –, chassé des centres-villes à la suite de l'explosion du prix du foncier provoquée par la *gentrification*, pleurant ses usines fermées et son pouvoir d'achat laminé, le peuple se détourna de la force politique dont la vocation était de le représenter et de le défendre, mais qui avait délaissé cette mission, lui préférant de plus en plus, dans les urnes, un parti qui, certes, n'avait pas changé dans son tréfonds, restait d'extrême droite, mais qui faisait l'effort, même apparent, de s'intéresser à lui, à son sort, de lui parler.

La gauche, celle autoproclamée « de gouvernement », et au premier chef la gauche du « oui », héritière de la deuxième gauche, celle qui s'arroge abusivement l'épithète de « réformiste », excommunia le peuple. De la vénération du « prolétariat », elle versa dans ce qu'on a pu appeler la « prolophobie », passant de l'ouvriérisme à la glorification du « bobo », de plus en plus étrangère à des classes populaires qu'elle ne comprenait plus, leur reprochant leur réticence face à la mondialisation et à la construction européenne, leur racisme, leur xénophobie, leur sexisme et leur homophobie

1. Une histoire de ce schisme peut être retrouvée dans trois ouvrages importants. L'essai, pionnier, d'Éric Conan, *La Gauche sans le peuple*, Fayard, 2004 ; la synthèse éclairante de Laurent Bouvet, *Le Sens du peuple. La gauche, la démocratie, le populisme*, Gallimard, 2012 ; le débat épistolaire, passionnant, entre Jacques Julliard et Jean-Claude Michéa, *La Gauche et le peuple. Lettres croisées*, Flammarion, 2014. Sans oublier la contribution, roborative, de Christophe Guilluy (*Fractures françaises*, Champs-Flammarion, 2013 ; *La France périphérique. Comment on a sacrifié les classes populaires*, Flammarion, 2014 ; et *Le Crépuscule de la France d'en haut*, Flammarion, 2016).

supposés, leur refus obstiné de tout « accommodement » avec un multiculturalisme dont elle, précisément, se serait volontiers accommodée, les accablant du péché des péchés : venir grossir « le ventre encore fécond, d'où a surgi la bête immonde ».

Situation absurde autant que tragique.

La gauche sans le peuple ne sert plus à rien, n'est plus rien. Elle abandonne la lutte pour le progrès social au profit des seules réformes de société. Au pouvoir, elle ne se bat plus, et se contente de faire des sermons.

La gauche sans le peuple, c'est le moralisme.

Le peuple sans la gauche se perd, est condamné à être abusé. Il quitte son rôle d'agent politique du progrès et vire au supplétif de forces mauvaises. Dans les urnes, il s'égare et finit par privilégier la colère puis le ressentiment.

Le peuple sans la gauche, c'est le populisme.

En ce mois de février 2012, c'est précisément le peuple que François Hollande cherchait à convaincre et à attirer. Dix ans plus tôt, au début de l'année 2002, dans la perspective de la présidentielle, j'avais organisé pour Lionel Jospin un déjeuner avec Emmanuel Todd, au cours duquel ce dernier avait lumineusement résumé les choses : « Commencez votre campagne par l'est de la France. Là où sévit la désindustrialisation, là où les usines ferment, là où le Front national va faire sa percée. Parlez aux ouvriers ! Parlez-leur de leurs métiers, de leur avenir ! Montrez-leur que vous les soutenez et que votre projet est pour eux. Et n'oubliez pas, n'oubliez surtout pas que les ouvriers épousent des caissières, et qu'ensemble ils pèsent 50 % de la société française. Rappelez-vous que pour être élu président de la République, un candidat socialiste doit réunir au moins 60 % des voix ouvrières. En 1981, les ouvriers ont voté à plus de

65 % pour la gauche au premier tour et à plus de 70 % pour Mitterrand au second. » On connaît la suite : Jospin n'attira qu'environ 13 % de cet électorat au premier tour et fut, par conséquent, éliminé du second.

S'il n'avait pas assisté à ce déjeuner, François Hollande savait tout cela. Voulant gagner l'élection présidentielle, il ne souhaitait pas mettre en œuvre la « stratégie de valeurs », à la fois immorale et suicidaire, préconisée par la note de Terra Nova, mais la stratégie « de classes » vouée aux gémonies par les soi-disant « Modernes », une stratégie robuste, ayant fait ses preuves, une stratégie dont il savait qu'elle seule lui apporterait la victoire. Aussi décida-t-il ce jour-là d'oublier pour quelques heures cette note qu'il connaissait si bien et de faire le voyage de Florange.

Aller au chevet des derniers hauts-fourneaux de Lorraine, c'était un symbole, celui de l'engagement aux côtés de la classe ouvrière. Mais c'était plus encore. Soutenir des ouvriers sidérurgistes en grève contre un patron prêt à sacrifier un outil industriel au nom d'une logique financière, c'était proclamer devant tous que le discours du Bourget ne resterait pas sans lendemain.

Florange, c'était Le Bourget en actes.

Alors, en arrivant à Florange, le 24 février 2012 au matin, François Hollande saisit la main que lui tendait un syndicaliste pour grimper à la petite échelle fixée au dos d'un véhicule couvert de drapeaux et de haut-parleurs. Une fois juché sur le toit de cette camionnette pavoisée aux couleurs de la CFDT – un bel orange du meilleur effet sur les écrans de télévision –, et passée depuis à la postérité, il s'adresse à la foule attentive des ouvriers. Le candidat prend soin de ne pas promettre d'empêcher le démantèlement du site ; mais il s'engage à faire voter une loi pour imposer à une entreprise qui se refuserait à le faire de céder un de ses établissements, et à faire pression sur Mittal, un groupe qu'il dépeint comme « animé que par des intérêts financiers, et non pas des intérêts industriels, alors même qu'il avait dit, lorsqu'il a repris Arcelor, qu'il venait comme industriel et qu'il se comporte comme un financier ».

Les ouvriers l'écoutent, les ouvriers l'entendent ; il faut dire qu'il parle haut et fort :

« Je suis candidat à l'élection présidentielle, dans un moment particulièrement crucial pour notre pays (...). J'étais encore il y a peu à Gandrange pour rappeler les promesses qui n'avaient pas été honorées. Je viens donc devant vous prendre des engagements, avec toute la responsabilité nécessaire. Je ne veux pas, moi, me retrouver dans la situation d'être élu un jour sur une promesse et ensuite ne pas revenir parce qu'elle n'aurait pas été tenue. Je suis conscient de la crainte, l'angoisse, qui est la vôtre. Je sais ce que vous espérez, c'est-à-dire que les hauts-fourneaux puissent rouvrir et que vous fassiez en sorte d'avoir une industrie sidérurgique moderne et d'avenir. »

Et de préciser pour conclure sa harangue :

« Voilà la raison de ma venue. Je ne veux pas ici vous faire des promesses que je ne serais pas capable de tenir. Je suis venu vous dire d'abord ma solidarité, mais elle ne suffit pas (...) je suis venu vous dire ma responsabilité. Parce que quand on prétend à la présidence de la République, on doit croire à son industrie, à l'industrie sidérurgique, à l'industrie moderne, à l'industrie d'avenir. Et que l'on doit tout faire pour que des sites comme ceux-là puissent vivre, et puissent se développer et se moderniser. Voilà mon message, devant vous (...). Ce qui compte, c'est de parler et de tenir parole. »

Et puis, au-delà du son, il y avait les images !

Ce sont des images que Valls et Hollande étaient venus chercher et ces images se suffisaient à elles-mêmes : Hollande est monté sur la camionnette, il se tient aux côtés des ouvriers de

Florange, il est acclamé par eux, il est donc *avec* eux, et donc *contre* Mittal. L'éloquence de ce moment, la force du symbole politique – voulu, recherché et obtenu – emportent tout.

Scène d'anthologie politique, scène inaugurale de « la tragédie de la gauche[1] » qu'a représentée Florange. Comme pour toute pièce de théâtre, le rythme, la distribution des rôles, les répliques, mais aussi les jeux de scène – jeux de pouvoir –, furent décisifs, autant que le texte lui-même.

Le texte était celui d'un affrontement, l'affrontement retardé de la gauche du « non » et de la gauche du « oui ».

Longtemps, le traumatisme de 2005 a été refoulé. Nul besoin d'être disciple de Freud, de Jung ou de Lacan pour savoir que le refoulement n'est pas une solution. Pourtant, c'est la voie qu'avait choisie le PS. Après avoir organisé en novembre 2004 un référendum interne sur la ratification du traité constitutionnel européen, et ce pour des raisons principalement tactiques – cantonner Fabius, empêcher un éventuel retour de Jospin, mettre la gauche du PS en difficulté –, le premier secrétaire de l'époque, François Hollande, se retrouva sur la sellette, le 29 mai 2005, une fois le vrai référendum passé et le traité rejeté par plus de 56 % des Français.

Tétanisé, pendant plusieurs semaines il s'attendit à sentir le froid de la lame sur son cou. Chaque jour qui se levait le voyait se poser la même question : « Sera-ce aujourd'hui que Fabius se décidera à me débarquer du poste de premier secrétaire, comme il l'avait lui-même été par Michel Rocard en 1993 ? » Curieusement, rien ne vint. Le député du Grand-Quevilly, aveuglé par la condescendance qu'il éprouve pour la plus grande part de l'humanité en général et pour ses camarades socialistes en particulier, ne

1. Pour saisir le déroulement et les enjeux de cette tragédie, on peut se référer utilement au livre éponyme de Valérie Astruc et d'Elsa Freyssenet, *Florange, la tragédie de la gauche*, Plon, 2013, très bien documenté et éclairant.

daigna pas le chasser et prendre le PS en main. « À quoi bon ? répétait-il. Hollande est un nul et après la leçon politique que je viens de lui infliger, il ne bronchera plus. Laissons-le là où il est et qu'il continue à s'occuper des fédérations. » « Monsieur petites blagues », comme il aimait à le moquer, fut tout étonné de cette mansuétude ; lui, faux mou et vrai méchant, n'aurait pas commis cette erreur et, dans de telles circonstances, aurait décapité le perdant sans sourciller, mais avec le sourire. Surpris, puis soulagé, il retrouva rapidement sa confiance et le goût de l'action. Puisqu'on lui laissait la vie sauve, il en userait. Il en usa. On connaît la suite.

Petites causes, grands effets : l'explication politique finale n'ayant pas eu lieu au moment où tout aurait dû y conduire – tout sauf l'essentiel : la volonté des protagonistes –, on se mit ensuite d'accord pour enterrer l'affaire. Du « oui » et du « non » on ne parlerait plus, c'était entendu ; il y avait mieux à faire que de débattre d'une grande question politique d'intérêt national : il y avait à gagner les élections.

Le phénomène est bien connu en physique ; la puissance d'un geyser dépend de la profondeur de laquelle il surgit. Il en va de même, en psychologie, de la force des sentiments et des passions. Enfouis au plus profond de nous, lorsqu'ils font surface ils acquièrent une puissance proportionnelle au temps pendant lequel et à l'énergie avec laquelle nous les avons contenus. C'est donc dans le fracas que remonta à la surface politique, en cet automne 2012, l'opposition jamais réglée au fond entre les partisans des deux gauches : celle du « oui » et celle du « non ».

La gauche du « oui », minoritaire dans le pays ; aux commandes dans les rédactions, la haute fonction publique, les conseils d'administration, les cabinets ministériels.

Héritiers de la « deuxième gauche », partisans de Michel Rocard pour la plupart, sociaux-démocrates revendiqués et libéraux honteux (de moins en moins), tenants de la démocratie de marché, strauss-kahniens repentis (ou feignant de l'être), ses membres sont tous d'indécrottables européistes. Leur sincérité ne peut le plus souvent pas être mise en cause, leur sens des réalités et leur courage, si. Deux croyances structurent leur univers mental. La première est, qu'au fond, la politique ne peut plus grand-chose et que, par conséquent, elle ne doit pas entreprendre grand-chose. Selon eux, il ne faut donc agir qu'à la marge et sans trop d'ambition ; cette forme de résignation, ils l'appellent « réformisme » ; c'est là le sens du célèbre « devoir de grisaille » théorisé par Michel Rocard. C'est aussi là le ressort profond de leur second acte de foi : l'Europe.

En effet, ils ne sont pas attachés seulement à l'Europe par une vision irénique de la politique et de la vie des nations – « si tous les gars du monde… » –, mais surtout parce que celle-ci offre une raison suprême à leur pusillanimité et à leur juridisme, propose une vision édulcorée et émolliente de la politique qui est la leur. Telle qu'elle a été conçue et construite, l'Union européenne est une formidable entreprise de dépolitisation, une machine à élaguer toute volonté de changement profond, un ensemble de contraintes juridiques qui visent à figer l'ordre des choses, à constitutionnaliser la concurrence, et dont la substantifique moelle est, pour cette raison, historiquement, l'ordolibéralisme forgé outre-Rhin. D'entre toutes leurs idoles, l'Europe est la « vache sacrée », car sa signification profonde s'énonce comme suit : jamais la politique ne pourra l'emporter sur l'économie.

La gauche du « non » est, par définition, celle d'un refus. Son acte de naissance porte la date de 1992, l'année du référendum de ratification du traité de Maastricht. Depuis, elle est devenue majoritaire chez les citoyens à défaut de l'être dans les appareils politiques ; ainsi, en 2005, contre les sondages, contre la pression médiatique, contre le PS, environ 70 % des sympathisants de gauche firent le choix du « non ».

De quoi ce « non » est-il le nom ?

D'abord celui du rejet d'une Europe synonyme d'injonction libérale. Ce rejet exprime un désir. Désir d'une autre Europe, à la fois plus réaliste, parce que respectant cette vérité première qu'est l'existence des nations ; et plus idéaliste, parce que dépassant les seules normes comptables. Une Europe des hommes et pas des statistiques.

Le « non » signifie aussi la condamnation d'une citoyenneté au rabais. Tronquée, en 1992, lorsque à l'occasion de la ratification du traité de Maastricht, les partisans du « oui », dans leur insupportable arrogance, avaient tenté de disqualifier tout débat au nom d'une raison dont ils se prétendaient les seuls représentants. Et il avait alors fallu tout le renfort du (trop ?) sage « non au non » de Lionel Jospin pour que le « oui » de Mitterrand finît par arracher une victoire. Niée cette fois, en 2005, quand, chassée par la porte du référendum, la constitution européenne fit retour en 2008 par la fenêtre du Congrès, sous la forme du traité de Lisbonne. Ce déni démocratique sans précédent est l'illustration d'une vie politique nationale qui perd sa substance et son sens à mesure qu'elle se réduit à la seule interprétation d'une partition écrite ailleurs.

La France devient ainsi ce pays où l'on organise de façon régulière des élections censées décider de l'avenir de la nation, mais qui débouchent chaque fois sur un même conformisme politique. Certes, les rôles sont distribués, les répliques apprises par cœur et récitées « avec le ton », le public invité à s'intéresser au spectacle et à applaudir les acteurs. Mais à peine la dernière tirade déclamée, des cintres descend toujours le même *deus ex machina* – le messager de Bruxelles – qui vient mettre fin aux babillages de ces enfants dissipés et les rappeler à leurs devoirs d'écoliers : soustractions, divisions, et autres opérations de calcul.

Résultat ? Confondues dans une même impuissance et assimilées à un même mensonge, la gauche et la droite, jugées désormais interchangeables, connaissent un rejet de plus en plus profond et courent le risque de se voir submerger par la vague Bleu Marine.

Le « non » est enfin le refus d'une gauche résignée. Non à une gauche fascinée par la gestion, pratiquant l'autocensure politique comme un des beaux-arts. Non à une gauche dissimulant sous un pragmatisme bonhomme une idéologie obstinée – celle du conformisme libéral. Non à une gauche qui considère que l'État ne peut plus rien, ne sert plus à rien dans la mondialisation.

De cette gauche du « non », le représentant dans le dossier Florange est Arnaud Montebourg.

Le verbe haut, flamboyant, jouant de la provocation comme d'une arme politique, il bataille avec constance dès avant sa première élection à l'Assemblée nationale, en 1997, sur deux fronts : la reprise en main de la finance et la modernisation de notre vie politique comme de nos institutions. Avec Vincent Peillon et Benoît Hamon, il a lancé le Nouveau Parti socialiste pour engager la rénovation d'une formation engluée dans l'immobilisme ; puis, député de Saône-et-Loire, il a porté le fer contre les paradis fiscaux, les tribunaux de commerce, les rentes de situation et la corruption. Héraut d'une VIe République qu'il appelle de ses vœux et dont il a rédigé un projet de Constitution, il a été l'architecte et l'un des acteurs principaux de cette innovation démocratique que furent les primaires citoyennes de la gauche, en 2011. Orateur de talent, fils spirituel de Jean-Pierre Chevènement et animé d'une ambition à la Mitterrand, sa philosophie tient en une phrase : la politique est plus forte – doit être plus forte – que l'économie. Partisan du « non » en 2005, il a fait sa campagne des primaires, avec succès, sur le mot d'ordre de la « démondialisation » et en pourfendant la finance devenue folle.

Jean-Marc Ayrault, lui, est l'homme du « oui ».

Tout l'y porte. Autrefois partisan de Jean Poperen et, à ce titre, membre de l'aile gauche du PS, il est devenu un partisan farouche de ce que l'on appelle improprement en France « la social-démocratie », qui n'est en réalité qu'un réformisme prudent, timide même, doublé d'une adhésion sans réserve à la construction européenne, considérée comme une fin en soi justifiant tous les sacrifices, à commencer par celui du socialisme. Cet européisme de conviction et d'abandon rencontre, chez cet homme réservé mais tenace, une germanophilie à toute épreuve. Maire de Nantes efficace et apprécié de ses administrés, il a retiré de cette expérience l'opinion, largement partagée dans un PS dirigé principalement par des élus locaux, que la politique s'apparente à une forme de gestion et que la gauche sera jugée sur sa capacité à gérer. La personnalité autant que les idées de Montebourg l'irritent au plus haut point et cette hostilité a été exacerbée par les trois candidatures successives que le député de Saône-et-Loire a présentées, contre lui, à la fonction de président du groupe socialiste à l'Assemblée nationale.

Par toutes ses fibres, le président de la République appartient à la gauche du « oui ». Toutes ses fibres, sauf une : celle du calcul politique.

Fin analyste, excellent connaisseur de la France et des Français, traumatisé par le résultat du référendum du 29 mai 2005, il a compris depuis que, pour vaincre, la gauche du « oui », la sienne, devait se parer des atours de la gauche du « non ». Pour se faire élire, il s'est donc converti aux thèmes de celle-ci : lutte contre la finance, volontarisme économique, réalisme européen. Le discours du Bourget est son acte de baptême. Mais – la suite le démontrera – cette conversion n'est que de façade et, dans le secret de son âme, il continue à adorer les mêmes idoles ; elles ont pour noms gestion, marché, consensus, prudence et, surtout, « Europe ».

Deloriste de convictions, il est mitterrandien de méthode. De méthode, mais non d'habileté : le désastre de Florange va le prouver.

Ce désastre s'est joué sur un rythme particulier : un temps long, trop long, d'abord ; puis un temps court, explosif.

Un mois à peine sépare l'élection de François Hollande de la réunion de travail sur le dossier Florange, organisée à l'Élysée le 4 juin 2012. Toute l'intersyndicale est présente, le charismatique délégué de la CFDT Édouard Martin en tête. L'ambiance est chaleureuse, l'euphorie de la victoire, à laquelle ont contribué les ouvriers de Florange, par leurs images comme par leurs votes, est encore là, palpable.

Atmosphère de fête compréhensible ; atmosphère qui va égarer les esprits les plus vigilants et masquer la première erreur, fondatrice, commise ce jour-là.

Au lieu de pousser les feux et de saisir à bras-le-corps ce dossier emblématique de la nouvelle présidence, on s'en remet à la traditionnelle approche de la gauche dite « réformiste » : dialogue social et expertise. D'un côté, au lieu d'inscrire le projet de loi « Florange » au programme de la session extraordinaire du Parlement convoquée pour le mois de juillet, on demande aux partenaires sociaux de se pencher sur la question de la reprise des sites industriels menacés dans le cadre de la « grande » conférence sociale qui doit s'ouvrir un mois plus tard. De l'autre, on désigne un ingénieur général des Mines de renom, Pascal Faure, afin de se prononcer sur « l'avenir du site de Florange ». Ce faisant, on gâche un temps précieux et on laisse Lakshmi Mittal s'organiser et préparer sa défense.

Pendant que les partenaires sociaux examinent, pendant que l'ingénieur des Mines, dans un temps pourtant record, expertise, le patron de Florange, lui, peaufine sa stratégie et ses arguments juridiques.

Le 27 juillet, le rapport Faure est remis au ministre du Redressement productif, qui a mis ce temps à profit pour chercher le soutien de ses collègues européens concernés par le dossier. Or que nous apprend ce rapport précis, solide et documenté ? Rien que l'on ne sache déjà. Que « la stratégie du groupe est davantage marquée par des considérations financières de court terme qu'inspirée par des considérations industrielles de long terme ». Que les investissements sur le site de Florange ont été insuffisants. Que celui-ci est néanmoins viable, produisant un acier de grande qualité, « le meilleur acier d'Europe », selon François Hollande.

Et ce que ce rapport ne nous apprend pas, chacun le sait, à commencer par le président de la République.

Que, déjà propriétaire du site de Gandrange depuis 1999, Mittal a lancé une OPA hostile sur le reste du groupe Arcelor en 2006. Que, pour parvenir à ses fins, il a alors utilisé Gandrange comme exemple de sa bonne gestion. Qu'il s'était engagé à maintenir ce site. Que cela ne l'a pas empêché de le fermer en 2008. Que Nicolas Sarkozy a perdu une bonne part de sa crédibilité après avoir promis aux salariés de Gandrange de sauver leur usine et avoir pourtant laissé faire Mittal. Que Mittal s'était engagé, par deux conventions passées avec l'État, à « revitaliser » Gandrange et à investir pour la réfection des deux hauts-fourneaux de Florange. Qu'il n'a pas tenu sa parole pour Gandrange. Que l'on ne peut donc pas lui faire confiance.

Tout cela le Président le sait, mais il va l'éprouver personnellement le 27 septembre, lorsqu'il reçoit à l'Élysée le patron du groupe Mittal.

Celui-ci a informé le gouvernement, la veille, de son intention de fermer les deux hauts-fourneaux de Florange. L'angoisse des ouvriers est en train de devenir réalité. Deux mois se sont écoulés depuis la remise du rapport Faure. Toutes les cartes sont désormais sur la table et l'heure du choix est proche. Car cette décision cruelle prendra effet dans un délai de soixante jours, à moins de trouver un repreneur. Or Mittal se refuse à céder la « filière froide », celle du traitement de l'acier, sans laquelle les hauts-fourneaux perdent presque tout intérêt pour un éventuel repreneur. Ce refus, il va le signifier paisiblement au Président, sans se départir jamais d'un sourire narquois. Il a le droit des sociétés pour lui et il le sait. Ce jour-là, Lakshmi Mittal est l'incarnation aussi glaçante que policée de ce « fort armé contre le faible du redoutable pouvoir des lois » que dénonçait Rousseau.

À cette loi des affaires, seule une autre loi pourrait s'opposer. Celle de la souveraineté nationale.

Précisément, le ministre du Redressement productif travaille, en secret, depuis plusieurs semaines, à cette solution : une nationalisation provisoire du site de Florange – ce qu'il appelle « un retour à la Nation », reprenant à son compte le langage du Conseil national de la Résistance. Il s'agirait pour l'État de prendre le contrôle de Florange, d'empêcher la fermeture des hauts-fourneaux, de trouver un industriel intéressé par le site et de le lui céder. Le même jour où le Président recevait Mittal, il était à Florange, aux côtés des ouvriers. Il en est revenu bouleversé et déterminé. Il veut à tout prix sauver cet outil industriel. Il a la conviction que c'est là chose possible, si on le veut. Il sait que le point décisif est l'existence d'un repreneur. Sans repreneur, rien ne sera possible, tant une nationalisation pure et simple paraît hors de propos. Alors il se démène pour en trouver un. Le 9 octobre, à l'invitation de deux élus de la Moselle, il rencontre un candidat sérieux à la reprise, un notable lorrain, fils de sidérurgiste, attaché à sa région, président du Football Club de Metz, un patron du secteur qui connaît aussi bien Florange, qu'il a dirigé du temps d'Arcelor, que le groupe Mittal pour lequel il travaille. Bernard Serin, tel est son nom, est prêt à s'engager.

Son dossier technique bouclé, un repreneur crédible dans sa besace, Montebourg prépare une note confidentielle qu'il adresse le 2 novembre au Président dans la perspective d'une réunion qui doit se tenir une semaine plus tard. La solution du « retour à la Nation » y est détaillée et l'existence d'un repreneur révélée.

La réunion se tient dans le bureau du Président. Si celui-ci est entouré de ses conseillers, ni le Premier ministre ni aucun de ses collaborateurs ne sont présents. Et pour cause : ils n'ont pas été conviés. Du point de vue du protocole comme, surtout, de l'exercice de l'État, c'est là une faute. Un ministre, même sous la Ve République, est placé sous l'autorité du chef du gouvernement. L'absence de Jean-Marc Ayrault n'est donc pas seulement une mauvaise manière qui lui est faite ; elle représente une anomalie dans le fonctionnement du pouvoir exécutif. Elle va certes crisper encore davantage la situation, mais elle va surtout abuser les participants et leur faire perdre de vue un point essentiel : la solution au dossier Florange, quelle qu'elle soit, ne peut être prise sans l'accord – au minimum –, sans la participation active – en réalité – de Matignon.

Lorsque le Premier ministre reviendra dans le jeu – et il ne peut en être autrement, le fonctionnement de l'État l'exige –, cette faute se paiera, au prix fort.

Au cours de cette réunion, la solution avancée par Montebourg soulève un flot d'objections parfaitement prévisibles : industrielles, commerciales, financières, juridiques. En vérité, elles sont toutes dictées par une même impossibilité culturelle et politique à envisager un tel retour de l'État dans le champ économique. Pour les partisans du « oui », majoritaires autour de la table, cette perspective d'une nationalisation, même de sauvetage, même temporaire, même au service d'un symbole politique majeur – Florange –, est inenvisageable. Pour eux, l'idée comme le mot sont tabous. Ainsi que le Président le confiera plus tard, pour lui « le problème de la nationalisation, ce n'était pas le coût, c'était l'inconnu[1] ». Il a donc rejeté l'inconnu et choisi le prévisible.

Le prévisible, c'était le reniement et la déroute. Et ce prévisible s'est réalisé.

1. Cf. *Florange, la tragédie de la gauche*, *op. cit.*, p. 144.

Quant aux « nonistes », ils ne sont que deux : Arnaud Montebourg et moi. Et pourtant, le Président n'oppose pas une fin de non-recevoir à son ministre ; il lui demande même une note complémentaire.

Elle lui parviendra le 15 novembre. Deux jours plus tard, le samedi matin, nouvelle réunion à l'Élysée. Toujours pas de Premier ministre. Toujours les mêmes arguments, opposés à une solution qui a été entre-temps étoffée et précisée. Toujours pas de décision du Président. Toujours la même ambivalence chez lui : il ne souscrit pas à la nationalisation provisoire, sans toutefois s'opposer à ce qu'elle soit évoquée publiquement par le ministre du Redressement productif.

Celui-ci ne se le fera pas dire deux fois. Il entreprend une campagne intense, à la recherche de soutiens pour son « retour à la Nation ». Droite et gauche confondues, il recueille de nombreux appuis : au sein du groupe socialiste à l'Assemblée, et plus largement chez les parlementaires de gauche, bien entendu ; mais aussi les anciens ministres François Bayrou, Gérard Longuet, François Baroin, Thierry Breton, Jean-Louis Borloo, ou le député Henri Guaino, ancien conseiller spécial de Nicolas Sarkozy.

Quatre mois après la remise du rapport Faure, deux mois après l'ultimatum posé par Lakshmi Mittal, François Hollande reçoit pour la seconde fois celui-ci, le mardi 27 novembre.

Beaucoup de temps, trop de temps, a passé. Il ne reste plus que quelques jours, une petite centaine d'heures pour sortir de la crise et éviter le plan social. Nous entrons dans la « folle semaine » de Florange.

Le Président retrouve face à lui un homme dur sous des abords courtois, rompu à la négociation avec des chefs d'État ou de gouvernement, sûr de son bon droit, déterminé à faire valoir ses intérêts et conscient de l'avantage qui est le sien au regard des forces en présence. La violente charge d'Arnaud Montebourg, dans *Les Échos* de la veille, affirmant « Nous ne voulons plus de Mittal en France », ne l'impressionne guère ; et la froideur avec laquelle François Hollande l'accueille, pas davantage. Il sait que les choses ont trop traîné du côté de la France, que l'échéance est désormais proche, que le Président voudra trouver une issue. Fin connaisseur du monde politique autant que de celui des affaires, il est convaincu que jamais Hollande n'aura recours à la nationalisation. Pour lui, il s'agit d'une menace sans réalité, un « tigre de papier », une plaisanterie.

Le tour que va prendre l'entretien lui donne raison. Certes, le Président se montre tranchant dans le ton ; mais face au mur de glace, lisse et froid, qu'oppose Mittal, il n'a pas prise. Surtout, à aucun moment il n'ose franchir le pas et évoquer la solution préconisée publiquement par son ministre. Emmanuel Macron, alors soutien – au moins en apparence… – de la nationalisation provisoire, nous commentera l'attitude du Président, le soir même, dans le langage fleuri qu'il affectionne en privé : « À aucun moment, Hollande n'a évoqué la nationalisation devant Mittal. Pas une seule fois. Ce soir-là, il a baissé son bénard. »

La réunion dure un peu plus d'une heure. Mittal n'a cédé sur rien et surtout pas sur l'enjeu symbolique des hauts-fourneaux. François Hollande a trouvé son maître en termes de rapports de force. Avant de quitter l'Élysée, le magnat de l'acier se permet même d'indiquer à ses interlocuteurs qu'il ne poursuivra pas la négociation avec Arnaud Montebourg dont les déclarations à la presse l'ont, prétend-il, « choqué ».

Cela tombe bien : c'est exactement ce que François Hollande a en tête.

Le lendemain, mercredi 28 novembre, dans la foulée du Conseil des ministres, le Président reçoit le Premier ministre et le ministre du Redressement productif. Montebourg défend toujours la nationalisation temporaire ; Ayrault, lui, est favorable à l'accord avec ArcelorMittal afin d'obtenir un montant d'investissements sur le site de Florange aussi élevé que possible, l'absence de plan social et la poursuite du projet « Ulcos[1] ». Cet acronyme désigne un projet scientifique et industriel initié par la Commission européenne, qui permettrait de sauvegarder l'existence, même de manière symbolique, des hauts-fourneaux de Florange. Un projet dont le groupe Mittal souhaite se retirer, ce qui n'empêche pas Ayrault de soutenir qu'il peut représenter une issue à la crise.

Le véritable enjeu de cette discussion est ailleurs : il s'agit d'acter la reprise en main du dossier Florange par Matignon. Le Président a soudainement redécouvert le texte de la Constitution et l'existence de son Premier ministre. Souhaitant se protéger d'une affaire dont il a compris qu'elle pourrait mal se finir, il a décidé de rendre justice au chef du gouvernement et de lui confier la négociation finale avec Mittal.

Pas d'arbitrage formel de sa part, pour autant. L'ambiguïté présidentielle persiste : Ayrault est satisfait d'être revenu dans le circuit de décision et d'avoir été désigné comme l'interlocuteur officiel du groupe sidérurgique indien ; Montebourg, quant à lui, n'a pas été désavoué par le Président et peut concevoir à bon droit qu'il a, par conséquent, toute latitude pour continuer à se battre pour sa solution. Il va le faire de manière retentissante l'après-midi même, à l'Assemblée nationale, au cours de la séance des questions au gouvernement, en présentant le scénario de la nationalisation provisoire comme « solide, crédible et d'avenir », et en annonçant, pour l'accréditer, l'existence d'un repreneur potentiel. Assis au banc du gouvernement, excédé, le Premier ministre se tait néanmoins et laisse parler son ministre.

1. *Ultra-low carbon dioxide steelmaking.*

Au-delà de la dispute entre les deux hommes, ce sont deux légitimités qui s'affrontent.

Montebourg est le gardien des engagements de la campagne de Hollande et défend à ce titre la promesse faite par le candidat neuf mois plus tôt. Ayrault, lui, connaît la pensée du Président et il estime être son seul et véritable porte-parole dans cette affaire.

Il a raison et les événements vont le montrer.

Il sait bien que jamais Hollande ne franchira ce qui est pour lui une ligne rouge : la nationalisation, même provisoire. Il n'a pas besoin que celui-ci le lui ait dit pour le savoir. Il le sait parce que les deux hommes partagent une communauté de pensée et c'est précisément pour cette raison qu'il a été nommé à Matignon. Il sait que son heure va bientôt sonner et que sa revanche s'accomplira alors. Voilà pourquoi il se tait et endure la sortie de son ministre devant les députés.

L'ambiance est lourde et la tension palpable quand les deux protagonistes se retrouvent à Matignon, vers 17 heures, pour évoquer le dossier. Ayrault souligne l'importance du projet Ulcos pour sauver les hauts-fourneaux de Florange. Montebourg lui rétorque que ce projet est mort et enterré puisque Mittal y a renoncé ; et il exhibe à l'appui de son propos la lettre que la firme a fait parvenir au ministre pour l'en prévenir. Emmanuel Macron, qui représente l'Élysée, est du même avis : « Cela n'existe pas, Ulcos ! Mittal n'en veut plus. L'Europe n'en veut pas non plus. » Si Ulcos ne tient plus, alors les hauts-fourneaux de Florange devront fermer ; le symbole politique sera terrible. Pour enfoncer le clou, le ministre reprend à son compte une formule fétiche de Macron : « Si on continue comme ça, on va tous finir en string panthère sur la pelouse de l'Élysée ! » Personne ne rit. Et Ayrault campe sur sa position : Ulcos reste, selon lui, d'actualité. La réunion se termine sur cette situation de blocage.

Ce blocage n'est qu'apparent. Dans la coulisse, les hommes de Matignon s'activent toute la journée du jeudi 29 pour boucler un accord avec Mittal. Pendant ce temps, le Président et le ministre du Redressement productif, eux, visitent ensemble une PME des Hauts-de-Seine, l'entreprise Lucibel. Sur le chemin du retour à Paris, ne pouvant voyager ensemble, les deux hommes ont une conversation téléphonique donnant à penser à Montebourg que tout espoir n'est pas perdu. Ces propos encourageants semblent confirmés par un appel, dans la soirée, de Macron qui lui déclare : « Arnaud ! Ça y est ! J'ai convaincu le patron ! Demain, on saute en parachute avec toi… »

Ce jeudi aura donc été « la journée des dupes ».

Dès le lendemain, les choses prennent un tout autre tour, un tour définitif. Ayrault veut conclure en effet, et vite. Son équipe met les bouchées doubles. Elle s'est adjoint les services du directeur de cabinet d'Arnaud Montebourg. Ce jour-là, malgré ses tentatives multiples, le ministre ne parviendra jamais à joindre son collaborateur. Celui-ci ne répond pas : il est enfermé à Matignon avec les conseillers du Premier ministre et les représentants du groupe Mittal, son téléphone portable éteint. Quand la technocratie se serre les coudes jusqu'à en être déloyale avec l'autorité politique dont elle procède pourtant…

Même l'Élysée a du mal à obtenir des informations sur le déroulement des négociations. Les heures passent. Le soir venu, la rumeur enfle selon laquelle le Premier ministre s'exprimera bientôt à la télévision. Malgré nos relances, Matignon ne communiquera au Président le texte de l'accord qu'à la dernière minute et celui-ci ne pourra y apporter que des corrections de détail.

Ayrault tient sa revanche et il la savoure. Sur Montebourg, qui l'a défié. Sur Hollande aussi, qui l'a tenu à l'écart dans un premier temps.

Quand il prend la parole, vers 21 heures, pour annoncer la teneur de l'accord avec Mittal, sa voix est blanche, mais sa satisfaction néanmoins visible. Il ruine les derniers espoirs des ouvriers de Florange, entérine la fermeture *de facto* des hauts-fourneaux et humilie son ministre dont il ne cite pas le nom. Dans le bureau du Président où nous suivons, à quelques-uns, cette intervention, l'atmosphère est lugubre ; chacun a conscience que quelque chose de grave vient de survenir. Révolté et écœuré de ce coup de poignard dans le dos, je décide de rejoindre Montebourg et quitte un palais de l'Élysée qui n'a été, ce soir-là, qu'un théâtre d'ombres. Je m'approche du Président et lui glisse :

— François, ce doit être très dur pour Arnaud. Je vais aller dîner avec lui.
— Oui, bien entendu. Tiens-moi au courant.

J'appelle mon ami et nous convenons de nous retrouver dans un restaurant près de Bercy. Arrivé sur place, j'essaie, avec ses deux fidèles, Christophe Lantoine, qui le suit depuis dix ans et occupe les fonctions de chef de son cabinet, et Marianne Zalc-Müller, sa conseillère politique, de le réconforter. Arnaud est sonné, ses yeux se perdent dans le lointain, le dîner est triste. Je lui propose de voir le Président, de s'expliquer avec lui ; il accepte ; un échange de textos avec Hollande fixe le rendez-vous au lendemain, à 10 h 30. Sur le bord du trottoir, nous nous quittons, les larmes aux yeux ; il fait froid, je suis fatigué.

Le lendemain matin, il n'est pas encore 7 heures quand la sonnerie de mon téléphone portable m'annonce l'appel de Montebourg.

— Arnaud ? Comment vas-tu ?
— Très bien. J'ai très bien dormi et passé une très bonne nuit.

Sa voix affecte un calme qui ne m'abuse pas ; à la manière dont il détache les syllabes et au rythme de sa phrase, je saisis la violence de sa colère.

— J'ai bien réfléchi. J'ai aussi lu les journaux. J'ai pris ma décision : je vais présenter ma démission à Hollande tout à l'heure.

— Je ne crois pas que ce soit une bonne idée. Que tu en aies envie, je le comprends et je partage ton amertume. Mais si tu démissionnes maintenant, six mois après la victoire à la présidentielle, personne ne comprendra. On dira que tu quittes le navire à la première tempête, que tu désertes.

— Oui, c'est vrai. Mais comment rester après une telle trahison ? Et rester pour faire quoi ? Pour regarder se défaire Le Bourget petit à petit ?

— Pour tenir. Essayer de limiter la dérive. Tenter d'infléchir. Se battre pour nos idées.

— Cela ne servira à rien. Tout cela me dégoûte. La décision d'Ayrault est honteuse. Je démissionne.

— Arnaud, je te demande une chose : passe me voir avant le rendez-vous avec Hollande, je t'attendrai dans mon bureau.

— Je passerai. À tout à l'heure.

Confusément, je sentais que Montebourg avait raison et que notre combat de l'intérieur serait vain. Redoutant et rejetant à la fois cette perspective, je me raccrochai au discours de la responsabilité, celui que je venais de lui tenir. Comment partir à ce moment-là, si tôt ? Comment le justifier ? Provoquer la fin de l'alliance victorieuse, six mois après l'arrivée au pouvoir du successeur de Mitterrand : le choc aurait été terrible pour la gauche et le quinquennat. Et puis j'avais fait le choix de suivre Hollande à l'Élysée ; désormais son conseiller politique, mon devoir était de le servir ; en l'occurrence, de retenir son ministre, de l'empêcher de commettre ce que je pensais être une erreur et ce dont le Président ne voulait pas. Ce qu'il me confirma quand je l'appelai pour le prévenir de la situation : « Tu as bien agi. Fais tout ton possible pour le ramener à la raison quand tu le verras. Il ne faut pas qu'Arnaud démissionne, ce serait une crise grave et nous ne pouvons pas nous la permettre. Je vais lui parler, on va s'expliquer. Je compte sur toi. »

Arrivé à l'Élysée, je file à mon bureau, où me rejoignent Emmanuel Macron et Christian Gravel, le conseiller pour la communication du Président. Il est environ 10 h 15 quand nous entendons crisser le gravier : entrée par la grille du Coq, la voiture du ministre s'avance lentement vers le perron sud du palais. J'ouvre une des fenêtres pour le saluer ; sorti du véhicule, il lève les yeux vers moi, sans esquisser le moindre sourire. Tendu, il va bientôt donner libre cours à sa rage trop longtemps contenue.

Nous prenons place autour de la table ovale située près des fenêtres, un endroit éclairé par la belle lumière de cette matinée, un endroit paisible. Précaution inutile : à peine assis, Montebourg frappe de son poing sur le plateau en verre de la table.

— Ma décision est prise, je vais démissionner. Je ne peux plus être membre d'un gouvernement dirigé de cette façon. Ce qu'a fait Ayrault est indigne. Il a lâché les ouvriers de Florange, il a piétiné la promesse de Hollande, il sait parfaitement que ce soi-disant accord avec Mittal signifie la fermeture des hauts-fourneaux, il s'en moque ! Tout ce qui comptait pour lui, c'était de réaffirmer son autorité et de m'humilier. Pour ça, il était prêt à mentir. Vous avez lu la presse ?

Et il frappe du poing une nouvelle fois.

— Ses conseillers se sont répandus hier soir auprès des journalistes en prétendant qu'il n'y avait pas de repreneur sérieux pour Florange et que le projet Ulcos préserve l'avenir du site ! C'est honteux ! Comment peut-il traiter de la sorte un homme comme Bernard Serin, un patriote, lui, qui était prêt à mettre 400 millions d'euros dans le tour de table ! Et Ulcos ! Il sait pertinemment que Mittal n'en veut plus et que le projet est un leurre ! Il se fout du monde, des ouvriers, de moi, de Florange, de nos électeurs ! Et Hollande qui le laisse faire… Non, la coupe est pleine, je les laisse se démerder entre eux.

Nous restons silencieux un court instant. À travers la fenêtre, le magnifique parc de l'Élysée offre sa pelouse à nos regards. Alors, avec un sourire malheureux et en désignant ce tapis vert, il nous lance :

— Tiens ! Voilà ! Avec ce nul d'Ayrault, on va tous finir sur cette pelouse, là, à poil en string panthère ! Et toi le premier, Emmanuel !

Nos rires détendent l'atmosphère, c'est le moment d'intervenir.

— Arnaud, ce qui arrive est très dur. Pour les ouvriers de Florange, pour toi, pour nous. Ma position, tu la connais, je te l'ai dite ce matin : comme ami et comme conseiller du Président, je pense que rester est préférable. De deux maux, il faut choisir le moindre. Mais c'est à toi de choisir. L'heure du rendez-vous approche, alors je ne te dirai plus qu'une chose : quand tu verras Hollande, parle-lui librement, dis-lui tout ce que tu as sur le cœur, mais fais-le avec calme. Tu n'en seras que plus fort.

Je me lève et sors par la porte de mon bureau qui donne sur le secrétariat particulier du Président. Bernadette d'Aguanno, une des quatre assistantes du chef de l'État, qui l'a connu en 1981, jeune chargé de mission à l'Élysée, me regarde, éberluée : elle a entendu les éclats de voix du ministre, le bruit des coups portés sur la table. Je lui fais comprendre que tout va bien et vais prévenir le Président que son hôte est disponible.

Il m'interroge :

— Comment va-t-il ?
— Mal. Très en colère. Je lui ai recommandé de tout te dire et de ne pas s'emporter.
— Je vais le chercher.

Nous retournons dans mon bureau ; les deux hommes se saluent et repartent ensemble.

Une grosse demi-heure plus tard, Montebourg revient ; nous l'avons attendu, curieux de connaître la tournure qu'aura prise cet entretien si particulier.

— Alors, comment ça s'est passé ?

— Très bien. Je lui ai dit tout ce que j'avais à lui dire. À commencer par ceci : ce matin, ce n'est pas le ministre du Redressement productif que tu as devant toi, c'est le troisième homme de la primaire. Et je lui ai clairement fait comprendre ce que je pensais de l'attitude d'Ayrault.

— Et toi, que fais-tu ?

— Je ne sais pas encore. Je vais me décider dans la journée. Cela va dépendre de ce qui va se dire et se passer aujourd'hui. J'ai prévu de faire le 20 heures de TF1 ce soir ; d'ici là, je réfléchis.

À ce moment, la porte s'ouvre et le Président apparaît dans l'embrasure :

— Arnaud, le Premier ministre va t'appeler. Dans quelques minutes. Je lui ai demandé de le faire.

Effectivement, quelques instants après, le téléphone portable de Montebourg sonne. C'est Jean-Marc Ayrault. Je lui demande à voix basse s'il souhaite que nous le laissions seul ; d'une mimique il me fait comprendre que non. Assis derrière mon bureau, je le regarde arpenter la pièce tout en entamant ce qui sera un quasi-monologue.

— Oui, Jean-Marc. Je sors du bureau du Président. Non, je n'ai pas encore pris de décision. Mais une chose est sûre. Ce que tu as fait est inadmissible. Tu t'es couché devant Mittal et tu as enterré la promesse de Hollande. C'est lamentable. Ah, tu fais un beau général ! Non seulement tu laisses tes soldats monter seuls au front, mais tu envoies ta propre aviation nous mitrailler dans le dos ! Tu es tout juste bon à présider le conseil municipal de Nantes… Et encore ! Quand je pense que toi qui n'es même pas capable de te dépêtrer de ton histoire d'aéroport à Notre-Dame-des-Landes, tu t'es permis de débiner Serin ! Alors qu'il allait mettre 400 millions d'euros pour reprendre Florange ! Mais c'est un vrai patriote, lui, pas comme toi !

Assis sur un canapé, Emmanuel Macron est plongé dans la contemplation studieuse de la tapisserie qui lui fait face ; quant à Christian Gravel, il scrute avec une attention soutenue le tapis de sol qui étale ses franges à ses pieds.

— Ce que je vais faire ? Je ne le sais pas encore. Je vais voir. Tu le sauras en regardant le journal télévisé ce soir.

Il raccroche et se tourne vers nous.

— Comme ça, vous pourrez dire que vous y étiez… Allez, j'y vais. Aquilino, on se parle tout à l'heure ?

Il s'en va, nous laissant interloqués. Je me dirige vers le bureau présidentiel.

— Alors, comment ça s'est passé ? me demande Hollande en levant un regard inquiet vers moi.
— Mal. Très, très, très, très mal.
— C'est-à-dire ?
— Violent, très violent. Il n'a pas laissé Ayrault en placer une et l'a exécuté.
— Il est parti ?
— Oui, à l'instant.
— Tu sais ce qu'il a en tête ?
— Non, il n'a pas encore décidé.
— Garde le contact avec lui. Je vais l'appeler après le déjeuner et voir d'ici là ce qu'on peut faire.

Dans l'après-midi, à la demande du Président, le Premier ministre fera diffuser un communiqué rendant hommage au ministre du Redressement productif et saluant le travail par lui accompli. Quelques lignes qui n'abuseront personne, en guise de réparation symbolique. Le soir, interrogé par Claire Chazal, Arnaud Montebourg annoncerait, combatif, qu'il ne démissionnerait pas.

Le troisième homme de la primaire est ainsi demeuré au gouvernement, et moi dans le bureau à côté de celui du Président. Mais les choses ne seraient plus jamais ce qu'elles étaient auparavant. Ni pour le Président, ni pour lui, ni pour moi.

Déchirement personnel, Florange le fut pour ceux qui s'étaient opposés à cette capitulation en rase campagne, qui avaient lutté aux côtés des ouvriers de Mittal, qui avaient cru à l'engagement pris par le candidat Hollande, ceux qui avaient été vaincus. Une semaine après l'annonce du reniement, un samedi matin de bonne heure, à un des pires moments pour nous – la tension politique était retombée et une infinie tristesse nous avait envahis –, je reçus un appel d'Aurélie Filippetti ; l'élue de la Moselle, qui s'était battue vaillamment pour Florange, était bouleversée : « Aquilino, cette histoire me détruit de l'intérieur, j'en ai mal au ventre. Dis-moi, que peut-on faire, que dois-je faire ? » Ce jour-là, ce n'était pas la ministre de la Culture et de la Communication qui sanglotait et appelait à l'aide : c'était la fille d'Odette et d'Angelo, élevée dans une famille de militants communistes, restée fidèle à son histoire et à ces hommes qu'elle connaissait, que je consolais de mon mieux.

Épreuve humaine douloureuse, Florange fut aussi une débâcle politique aux conséquences irrémédiables.

Pour l'exécutif, ce fut la désunion. Du côté du Premier ministre, la confiance avec son ministre de l'Économie était ruinée. La rupture fut de même consommée entre François Hollande et Arnaud Montebourg ; l'alliance nouée au moment du Bourget, brisée. Me tenant pour le représentant de celui-ci, son œil et son oreille au sein de l'Élysée, Jean-Marc Ayrault me poursuivrait de sa hargne pendant de longs mois, réclamant ma tête lors de chaque déjeuner hebdomadaire avec le Président. Il finit par l'obtenir, une fois son propre départ acté. La relation personnelle et politique que j'avais avec François Hollande en fut dévastée et connut des moments de tension extrême.

Pour le monde ouvrier, qui nous avait fait – une dernière fois ? – confiance, ce fut l'amertume, la colère, la désillusion, le dégoût. La promesse faite sur le toit de la camionnette ? Enterrée. Les derniers hauts-fourneaux de Lorraine ? Fermés. Le « projet » Ulcos ? Représentant, selon le Premier ministre, « l'avenir » du site de Florange, il serait rayé d'un trait de plume par Mittal, qui annoncerait à la Commission européenne son retrait pur et simple, le jeudi 6 décembre 2012, soit moins d'une semaine après l'annonce par Jean-Marc Ayrault de son « accord de Matignon ». Les ouvriers ? Abandonnés. Mais, comme l'avouerait plus tard François Hollande, avec cynisme et, surtout, inconséquence, « perdre les ouvriers, ce n'est pas grave[1] ». Le maire socialiste de Florange fut battu aux élections municipales de mars 2014, et celui de Hayange balayé par le Front national.

Au-delà, l'ébranlement symbolique et politique fut considérable, une onde de choc qui s'est propagée en profondeur dans la société française. Comme l'avait dit François Hollande à Florange : « Ce qui compte, c'est de parler et de tenir parole. » Pour de nombreux Français, la parole du Président ne compterait plus beaucoup dorénavant.

Florange fut surtout une crise, au sens premier du mot, un de ces moments où la vérité jaillit, nue, sous une lumière crue, obligeant chacun à la regarder, et où il faut décider, trancher.

---

1. Aveu recueilli par Cécile Amar, dans *Jusqu'ici tout va mal*, Grasset, 2014, p. 65, saisissant tableau des deux premières années du quinquennat Hollande autant que portrait cruel, mais juste, de l'homme.

Quelle vérité ?

Florange ?

Ce fut la trahison du Bourget.

La fin du volontarisme. Le retour du conformisme et de la résignation. Alors même que ce dossier aurait dû être l'occasion d'illustrer une nouvelle doctrine, de mettre en œuvre la nouvelle politique pour laquelle les Français avaient voté, de montrer le visage d'une nouvelle gauche. C'était même un cas d'école ! L'adversaire avait un visage, cette fois. Celui de la finance. Celui de la désindustrialisation. Celui de Lakshmi Mittal. Or l'adversaire l'a emporté non parce qu'il était le plus fort, mais parce qu'il n'a pas eu à livrer bataille.

Florange ?

Ce fut la revanche sur Le Bourget.

La revanche de ceux qui n'avaient jamais accepté ce discours. Un discours qu'ils se résignèrent à endosser, contraints et forcés, par seul calcul et sans jamais y adhérer, parce qu'il leur permettait d'envisager la victoire.

La revanche de la gauche du « oui » sur la gauche du « non » – grâce à laquelle la gauche tout court avait pourtant gagné l'élection présidentielle.

Au Bourget, on entonna le grand air du « non » pour se faire élire.

Mais dès le pouvoir effectivement acquis, pas après l'élection, le 6 mai 2012, pas après l'investiture présidentielle, le 15 mai, non, après, après Florange, après que l'on a enterré Le Bourget et ainsi pris réellement possession du pouvoir, alors on appliqua sans vergogne la politique du « oui ». Tous ceux qui, à leur place, tentèrent de résister et de proposer, de limiter ou d'infléchir, furent suspectés, fustigés, tenus en lisière, puis marginalisés et durent, au bout du compte, se soumettre ou se démettre.

Où souffle encore l'esprit du « non », l'esprit du Bourget, en cette dernière année du quinquennat ?

Pas à l'Élysée, tout entier livré désormais à l'emprise des Gracques et dont l'hôte avait pris le risque de fracturer le PS au nom du « oui ». Pas à Matignon, où, jusqu'à son départ en décembre 2016, le Premier ministre, partisan du « non » rallié de justesse au « oui », connut la loi d'airain de la Ve République : s'il y a deux « têtes de l'exécutif », il n'y a qu'un seul chef de l'État. Pas au Quai d'Orsay, où le héraut de la campagne de 2005, après avoir remisé ses trompettes, s'être consolé en fréquentant les grands de ce monde, et avoir rejoint le Conseil constitutionnel, a laissé la place à un fervent partisan du « oui ». Pas à Solférino, dont l'appareil est aligné politiquement sur le pouvoir exécutif.

L'esprit du « non », l'esprit du Bourget, est néanmoins vivant. Il porte toujours les mêmes valeurs : redéfinition d'un vrai projet à la fois humaniste et réaliste pour l'Europe, réappropriation de la décision par les citoyens, refus du conformisme libéral, réhabilitation de la politique. Malgré les avanies, il perdure, actif, critique, moqueur, fécond, irréductible. Sous la plume de vrais intellectuels, qui travaillent, analysent, écrivent, proposent. Chez de nombreux citoyens, désillusionnés mais encore combatifs. Au cœur du peuple français, qui refuse obstinément de passer sous la toise. Dans les urnes, aussi. Certains voudraient nous persuader que le suffrage universel ne serait qu'un reliquat des âges obscurs. D'autres, demi-habiles, s'imaginent que le citoyen est assez amnésique et fatigué pour qu'on puisse l'abuser de nouveau par une quelconque astuce. Tous ceux-là se trompent.

L'esprit du Bourget répondra présent à l'appel de la République. Il sera là au rendez-vous de 2017.

Florange ?

Ce ne fut donc pas seulement la fin de l'esprit du Bourget, la « tragédie de la gauche », la revanche du « oui » sur le « non » – et cela représentait déjà beaucoup.

Florange, ce fut le début de la fin du quinquennat.

Pour les Français, sans aucun doute : réelle dès le mois de septembre 2012, la rupture entre eux et le Président devint irrémédiable après Florange, à compter de la fin de cette même année – toutes les enquêtes de tous les instituts d'opinion en attestèrent avec constance.

Pour le Président, il en alla autrement : « son » quinquennat à lui commença seulement à mi-mandat quand, pour mener enfin la politique qu'il voulait conduire depuis toujours, il procéda au changement du locataire de Matignon.

Chapitre III

MATIGNON

« Presque tous les hommes peuvent endurer l'adversité ; mais si vous voulez éprouver le caractère d'un homme, donnez-lui le pouvoir. »

Abraham LINCOLN

« Tous ces nuages qui s'abattent sur nous sont autant de signes que le temps va bientôt se mettre au beau et nos affaires suivre un cours meilleur. Ni le mal ni le bien ne sont durables ; par conséquent, le mal ayant beaucoup duré, le bien doit être proche. »

Miguel de CERVANTÈS, *Don Quichotte*

Dans la soirée du lundi 25 août 2014, de retour d'Annecy, un taxi me conduit vers l'appartement de fonction où celui qui n'est plus ministre de l'Économie fait ses cartons.

Situé au sixième étage d'une pile de l'immeuble de Bercy, il offre un salon s'avançant au-dessus de la Seine, telle une proue de navire. Une cabane dans les arbres, pour nous, où nous nous réfugions pour échapper à la dureté des temps, pour ne plus voir et ne pas être vus, pour imaginer le lendemain en pleurant le jour achevé. Tant de fois, tard dans la nuit, nous y avons noyé notre chagrin dans le vin de Bourgogne, ravalant nos larmes, fourbissant des arguments dont nous savions qu'ils seraient vains, riant de nos malheurs pour ne pas en être accablés. « On casse des cailloux ! » criait Arnaud. Que ces mois qui suivirent la crise de Florange furent lourds, tendus, douloureux, tristes. Rien n'allait plus entre le Premier ministre et son ministre du Redressement productif. Rien n'allait plus entre moi et ce Président que je voulais continuer à servir. Rien n'allait plus dans un gouvernement tétanisé. Rien n'allait plus à gauche.

Tous, nous étions comme désaccordés.

— Entre ! Je suis content de te revoir !
— Et moi ! Tu as l'air en bonne forme.
— Je suis soulagé, tu ne peux pas savoir. Je n'en pouvais plus.
— Raconte-moi.
— Viens, allons dîner.

Dans la cuisine, en ouvrant une bouteille de mercurey, Arnaud se tourne vers moi et me lance, moqueur : « Salopard, c'est à cause de toi tout ça ! C'est toi qui m'as fait voter Hollande ! »

Cette boutade était devenue un leitmotiv entre nous ; nous en avions souvent ri ensemble. Et ce soir-là encore.

Souriant et détendu, mais d'un ton grave, il débute son récit pendant que nous entamons notre repas. Il a besoin de parler, de se confier, et va se lancer dans une longue explication, presque un monologue, autant à mon attention, pour me raconter les dernières semaines de la vie du pouvoir, depuis mon départ de l'Élysée, que pour lui-même, pour comprendre.

— Je l'avais vu venir, mais c'est quand même curieux de se dire que tout est fini, comme ça… Tu sais, au début, pendant les trois premiers mois qui ont suivi la nomination de Manuel comme Premier ministre, les choses se passaient bien. Même après ton départ, les relations étaient fluides. Valls me donnait les moyens d'agir. Je gagnais les arbitrages interministériels à Matignon. C'est comme cela que j'ai obtenu, à la mi-mai, le décret « Montebourg » sur la défense des intérêts stratégiques de la Nation, qui permet à l'État d'interdire des OPA de groupes étrangers sur des entreprises françaises jugées stratégiques.

— Le dossier Alstom ?

— Alstom, oui, dont on a pris ensuite 20 % du capital ! Alors qu'Ayrault avait refusé la nationalisation provisoire de Florange… Quel gâchis ! Mais le décret donne à l'État le pouvoir de protéger les industries de l'énergie, de la santé, des télécoms, de l'eau, des transports, de la défense. C'était une vraie victoire. Comme le fait d'avoir pu créer un Conseil sur la politique économique à Bercy : j'ai fait venir Fitoussi et même Stiglitz ! Ils ont pris position contre l'austérité en Europe et en France. J'avais même la possibilité de m'exprimer sur la politique monétaire européenne et de demander une baisse de l'euro. Bref, Valls jouait le jeu. Et puis…

— Et puis il a changé d'avis…

— Oui, les choses se sont progressivement raidies. Pendant ces trois mois, à chaque Conseil des ministres, je prenais la parole pour alerter sur la gravité de la situation, la montée du chômage, pour dire que l'on ne pouvait pas continuer ainsi, qu'il fallait corriger la politique économique, arrêter l'austérité, rendre du pouvoir d'achat aux Français. À chaque fois, rien. Ou plutôt si, toujours la même réponse de Sapin : « Tout va bien, les résultats arrivent, ils vont arriver, il ne faut pas changer de cap… » Il passait son temps à repeindre en rose le communiqué sur la conjoncture économique, alors que je ne cessais de réclamer que l'on soit plus clair et plus sincère sur la gravité de la situation. Valls ne disait rien, Hollande non plus. Les réunions sur la politique économique, que le Président convoquait tous les quinze jours ? Même chose. Dès que j'évoquais la règle « des trois tiers » que j'avais proposée à Hollande dans ma note en janvier, on me répondait : « Oui, on verra. Pourquoi pas ? » Tu parles ! Ils n'en voulaient pas, mais ils n'osaient pas le dire.

— Pour cause, Manuel l'avait validée avec nous.

— Et c'était ce qu'il fallait à notre économie ! C'était simple et efficace. Sur les 50 milliards d'économies que l'on s'était engagé à faire, un tiers pour les entreprises, un deuxième tiers pour le désendettement du pays et le dernier tiers pour une baisse d'impôts des Français. Ils n'en voulaient pas. Ensuite, j'ai compris que l'atmosphère avait changé à la fin du printemps, au moment de la préparation du budget 2015. Les notes de cadrage envoyées aux ministères entérinaient l'austérité. Alors j'ai décidé de réagir et de prendre l'opinion à témoin, en prononçant mon discours du 10 juillet à Bercy.

— Je m'en souviens…

— Je le sais bien ! Mais ce que tu ne sais sûrement pas, c'est que le matin même, ou la veille peut-être, Valls m'a appelé pour en parler. Je lui ai indiqué les thèmes que j'allais traiter et il m'a seulement demandé de retirer un passage sur le gaz de schiste ; ce que j'ai fait. Il était donc d'accord avec le reste : l'euro, les trois tiers, la fin de l'austérité. Or, le soir, il a explosé de colère devant son cabinet, en disant qu'il était furieux de ce discours.

— Il t'a fait part de ses reproches ?

— Jamais ! Penses-tu ! Comme si de rien n'était. Et Hollande pas davantage… Le 10 juillet au soir, il m'a même envoyé un texto dans lequel il m'écrivait : « L'idée de la répartition est bonne, mais sois prudent sur la règle des trois tiers » ou quelque chose dans ce genre.

Un instant, le silence se fait entre nous, dicté par la tristesse et l'amertume. La colère aussi.

— Enfin, le 15 août, il y a eu cette entrevue entre Hollande et Valls, à Brégançon. C'était la réponse à mon discours de Bercy. C'est là, à ce moment-là, que l'explication a eu lieu entre les deux et que Valls a définitivement accepté de plier devant Hollande. La preuve, c'est qu'au dernier Conseil des ministres, le 20 août, quand j'ai à nouveau mis en garde le Président et le gouvernement sur notre ligne, pour la première fois, Manuel, qui s'était toujours tu jusque-là, a pris la parole pour me répondre.

— Et pour dire quoi ?

— Que l'on ne pouvait pas s'exprimer ainsi, que c'étaient les choix du Président, que cette cohérence devait être respectée, que l'on ne pouvait pas dire qu'il fallait hausser le ton avec l'Allemagne, que cela n'avait pas de sens… Bref, pour la première fois, il est intervenu pour me rappeler à l'ordre. Et pour signifier, ainsi, que notre accord, celui qu'on avait passé, Valls, toi et moi, dans le salon à côté, allait au panier ! Et cinq jours plus tard, effectivement, ils ont pris le prétexte de cette histoire de « cuvée du redressement productif » pour me dégager du gouvernement et faire le ménage. Un prétexte ! Ce qu'ils voulaient, c'était avoir un gouvernement à leur botte, un gouvernement de fayots et de falots ! Après t'avoir fait sortir, toi, avec mon départ ils étaient enfin débarrassés du Bourget et de Florange !

— Et ton entretien avec Manuel, cet après-midi, tendu ?

— Pas du tout. Je suis arrivé à Matignon peu avant 15 heures. C'est lui qui m'a ouvert la porte de son bureau. Je suis entré en fredonnant cette chanson des Doors, celle du film *Apocalypse Now* : « *This is the end, my only friend, the end.* »

L'évocation de cette scène nous rend un peu de bonne humeur.

— Et alors ?

— Alors ? Nous nous sommes expliqués, calmement. Je lui ai dit que je ne pouvais plus accepter cette politique, que nous allions droit dans le mur et que nous n'avions pas été élus pour cela. Que l'austérité était une impasse et une trahison. Surtout, je lui ai rappelé que ce n'était pas l'accord que nous avions passé. Il l'a reconnu.

— Difficile de faire autrement…

— Oui. Il m'a dit : « C'est vrai que toi, Aquilino et moi, on avait imaginé un autre chemin. Mais il y a la primauté du Président, le jeu des institutions de la Ve République, la relation avec l'Allemagne, le poids de Merkel. » Comme si tout cela n'existait pas avant, au moment où nous avons passé notre accord ! Comme s'il venait de le découvrir... Mais de toute façon cela n'aurait servi à rien d'entrer dans cette discussion, puisque les choses étaient décidées. Je lui ai souri en secouant la tête... Il n'était pas fier de lui, crois-moi. Alors, il a essayé de contre-attaquer : « Et puis, aussi, vous avez déconné avec Hamon, vous êtes allés trop loin ! C'est le Président, quand même ! Vous avez trop tiré sur la corde... Dans ces conditions, moi, je ne peux plus tenir. Toi, Peillon, Hamon, quel gâchis ! »

— Cela n'aura pas tenu longtemps, en effet... Cinq mois.

— La vérité, c'est que cet accord, il n'y a jamais cru, même si, au début, il a essayé, ou fait semblant plutôt, de le respecter. Dans le fond, ce n'était ni sa ligne, ni son intérêt. Il voulait conduire *sa* politique, celle de *ses 5 %* à la primaire ; et il voulait tout le pouvoir, un gouvernement à sa main. C'est désormais chose faite. Seulement maintenant, il va rester tout seul avec Hollande. Il sera son prisonnier, un prisonnier volontaire. C'est ce que je lui ai dit, d'ailleurs : « Nous sommes comme dans la fable de La Fontaine. Je suis le loup, tu es le chien. Tu portes la trace de ton collier car tu as choisi de vendre ta liberté contre le confort d'une niche, une belle niche qui s'appelle Matignon. Moi, je ne peux pas, ce ne sont ni mes convictions, ni mes choix. Et tout cela finira mal. » Voilà : après, tout était dit, c'était fini. Je lui ai souhaité bonne chance, nous nous sommes levés et embrassés. Je suis parti.

— Et Hollande ?

— Hollande ? Rien. Il a essayé de me joindre à trois reprises dans la journée, je n'ai pas voulu le prendre au téléphone.

Le dîner terminé, tard dans la soirée, sur le point de nous séparer, je me ravise et reviens sur mes pas : je veux revoir ce salon où, dix mois plus tôt, nous avions scellé un accord politique désormais caduc. Je veux me souvenir.

La température était fraîche et le ciel nuageux, ce samedi 2 novembre 2013 : une vraie matinée d'automne. Sur le coup de

10 heures, nous nous étions retrouvés, tous les trois, dans cette pièce que j'arpente ce soir pour la dernière fois.

Le ministre de l'Intérieur, le ministre du Redressement productif, le conseiller politique du président de la République réunis à huis clos pour délibérer ensemble de la nécessaire inflexion de la politique conduite, de l'avenir du gouvernement et de celui qui le dirigeait alors : la scène pourrait sembler tirée de l'*Histoire des Treize* de Balzac.

Complot ? Le secret n'est pas le complot. Il s'agissait de prendre ensemble la mesure de la gravité de la situation, afin de sauver ce qui pouvait encore l'être d'un quinquennat alors vacillant. Secret indispensable, et ne valant pas pour le principal intéressé, qui partageait nos inquiétudes comme nos analyses, et qui savait nos intentions : le président de la République.

Pacte ? Accord et alliance il y avait, en effet. Aucun document ne fut signé, ce matin-là ; la volonté politique était néanmoins présente et commune. Tous les trois, chacun à notre façon, nous avions fait – à la fois réalisé et façonné – la campagne de Hollande, nous nous en sentions comptables et nous partagions désormais une même conviction : il fallait changer de politique et de Premier ministre.

Changer de Premier ministre pour changer de politique.

Il ne s'agissait pas d'effectuer un tête-à-queue ; mais de corriger, d'infléchir, de rééquilibrer, de compléter une politique économique de redressement dont nous ne contestions pas le bien-fondé. Concrètement ? Rendre du pouvoir d'achat aux Français en baissant les impôts à hauteur d'un tiers des 50 milliards d'euros d'économies qui devaient être dégagés. Ralentir le rythme des coupes budgétaires pour ne pas asphyxier le peu de croissance qu'il nous restait. Lutter contre la surévaluation de l'euro qui laminait notre industrie. Réorienter le cours de l'Europe comme nous nous y étions engagés pendant la campagne. Tout faire, donc, pour la croissance et l'emploi.

En cet automne 2013, changer de Premier ministre était devenu une priorité. La situation politique était plus que préoccupante, grave ; et le pouvoir exécutif dans une situation de très grande faiblesse. Le sentiment de défiance des Français à l'endroit du couple formé par le Président et le chef du gouvernement avait atteint un niveau inédit : toutes les enquêtes d'opinion convergeaient sur ce point. Plus inquiétant encore, ce rejet n'épargnait plus le « noyau dur » des soutiens du Président, le cœur de son électorat. Plus de 60 % des partisans de la gauche et près de 55 % des sympathisants socialistes désapprouvaient ainsi à cette époque l'action du gouvernement. Dix-huit mois après l'élection de François Hollande, le constat était sans appel, bien plus sévère que celui que l'on avait pu dresser pour Nicolas Sarkozy après un tel délai ; un sentiment de « trahison » travaillait la majorité de nos électeurs, des citoyens qui ne se reconnaissaient pas dans la politique suivie et qui ne reconnaissaient pas en elle les orientations définies et annoncées au Bourget.

Gauche et droite confondues cette fois, la colère des Français se voyait alimentée quotidiennement par le spectacle d'un gouvernement approximatif et à la peine. Chaque jour apportait son lot de cafouillages, de confusions, de cacophonie, aboutissant à une forme de crise gouvernementale larvée. L'impression donnée était celle de l'inexpérience politique, du flottement dans la ligne suivie, de l'impréparation des décisions, de la maladresse en termes de communication, de la désinvolture personnelle, du manque de solidarité collective. Bref, de l'amateurisme.

Alors que sa vocation était de rassurer, le gouvernement inquiétait. Alors que sa responsabilité était d'en diriger l'action, le Premier ministre hystérisait le gouvernement.

Conséquence de ce grand gâchis gouvernemental, le président de la République se trouvait de plus en plus directement exposé. Pour la première fois dans l'histoire de la Ve République, le chef de l'État était ainsi devenu le bouclier de son Premier ministre. Renversement politique contre-nature, qui ne pouvait persister ni rester sans conséquence.

Des entretiens réguliers avec les divers responsables d'instituts d'opinion qui nourrissaient ma réflexion, et dont je faisais part scrupuleusement au Président, un même constat émergeait : à l'automne 2013, avoir franchi de tels seuils d'impopularité au bout seulement de dix-huit mois d'exercice du pouvoir condamnait presque certainement toute perspective de rétablissement. Tout était dans le *presque*, bien entendu. De fait, les choses paraissaient irrémédiablement compromises, à moins… À moins d'un changement politique et symbolique très fort. Qui ne pouvait être, au moins dans un premier temps, que le départ du Premier ministre, même si l'échec politique était partagé.

À tout seigneur tout honneur : le Président avait grandement contribué à ce fiasco. « Irrésolution, pusillanimité, flou dans les décisions, incohérence des choix, annonces intempestives, déficit d'incarnation de la fonction présidentielle » : chaque jour et chaque semaine, la presse se faisait la caisse de résonance de ces critiques virulentes, souvent fondées, mais parfois indécentes, comme lorsque la couverture d'un certain hebdomadaire mit en scène le chef de l'État, de façon inacceptable, comme une personne demeurée, regardant d'un air égaré sa montre ayant glissé sur la face antérieure de son poignet. Sa première et principale faute était autre : avoir nommé un homme à de très hautes fonctions pour une très mauvaise raison.

Ce n'est pas faire offense à Jean-Marc Ayrault que de souligner qu'il n'était pas fait pour occuper la responsabilité de Premier ministre.

Sans aucune expérience de l'État, il en était devenu, par la grâce de l'article 8 alinéa 1er de notre Constitution, le deuxième personnage. Germaniste et germanophile, il aurait dû devenir le fer de lance d'une renégociation politique de notre relation avec l'Allemagne, au cœur du projet du candidat Hollande ; il ne le voulut pas. Grand élu local, sans relais ni réseaux dans la haute fonction publique d'État, il s'était fait imposer son principal collaborateur à Matignon par le président de la République, qui eut tôt fait de le circonvenir et de le couper de toute réalité politique. Sans charisme et se méfiant de la presse, notamment de la télévision, piètre homme de communication, il ne parvint jamais à valoriser son action ni à incarner sa fonction.

Et puis, il y avait l'homme et son caractère. Pas assez d'autorité et trop de raideur. Pas assez de fierté et trop d'orgueil. Pas assez de dureté et trop d'intransigeance. Pas assez de sensibilité et trop de susceptibilité. Pas assez de colère et trop de rancœur. Sans compter son principal défaut, auquel il ne pouvait rien, et de nature paradoxale : le couple politique fusionnel qu'il formait avec le Président ne convenait pas à l'exercice du pouvoir d'État.

Trop proches l'un de l'autre, leurs qualités se neutralisaient tandis que leurs défauts se potentialisaient.

Une même culture du compromis, inadaptée à la dureté des temps. Une religion de la synthèse, pratiquée avec une ferveur identique, à l'heure où des choix clairs et nets devaient être faits. Une vénération semblable de l'Europe, annihilant tout espoir de réorientation de celle-ci. Une connaissance intime de leurs convictions profondes, rendant le débat entre eux aussi inutile qu'infécond. Une convergence de leurs manières d'être et d'agir, allant à l'encontre de la tradition politique du pays et de l'attente d'autorité des Français, en particulier ceux des classes populaires : au « Président normal » répondait ainsi un Premier ministre « plus que normal »... Pour un résultat tout à fait anormal en termes d'opinion. La politique faisait mentir la mathématique : « plus par plus », ici, faisait « moins »…

Quant à la seule différence, notable, entre eux, elle n'aboutissait qu'à compliquer à l'envi la répartition des tâches politiques au sein de leur couple : le « taiseux » Ayrault devait forcer sa personnalité pour monter au front d'une communication intense qui est le pain quotidien de Matignon, tandis que le « diseux » Hollande devait apprendre à raréfier son propos pour instaurer l'indispensable distance, gage d'autorité. Dans les deux cas, le résultat laissait à désirer.

Tout cela, il était de la responsabilité du Président de le savoir et d'en déduire que ce n'était pas Jean-Marc Ayrault qu'il devait nommer à Matignon. D'imaginer, par exemple, que sa personnalité marmoréenne aurait mieux convenu à la présidence de l'Assemblée nationale. Le sachant – car il le savait –, il fit néanmoins ce choix désastreux, et le fit pour la pire des motivations : la commodité.

Pour que le couple de l'exécutif vive et travaille dans l'harmonie, il doit être placé sous le signe de l'équilibre.

Avant d'accéder à la magistrature suprême, François Hollande n'avait jamais été ministre ; du fonctionnement de l'État, il ne connaissait que ce qu'il avait entrevu lors de son bref passage comme « petite main » dans l'équipe de Jacques Attali, en 1981 ; directeur des cabinets de Max Gallo et Roland Dumas, qui s'étaient succédé comme porte-parole du gouvernement en 1983 et 1984, il n'avait pas eu alors d'administration à diriger et sa principale tâche consistait à faire la conversation à des journalistes ; premier secrétaire du PS, il fut certes associé étroitement aux choix politiques de Lionel Jospin, Premier ministre de 1997 à 2002, sans toutefois avoir de véritable lien avec l'appareil de l'État qui lui aurait permis d'en apprendre les règles et les contraintes. Or, l'exercice du pouvoir d'État s'apprend.

Les confidences ahurissantes qu'il ferait ultérieurement aux deux journalistes du *Monde* établiraient publiquement un constat pathétique : cet apprentissage-là, en tout un quinquennat, François Hollande n'en a pas été capable. Sans réelle expérience de l'État, donc, il fit néanmoins le choix d'un homme qui n'en avait aucune.

Pas davantage de complémentarité au regard des caractères et des cultures politiques, au contraire, ceux-ci jouant dans le même sens, on l'a vu.

Enfin, au lieu de nommer à Matignon un responsable disposant d'un poids politique, le Président désigna une personnalité sérieuse et estimable, mais qui n'était pas chef de parti, n'avait pas été candidat à la primaire de la gauche, n'incarnait pas la ligne politique victorieuse – celle du discours du Bourget –, n'entretenait pas de rapport direct avec les Français et ne tirait sa force que de sa seule relation de confiance avec lui ; un homme sans véritable autonomie politique, par conséquent, un homme qui « ne lui ferait pas d'ombre », comme il aimait à le rappeler, un homme qui « ne se présenterait jamais contre lui à l'Élysée », comme il aimait à s'en amuser. Quand, pour justifier ce choix, sa bouche prononçait le mot « loyauté », ses yeux confessaient celui de « soumission ».

Il succomba ainsi à la tentation, fatale, de la facilité.

Avec Ayrault comme Premier ministre, il savait qu'il « n'aurait pas d'histoires », comme il le disait, et François Hollande est une personne qui n'aime pas que « l'on fasse des histoires » – entendez par là que l'on ouvre de discussion politique. Il en eut, quand même, « des histoires », mais pas celles qu'il redoutait.

Quant au maire de Nantes, il commit lui-même une faute politique. À peine nommé Premier ministre, il entreprit de se démarquer du Président en cherchant à exercer effectivement les pouvoirs que le texte de la Constitution lui conférait. Étrange idée, en vérité. Avait-il pris au pied de la lettre les diatribes du candidat Hollande sur « l'hyperprésident Sarkozy » ? Ou bien mal interprété les cinq années de Lionel Jospin à Matignon, oubliant que ce mandat avait été celui d'une cohabitation ? Ou encore cédé aux sirènes et aux pressions des technocrates de son cabinet, soucieux d'accaparer le pouvoir ? Quoi qu'il en soit, à peine l'encre de son décret de nomination sèche, il se lança dans une lecture littérale de l'article 20 de la Constitution qui compliqua singulièrement l'exercice de l'État.

« Le gouvernement détermine et conduit la politique de la Nation » : le texte de cet article est limpide. La pratique institutionnelle, née de la révolution politique introduite en 1962 par l'élection du président de la République au suffrage universel, l'est tout autant : s'il conduit effectivement la politique de la Nation, le gouvernement ne la détermine plus. Cette prérogative appartient aux successeurs du général de Gaulle. Seule la figure politique baroque apparue en 1986, et dénommée « cohabitation », fait exception à cette règle.

Et pourtant, dès les premiers jours de son mandat, le Premier ministre s'était lancé dans une opération de verrouillage politique. Sous l'impulsion de son cabinet, une « méthode de travail » avait rapidement été mise en place, n'associant les collaborateurs du Président aux décisions que le plus tard possible. Matignon était ainsi devenu dès les premières semaines du quinquennat une citadelle, très vite gagnée par la fièvre obsidionale. Le moment fondateur de cette prise de distance incongrue fut la déclaration de politique générale de Jean-Marc Ayrault.

Solennel, ce discours revêt, pour tout Premier ministre, une importance particulière. Non seulement parce qu'il présente le programme d'action du gouvernement, mais parce qu'il donne le *la* politique et médiatique des mois à venir. Devant les députés rassemblés, sous les yeux sans indulgence de la presse, il faut, pour le nouveau chef du gouvernement qui sollicite la confiance de la représentation nationale, éclairer, argumenter, séduire, persuader, entraîner, convaincre. Se faire respecter, surtout. L'exercice est périlleux et décisif. L'impression laissée à la fin de ce premier discours est souvent la dernière.

Ayant été, quinze ans auparavant, la cheville ouvrière de la déclaration de politique générale de Lionel Jospin, c'est tout naturellement que le Président me demanda d'entrer en contact avec Olivier Faure, député de Seine-et-Marne, très proche du nouveau Premier ministre, et chargé de superviser la préparation de ce texte hautement sensible. Le projet de discours qu'il me transmit était médiocre et, surtout, beaucoup trop long. Soucieux pour son Premier ministre, le Président le prévint des risques qu'il courait ainsi et lui proposa de contribuer, par ses remarques et sa vigilance, à l'amélioration du texte.

Une série d'itérations s'ensuivit : le Président et moi-même relisions et annotions les projets successifs qu'Olivier Faure me transmettait et que je lui renvoyais, amendés. Nous avions bien pris soin d'insister sur la nécessité de ne pas parler trop longtemps – une heure dans l'idéal et pas plus de 75 minutes dans tous les cas. Toutes les assurances nous avaient été données par nos interlocuteurs respectifs. Transmise le matin même de ce mardi 3 juillet 2012, la version finale nous ayant paru satisfaisante, c'est donc attentifs mais tranquilles que, sur le coup de 14 heures, nous prîmes place dans deux confortables fauteuils installés devant le poste de télévision du bureau présidentiel, pour assister en direct à l'intervention du Premier ministre.

Dès la première phrase prononcée, nous nous tournâmes l'un vers l'autre pour échanger, silencieux, un regard consterné. La suite confirma ce que nous venions d'entrevoir, sidérés : Jean-Marc Ayrault prononçait – lisait, plus exactement – la première mouture de son discours, inchangée, celle qu'il nous avait communiquée trois jours auparavant, à la lettre près, sans la moindre modification, ni ajout ni, malheureusement, coupure.

Pendant trois jours, par conséquent, Ayrault et Faure nous avaient donné le change ; menti, pour dire les choses simplement. Une heure et quarante minutes plus tard, le mal était fait. Plat, morne, sans allant, se livrant, selon *Le Monde*, à « un inventaire exhaustif, fastidieux parfois, du champ de l'activité gouvernementale », trop long, beaucoup trop long, ce discours fut un échec aussi retentissant que le ton sur lequel il fut prononcé avait été monocorde. Et, même si je déclarai dans l'après-midi à ce même quotidien du soir que le Président avait trouvé son Premier ministre « très sérieux et solide », la vérité était tout autre.

Cette désinvolture était révélatrice de la vision que Jean-Marc Ayrault s'était forgée de sa fonction et de son rapport avec le chef de l'État ; révélatrice aussi de l'asymétrie étrange qui faisait la singularité de la relation psychologique entre les deux hommes ; car, à ma stupéfaction, le chef de l'État n'adressa pas le moindre reproche au Premier ministre.

Après un tel épisode, le mal était fait. Les collaborateurs du Président, en particulier les deux secrétaires généraux adjoints de l'Élysée, Emmanuel Macron et Nicolas Revel, pouvaient bien se démener, la réalité du pouvoir était passée rive gauche. Le seul recours pour eux devint de s'en remettre au déjeuner hebdomadaire entre les « deux têtes de l'exécutif », moment où les décisions étaient effectivement prises et les derniers arbitrages rendus ; décisions et arbitrages le plus souvent conformes aux points de vue défendus par le Premier ministre. Dépités et défaits, ils quittaient le bureau du Président, où ils venaient d'apprendre la toujours semblable mauvaise nouvelle, pour se consoler dans le mien, égrenant dans un soupir le nouvel épisode de leur chapelet de défaites.

Tout se passait comme si le Premier ministre faisait une lecture strictement parlementariste du texte de 1958 ; voire qu'il était entré dans une phase de cohabitation, mais contre-nature, un peu à l'image de celle qui prévalut de 1988 à 1991, entre le Président François Mitterrand et le Premier ministre Michel Rocard.

Au-delà des tensions politiques, institutionnelles et humaines que cette initiative suscita, la situation ainsi créée, si elle pouvait se prévaloir d'une lecture stricte de la Constitution, était bancale sur le plan politique et ne pouvait se prolonger.

Les mois passant, un rééquilibrage institutionnel s'opéra inévitablement : la démocratie d'opinion ne reconnaît qu'un seul maître, celui que le peuple s'est donné en l'élisant – le président de la République. Avec les premières difficultés humaines et politiques du Premier ministre, après la crise malienne qui fit entrer en scène le chef des armées, au gré des soubresauts de l'actualité, le Président reprit progressivement l'ascendant. Ses mauvaises habitudes, aussi, celles qu'il avait cultivées rue de Solférino, à la tête du PS : textos envoyés aux journalistes pour donner la primeur d'une annonce ou corriger une expression, consultation de personnalités extérieures qui se prévalaient ensuite de leur influence, souvent supposée mais parfois réelle, réunions secrètes, contacts directs établis avec les ministres – qui pouvaient ainsi contourner Matignon –, marchandages au moment de prendre une décision, au gré des rapports de force.

Tout cela témoignait d'une confiance immodérée et déraisonnable en lui-même et en ses capacités, d'une réticence profonde à déléguer à d'autres une part de ses responsabilités, d'un sentiment de supériorité inaltérable, quelles que soient les déconvenues ou les erreurs commises, d'une vision ludique et jouisseuse de l'existence, envisagée comme une succession de « coups », bref d'un mélange de survalorisation du moi et de manque d'assurance personnelle signant le narcissisme.

Or ce qui peut se révéler compatible avec une vie politicienne réussie ne permet pas de diriger l'État.

Un homme d'État est accaparé par bien des tâches. Prononcer des discours, représenter son pays hors des frontières nationales ou, à l'inverse, recevoir des chefs d'État ou de gouvernement étrangers, travailler avec ses ministres ou ses collaborateurs, étudier les dossiers, accorder audience aux forces économiques, sociales, culturelles, scientifiques, intellectuelles de la société. S'y ajoutent, quand il s'agit du Premier ministre, l'animation du travail gouvernemental, le leadership de la majorité qui le soutient, la vie parlementaire.

L'essentiel est néanmoins ailleurs : dans la décision. La responsabilité essentielle qui incombe à l'homme politique est de décider.

Décider nécessite au préalable d'examiner les positions en présence, d'analyser les arguments qui s'affrontent, d'écouter, et d'entendre, les voix divergentes qui s'expriment. De se forger, ensuite, une opinion ; celle-ci ne peut se situer, systématiquement, au barycentre des forces à l'œuvre ; ne peut être, à chaque occasion, à mi-chemin des uns et des autres ; ne peut, pour le dire simplement, toujours ménager la chèvre et le chou ; décider ne saurait signifier composer *par principe*. Enfin vient le temps de trancher, de formaliser la décision, de l'assumer, de la revendiquer, de l'annoncer et de l'appliquer.

Le caractère de François Hollande – son goût pour l'arrangement, en particulier –, autant que sa méthode de travail, fondée sur une succession d'entretiens bilatéraux – dont chacun ressort en étant convaincu d'avoir été, le temps d'une conversation, son conseiller privilégié –, l'amènent mécaniquement à temporiser et à affadir toute décision. Considérer qu'effectuer la « synthèse » consiste à calculer une moyenne des avis émis et à conduire son raisonnement tel un « tâtonnement walrassien », ne pouvait produire que cette image faite de mollesse et de tergiversations qui lui a tant nui.[1]

Quoi qu'il en soit, la République ne connaissant qu'un seul Président, le couple exécutif était condamné à devenir « normal ».

1. Cette difficulté psychologique et politique à décider est au cœur du livre de Cyril Graziani, *Le Premier Secrétaire de la République*, Fayard, 2016, qui trace un portrait acerbe, mais convaincant, de François Hollande.

À défaut d'une clarification entre les deux hommes qui ne vint pas, la reprise en main de l'exécutif par le Président – indispensable – accentua la crispation du Premier ministre.

Toujours inquiet de ses prérogatives, toujours soucieux et sourcilleux, toujours convaincu d'être dédaigné et ignoré, il en venait à se braquer à propos de choses anodines pour subir le lendemain, sans mot dire, des affronts immérités ; à revendiquer des décisions qui ne pouvaient être que celles du Président, mais à délaisser son vrai pouvoir. Selon les circonstances, le Premier ministre pouvait à la fois se montrer institutionnellement soumis et politiquement récalcitrant ; puis, dans la « séquence » suivante, politiquement loyal et institutionnellement cavalier.

Les deux têtes de l'exécutif en arrivèrent à inventer un nouveau modèle de couple politique, fondé non sur une défiance constructive, comme cela arrive si fréquemment, mais sur une confiance déstabilisatrice.

Leur étrange pas de deux mit même à mal l'ordonnancement de l'État lorsque, à la fin du mois de juillet 2013, le Premier ministre n'ayant pas prévenu à temps l'Élysée de son déplacement en Corée du Sud, et le Président effectuant au même moment un voyage officiel en Slovénie, les deux hommes se trouvèrent simultanément en dehors du territoire national, contrevenant ainsi à tous les usages républicains et aux règles élémentaires de sécurité. Et il s'en fallut de peu que ce scénario extravagant ne se reproduise, tant le fonctionnement du duopole de l'exécutif était alors perturbé par le mélange d'incompétence et de frivolité qui caractérisait l'équipe du Premier ministre.

Maintenu par ses collaborateurs dans la conviction que Matignon devait être le centre du pouvoir d'État, Jean-Marc Ayrault en était arrivé à ignorer ou mépriser la loi d'airain de la Ve République : il n'y a qu'un seul responsable politique en dernier ressort, le président de la République ; quant au Premier ministre, il ne gouverne pas, il « vice-préside ». Obnubilé par l'article 20, il en arriva à oublier sa véritable mission, celle précisée à l'article 21 de la Constitution : « Le Premier ministre dirige l'action du gouvernement. » Car c'est bien dans son incapacité à faire vivre le gouvernement, à faire travailler efficacement ses ministres, que résida son principal échec.

Jamais il ne prit la mesure de la nécessité de conduire un débat politique, une discussion collective, avec les membres du gouvernement. Toujours il envisageait un dossier en pensant, avec inquiétude, que ses ministres – surtout ceux disposant d'un poids politique ou d'une notoriété publique – allaient tenter de le déstabiliser ou de le contester ; plutôt que de s'appuyer sur eux, il s'en méfiait et préférait s'enfermer dans un face-à-face avec le Président qui le rassurait, mais qui le rapetissait et l'empêchait de prendre son envol politique.

Rapidement, Jean-Marc Ayrault en arriva à confondre autorité et autoritarisme. À de longues phases de passivité, incompréhensibles, succédaient des accès de raideur qui ne l'étaient pas moins. À la tête d'un ensemble composé à la fois de solistes expérimentés et de novices ambitieux, le Premier ministre était incapable d'en tirer la moindre harmonie. N'osant pas sanctionner le premier violon Montebourg, il se vengea en chassant la flûte traversière Batho, dans un geste brutal et injuste. Il ne pouvait pas, il ne savait pas être un chef d'orchestre.

Pour Manuel Valls et moi-même, qui avions été les proches collaborateurs du grand Premier ministre que fut Lionel Jospin, le spectacle offert par ce gouvernement était affligeant. Impossible pour nous de ne pas établir la comparaison ; nous le faisions régulièrement, avec consternation. Il en allait de même pour le Président qui, comme premier secrétaire du Parti socialiste, avait occupé *de facto* entre 1997 et 2002 les fonctions de « super-conseiller politique » et de « super-porte-parole » du Premier ministre d'alors et l'avait vu à l'œuvre.

Dans la Grèce antique, il était d'usage de situer l'acmé des philosophes à 40 ans. L'allongement de l'espérance de vie enregistré depuis le temps de Clisthène et Démosthène permet de comprendre qu'en accédant à Matignon à l'âge de 59 ans, Lionel Jospin était au sommet de son art politique. Travailler à ses côtés pendant cinq années représenta pour moi une grande chance.

Vrai disciple, donc héritier rebelle, de François Mitterrand, il avait appris de lui l'endurance, la résistance et l'indifférence qui font les grands politiques. Subsistaient néanmoins en lui, bien dissimulées sous une maîtrise de soi peaufinée du temps de son engagement trotskiste, une violence et une faculté de colère devant la bêtise et l'injustice qui m'enchantaient. J'aimais discerner le pourpre lui monter imperceptiblement aux joues et surprendre le très discret tressaillement de la lèvre supérieure annonçant la réplique cinglante qui clouerait dans l'instant le bec à l'importun. Ferme dans ses convictions comme dans ses principes – certains disaient « rigide » –, il savait aussi, quand cela était nécessaire, se montrer souple, réactif, rapide, grand félin allongeant le pas pour, d'un coup de patte, mettre à bas son adversaire. Je le revois encore, sur le perron de l'Élysée, le lundi 2 juin 1997, se tourner vers la presse qui, rassemblée, l'interpellait, pour déclarer avec une candeur feinte et réjouissante : « Comment ? Oui, je viens de rencontrer le président de la République. Il m'a proposé de me nommer Premier ministre. J'ai accepté sa proposition. » Annoncer lui-même sa nomination à Matignon, faisant fi des usages et grillant la politesse à Jacques Chirac : de l'art de transformer le rapport de force politique et humain en trouvaille de communication…

Son sens de l'État n'avait d'égal que son sens politique. Il savait conserver un équilibre entre ces deux impératifs, ne versant jamais dans le juridisme ni dans le cynisme, qui sont leurs deux caricatures respectives. Il fit notamment la démonstration de cette hauteur de vue et de son habileté dans des circonstances dramatiques et exceptionnelles.

Trois mois après sa nomination à Matignon, Lionel Jospin devait prendre la parole pour la première fois en tant que Premier ministre devant les militants et les cadres du Parti socialiste, réunis pour leur Université d'été. La soirée du 30 août 1997 fut joyeuse et animée pour nos camarades ; pour nous deux, enfermés dans sa petite chambre, studieuse et laborieuse. Nous travaillions ensemble au texte de son discours du lendemain. Vers minuit et demi, fatigués, nous nous quittâmes pour prendre un peu de repos avant la dernière relecture prévue tôt le dimanche matin. Vers 4 heures, la sonnerie du téléphone retentit de façon inattendue dans ma chambre : au bout du téléphone, le standard de Matignon. « M. Morelle ? Désolé de vous réveiller, je vous passe M. Pierre-Alain Muet, de permanence. » À cette époque, chaque nuit, dans ce centre névralgique de l'État qu'est l'hôtel de Matignon, un conseiller du cabinet du Premier ministre veillait sur place, dans l'appartement de fonction situé dans l'immeuble du 13 de la rue Vaneau. Lui incombait la responsabilité de centraliser les appels urgents provenant des préfectures ou des ambassades, de trier les informations et les dépêches d'agences de presse, de prévenir qui de droit en cas de nécessité. Ce soir-là, c'était donc le tour du « conseiller pour la macroéconomie », futur député de la Croix-Rousse à Lyon. Sa voix inquiète ne m'extirpa pas instantanément de l'état cotonneux dans lequel je flottais.

— Aquilino ? Désolé de te réveiller, mais c'est grave.

— Oui, Pierre-Alain, j'imagine. Que se passe-t-il ?

— Écoute, c'est incroyable, mais Lady Diana, la princesse de Galles, vient d'avoir un terrible accident de voiture. Elle se trouve à l'hôpital de la Pitié, entre la vie et la mort. Le directeur de cabinet me dit de ne pas bouger pour l'instant, mais le ministre de l'Intérieur me demande de prévenir le Premier ministre… Et moi, je ne sais pas quoi faire !

— Pierre-Alain, on a fini tard, il est très tôt, tu me tires du sommeil. Donne-moi cinq minutes pour me réveiller et rappelle-moi.

Le temps de me rendre à la salle de bains, de me passer la tête sous le robinet d'eau froide, la sonnerie du téléphone retentit de nouveau.

— C'est bon Pierre-Alain, vas-y.
— Comme je te le disais, je ne sais pas quoi faire ! Jean-Pierre Chevènement me demande de réveiller Lionel, alors qu'Olivier Schrameck m'assure que ce n'est pas la peine et que cela peut attendre demain matin.
— Hum… Et quel est l'argument de Schrameck ?
— Il dit que, depuis son divorce, Diana n'occupe plus un rang protocolaire qui justifierait de mobiliser les autorités de l'État ; que son décès, s'il se produisait, ne serait qu'une affaire privée ne concernant plus que sa famille.
— Tu lui as fait part de l'appel de Chevènement et de sa position ?
— De *ses* appels, tu veux dire ! Oui, bien entendu… Et c'est pour cela que je t'ai réveillé.
— C'est-à-dire ?
— Olivier est très ennuyé et il a fini par me conseiller de voir ça avec toi. En m'expliquant que tu connaissais bien Lionel, que c'était toi le politique et que c'était à toi de juger s'il fallait réveiller le Premier ministre ou pas…
— OK, Pierre-Alain. Je vais aviser. Tiens-moi au courant de ce qu'il se passe à Paris. Merci et courage.

En ces temps reculés, l'usage des premiers téléphones portables commençait seulement à se diffuser. Pas d'Internet, pas de textos ou à peine, pas de réseaux sociaux. Tout en m'habillant, je fis donc, seul, le point : ce qui se passait à Paris était grave et aurait un retentissement considérable. Les journaux, les radios, les chaînes de télévision seraient, dès le lendemain, saturés de cette information qui constituerait un vrai choc pour le monde entier. Que pesait, par rapport à ce qui serait un événement planétaire, cette histoire de protocole ? Et nous n'allions pas laisser Chirac, qui se trouvait à Paris, bénéficier de belles images émouvantes tandis que Jospin, lui, resterait à La Rochelle, au fond d'une salle, entouré de militants… Pour prononcer un discours que personne n'écouterait de toute façon. Non, ce n'était pas possible. Il n'y avait qu'une décision raisonnable : réveiller le Premier ministre et rentrer à Paris. D'autant qu'il était maintenant presque 5 heures ; je pris le parti de le laisser dormir encore un peu. Pendant ce temps, j'allai prévenir Nicole Baldet et le technicien chargé des télécommunications d'État, celui que l'on désignait comme « le transmetteur ». Vers 5 h 30, je toquai à la porte de Lionel et, quelques secondes après, entrai à son invitation. Après que je lui eus exposé la situation, nous devisâmes rapidement. Une brève conversation avec Jean-Pierre Chevènement qui lui confirma le décès de Diana et sa décision fut prise : il rentrerait à Paris pour rendre hommage à la dépouille de la princesse de Galles, ferait une déclaration, puis reviendrait à La Rochelle pour clore, comme convenu, l'Université d'été. Ce qui fut fait.

Ce matin-là, pendant plusieurs heures, nous avons cherché à joindre le président de la République, afin de coordonner l'action de l'exécutif français ; en vain. Très embarrassés, nos correspondants de l'Élysée n'ont jamais été en mesure de répondre à nos demandes réitérées. Jacques Chirac ne s'est pas présenté à l'hôpital de la Pitié où seule sa femme s'est rendue. Jamais nous n'avons réussi à contacter le chef de l'État. Jamais nous n'avons évoqué publiquement cette absence. Jamais Lionel Jospin ne s'est servi d'un tel argument.

C'est aussi à l'élégance que l'on reconnaît l'homme d'État.

Chargé de l'aider à préparer ses discours politiques, ses interventions publiques, ses entretiens à la presse écrite ou audiovisuelle, j'ai pu quotidiennement éprouver l'acuité de ses analyses, la force de sa pensée, le prix qu'il attachait à la rigueur intellectuelle. « Pourquoi cet argument ? Comment répondre à cette objection ? Quelle est notre position sur ce sujet et quelle a été son évolution ? Que voulons-nous défendre ? Cette explication est-elle assez claire ? Quelle est la structure exacte de ce développement ? Quelle est la ligne directrice de ce texte ? Pourquoi as-tu placé cet adjectif ici ? Si on changeait ce verbe pour tel autre, tu en penserais quoi ? » Avec lui, ce n'était pas tant la réponse suggérée – encore que ses idées fussent très fermes, et qu'il y tînt – que le raisonnement y conduisant qui lui importait.

Sans faire sienne la sentence d'Eduard Bernstein – « le but n'est rien, le mouvement est tout » –, le chemin de la réflexion lui tenait à cœur. Gare à celui qui s'aventurait à lui proposer une formulation maladroite ou une argumentation approximative : quel que fût son rang, la sanction tombait alors immédiatement, sans méchanceté jamais, avec tranchant toujours. Orgueilleux, il détestait être pris en défaut dans le raisonnement ou l'expression ; mais supportait encore moins la lâcheté et l'hypocrisie ou, pire encore, la flagornerie, qu'il repérait infailliblement. Supérieur, il reconnaissait ses erreurs, au moins devant le cercle de ceux auxquels il accordait sa confiance, et savait accepter – avec le plaisir que cela peut procurer à celui qui, sûr de sa force, ne craint pas celle des autres – de voir l'un des siens le dépasser ponctuellement. Il fut pour moi un maître bienveillant et, par conséquent, d'une exigence extrême.

Le chef-d'œuvre de Jospin fut le gouvernement qu'il constitua à l'issue des élections législatives de 1997, et à la confection duquel il apporta le plus grand soin. La bien nommée « dream team » valait certes par la qualité de chacun de ses membres ; l'appariement subtil des sensibilités politiques et des fortes personnalités représentait cependant le vrai tour de force. Le social-libéral Dominique Strauss-Kahn à l'Économie, la socialiste Martine Aubry à l'Emploi et à la Solidarité ; le républicain Jean-Pierre Chevènement à l'Intérieur, la démocrate Élisabeth Guigou à la Justice ; le communiste Jean-Claude Gayssot à l'Équipement et aux Transports, l'écologiste Dominique Voynet à l'Environnement ; le mitterrandiste Hubert Védrine aux Affaires étrangères, le rocardien de cœur Pierre Moscovici aux Affaires européennes. Tout autre que Lionel Jospin aurait redouté de diriger un tel orchestre ; lui le voulut, le revendiqua et y parvint. De cette réunion de solistes sans précédent, il sut tirer une polyphonie inédite. Et cela pendant cinq ans.

Pas plus que la confiance, l'autorité ne se décrète. Elle se constate. Celle de Jospin était manifeste, connue et reconnue de tous. Fondée sur sa supériorité politique, elle tirait sa vraie force du respect que l'homme accordait à chacun de ses ministres ou de ses collaborateurs, respect qui lui valait, en retour, un dévouement sans faille. Pour le protestant de culture qu'il était, aucun argument autre que celui de la raison et de la pensée droite ne valait. Et surtout pas l'argument d'autorité : il n'en infligeait donc jamais à quiconque. Respectueux des hommes et des idées, il attachait le plus grand prix à les écouter, mieux : à les entendre. À cette fin, il inventa en devenant chef de gouvernement la formule des « réunions de ministres », permettant de contourner un Conseil des ministres vidé de toute substance politique par la cohabitation. Deux fois par mois, le jeudi, tous les membres du gouvernement se retrouvaient sous son égide pour débattre et échanger librement. Tous les sujets politiques étaient abordés. Chacun pouvait s'exprimer, pas seulement sur les sujets de sa compétence administrative, mais sur toute question inscrite à l'ordre du jour ou lui tenant à cœur. Le débat était ouvert, organisé. L'écoute, attentive. La conclusion finale, celle du Premier ministre, toujours attendue, toujours accueillie avec intérêt. Et toujours respectée. Placés derrière lui, la poignée de conseillers assistant à ces réunions politiques, dont Manuel Valls et moi, écoutaient. Apprenaient. Et n'oublièrent pas.

Avec lui les mots de collégialité, de délibération, de participation, de responsabilité, d'arbitrage, d'autorité, de décision, prirent un relief sans pareil.

Car si Lionel Jospin prenait tant de soin à échanger avec ses ministres, lors de ces réunions ou au cours de séances de travail plus retreintes et consacrées à un dossier précis, ce n'était pas par seul goût de la discussion et du débat. La vraie motivation était de décider. Décider bien, décider juste, décider ferme, décider en temps et heure, décider par conséquent en associant le plus possible les parties prenantes afin que la décision soit, autant que faire se peut, partagée.

Dans le fonctionnement du pouvoir d'État, Matignon est un lieu essentiel, le lieu de la décision, celui qui donne sa pulsation quotidienne au grand corps de l'administration centrale et déconcentrée.

Chaque jour remontent au cabinet du Premier ministre les « sujets » – projet de réforme, question budgétaire, amendement législatif ou nomination – sur lesquels les ministères concernés n'ont pu se mettre d'accord. Revient alors à l'autorité politique constitutionnellement compétente, celle du Premier ministre, de rendre l'« arbitrage » entre ces points de vue divers et souvent conflictuels. À cette fin se tiennent chaque jour, ou presque, de nombreuses « réunions interministérielles », ou « RIM » dans le jargon technocratique, présidées par le conseiller du Premier ministre compétent ; celui-ci, muni des instructions du directeur de cabinet, écoute les différents avis, organise le débat entre les représentants des ministres, puis tranche. Le résultat de ce processus de décision est ensuite consigné dans un document officiel appelé « bleu » en raison de la couleur du papier sur lequel il est imprimé. Matignon est une machine à bleuir. Normalement.

Le ministère Ayrault fut, à cet égard, marqué par la désorganisation et une forme de paralysie croissante.

La responsabilité de cette dérive incombait en premier lieu à l'équipe entourant le Premier ministre.

Nombre de « RIM » ne débouchaient sur aucune décision, ou sur une décision trop tardive. Relancés par leurs interlocuteurs des différents ministres, on vit même les responsables du cabinet du Premier ministre leur répondre par des textos en guise de « bleus »… La légèreté du procédé traduisait souvent le désarroi de ces collaborateurs ne sachant que répondre et ne souhaitant pas assumer officiellement une décision qu'ils se trouvaient dans l'incapacité de prendre. Faible sur le plan technique, la direction du cabinet de Jean-Marc Ayrault était surtout gravement défaillante d'un point de vue politique. Incapables de hiérarchiser les priorités, ne percevant pas – ou trop tard, ce qui revient au même – les dangers d'une situation politique donnée, crispés sur une vision littéraliste de la Constitution qui les amenait à tenter de cantonner l'Élysée, méprisant les ministres et les traitant à l'occasion comme de simples exécutants, n'ayant, pour certains, aucune expérience ou presque de l'exercice de l'État au plus haut niveau, ces technocrates furent rapidement submergés par l'ampleur de leur tâche.

À cette insuffisance rapidement notoire, ils ajoutèrent – illustrant le mot de Talleyrand – leur suffisance : ainsi, à des journalistes qui lui faisaient observer que Matignon fonctionnait autrement mieux du temps de Lionel Jospin, le directeur du cabinet de Jean-Marc Ayrault se permit-il de répondre, d'une manière qu'il pensait ironique et qui n'était qu'affligeante : « Oui, oui, je sais : sous Jospin ça marchait mieux et l'équipe de Matignon était meilleure ! C'est pour ça qu'on a eu droit au 21 avril 2002… » Plus grave encore : faisant preuve d'une immaturité stupéfiante et manquant du plus élémentaire respect de l'autorité politique, ces « serviteurs de l'État » se permirent même, à plusieurs reprises, de cacher au Premier ministre les résultats de sondages réalisés à son attention, au prétexte qu'ils étaient « trop inquiétants » ou qu'ils n'allaient pas dans le sens de leurs préjugés.

Le Président contribua largement aussi à ce mauvais fonctionnement de l'État.

Il était, pourtant, assisté par deux secrétaires généraux adjoints de l'Élysée de grande valeur : Emmanuel Macron, qui serait plus tard promu ministre de l'Économie, dont le talent ne doit pas faire oublier celui de son *alter ego*, Nicolas Revel. Au premier, les questions économiques et financières, le rôle de sherpa pour les rencontres internationales – G8 et G20 – et les sommets européens ; au second, le champ, décisif, des questions sociales, de la santé, de l'éducation, de la culture, de l'environnement.

De haute taille et de large carrure, ayant hérité de son père, le brillant historien de la philosophie et essayiste Jean-François Revel, l'allure massive, le front haut et le crâne puissant, de sa mère, Claude Sarraute, le regard vif et le sourire malicieux, de ses deux parents une intelligence profonde et subtile, une vaste culture, Nicolas Revel partage avec son frère, le moine bouddhiste Matthieu Ricard, une allure quelque peu détachée des contingences de ce monde, presque austère. Lui a fait le choix de servir l'État, de travailler au bien commun et de le faire avec brio et discrétion à la fois. Magistrat à la Cour des comptes, après une expérience solide de l'action publique au niveau local – dans les Hautes-Pyrénées –, puis national, au cabinet de Jean Glavany, ministre de l'Agriculture, il est devenu l'un des meilleurs exemples de l'école de hauts fonctionnaires de talent que Bertrand Delanoë a su rassembler autour de lui comme maire de Paris. Arrivé à l'Élysée dès mai 2012, sans avoir connu auparavant François Hollande, il s'est imposé très vite comme l'un des piliers du cabinet du président de la République, par sa puissance de travail, son sérieux et son humour, sa force de caractère et son sang-froid, sa rigueur morale, l'acuité de son jugement. Avec Emmanuel Macron, il formait un attelage complémentaire et efficace. Souvent, plusieurs fois par jour, ils poussaient la porte de mon bureau, animés par l'envie de raconter une situation cocasse ou de partager une préoccupation politique, ou bien encore accablés à l'issue d'une réunion chez le secrétaire général. Assis autour d'une tasse de café, notre conversation, immanquablement, tournait au rire – consolation d'une vie de cabinet qui devint rapidement usante et frustrante. Un rire qui, lorsqu'il gagnait Nicolas, secouant son corps par vagues successives et croissantes d'intensité, rendait à ce colosse tranquille le visage d'un petit enfant. Ensemble, nous constituions un trio soudé, amical, chaleureux, solidaire, dévoué, joyeux, toujours cherchant le moyen d'aider le président de la République, le trouvant rarement.

Un Président qui se révéla, lui qui aurait dû incarner l'ordre et l'autorité, un redoutable facteur d'entropie au regard de l'exercice de l'État.

Par ses interventions fréquentes, et parfois intempestives, dans le jeu gouvernemental, il déstabilisa plus d'une fois son chef de gouvernement. Adepte d'un football « germanique », le libéro Ayrault était tourneboulé par le milieu de terrain Hollande, aux démarrages trop rapides, aux crochets déroutants, aux incessants appels de balle, aux longues ouvertures suivies de retours dans sa propre surface de réparation, dans un style qui se voulait brésilien mais qui n'était que brouillon. Sans surprise, nous ne marquions pas de buts tandis que nos adversaires ne cessaient de trouver le chemin de nos filets.

La partie était engagée depuis dix-huit mois ; il fallait réagir à la catastrophe annoncée qui se profilait. D'autant plus qu'en cet automne 2013, la relation entre Hollande et Ayrault s'était irrémédiablement dégradée.

Longtemps, contre toute raison et en dépit des faits, le Président avait défendu son Premier ministre.

Rien n'y faisait. Ni les notes des uns, ni les conseils des autres, ni les témoignages éloquents, ni l'empilement des erreurs ou des embardées. « Il faut aider Jean-Marc » : telle était son exhortation quotidienne.

Certes. Mais la tâche était rendue malaisée par le fait qu'« Ayrault » était le meilleur ennemi de « Jean-Marc ». À l'Élysée, malgré notre bonne volonté à tous, le protéger de lui-même et de ses collaborateurs devenait, au fil du temps, une entreprise titanesque. Tel un Sisyphe collectif, nous poussions devant nous, chaque jour, un pesant rocher que nous peinions à faire grimper au sommet d'une côte d'où, inévitablement, il finissait par dégringoler le soir venu. La fatigue et le découragement nous gagnaient. Le Président lui-même voyait fondre son indulgence. Une indulgence que j'estimais pour ma part coupable. Je l'avais dit et écrit au chef de l'État, comme mon devoir l'imposait. Tôt, au mois d'octobre 2012, je lui avais indiqué, dans une note confidentielle, à sa seule attention, les graves anomalies qui caractérisaient le fonctionnement du gouvernement et souligné qu'un changement de méthode du travail gouvernemental s'imposait ; j'avais aussi conclu qu'un remaniement était, à un terme dont il pouvait seul décider, inéluctable. Froide, clinique, cette analyse – que le Président partageait au fond de lui-même mais qu'il ne pouvait pas encore assumer – resta de longs mois dans le tiroir de son bureau.

Ce fut finalement Jean-Marc Ayrault qui scella son propre sort.

Marquée par l'exaspération des Français devant la hausse de leurs impôts, la rentrée 2013 s'annonçait délicate. Conscient de cette colère nationale de moins en moins sourde, le Président décida de décréter ce qu'il appela la « pause fiscale ». D'abord dans un entretien accordé au *Monde* le 30 août ; puis au cours d'une longue interview avec Claire Chazal sur TF1, le dimanche 15 septembre au soir. Il n'était que temps. La jacquerie, ouverte avec la révolte des « bonnets rouges » en Bretagne, menaçait de gagner tout le pays. Annoncer qu'il n'y aurait pas d'impôts nouveaux en 2014 paraissait dès lors participer d'un rustique bon sens. Qui plus est, rien ne nous garantissait d'être entendus de nos concitoyens, tant l'imagination et l'inventivité fiscales dont nous avions collectivement fait preuve – à commencer par le Président – avaient été foisonnantes.

C'est donc avec stupéfaction que le Président prit connaissance de l'interview que « Jean-Marc » donna à *Metronews* le mercredi 18 septembre, trois jours après son annonce dont il attendait tant. En substance, le Premier ministre, qui n'avait informé personne de son initiative, et surtout pas l'Élysée, déclarait que la fameuse « pause » ne verrait le jour qu'en 2015… Et que la pression fiscale continuerait probablement à croître en 2014. Une sorte de sabotage délibéré. Ce ne fut pas tant la colère que la sidération qui saisit le Président. D'un coup, ses yeux se dessillèrent : le Premier ministre n'était pas que le loyal collaborateur dont il nous vantait régulièrement les mérites ; il était aussi cet homme colérique, taciturne, imprévisible et secret, obstiné – y compris dans l'erreur –, capable de ruminer sa vengeance et avide de reconnaissance, ce qui pouvait le conduire à marquer contre son camp si cela pouvait faire croire – ne serait-ce que quelques heures – qu'il était un chef. À ceux qui en doutaient encore, il venait d'apporter la confirmation brutale de ce tempérament. Cruelle, la désillusion du Président n'était que le prélude d'un désamour définitif qui serait provoqué, peu de temps après, par un de ces psychodrames dont seuls les socialistes ont le secret.

Tout commença, comme toujours en ce genre de circonstances, de façon anodine.

Une jeune fille kosovare d'origine rom, Mademoiselle Dibrani, qui allait passer à la postérité par la grâce de son prénom, l'excès de zèle de quelques gendarmes et la maladresse du Président, était interpellée le 9 octobre près de Pontarlier, dans le Doubs. Leonarda, puisqu'il s'agit d'elle, fut expulsée dans la foulée vers le Kosovo avec sa mère et ses sœurs, à la suite de son père reconduit à la frontière la veille. Sur le plan juridique, les choses étaient claires : présente de façon illégale sur le territoire français depuis 2009, assignée à résidence depuis plusieurs mois, ayant épuisé toutes les voies de recours, la famille Dibrani avait fait l'objet d'une expulsion parfaitement légale. Le droit avait été respecté. Seul le déroulement de l'interpellation pouvait légitimement émouvoir : la jeune fille, âgée de quinze ans et élève en classe de troisième, avait été appréhendée par les forces de l'ordre en marge d'une sortie scolaire. Non devant ses camarades, comme l'avaient affirmé dans un premier temps les enseignants et les associations mobilisés pour protester contre cette expulsion, mais bien dans le cadre et le temps de la vie scolaire, ce qui était pour le moins malhabile et contraire à l'idée républicaine – sans réalité juridique, mais vivace sur le plan symbolique – selon laquelle l'École est un sanctuaire.

Évidemment, ce n'était pas le droit qui intéressait les uns et les autres dans ce qui allait devenir « l'affaire Leonarda ». Les partisans de la gauche humanitaire et les défenseurs des droits de l'homme protestèrent, le plus souvent de bonne foi, contre une décision qu'ils jugeaient « scandaleuse » et illustrant une politique d'immigration odieuse à leurs yeux, celle que le ministre de l'Intérieur proclamait régulièrement – sans pouvoir toujours la conduire réellement. S'identifiant à la collégienne, et toujours généreuse, la jeunesse se mobilisa en faveur du retour de Leonarda. Le 17 octobre, une manifestation rassemblant quelques milliers de lycéens eut lieu à Paris. Rien de très grave, mais de quoi inquiéter un Président qui, pour avoir manipulé quelques mouvements de jeunesse en ses vertes années, savait le danger représenté par ce genre de forces estudiantines une fois mises en branle. La polémique politique enfla, dans le contexte d'un pouvoir exécutif acculé et accusé par la droite de laxisme. Fatigués d'avaler les couleuvres libérales successives que leur avait réservées le Président – austérité, traité budgétaire européen, pacte de compétitivité – et souhaitant prendre leur revanche sur le terrain des « valeurs », des responsables et des élus de la majorité se dressèrent contre la « politique inhumaine » du ministre de l'Intérieur. Certains, perdant le sens des mots et de l'Histoire, succombant à leurs passions, n'hésitèrent pas à parler de « rafle ».

L'opposition de droite visait Hollande ; l'opposition de gauche ciblait Valls.

À la tête de cette opposition-là se trouvait Jean-Marc Ayrault. Politiquement très affaibli, sachant sa relation de confiance avec le Président entamée depuis l'épisode de la « pause fiscale », excédé par la pression médiatique exercée sur sa personne comme sur son action, convaincu que la presse était le jouet d'adversaires qu'il voyait partout sauf là où ils se trouvaient en réalité, constatant que son ministre de l'Intérieur se préparait de moins en moins discrètement à lui succéder, abusé par un défaut de lucidité et un excès d'aigreur, le Premier ministre décida que l'occasion était bonne et le moment venu pour régler ses comptes avec le locataire de la place Beauvau. Il intervint donc lors de la séance de questions au gouvernement du mercredi 16 octobre à l'Assemblée nationale, pour répliquer aux attaques de la droite, mais surtout pour fragiliser, croyait-il, Manuel Valls, en indiquant que, si le rapport demandé par les autorités publiques à l'Inspection générale de l'administration (IGA) établissait l'existence d'une faute dans la procédure d'expulsion, l'arrêté préfectoral de reconduite à la frontière serait annulé, et que Leonarda et sa famille rentreraient alors en France.

Le piège politique était tendu ; restait à l'activer. Le Président allait s'acquitter de cette tâche dans les meilleurs délais.

Le vendredi 18, le rapport de l'IGA était remis : il démontrait qu'aucune faute n'avait été commise, ni par l'administration ni par les forces de l'ordre ; que l'on pouvait tout au plus considérer que celles-ci avaient fait preuve de « manque de discernement » en interpellant la jeune fille dans le cadre d'une activité périscolaire. Dès lors, une seule position paraissait sensée : confirmer l'expulsion de Leonarda et de sa famille. Le respect du droit comme l'analyse politique l'exigeaient. Position que ses principaux collaborateurs, unanimes, défendirent devant le président de la République. Mais celui-ci n'entendait pas les choses ainsi.

Il ne voulait pas pousser à la démission un ministre de l'Intérieur, pilier de son gouvernement et bénéficiant d'un large soutien chez les Français, qu'il commençait à envisager de nommer à Matignon ; il se refusait pourtant à déjuger un Premier ministre, affaibli comme chef du gouvernement et désavoué par l'opinion publique, qu'il commençait à envisager de remplacer à Matignon. Entre le passé et l'avenir, l'échec consommé et la possibilité d'un rebond, la rancune personnelle et le sens politique, le choix paraissait limpide. Pas au président de la République. Il avait ses raisons que lui seul pouvait connaître ; n'est pas chef de l'État qui veut.

Pris dans les rets de la relation psychologique étrange qu'il entretenait avec Jean-Marc Ayrault, secrètement très inquiet de voir s'embraser la jeunesse – et cela d'autant que des Machiavel d'opérette venaient le conforter dans ses craintes –, convaincu surtout de son habileté politique dont il avait la ferme intention de faire la démonstration aux yeux de tous, François Hollande, suivant en cela sa nature et appliquant la méthode qui lui avait permis de rester le premier secrétaire du PS pendant onze ans, choisit de ne pas choisir : il confirmerait l'expulsion de la famille Dibrani, mais autoriserait, par « humanité », le retour de la seule Leonarda.

Il croyait ainsi « faire de la politique » ; il n'allait que défaire sa politique.

Juridiquement infondée, politiquement désastreuse, l'option retenue était surtout humainement absurde : comment imaginer qu'une jeune fille de quinze ans pourrait vivre et étudier, seule, à des centaines de kilomètres de ses parents et des siens ? Cela n'avait, objectivement, aucun sens.

C'est néanmoins cette « décision » qu'il rendit publique le samedi 19 octobre dans une brève allocution télévisée. Avec un résultat parfaitement prévisible : incompréhension totale de la presse et des citoyens, rebuffade de la part de Leonarda qui se permit de moucher le Président en refusant la « faveur » qui lui avait été réservée, critiques féroces et justifiées de la droite, consternation à gauche, sarcasmes partout et en particulier à l'étranger.

Le Président avait cru donner une leçon politique à tous et n'avait réussi qu'à se punir lui-même.

Dans les heures, les jours qui suivirent, cet épisode calamiteux allait cependant lui être très utile, lui révélant sur qui il pouvait compter. Le Premier ministre ? Se rengorgeant devant ce qu'il croyait être une victoire, il abandonna le chef de l'État en rase campagne. Le ministre de l'Intérieur ? Ironique, il observait le Président, qui n'avait pas eu le cran de lui donner publiquement raison, se démener face à la meute des journalistes. Le premier secrétaire du PS de l'époque ? Oubliant toute décence, il se permit, lui dont l'échec était patent et pathétique, de critiquer sans vergogne celui auquel il devait tout. Les membres du gouvernement ? Aux abonnés absents. Les « hollandais », d'habitude si prompts à chanter les louanges de « leur François » ? Terrés dans leurs tranchées, le casque lourd sur la tête.

Parti le samedi matin, j'avais quitté le Président après un entretien au cours duquel je lui avais rappelé, à l'unisson de tous ses conseillers, ce qui semblait aller de soi : confirmer l'éloignement de la famille Dibrani ; laisser le gouvernement – Premier ministre et ministre de l'Intérieur indistinctement – traiter le cas ; ne pas se mêler d'un dossier qui n'était pas de son niveau. À peine l'avion posé, mon téléphone me faisait part de nombreux appels et messages. Toute la presse de France et de Navarre voulait avoir le fin mot de cette histoire et, à l'Élysée, ceux qui, d'ordinaire, se pressaient pour parler à un journaliste, s'étaient curieusement volatilisés. Après avoir paré au plus pressé, j'entrai en contact avec le Président. Seul, sans soutien politique, enfermé dans son bureau, constatant les dégâts occasionnés par sa vanité et son imprudence, il en était réduit à répondre lui-même aux sollicitations médiatiques et s'escrimait à expliquer l'inexplicable. Après cette conversation téléphonique et un rapide échange de textos, je rentrai sur-le-champ à Paris le retrouver. Pendant quarante-huit heures, nous fîmes face, dans une ambiance crépusculaire.

Alors, dans cette solitude et cette adversité, il prit la décision de changer de Premier ministre.

Il ne pouvait plus se permettre de porter à bout de bras un homme qui, par orgueil, l'avait conduit à la faute. Il avait besoin d'un chef du gouvernement qui le protège, d'un « bouclier » ; de quelqu'un qui lui simplifie les choses et non qui lui complique la vie. Comme toujours avec lui, ce changement, devenu indispensable, prendrait néanmoins « un certain temps » ; mais son instinct de survie politique lui avait fait prendre conscience de la nécessité impérieuse de ce remaniement. Dans son esprit, cette affaire représentait un point de non-retour.

Il s'en ouvrit à moi sans détour, en particulier lors d'une longue discussion dans la soirée du jeudi 31 octobre, deux jours avant le rendez-vous avec Valls et Montebourg, me demandant de coucher par écrit mon analyse de la situation politique et ma vision de ce que devait être le nouveau gouvernement.

Un nouveau gouvernement ? Oui, pour gouverner autrement, c'est-à-dire réellement et efficacement. Pour conduire une nouvelle politique, surtout. Plus nette, plus claire, plus forte, plus affirmée, mieux assumée. Plus fidèle aux engagements pris devant le peuple lors du discours du Bourget, surtout.

C'est du moins ce que je croyais.

À l'époque, l'enjeu principal était économique et social. Élu pour « redresser la France dans la justice », François Hollande avait décidé de mener une politique dont l'objectif central était le rétablissement des comptes publics. En soi, l'objectif était légitime, nécessaire et partagé. Le débat qui existait au sein de l'exécutif – car débat il y avait, et il était vif – portait sur le chemin à suivre pour l'atteindre. Tenants de l'orthodoxie, le Président et le Premier ministre campaient sur leur position commune : la crédibilité du gouvernement aux yeux des Français et celle de la France auprès de ses partenaires européens justifiaient des coupes claires dans le budget de l'État et une hausse importante des impôts. Il fallait impérativement, selon eux, ramener le déficit budgétaire sous le seuil des 3 % du PIB en 2017, conformément aux règles édictées par le traité de Maastricht. À toute force. Le mot « austérité » était proscrit, celui de « rigueur » concédé à grand-peine, mais c'est bien de cela qu'il s'agissait.

Ayant l'apparence du bon sens – « on ne doit pas dépenser plus que l'on ne gagne », « il faut gérer le budget de l'État comme celui d'une famille » –, cette politique était en fait absurde. Elle oubliait délibérément les origines de l'accroissement récent de ce déficit budgétaire : la crise financière de 2008. Elle refusait d'admettre l'évidence : les hausses massives d'impôts et les baisses successives des dépenses publiques auraient, en retour, mécaniquement, un effet récessif qui priverait l'État de recettes et creuserait ainsi le déficit budgétaire. Elle reposait sur une vision exclusivement comptable des choses, alors que l'économie est chose dynamique et qu'elle est faite par des hommes.

La macroéconomie connaît des règles élémentaires. Augmenter les impôts quand la croissance est faible ou nulle ne permet pas de réduire le déficit budgétaire, car on aggrave ainsi la stagnation économique et les recettes fiscales s'en ressentent d'autant. Baisser les dépenses publiques dans ce même contexte produit le même effet pervers. Or, autre règle implacable, moins de croissance signifie plus de chômage. Quand on conduit ce type de politique, avec les meilleures intentions du monde – réduire le déficit et stabiliser la dette publique, qui peut être contre ? –, mais sans discernement, le résultat est, toujours, le même : moins de croissance, plus de chômage et, bien souvent, plus de déficit et de dette. On perd sur tous les tableaux. Les « bons pères de famille » ne font pas les bons gouvernants.

Le discernement, en l'occurrence, aurait consisté d'abord à adapter le rythme de la réduction de notre déficit budgétaire à la réalité de l'activité économique du pays ; puis à privilégier, dans cet effort de maîtrise de nos finances publiques, la réduction des dépenses plutôt que la hausse des impôts, dont l'effet dépressif sur l'économie est plus accentué ; à procéder, enfin, à ces coupes budgétaires après avoir redéfini les missions de l'État, plutôt que de les infliger de manière uniforme à toute l'administration, selon la technique, commode mais paresseuse, du « rabot budgétaire », comme s'y était engagé le Président lors de sa conférence de presse du 14 janvier 2014.

En dépit des conseils, des avertissements puis des critiques que certains purent formuler, Matignon et l'Élysée choisirent la stratégie rigoureusement inverse : une réduction des déficits publics à marche forcée ; un « choc fiscal » en 2012 et 2013 ; et, quand les coupes dans les dépenses furent décidées, le recours au fameux « rabot », contrairement à ce qui avait été annoncé. Parfaitement prévisibles, les résultats de cette purge grossière ne se firent pas attendre signant, l'échec économique du quinquennat Hollande[1].

Mais comment rappeler des données, élémentaires répétons-le, quand le conformisme règne en maître – celui de la technocratie ? Comment demander du discernement à des intelligences menées par la passion – européiste ? Comment faire valoir un point de vue pragmatique lorsque triomphe

1. On peut trouver une présentation synthétique et – très – nuancée des résultats économiques de ce quinquennat dans le document OFCE 2016, « Le quinquennat de François Hollande : enlisement ou rétablissement ? », OFCE policy brief 2, 5 septembre 2016.

l'idéologie – libérale ? Comment même ouvrir le débat quand on est seul à vouloir débattre, la discussion étant systématiquement ajournée par le mutisme, l'incompréhension ou le sarcasme ? Car ceux qui se risquaient à soutenir une politique de croissance, la seule raisonnable, en réalité, devaient endurer d'avoir raison contre leurs amis, et cela en silence, puis subir l'anathème.

« Keynésien » : c'était là l'épithète avec laquelle les Trissotin peuplant les antichambres du pouvoir pensaient disqualifier ceux auxquels les faits donnaient malheureusement raison, mois après mois, bulletin de Pôle emploi après bulletin de Pôle emploi, statistiques de l'INSEE après statistiques de l'INSEE. Les professeurs Stiglitz et Krugman, prix Nobel d'économie ? Non ! Keynésiens. Le professeur Fitoussi, ancien président de l'OFCE, un de nos meilleurs économistes ? Non ! Keynésien. Le ministre du Redressement productif qui, avec la régularité d'un métronome, pondait note sur note au Président pour demander un changement de politique économique, loyal et avisé ministre[1] ? Non ! Keynésien. Les députés du groupe socialiste, experts de ces questions, des conseillers bienveillants de l'exécutif ? Non ! Keynésiens. Les faits eux-mêmes ? Keynésiens. La stagnation économique dont on se réjouit qu'elle succède à la récession ? Keynésienne. La hausse du chômage, le creusement du déficit budgétaire, la montée ininterrompue de la dette ? Keynésiens, vous dis-je !

Partageant cette analyse, le Président était de surcroît animé d'une conviction allègre : entamée en 2008, la crise devait bientôt prendre fin, selon la vision classique des cycles économiques, qui accorde à ceux-ci une durée d'environ cinq ans. S'ajoutait à cette croyance la certitude qu'au firmament brillait

1. Note du 11 septembre 2012 : « Le plan C comme croissance ». Note du 29 avril 2013 : « Mémorandum en faveur d'une nouvelle stratégie de croissance dans la politique économique européenne de la France ». Note du 31 janvier 2014 : « Comment créer 1,5 million d'emplois d'ici à 2018 ».

une étoile pour lui, que la chance lui sourirait, comme elle l'avait toujours fait jusque-là, et que la roue de la Fortune finirait par tourner. Demain serait meilleur qu'aujourd'hui, c'était sûr, écrit dans le cours des astres, lisible dans les chiffres qu'il ne cessait de consulter ou de griffonner ; il fallait donc attendre et endurer ; position pénible, certes, mais inévitable ; après la pluie vient le beau temps, et après la stagnation viendrait la reprise. La chose était certaine : n'était-elle pas consignée dans les cours d'économie de Sciences Po, les manuels de gestion d'HEC, les notes innombrables qui atterrissaient sur son bureau ?

Le Président alla même jusqu'à lire le retour d'un avenir radieux pour notre pays dans le ciel étoilé. Entouré d'une troupe de mages – dont le chef était reconnaissable à ce qu'il portait en toutes circonstances, pour symboliser son autorité et son rang de grand maître de la pensée du Bien, de seyantes chaussettes roses –, armé d'une note du Trésor roulée en guise de télescope, il scruta longuement le cosmos, puis proclama à la face du peuple que « l'alignement des planètes économiques », connues sous les noms de « prix du baril de pétrole à son plancher », « taux d'intérêt à un niveau historiquement bas » et « euro faible », dessinait une « configuration astrale » exceptionnelle détenant le pouvoir, à elle seule, de faire revenir la croissance en France, et même en Europe. Illustrant magnifiquement la raillerie de John Kenneth Galbraith, « la seule fonction de la prévision économique est de rendre l'astrologie respectable », la bonne nouvelle fut aussitôt reprise et répercutée dans tous les recoins du royaume par les mille bouches de la communication présidentielle. Il fallait s'en convaincre : bientôt, demain, dans un mois, dans six mois, avant l'élection présidentielle de 2017 en tout cas, les choses allaient s'arranger, cela irait « mieux ».

L'essentiel était donc de s'armer de patience, de bonne humeur et de ténacité. Le Président ne manquant d'aucune de ces trois vertus, il avait arrêté sa stratégie : attendre.

Enfin, qu'ils soient trotskistes ou libéraux – ce sont souvent désormais les mêmes –, les idéologues du déni de réalité, nombreux à gauche, et qui hantaient les lieux de pouvoir ou leurs coulisses, ont ceci de savoureux que, confrontés à des faits qui les désavouent, ils prennent alors leur air le plus pénétré pour vous expliquer que « c'est la réalité qui a tort ». Qu'elle n'a qu'à bien se tenir, « la réalité ». Qu'on va rapidement lui faire rendre raison, à « la réalité ». Ils étaient légion autour du Président, à l'Élysée et ailleurs, à entonner cet air-là.

Aveuglement idéologique des uns, optimisme indécrottable de certains, cynisme des autres, bêtise des derniers, ainsi s'explique l'installation au sommet de l'État d'une vision beckettienne de la politique – « En attendant la croissance »… – qui aurait pu prêter à sourire ou à rire, comme le théâtre de l'absurde auquel elle se rattache, si elle n'avait été synonyme de chômage, de paupérisation, de désindustrialisation, de précarité, de désespoir et de colère.

Chaque semaine, chaque mois, chaque trimestre, au gré des diverses publications statistiques, la même antienne serait reprise : « La politique économique conduite est la bonne, elle produira bientôt ses résultats. » Bientôt, demain, « la croissance reviendra », bientôt « la courbe du chômage s'inversera », bientôt « les comptes s'équilibreront ». « Curieuse politique que celle dont les résultats se font à ce point désirer », se permettaient d'avancer quelques esprits chafouins, des sceptiques à raisonner, des mécréants à tenir en lisière. Leurs remarques ne troublaient en rien les prêtres, grands et petits, qui servaient cette messe. Et, loin de la remettre en cause, l'accumulation des mauvais indices, des chiffres décevants, des indicateurs inquiétants, ne faisait que renforcer la validité de cette politique aux yeux de ses thuriféraires. Leur défense était à la fois comique et imparable : « Notre politique ne donne pas les résultats escomptés ? C'est vrai. Mais ce n'est pas parce qu'elle serait inadaptée ou infondée, vous n'avez rien compris ! C'est parce que nous n'allons pas assez vite, ni assez loin ! Nous allons d'ailleurs l'amplifier ! » Chaque nouvel échec, chaque nouvelle déconvenue représentait pour eux une invitation paradoxale à persévérer. Le mur de l'échec économique, financier et social se rapprochait à grande vitesse ? Il ne fallait surtout pas changer de direction, encore moins freiner : il fallait accélérer.

Les plus savants ou les plus astucieux d'entre eux prenaient un air docte pour concéder : « Oui, c'est vrai, cette politique reste pour l'heure décevante » ; c'était toutefois pour mieux assener ensuite : « C'est là le propre du socialisme de l'offre. Comme toute politique structurelle, elle est longue à produire ses effets, mais ceux-ci en sont d'autant plus sains et durables. » Ce fameux « socialisme de l'offre », que Dominique Strauss-Kahn s'était un temps essayé à théoriser, qu'Emmanuel Macron allait, à sa suite, suggérer à François Hollande et que celui-ci déciderait d'appliquer avec obstination, était un produit d'importation allemande. Le chancelier Helmut Schmidt – un social-démocrate, déjà – l'avait formulé, le 3 novembre 1974, en des termes très clairs, dans un « théorème » qui porte son nom : « Les profits d'aujourd'hui sont les investissements de demain et les emplois d'après-demain. » Heureuse époque où les choses étaient dites, où l'on appelait un chat un chat, un profit ne se dissimulant pas derrière un « taux de marge des entreprises », ni un après-demain derrière un « bientôt ».

À supposer que cette politique de l'offre ait présenté un quelconque intérêt, il aurait fallu la mettre en œuvre au plus tôt, précisément parce que ses retombées étaient longues à venir. Écrire cela, c'est souligner le péché originel de ceux qui se sont engagés dans cette voie : le retard pris. Élu le 6 mai 2012, installé au pouvoir le 15 du même mois, François Hollande a attendu janvier 2014 pour annoncer le pacte de responsabilité, le mois d'avril pour se séparer de Jean-Marc Ayrault et nommer Manuel Valls à Matignon, celui de septembre pour limoger Arnaud Montebourg, le remplacer par Emmanuel Macron et conduire – enfin – la politique qu'il avait toujours voulu mener, soit vingt-huit mois de retard : que de temps perdu.

Plus belle, dans sa nudité, que toutes ces fioritures de communication, vaines, et ces précautions de langage, inutiles, la vérité était, comme toujours, très simple. Contrairement à ce qui était soutenu et quotidiennement répété, cette politique produisait bien des résultats ; simplement, ils n'étaient pas ceux attendus par le pouvoir, lors même qu'ils étaient logiques et prévisibles ; ces résultats s'appelaient : marasme économique, hausse continue du chômage, déficits publics en dérapage et dette publique record.

La croissance ? 0,2 % en 2012, 0,6 % en 2013 et 2014, 1,3 % en 2015, et 1,3 % pour 2016, selon la prévision de l'INSEE. Principal responsable de ces résultats « décevants », la France « s'étant laissé distancer par l'Allemagne et rattraper par la zone euro[1] » ? La politique économique conduite en France et en Europe, « la simultanéité des politiques d'austérité en Europe a amplifié leur impact récessif en déprimant la demande intérieure, mais aussi la demande extérieure ». Un impact récessif évalué à 0,8 point par an, en moyenne, sur la période 2012-2017[2].

Le chômage ? L'emploi avait été la priorité cardinale du candidat Hollande. Le Président, quant à lui, s'était engagé, dès le 9 septembre 2012, à « inverser la courbe du chômage d'ici un an ». Mais comment créer des emplois et faire reculer le chômage quand on étouffe la croissance pour des raisons comptables ? Une seule solution, aussi ancienne que le ministère du Travail : multiplier les emplois aidés. On ne lésinerait pas : 113 000 emplois de ce type créés entre 2012 et le début de l'année 2016, dont 90 000 emplois d'avenir, pour compenser l'échec des contrats de génération (seulement 71 133 contrats signés entre janvier 2013 et novembre 2016, pour un objectif gouvernemental de 500 000).

1. OFCE, *op. cit.*, p. 2.
2. *Ibid.*, p. 1.

Pour faire bonne mesure, un plan de formation destinés à 500 000 chômeurs de longue durée serait annoncé au début 2016.

Tout cet activisme ne pouvant se substituer à la croissance, le chômage aura continué son inexorable progression : avec 3,48 millions de personnes sans emploi en catégorie A au mois d'octobre 2016, on dénombre 598 000 chômeurs supplémentaires dans notre pays depuis 2012. La France est ainsi, avec l'Italie, le seul pays de l'Union européenne à avoir connu une hausse aussi importante du chômage[1]. Un chômage de masse, puisque ce sont près de 6 millions de personnes, fin 2016, qui se trouvent en situation de fragilité au regard de l'emploi, soit 440 000 (8 %) de plus qu'en 2012[2].

Et même si, avec une baisse de 11 700 demandeurs d'emploi en catégorie A au mois d'octobre 2016, la fameuse « courbe du chômage » semble devoir enfin « s'inverser », *in extremis*, avec trois ans de retard, l'essentiel est ailleurs : avec un taux de chômage moyen prévisible de 9,8 % de la population active, le bilan de François Hollande sera « le plus mauvais de tous les mandats présidentiels récents », bien pire que celui de Nicolas Sarkozy (8,4 % en moyenne)[3].

Les impôts ? Le choc fiscal infligé aux Français au cours des deux premières années aura plombé tout le quinquennat : 52 milliards d'euros de prélèvements nouveaux en 2012 et 2013, dont 32 milliards sur les ménages et 16 sur les entreprises. Et si, après 2014, le pacte de responsabilité et le CICE auront fait baisser, au final, la fiscalité pesant sur les entreprises, les impôts payés par les Français auront continué, eux, d'augmenter de 15 milliards d'euros[4].

1. Sources : DARES et INSEE, *Le Monde*, 26 novembre 2016.
2. OFCE, *op. cit.*, p. 8.
3. Bertrand Martinot, « Chômage : que disent vraiment les chiffres ? », *Les Échos*, 21 novembre 2016.
4. OFCE, *op. cit.*, p. 5.

Le déficit public ? 4,8 % en 2012, 4 % en 2013 et 2014, 3,5 % en 2015, et, affiché par le gouvernement, à 3,3 % pour 2016, en dépit de 7 milliards d'euros de dépenses nouvelles et des sous-budgétisations d'un niveau « sans précédent », selon le Haut Conseil des finances publiques[1]. Le choc fiscal et les coupes dans les dépenses publiques auront ruiné la croissance, mais n'auront pas permis à la France, contrairement à l'objectif assigné à cette politique d'austérité, de respecter les trop fameux critères de Maastricht.

La dette publique ? Elle aura atteint 89,6 % du PIB en 2012, 96,2 % en 2015, 98,4 % au deuxième trimestre 2016 (2 170 milliards d'euros fin juin 2016) selon l'INSEE. Après avoir crû de plus de 600 milliards d'euros sous Nicolas Sarkozy, elle aura augmenté de plus de 300 milliards d'euros avec François Hollande.

Outre ces résultats macroéconomiques aussi mauvais que prévisibles, l'absurdité de la politique de l'offre voulue par le Président peut se lire dans l'échec retentissant de son invention, dont il était si fier et qu'il couvait affectueusement : le « crédit d'impôt pour la compétitivité de l'emploi », ou CICE.

Le comité de suivi de cette mesure, au sein de France Stratégie, a ainsi évalué son impact « de l'ordre de 50 000 à 100 000 emplois créés ou sauvegardés sur la période 2013-2014 ». Et de rappeler, qu'en comparaison, les allègements de charges sur les bas salaires du plan Juppé avaient créé « de 200 000 à 400 000 emplois en trois ans ». La mesure n'aura pas eu « d'effet observable sur l'investissement, la R & D et les exportations » et n'aura servi qu'à la « reconstitution des marges des entreprises ». Un dispositif dont le coût, mirifique, pour les deux premières années, aura atteint 28,7 milliards d'euros, soit de 143 500 à 287 000 d'euros par emploi créé ou sauvegardé… Un gaspillage

1. *Les Échos,* 21 novembre 2016.

inédit des fonds publics, qui n'aura pas fait changer d'avis ses promoteurs, enfermés dans leurs certitudes.

Car le travers le plus grand de cette politique, répétons-le, était son dogmatisme. En dépit de son inadéquation à la situation de l'économie française, européenne et mondiale, marquée par une insuffisance notable de la demande, elle fut, néanmoins, appliquée avec zèle. Même un grand ami du Président, soutien de la première heure pendant sa campagne, et peu suspect de keynésianisme, Philippe Aghion, professeur au Collège de France, allait se rendre à l'évidence et souligner cruellement l'impasse économique du quinquennat : « La réduction du déficit n'est pas une fin en soi. C'est un moyen. L'objectif final d'un gouvernement doit être la croissance et l'emploi pour améliorer le bien-être de la population[1]. »

C'est cette même analyse, élémentaire au demeurant, que je développais lorsque, une nouvelle fois et à la demande du Président, je repris la plume.

Le samedi 16 novembre 2013, je lui remis en main propre l'unique exemplaire d'une longue note répondant aux interrogations que nous avions partagées : quel état du pays ? Quelle situation politique ? Quelles nouvelles organisations et méthode de travail pour quel nouveau gouvernement ? Quel nouveau Premier ministre et pourquoi ? Quelle majorité parlementaire pour le soutenir ? Quelle politique ? Sur ce dernier point, essentiel, je lui proposai trois priorités : un républicanisme intransigeant, un volontarisme économique fort et une réorientation de l'Europe vers la croissance. Bref, faire retour au discours du Bourget.

Il était encore temps de le faire ; il n'était *que* temps de le faire.

---

1. « François Hollande a manqué son rendez-vous avec l'Histoire », entretien accordé au quotidien *Les Échos*, 29 septembre 2016.

Afin de bien marquer les choses, j'avais intitulé cette note : « Le changement, c'est maintenant ».

Après l'avoir lue attentivement, il posa ses avant-bras sur la petite table ronde où nous avions pris place, située en face des fenêtres de son bureau, pour se pencher vers moi et me dire : « Oui, c'est vrai, on ne peut plus continuer ainsi. Ton analyse est juste. La situation est intenable. Et je suis d'accord avec tes orientations. » Nous engageâmes la discussion, reprenant les éléments du diagnostic politique un par un – le moment était réellement préoccupant –, les explications qu'on pouvait lui trouver, les bases nouvelles sur lesquelles faire repartir l'action du gouvernement à venir, les noms des personnalités envisageables pour succéder à Jean-Marc Ayrault aussi, le calendrier d'exécution, enfin. Prenant en compte les divers impératifs politiques, en particulier le déplacement du Premier ministre en Chine, du 5 au 9 décembre 2013, j'en étais arrivé à proposer comme date du remaniement le mardi 10 décembre, ce qui aurait permis au Président de réunir la nouvelle équipe gouvernementale lors d'un premier Conseil des ministres le lendemain, mercredi 11. « Oui, c'est une bonne date, c'est logique, commenta-t-il, cela permettra d'arriver aux fêtes de Noël dans une autre ambiance. Et je reviendrai sur ce changement lors de mes vœux de nouvel an aux Français. »

J'étais en train de reprendre le fil de l'argumentation quand je vis son regard se perdre dans les décors du Salon Doré ; saisissant, en un geste familier, de sa paume droite les doigts de sa main gauche, soupirant légèrement, puis se tournant doucement vers le combiné téléphonique placé derrière lui, il me confia : « Tu te rends compte ? Tu imagines le matin où je devrai décrocher mon téléphone pour l'appeler et lui dire que c'est fini… » Son trouble était flagrant ; il y mit fin en revenant à notre discussion d'un ton un peu trop enlevé et avec un sourire légèrement forcé, qui firent naître en moi un pressentiment que la suite des événements allait confirmer.

Le surlendemain matin, lundi, je fus tiré de la lecture des journaux par un grincement que je connaissais bien. La porte de mon bureau s'ouvrit soudainement en grand sur un retentissant : « Salut, ma poule ! »

Souriant, apprêté, élégant à sa manière alors encore un peu provinciale – pochette de soie assortie à sa cravate –, Emmanuel Macron faisait irruption, plein de cette énergie et armé de ce sourire qui le rendent si sympathique. L'heure était matinale, peut-être 7 h 30, mais il était fréquent que nous nous retrouvions ainsi, ou bien très tard le soir, pour échanger et faire le point ensemble.

— Tu as passé un bon dimanche ?
— Oui, merci Emmanuel. Et toi ?
— Très bon ! J'ai mis la dernière main à une petite note dont tu vas me dire des nouvelles… C'est du très, très lourd. Je la fais passer à François tout à l'heure. Après ça, tu peux faire tes valises et dégager, on n'aura plus besoin de toi ! Enfin !

Sur le moment, je ris de bon cœur avec lui à cette saillie ; c'était certes, pour nous, du comique de répétition, mais Emmanuel était si drôle et l'Élysée si triste. Je ne mesurais alors pas la vérité profonde de son propos.

— Tiens, regarde ! Je ne la montre qu'à toi.

Après avoir pris place dans le canapé, je saisis les feuilles qu'il me tendait et commençai à les parcourir. Redressant lentement la tête, je le regardai, muet, un grand sourire aux lèvres.

— Ben quoi ? Tu n'as même pas lu…

Retournant à mon bureau, toujours sans un mot, j'imprimai un exemplaire de mon propre travail et le lui remis. Il y jeta un rapide coup d'œil, puis éclata de rire avec moi. Sa note était elle aussi intitulée : « Le changement, c'est maintenant ».

Ce titre était bien la seule chose que nos deux documents avaient en commun, si ce n'est, bien entendu, le constat de départ qui les avait justifiés : les choses ne pouvaient demeurer en l'état. Le reste différait du tout au tout. Exclusivement centrée sur la question de la politique économique, la note d'Emmanuel était conforme à sa manière de concevoir ses fonctions de conseiller : intelligente, précise, argumentée, claire, honnête, sincère. En substance, après avoir écarté le *statu quo ante* qui lui paraissait – à juste titre – mortifère, il dessinait deux options : soit entrer résolument dans la mise en application du programme du Bourget – ce que ma propre note proposait ; soit se lancer dans un « socialisme de l'offre » dont il dessinait les grandes lignes en préconisant de l'assumer pleinement. La seconde solution avait évidemment sa préférence et il l'exprimait sans détour au Président.

L'esprit occupé par la perspective d'un remaniement que je pensais alors imminent, l'évoquant quotidiennement avec le Président, convaincu que le fiasco de ces dix-huit premiers mois de quinquennat pouvait et devait être compensé par une inflexion politique à laquelle je travaillais, ayant participé, seize jours auparavant, à ce rendez-vous secret où nous étions tombés d'accord avec Manuel Valls sur la nécessité de mettre en œuvre cette inflexion, je n'ai alors pas imaginé que le Président suivrait les recommandations de cette note.

Pas plus que je ne pouvais concevoir que Jean-Marc Ayrault parviendrait à imposer son maintien à Matignon au président de la République.

Dans l'après-midi, alors que le Président se trouvait en Israël, l'Élysée apprit que le Premier ministre avait accordé un entretien au quotidien *Les Échos*. Notre stupéfaction fut parfaite quand nous découvrîmes que le sujet en était la fiscalité. Et notre sidération totale en constatant, à la lecture du projet d'interview que Matignon avait fini par nous communiquer dans la soirée, que Jean-Marc Ayrault proposait rien de moins que la « remise à plat de notre système fiscal », précisant que la fusion entre l'impôt sur le revenu et la CSG – engagement du candidat Hollande passé avec d'autres à la trappe – ferait « partie du débat ». Et il ajoutait à dessein : « Jusqu'ici, nous avons répondu à l'urgence pour redresser la barre. Il nous faut désormais bâtir pour l'avenir », annonçant l'ouverture de vastes négociations avec les syndicats et les organisations patronales, devant s'étaler sur plusieurs mois.

Le message était limpide : ayant compris le sort que le Président lui avait réservé, le Premier ministre avait décidé de réagir. Il ne se laisserait pas exécuter sans broncher et engageait une contre-attaque. Somme toute, la chose était normale. Ce qui l'était moins, c'était qu'en vérité le Président, une nouvelle fois, se laissait faire et acceptait de subir la loi de son Premier ministre. Il n'éleva ainsi qu'une protestation molle et de pure forme quand nous lui fîmes part, au cours d'une conférence téléphonique, vers 20 heures, de cette interview et eûmes souligné que, publiée telle quelle, elle signifierait que le Premier ministre renouvelait lui-même son bail à Matignon pour plusieurs mois.

Le Président savait qu'il devait changer de Premier ministre ; il ne s'y résolvait néanmoins pas ; il avait besoin qu'un événement l'aidât à trancher le lien qui l'unissait encore à son chef de gouvernement. Quatre mois plus tard, la déroute enregistrée par le Parti socialiste et la gauche aux élections municipales aurait raison de cette ultime réticence.

Pendant ces quatre mois, qui furent bien agités, le Président eut de nombreux échanges confidentiels avec son ministre de l'Intérieur, portant sur la question du nouveau gouvernement, de la nouvelle majorité pour le soutenir, de la nouvelle politique à conduire et du nouveau Premier ministre à nommer. Quatre mois de gamberge présidentielle. Quatre mois de pesées au trébuchet. Quatre mois de conciliabules avec les uns – favorables à Valls – et avec les autres – lui étant résolument hostiles –, tous « hollandais » au demeurant. Quatre mois d'entretiens avec Manuel Valls qui commençaient invariablement par : « Dans l'hypothèse où je te nommerais Premier ministre… Je dis bien dans l'hypothèse… » Cette précaution oratoire nous réjouissait, Manuel et moi, et, en privé, nous nous amusions à en émailler nos conversations : « Dans l'hypothèse où je te demanderais de me passer le sel… » Quatre mois de gésine. Quatre mois pour domestiquer l'idée de confier Matignon à Valls.

Ce n'était pas une hésitation de la part de Hollande. Il savait – politiquement – que c'était la seule issue possible pour lui, et cela d'autant plus qu'il avait déjà en tête le tournant libéral qu'il demanderait par la suite à Valls d'assumer et de conduire ; sa conviction était forgée, sa décision prise. C'était un arrachement. Humain. Il lui fallait se séparer d'Ayrault et à cette séparation – la première qui allait ouvrir une série – il ne se faisait pas. Seul le résultat des élections municipales, impitoyable, lui permettrait de puiser la force nécessaire à cette rupture.

Le dimanche 30 mars 2014, second tour des élections municipales, fut une journée lugubre. Les défaites s'ajoutaient aux défaites, dans une sinistre litanie. L'une d'entre elles, particulièrement cruelle, allait libérer l'homme. Je le revois encore, ce soir-là, lorsque je vins lui annoncer la nouvelle. Assis derrière son bureau, triste et inquiet, le Président notait, biffait, alignait les chiffres, faisant et refaisant ses comptes ; région par région, département par département, partout les résultats se ressemblaient, l'accablement était partout le même. Je m'assis en face de lui pour dire :

— J'ai une très mauvaise nouvelle.
— Encore une, soupira-t-il.
— Oui, mais celle-là est vraiment très mauvaise.
— Vas-y.
— Selon mes indications, nous allons perdre Limoges.

Limoges « la rouge », Limoges « la Rome du socialisme », Limoges détenue par la gauche depuis 1912 et par les socialistes depuis 1947, Limoges le bastion imprenable, Limoges la capitale de la région du Président, Limoges allait tomber.

— Limoges ?... Ah, non ! Non, pas Limoges..., souffla-t-il, en se renversant en arrière dans son fauteuil.
— Si.
— Tu en es sûr ?
— Le maire, Alain Rodet, en est convaincu. Il a fait ses comptes sur les premières centaines de bulletins dépouillés dans les bureaux de vote qu'il connaît bien. Pour lui, il n'y a pas de doute possible.

Au-delà de sa signification politique et symbolique, cette perte représentait une blessure personnelle pour le Président. Avec la chute de Limoges, les chiffres qu'il crayonnait jusque-là prenaient soudainement vie, comme autant d'animalcules voraces lui infligeant leurs morsures ; il éprouvait ainsi dans sa chair l'ampleur et la gravité de la défaite. Le choc et la douleur ressentis alors jouèrent un rôle déterminant dans la décision qu'il prit le lendemain.

Le lundi 31 mars, nous nous retrouvâmes de très bonne heure. Il me passa commande du texte de l'allocution qu'il prononcerait le soir même, à 20 heures, afin d'annoncer aux Français les enseignements et les actes que lui avait inspirés la correction politique que ces derniers venaient de nous infliger. Après avoir discuté du fond du message et du ton à utiliser, je lui posai la seule question qui valait :

— Et qui dois-je indiquer comme Premier ministre ?
— Personne. Tu laisses en blanc, lâcha-t-il de façon ostensiblement détachée.
— En blanc ?
— Oui, en blanc.

— Très bien, lui répondis-je en souriant, et aussi tranquillement qu'il m'avait donné son indication sibylline.

Tôt dans la matinée, le Président reçut d'abord Manuel Valls. Immanquablement, leur entrevue débuta par la formule rituelle : « Dans l'hypothèse où... », et se termina sans qu'une décision explicite fût annoncée à l'impétrant. Celui qui était encore ministre de l'Intérieur pour quelques heures vint ensuite, entre amusement et agacement, partager sa perplexité avec moi.

— Alors ?

— Alors, je ne suis pas sûr. Il est tout de même incroyable. Il m'a demandé de réfléchir à un nouveau gouvernement et de me tenir prêt « au cas où », mais il ne m'a pas dit : « Je vais te nommer à Matignon. » Il est vraiment curieux.

Arriva un peu plus tard l'échéance tant redoutée par le Président, le moment du face-à-face avec Jean-Marc Ayrault. De fait, le Premier ministre ne vint pas lui remettre sa démission, loin de là. Il trouva même des arguments tirés de la déroute que nous venions de vivre pour justifier, selon lui, son maintien à Matignon, faisant montre par là d'une forme d'impavidité et de ténacité qui, sans aller jusqu'à forcer l'admiration, témoignaient néanmoins d'un certain caractère. De son côté, le Président ne lui fit pas part de ses intentions réelles – peut-être parce qu'il n'en avait pas encore.

Après le déjeuner, nous nous remîmes au travail. Vers 17 heures, le texte était prêt. Mais ne comportait toujours pas le nom du nouveau Premier ministre. Respectant la consigne jupitérienne, j'avais laissé libre un espace, là où le nom du bienheureux élu devait figurer. La Salle des Fêtes était prête, l'équipe de techniciens aussi, il était temps d'enregistrer l'allocution. J'en informai le Président qui me demanda de lui remettre la dernière version, à laquelle il apporta quelques ultimes amendements ; puis, après avoir relevé la tête et planté ses yeux dans les miens durant plusieurs secondes, de sa petite écriture et à l'encre bleue, il inscrivit les mots « Manuel Valls » dans l'espace laissé vide à cette fin et me tendit les quatre feuillets en me disant : « Voilà, c'est fait. »

L'épilogue de cette étrange histoire fut écrit à Mexico.

Le jeudi 10 avril, en fin de journée, le Président devait répondre en « off », à l'occasion d'un point de presse que j'avais organisé au terme de cette première journée de visite d'État, aux questions du petit groupe de journalistes qui, l'accompagnant lors de ses déplacements à l'étranger, n'en sont pas moins principalement préoccupés par la politique intérieure. Dix jours après sa nomination, le nouveau Premier ministre, fringant, caracolait en tête des sondages, alimentant déjà les spéculations parisiennes sur sa rivalité avec le Président. La première question fut posée par une fine mouche qui, sans ciller et sans attendre, interpella le chef de l'État :

— Monsieur le Président, êtes-vous satisfait de la nomination de Manuel Valls ? Ne regrettez-vous pas Jean-Marc Ayrault ? Cette nomination ne vous a-t-elle pas été dictée par les événements ?

Sans marquer la moindre hésitation, il répondit :

— Manuel Valls est un très bon Premier ministre. Il a toute ma confiance. Il fait déjà et va faire encore davantage à l'avenir du très bon travail. Mais c'est vrai que j'ai eu beaucoup de mal à me séparer de Jean-Marc Ayrault et, qu'au fond de moi, je souhaitais le garder. Si j'avais pu le faire, je l'aurais fait. Les élections municipales en ont décidé autrement. Leur résultat politique m'a conduit à prendre cette décision.

Cet aveu – qui était aussi une manière pour lui de rabrouer son Premier ministre et de lui rappeler la primauté présidentielle – illustre bien la « tempête sous un crâne » que vécut François Hollande durant ces quatre mois.

Quatre mois pour changer de Premier ministre. Quatre mois pour changer le président de la République, aussi. Quatre mois pour accomplir, en effet, une mue personnelle et politique – celle que le Président commencerait à assumer publiquement au tout début de l'année 2014, avec l'annonce du pacte de responsabilité.

Quatre mois pour changer de politique, mais pas dans le sens initialement prévu.

Une fois à Matignon, Manuel Valls, dans un premier temps, sembla donner corps à l'alliance passée avec Arnaud Montebourg. En témoigne sa déclaration de politique générale du 8 avril 2014, dont bien des passages illustraient la démarche nouvelle que nous avions définie ensemble cinq mois auparavant, lors de notre rendez-vous secret à Bercy :

« Mais je ne veux pas casser la croissance, mesdames et messieurs les députés, car nos déficits ne diminueraient pas et le chômage ne serait pas réduit (...). Je suis favorable au respect de nos engagements et au sérieux budgétaire, pas à l'austérité ni à la remise en cause de notre modèle !

« Ce nécessaire équilibre, nous allons à nouveau l'expliquer à nos partenaires européens. La reprise économique est là, mais elle est fragile. Nous devons l'entretenir comme un feu naissant et l'accompagner. Les efforts que nous consentons en matière de réduction de nos déficits, de réformes structurelles, de compétitivité des entreprises et de coût du travail ne doivent pas être balayés par un niveau trop élevé de l'euro.

« L'euro est aujourd'hui 10 % plus cher qu'il ne l'était à l'été 2012, ce qui grève bien entendu nos exportations. La Banque centrale européenne mène une politique monétaire moins expansionniste que ses consœurs américaine, anglaise et japonaise, et c'est dans la zone euro que la reprise économique est la moins vigoureuse. Ce sujet, qui sera d'ailleurs au cœur de la campagne des prochaines élections européennes, je veux l'aborder très directement. Il appartient en effet à l'Union européenne d'apporter des réponses concrètes aux attentes pressantes des peuples. Ce qui est essentiel, c'est de la remettre sur le chemin de la croissance par des politiques de grands investissements et des politiques pour l'emploi, tournées en particulier vers la jeunesse. À défaut, tous les efforts de réduction des déficits seront vains. Je ne veux pas, ni vous non plus, j'en suis sûr, mesdames et messieurs les députés, que la magnifique aventure qui a uni notre continent perde son éclat et finalement sa logique !

« Je suis profondément attaché à la solidité du couple franco-allemand. Je reste convaincu que la France ne peut se passer de l'Europe, mais je suis également convaincu que l'Europe ne peut se passer et ne se passera jamais de la voix de la France ! »

Goguenard, Bernard Debré, député de Paris, en entendant cette profession de foi, s'exclama : « C'est du Montebourg ! »

C'en était.

Mais ce discours resta lettre morte.

Très vite, en quelques mois, cette stratégie, qui aurait pu donner un nouveau cours à l'Europe, sortir la France de l'ornière et accorder – enfin – une traduction politique au discours du Bourget, fut mise de côté.

Dès la préparation du budget 2015, il apparut que l'austérité serait poursuivie, et même aggravée par des coupes claires dans les dépenses publiques. Le Premier ministre choisit ainsi de se rallier à la ligne du Président et d'oublier l'accord passé avec le nouveau ministre de l'Économie. Il eut d'autant moins de difficultés ou de réticences à le faire qu'il s'agissait là en réalité de sa ligne, celle qu'il avait défendue lors de la primaire de la gauche, celle grâce à laquelle il avait recueilli 5 % des voix. Ce renversement d'alliance politique, acté lors de la rencontre entre les deux têtes de l'exécutif à la mi-août 2014, constituait aussi un retour à la logique institutionnelle de la Ve République.

Habilement, avec la complicité active du ministre de l'Intérieur, le Président s'était donc servi de son conseiller politique et de son ministre du Redressement productif pour l'aider à changer de Premier ministre. Une fois ce résultat atteint, il se débarrasserait de ces deux gêneurs pour conduire la politique libérale qu'il avait à l'esprit depuis le premier jour.

Un dévoilement, politique et personnel, qui, décidé dans le secret du Salon Doré, serait annoncé dans le second lieu de pouvoir de l'Élysée : la Salle des Fêtes.

Chapitre IV

SALLE DES FÊTES

> « Toute destinée, si longue, si compliquée soit-elle, compte en réalité un seul moment : celui où l'homme sait une fois pour toutes qui il est. »
>
> Jorge Luis BORGES, *Suere.*

> « Il se pourrait que la vérité fût triste. »
>
> Ernest RENAN

Un spectre hante la vie politique française : le spectre de la mondialisation.

Fantôme, elle est partout, si on ne la saisit nulle part ; on en mesure l'emprise quotidienne – dans les usines, les ateliers, les bureaux, dans nos vies –, à défaut d'en débattre publiquement.

Revenante, alors qu'on la croit évanouie, elle fait retour de façon régulière et souvent fracassante, à l'occasion de crises récurrentes : Vilvoorde, le référendum de 2005, Florange, le projet de traité transatlantique, le Brexit, l'élection de Donald

Trump à la présidence des États-Unis d'Amérique – « le coup de gong dans le système » selon Hubert Védrine[1].

Menace, elle effraie la droite qui redoute que son étreinte ne l'empêche d'être élue ; dans une France où le libéralisme n'a jamais fait recette électorale, la plupart des responsables politiques conservateurs se gardent bien de défendre ouvertement la mondialisation. Tandis que la gauche est embarrassée, la relation qu'elle entretient avec elle étant contre-nature.

Car il y a un « grand secret » de la gauche française : la mondialisation libérale est la créature monstrueuse qu'une poignée de « socialistes » hexagonaux a fait naître par idéologie, tout en se parant de l'alibi du réalisme et même du naturalisme.

Avec cette conclusion aussi atterrante qu'implacable : depuis ce coup de force idéologique, les socialistes français s'escriment *à*, et pour certains font semblant *de*, combattre un adversaire qu'ils ont historiquement inventé et façonné. Semblables en cela à ceux que George Orwell désignait, en son temps, comme les « bien-pensants » et dont il relevait qu'« ils affichent de combattre quelque chose dont, en profondeur, ils ne souhaitent pas la destruction ».

Ce qu'on appelle coïncidence révèle toujours une vérité : ainsi en va-t-il de l'année 1983.

Au mois de mai 1983 paraît, dans une grande revue internationale de management, un long article où le mot « mondialisation » – *globalization* en anglais – apparaît, qui va connaître un retentissement planétaire[2]. *Globalization* : ce néologisme est

1. Hubert Védrine, « Après le coup de gong, que faire ? », entretien accordé au *Figaro*, 12-13 novembre 2016.
2. Theodore Levitt, « The Globalization of Markets », *Harvard Business Review*, mai 1983.

utilisé par un célèbre spécialiste du marketing, Theodore Levitt, alors professeur émérite à la Harvard Business School, pour, au terme d'une puissante analyse prospective, annoncer l'avènement prochain d'un marché mondial et unique, supplantant la variété des marchés nationaux, un marché « global ». Bouleversement majeur pour les entreprises, les amenant à redéfinir leurs stratégies, leurs organisations et leurs comportements, les conduisant dorénavant à raisonner, produire et vendre à une seule échelle : celle du monde.

La mondialisation est un phénomène très ancien, aussi vieux que l'humanité, commençant avec les migrations de nos premiers ancêtres ayant quitté l'Afrique pour s'installer sur l'ensemble de la Terre. Marchands, prêcheurs, aventuriers, guerriers : bien des hommes se sont employés à explorer le monde, à le conquérir, à le peupler, et, ainsi, à l'unifier progressivement, des conquêtes d'Alexandre le Grand atteignant les rives de l'Indus à celles de Gengis Khan et de Tamerlan, des voyages du Berbère Ibn Battûta aux expéditions de Marco Polo, de la découverte de l'Amérique par Colomb au premier tour du monde de Magellan, des moines bouddhistes parvenant aux confins de l'Orient au prosélytisme des missionnaires catholiques suivant ainsi l'injonction de Jésus-Christ « Allez donc : de toutes les nations faites des disciples[1] ». Bien des fléaux, aussi, de la Grande Peste de 1348 à la pandémie actuelle de VIH-Sida, en passant par les ravages de la syphilis dès le XVIe siècle, sans oublier la grippe – qu'elle soit « espagnole » ou venue de Hong Kong. La politique n'a pas été en reste, avec la construction de l'Empire romain, la colonisation, les Empires français, anglais ou belge, le « Prolétaires de tous pays, unissez-vous ! » des communistes et leur *Internationale*, les deux guerres mondiales, la création de la Société des Nations puis de l'Organisation des Nations unies.

---

1. Pour une fresque historique de cette mondialisation, lire *Au commencement était la mondialisation. La grande saga des aventuriers, missionnaires, soldats et marchands*, de Nayan Chanda, CNRS éditions, coll. « Biblis », 2013.

Quant à l'économie, son internationalisation – et, déjà, sa financiarisation – avait atteint un très haut degré de développement au début du XXe siècle, cette première mondialisation ayant été brutalement interrompue par le déclenchement de la Première Guerre mondiale[1].

Certes. Mais, cette fois, les choses étaient différentes.

Car le changement de paradigme technologique, économique, commercial, financier, décrit par Levitt devait logiquement – c'est ainsi qu'il l'avait annoncé – imposer sa loi à toutes les nations et à tous les États, les mettant en concurrence face à des entreprises géantes et surpuissantes – car « globales » –, entreprises qui seraient dès lors libres de produire là où elles le désireraient, libres aussi de quitter les pays ne leur convenant plus – de procéder à des délocalisations. Ce que décrivait le professeur de Harvard était ainsi d'une autre nature ; ce qu'il annonçait était non seulement la revanche de l'économie sur le politique, mais sa prise de pouvoir pure et simple, son contrôle sur toute activité humaine, une véritable « révolution culturelle », aboutissant à un monde nouveau – unifié et soumis aux lois de la finance – et, plus terrible encore, donnant naissance à un homme nouveau – un *homo œconomicus* seulement animé, désormais, par l'esprit de calcul.

Or, après la chute du mur de Berlin et l'effondrement de la menace soviétique, la mondialisation est devenue le synonyme de l'expansion planétaire d'un capitalisme désormais triomphant, dopé à la finance et à la dérégulation – le « turbo-capitalisme[2] » –, sommant les États – présentés comme « vieux » et « dépassés » – de se soumettre à sa nouvelle loi d'airain

1. Voir, sur ce point important, l'ouvrage désormais classique de Suzanne Berger, *Notre première mondialisation. Leçons d'un échec oublié*, Seuil, coll. « La République des idées », 2003.
2. Edward N. Luttwak, *Le Turbo-Capitalisme. Les gagnants et les perdants de l'économie globale*, Odile Jacob, 1999.

par d'inévitables « réformes », seules à même de garantir l'inéluctable « adaptation ». Même si le mot « mondialisation » a été mis en avant par ses partisans, en raison de l'image positive qui est la sienne – l'ouverture aux autres, les voyages, la disparition des frontières, la liberté –, la planète connaît depuis lors un basculement dans une réalité nouvelle : la globalisation, l'emprise inédite de l'économie et de la finance sur la vie même des hommes.

À la mondialisation a succédé la globalisation. La prédiction de mai 1983 s'est donc révélée vraie.

Quelques semaines auparavant, au mois de mars, dans ce petit cap du continent européen qu'on appelle la France, s'était produit un retournement de situation politique dont les conséquences seraient immenses. Tout commença par ce qu'il est convenu de désigner depuis comme le « tournant de la rigueur ».

Donnons la parole à l'un des acteurs essentiels de ce moment singulier, Jean-Pierre Chevènement[1]. Singulier, car ce n'est pas seulement le sort de la gauche française ou même de la France qui s'est joué alors ; mais celui de l'Europe, et aussi celui de l'économie mondiale – qui allait en changer de nature.

Que nous enseigne-t-il sur ce qu'il désigne comme les « ides de mars 1983 » ?

Que le combat livré fut d'abord et avant tout idéologique et non une querelle économique. Combat dans lequel les chiffres et les statistiques furent instrumentalisés. Les arguments économiques ne furent que des prétextes pour faire valoir une visée politique :

---

1. Jean-Pierre Chevènement, « François Mitterrand ou la ruse de la Raison », *Le Débat*, n° 188, janvier-février 2016. Il s'agit là d'un témoignage exceptionnel.

« À l'aune des déficits que la France accumule aujourd'hui, ceux qui marquèrent les débuts du premier septennat de François Mitterrand étaient infiniment modestes : ainsi le déficit commercial de la France, en 2014, est-il quatre fois supérieur à celui de 1982, la plus mauvaise année du premier septennat. L'endettement extérieur de la France était alors à peine supérieur à 20 % du PIB (contre 96 % en 2015). L'inflation elle-même décélérait (13 % en 1980, 9 % en 1981, 7 % en 1982). Mais les trompettes de la Renommée amplifiaient démesurément nos difficultés : bientôt, au dire même des énarques qui peuplaient les antichambres, nous allions passer sous les fourches caudines du FMI ! Dès novembre 1981, Jacques Delors demanda la "pause des réformes". »

Qu'il opposa les tenants de l'ordre monétaire établi – le système monétaire européen (SME) – à ceux qui proposaient d'en sortir afin de mener une politique de reconstruction de l'industrie française et de croissance :

« Or, l'arrimage du franc au mark allemand était devenu, depuis la suspension de la convertibilité or du dollar, en 1971, et le flottement généralisé des monnaies (1976), l'alpha et l'oméga du bréviaire de nos inspecteurs des Finances, qu'ils fussent de droite (Giscard, Trichet, Camdessus) ou de gauche (Rocard). À leur horizon, le mark avait remplacé l'étoile polaire qu'avait longtemps été pour eux l'étalon-or. »

Qu'il dépassa – et de combien ! – la seule gauche française :

« Le combat autour du tournant de mars 1983 fut (...) "un combat pour l'âme même de la gauche française". Il n'emportait pas seulement des conséquences économiques. Il touchait à l'essentiel, au sens même que l'on donnait au mot socialisme, à l'Europe et à la politique elle-même (...). La France ne représentait peut-être plus que 1 % de la population mondiale, selon le mot de Valéry Giscard d'Estaing en 1974, mais la gauche française remplissait dans le monde un rôle sans commune mesure avec le poids démographique de la France. »

Que les zélateurs de la libéralisation de la finance l'emportèrent :

« La suite est assez connue pour que je ne m'y étende pas : le directeur du Trésor d'alors, Michel Camdessus, s'est flatté d'avoir fait changer d'avis Laurent Fabius, en arguant qu'en l'absence de réserves de change il faudrait relever les taux d'intérêt "à des taux inouïs". Pour une fois, François Mitterrand n'a pas fait ce qu'il avait, croyait-il, décidé de faire. Se heurtant au refus de Pierre Mauroy et de Jacques Delors de prendre la tête d'un gouvernement qui changerait de politique, et face aux avis de ses conseillers, conscient de l'incertitude et de la faiblesse de ses soutiens, François Mitterrand se sentant, à tort ou à raison, acculé, jugea que le moins mauvais des choix était de rester dans le SME et de garder Mauroy comme Premier ministre pour dissimuler le changement de cap du septennat. »

Que François Mitterrand en profita pour substituer au socialisme le paradigme européiste :

« Cette histoire assez prosaïque aurait pu s'arrêter là si François Mitterrand, en grand artiste qu'il était, n'avait su magnifier la suite par l'intercession d'une Sainte Vierge redescendue sur la terre sous le nom d'"Europe", immaculée des fautes des nations. Le grand art de François Mitterrand est d'avoir su opérer un complet retournement de politique en restant de plain-pied avec la légende. »

Que la conversion de la gauche française à cette nouvelle religion de l'Europe était pour elle la voie de la plus grande pente :

« (...) les dirigeants du Parti socialiste restaient, dans leur majorité, des anciens de la SFIO, artisans, autour de Guy Mollet, de l'Europe communautaire. Malgré l'apport du CERES et de la jeune garde de la Convention des institutions républicaines, le génome européiste du Parti socialiste n'avait pu être substantiellement modifié. »

Que l'Europe, loin d'être le rempart contre la mondialisation que certains ont alors vanté, s'est révélée en être le meilleur fourrier :

« Plus de trente ans après les ides de mars 1983, le pacte passé au nom de "l'Europe" par le socialisme avec le néolibéralisme, à l'orée de son cycle, a tourné entièrement au bénéfice de celui-ci. On pouvait s'y attendre, compte tenu de la puissance des oligarchies financières en Europe et de l'inféodation des forces politiques à leur endroit, de droite ou se disant "de gauche". Mais on ne pouvait s'attendre à ce que la bataille fût perdue sans avoir été livrée. La ruse de la Raison néolibérale a été la plus forte. Elle l'a emporté, sans vrai combat, sur la "ruse de la Raison européenne", sur laquelle François Mitterrand comptait comme sur une alliée déterminante. »

Que – terrible – la conclusion d'un tel mouvement historique s'impose d'elle-même, telle que François Mitterrand la formula et telle que nous la rapporte Jean-Pierre Chevènement :

« Après moi, ce sera l'Europe. Il n'y aura plus de grand Président. »

Nous y sommes.

Socialiste, marxiste, interventionniste, dirigiste, républicaniste et, pire que tout, souverainiste : autant de péchés contre l'esprit pouvant, aux yeux de certains, entamer le témoignage de Chevènement. Soit. Tournons-nous alors vers une figure intellectuelle, insoupçonnable, elle, aux yeux de ces sceptiques, et prenons-la pour témoin.

Économiste, *Professor of International Management* dans ce temple de la pensée libérale et mondialiste qu'est la prestigieuse

Harvard Business School, Rawi Abdelal a publié en 2007 un remarquable travail sur la « mondialisation », qu'il serait de salubrité publique de traduire enfin en français[1]. Non seulement il a fait œuvre de chercheur en se plongeant dans les archives et les textes disponibles, mais il a surtout rencontré et interviewé la plupart des acteurs de cette incroyable histoire ; ceux-ci, par vanité ou cynisme, se sont ouverts et confiés à lui, sans détour, lui livrant leurs motivations profondes, lui détaillant leurs stratégies.

Des confidences qui sont autant d'aveux. Des aveux qui permettent de reconstituer une décennie française – 1983-1993 – qui a changé la face du monde.

Selon ses propres mots, c'est à une véritable « révision historique » de l'émergence de la mondialisation financière que se livre le professeur Abdelal.

Après le « tournant de la rigueur », les vainqueurs de 1983 – Laurent Fabius, Jacques Delors, Pierre Mauroy – décidèrent de pousser leur avantage. N'avaient-ils pas réussi à convaincre le Président Mitterrand de changer de politique tout en conservant Pierre Mauroy à Matignon pour donner le change ? Le Président n'avait-il pas décidé de sacrifier le socialisme sur l'autel de la « modernité » et de l'Europe ? Laurent Fabius, qui avait joué un rôle décisif dans ce retournement en quittant le camp des « Albanais[2] » pour celui des « modernisateurs » et avait ainsi fait basculer Mitterrand dont il était le protégé, n'allait-il pas bientôt

1. Rawi Abdelal, *Capital Rules. The Construction of Global Finance*, Harvard University Press, 2007, Cambridge, Massachusetts, and London, England. C'est moi qui traduis les passages tirés de cet ouvrage « capital » et cités dans les pages qui suivent. On peut trouver une synthèse très utile de ce livre dans un article précurseur publié par l'auteur dans la revue *Critique internationale*, n° 28, juillet-septembre 2005, « Le consensus de Paris : la France et les règles de la finance mondiale ».

2. C'est ainsi que l'on désignait alors les partisans de la sortie du SME : Fabius, Chevènement, Bérégovoy, Riboud, Defferre.

– la chose était programmée – devenir Premier ministre ? Il leur fallait aller au bout de ce qui avait été engagé, se débarrasser une fois pour toutes de ces oripeaux socialistes, quitter l'« archaïsme » et voguer vers la « modernité », la « compétence », « se réinventer eux-mêmes » et se saisir de cette « séduisante identité politique » que le marché et l'Europe leur offraient[1].

Ce serait chose faite en moins de deux ans.

Le 17 juillet 1984, Fabius est nommé Premier ministre pour « moderniser et rassembler le pays » : les communistes quittent le gouvernement. Delors, l'architecte de la « rigueur », quitte, lui, Rivoli pour devenir président de la Commission européenne, le 6 janvier 1985 – il occupera ces fonctions dix ans –, emmenant Pascal Lamy – jusque-là conseiller de Mauroy à Matignon – pour en faire son directeur de cabinet. La « modernisation », c'est-à-dire la libéralisation et la financiarisation de l'économie, va alors se déployer très vite, sur les deux fronts, étroitement liés, où cette phalange libérale détient les clés du pouvoir : la France et l'Europe.

En France, le gouvernement socialiste va libéraliser complètement la place financière de Paris : c'est le « Big Bang » de 1985, conçu et mis en œuvre par Jean-Charles Naouri, le directeur de cabinet de Pierre Bérégovoy, nommé aux Finances après le départ de Delors. Il convaincra son ministre de l'intérêt et de l'urgence de cette révolution financière en usant d'un argument auquel il savait que celui-ci serait sensible : l'argent serait ainsi moins cher pour les Français et, en particulier, pour les plus modestes d'entre eux. Rien n'arrêtera ce mouvement de libéralisation de la finance française, qui sera achevé au 1er janvier 1990 ; tout au plus aura-t-il été freiné par la cohabitation (1986-1988), la droite n'étant pas particulièrement favorable à cette révolution libérale. Ce zèle des convertis, qui conduira les socialistes français à se

1. Rawi Abdelal, *op. cit*, p. 60.

montrer « plus royalistes que le roi », est parfaitement résumé par l'inénarrable Pascal Lamy : « Quand il s'agit de libéraliser, en France on ne peut pas compter sur la droite. La gauche devait libéraliser, parce que la droite ne l'aurait pas fait[1]. »

À Bruxelles, où Delors et Lamy – puis Jean-Pierre Jouyet, qui lui succède en 1994 – déploient un activisme sans précédent, libéralisation de la finance et intégration européenne vont aller de pair et avancer de front.

Delors en est en effet venu à considérer que la libéralisation des mouvements de capitaux était indispensable *à* et inséparable *de* la création d'un grand marché européen[2]. Sous la houlette de Lamy, une petite équipe va travailler d'arrache-pied simultanément dans ces deux directions[3]. Avec un même objectif final – « *the ultimate goal*[4] » : l'union monétaire, la création d'une monnaie commune et unique, l'euro. Grâce à l'adoption de l'Acte unique européen, en février 1986, qui remplace l'unanimité jusque-là requise au sein du Conseil européen par une majorité qualifiée, la libéralisation totale des mouvements de capitaux et de la finance au sein de l'Europe est acquise en juin 1988. Nos croisés touchent au but, le Graal est à portée de leurs mains, ils aperçoivent la Jérusalem monétaire : l'euro. Reste une étape politique décisive : convaincre l'Allemagne d'abandonner son mark. Ce sera la mission historique de Mitterrand.

À peine l'encre de la directive libéralisant complètement la finance en Europe sèche, en juin 1988, le Président français et le Chancelier allemand se rencontrèrent à Évian. Là, Mitterrand proposa un marché à Kohl : la libéralisation complète de la finance en France en échange de la constitution, sous l'autorité

1. *Ibid.*, pp. 62-63.
2. *Ibid.*, p. 66.
3. *Ibid.*, p. 67.
4. *Ibid.*, p. 75.

de Delors, d'un comité pour la création de l'union monétaire. Le libéralisme financier contre l'euro. Les 27 et 28 juin, à Hanovre, l'accord était entériné. La suite est connue : la finance serait totalement libéralisée en France le 1er janvier 1990, le traité sur l'Union européenne serait adopté à Maastricht en décembre 1991 et ratifié, de justesse, par le peuple français le 20 septembre 1992, après que Mitterrand eut mis tout son poids personnel, politique et institutionnel dans la balance.

Une fois entré en vigueur en 1993, ce traité allait doter l'Europe des « règles les plus libérales du monde en matière de mouvements de capitaux[1] ».

« La conséquence de ce marchandage franco-allemand fut un système financier européen qui était en principe le plus libéral que le monde ait jamais connu. L'indépendance de la Banque centrale européenne était protégée par un traité intergouvernemental, pas une simple loi qui aurait pu être contournée par une majorité parlementaire. Les gouvernements européens furent obligés de libéraliser les mouvements de capitaux provenant ou à destination de tous les pays du monde[2]. »

Une Europe devenue le fer de lance du libéralisme : une fois ce résultat, essentiel, acquis, restait à parachever le grand œuvre de la libéralisation mondiale, « globale », de la finance[3].

Ce fut la mission confiée à un dernier Français, Henri Chavranski, fonctionnaire de la direction du Trésor, qui présida pendant douze ans, de 1982 à 1994, le Comité des mouvements de capitaux et des transactions invisibles (CMIT) de l'OCDE. Il fut, à ce titre, le grand prêtre du code de libéralisation que cette institution mit au point et généralisa à l'ensemble de

1. *Ibid.*, p. 80.
2. *Ibid.*, p. 85.
3. *Ibid.*

ses vingt membres, États-Unis et Canada compris. L'action de ce Français fut « décisive dans l'adoption de règles libérales par l'OCDE dans les années 80[1] ». Une étape supplémentaire et capitale fut ainsi franchie dans le déferlement de la vague libérale et dans l'emprise de la finance sur le monde entier. La pierre de touche de cette cathédrale politique fut la nomination de Lamy comme commissaire européen au commerce (1999-2004), puis comme directeur général de l'Organisation mondiale du commerce (OMC) en 2005, fonction qu'il occupa jusqu'en 2013.

À partir de 1985 et pendant près de trente ans, au pouvoir en France (Fabius et Bérégovoy), à la tête de la Commission européenne (Delors et Lamy), de l'OCDE (Chavranski), de la Banque centrale européenne (Trichet, de 2003 à 2011), du Fonds monétaire international (Camdessus, de 1987 à 2000) et de l'OMC (Lamy), ces missionnaires français du libéralisme ont évangélisé l'ensemble de la planète. Pénétrés de la supériorité du libre-échange, ces hommes se sont toujours considérés comme des « progressistes » en lutte contre les conservateurs du « vieux socialisme » dirigiste ; c'est ce qui donne son sens au mot « réactionnaire » dont ils affublent ceux qui commettent le sacrilège à leurs yeux de critiquer la mondialisation.

Par leur intelligence politique, leur travail acharné et leur foi inébranlable, ces libéraux français ont réussi à établir ce qu'il est convenu d'appeler désormais le « consensus de Paris ». C'est ce consensus et non celui de Washington – si souvent et si commodément décrié, mais qui n'est que la conséquence du premier – qui a produit la libéralisation mondiale des mouvements de capitaux. Ils ont ainsi créé un nouveau Moloch libéral, qui a jeté son emprise sur la planète entière dont il a fait son terrain de jeux, dévoré au passage toute la gauche européenne et ouvert à Tony Blair le chemin de sa « Troisième voie ».

1. *Ibid.*, p. 90.

Au gré des accords successifs de libre-échange imposés aux peuples par cette élite agissante de la gauche libérale, de financière, la mondialisation est devenue la mise en concurrence des économies, des salaires, des fiscalités, des protections sociales, des peuples, des hommes, de leurs vies. Quel aveuglement idéologique que d'avoir accepté l'entrée de la Chine au sein de l'OMC en 2001 sans aucune contrepartie ! « Les idées, la connaissance, l'art, l'hospitalité, les voyages : ce sont là des choses qui, par nature, doivent être internationales. Mais produisons les marchandises chez nous chaque fois que c'est raisonnablement et pratiquement possible ; et, surtout, faisons en sorte que la finance soit en priorité nationale[1]. » Ce sont cette raison, ce sens des réalités humaines et cette sagesse, défendus par Keynes, que les partisans de la mondialisation ont voulu nous faire perdre.

Une mondialisation « synonyme de financiarisation sauvage[2] » dont la nature et la genèse, désormais connues, ont été délibérément brouillées par trois mythes patiemment construits et savamment entretenus par ses partisans.

Le premier prétend voir en elle un phénomène appartenant quasiment à l'ordre de la Nature, et régi à ce titre par des lois s'imposant partout et à tous. Leur thèse est connue : la mondialisation serait irrésistible, parce que provoquée par des mutations technologiques irréversibles – « le porte-conteneurs et Internet », pour reprendre les mots de Pascal Lamy. De surcroît, l'économie mondiale aurait atteint un tel degré d'intrication que les notions d'exportation et d'importation en seraient devenues caduques : c'est l'argument résumé par la formule « made in world ». Considérée comme l'horizon indépassable de l'humanité, la mondialisation rendrait inévitable l'« adaptation » des économies et des

1. John Maynard Keynes, *La Pauvreté dans l'abondance*, Gallimard, coll. « Tel », 2002, pp. 200-201.
2. Hubert Védrine, *La France au défi*, Fayard, 2014, p. 68.

sociétés nationales. Seule la « régulation » permettrait de « maîtriser » les « excès » de la mondialisation. Sacralisée à l'instar d'une loi de la Nature, la mondialisation s'imposerait donc aux hommes.

Contester la mondialisation libérale, proposer un autre modèle de développement – plus humain, plus écologique, plus équitable pour les pays du Sud – représente un véritable péché de l'esprit, une hérésie, car, pour ses prophètes, la mondialisation est une visée à la fois téléologique et théologique.

Téléologique car, en la matière, la fin – « la mondialisation heureuse » – justifie les moyens, tous les moyens. Tous les moyens, y compris le déni de démocratie : il en fut ainsi lorsque Nicolas Sarkozy, avec l'appui de François Hollande, fit adopter par la voie du Congrès, en 2008, le traité constitutionnel européen – rebaptisé pour l'occasion traité de Lisbonne – que le peuple français avait souverainement rejeté par voie référendaire le 29 mai 2005.

Théologique car, même si tous les prêtres, petits et grands, de la religion mondialiste et libérale ont profité de son emprise planétaire pour construire de prestigieuses et lucratives carrières – accaparant les plus hautes fonctions de l'État en France, mais aussi à la Commission européenne, à la Banque centrale européenne, dans les institutions internationales, dans les banques –, c'est d'abord animés par une même foi et au service d'un même dogme qu'ils ont agi.

L'eschatologie de ces clercs n'admet que deux issues.

Le paradis, celui de l'ouverture infinie des marchés, de la concurrence « libre et non faussée », de la finance sans entraves, d'une mondialisation défaisant les économies nationales et les sociétés, mais pour faire le bonheur des hommes – bien entendu –, et pour instaurer la paix perpétuelle – cela va de soi.

L'enfer, celui du protectionnisme « synonyme de nationalisme et qui conduit à la guerre », du « repli » haineux, forcément haineux, de l'État archaïque et des nations dépassées.

Pas de place, chez eux, pour le purgatoire d'une économie internationale organisée, attentive à la Nature, soucieuse des peuples et de leur bien-être, ne réduisant pas le monde à son économie.

Alors rappelons à ces esprits religieux que la loi de la gravitation n'a pas empêché les hommes de construire des avions ni les avions de voler. Les seules lois qui s'imposent réellement à l'homme sont celles de sa raison et de sa volonté. Ce qui a été fait par des hommes peut être amendé – et pourquoi pas défait ? – par d'autres hommes.

Car, répétons-le, si elle tire effectivement une grande part de sa force de données techniques, la mondialisation est avant tout un projet idéologique pensé, voulu et poursuivi avec opiniâtreté par des responsables politiques, se revendiquant de la gauche qui plus est, ayant pu et su, à un moment donné, forcer le cours de l'Histoire.

Comme le résume Rawi Abdelal :

« Beaucoup de responsables politiques européens, et les foules qu'ils représentent, dépeignent la mondialisation comme une puissante force impersonnelle, sur laquelle ils n'auraient pas prise et qui limiterait leur autonomie (...). Les Européens devraient cependant reconnaître que cette ère de la mondialisation financière est pour beaucoup de leur propre fabrication. Des socialistes français de premier plan, accompagnés de responsables politiques de gauche à travers l'Europe, ont influencé de façon décisive le processus de libéralisation financière dans leurs propres pays et, par conséquent, la codification de la norme de la mobilité du capital dans les règles des organisations internationales (...). En France, comme partout en Europe, la gauche a libéralisé les flux de capitaux plus que la droite n'aurait osé le faire (...).

Une poignée de responsables politiques français, souvent avec leurs homologues britanniques, allemands ou hollandais, jouèrent un rôle décisif dans l'établissement de la mobilité du capital[1]. »

Historiquement, la mondialisation a d'abord et avant tout été financière.

Cette vérité première, il fallait évidemment la cacher et trouver une explication imparable pour convaincre le bon peuple que, loin d'être une œuvre politique, donc humaine, la mondialisation relevait de l'inéluctable. À cette fin, on mettrait en avant le « progrès technologique » comme principal responsable de la mondialisation. Ainsi, encore aujourd'hui, dans son dernier petit ouvrage de catéchisme libéral[2], Pascal Lamy ne distingue-t-il que « les avancées technologiques » comme facteur explicatif de « la poussée historique de la globalisation »[3]. La finance – dont il a libéré les forces perverses ? La dérégulation – qu'il a, par obsession idéologique, mise en œuvre ? La libéralisation à marche forcée des mouvements de capitaux – à laquelle il s'est voué pendant dix ans ? Évanouies, disparues, envolées. Un véritable miracle. Un grossier caviardage, plutôt, qui n'abuse plus personne.

Le même, depuis que l'air du temps a commencé de changer – après le « non » au référendum de 2005, après la crise financière majeure de 2007-2008 – s'est engagé dans une entreprise de ripolinage des plus réjouissantes. Le voici, désormais, qui « s'interroge ». Sur ses responsabilités dans l'état actuel du monde ? Sur les conséquences de la folie libérale et financière dont il a organisé le déferlement ? Que nenni. Il s'interroge sur « les racines culturelles et anthropologiques du capitalisme de marché qui est intrinsèquement injuste et stresse toujours plus les ressources humaines et naturelles (sic) ». Rien de moins. Et de poursuivre

1. Rawi Abdelal, *op. cit*, p. 219.
2. *Quand la France s'éveillera*, Odile Jacob, coll. « Document », 2016.
3. *Ibid.*, p. 28.

sur sa lancée : « Il faut tirer des leçons de la crise et analyser en profondeur ce capitalisme pour trouver des alternatives. Pour cela, il faut que des sciences comme l'anthropologie, l'ethnologie et la sociologie y contribuent aussi et pas seulement l'économie ou le droit[1]. » Fichtre ! Le grand prêtre de la mondialisation libérale et de la finance globalisée faisant mine de redécouvrir la vocation historique du socialisme, voilà de quoi sourire, ou plutôt grimacer. Et encore récemment, on le voit, toute honte bue, se glisser en passager clandestin au sein d'un collectif signant une tribune ayant pour *incipit* : « Le consensus est de plus en plus fort : la financiarisation du capitalisme est une erreur[2]. » Pas seulement une erreur, une faute. Une faute qu'il serait honnête de reconnaître plutôt que de tenter, vainement, de la dissimuler, notamment en continuant à prétendre que la globalisation n'aurait eu pour origine que les progrès de la technologie.

En 1983, Internet n'existait pas, les smartphones non plus, et les porte-conteneurs ne peuplaient pas les océans ; en revanche, les flux de capitaux, eux, représentaient déjà des volumes considérables et ce sont eux que nos apprentis sorciers, Lamy en tête, ont décidé de libéraliser. Ils y sont parvenus et, aujourd'hui, ces flux financiers commandent l'économie planétaire : tels sont les faits, voilà le résultat de l'action déterminée et persévérante de ceux qui prétendent n'avoir fait qu'« accompagner une mutation technologique » irrépressible et avoir, ainsi, agi pour le bien de l'humanité.

Le deuxième mythe prétend voir dans l'Europe le moyen de contrecarrer la mondialisation. La réalité est rigoureusement inverse.

À rebours de cette vision irénique, dans l'extension et la libération mondiales de la finance dérégulée, l'Europe a joué un rôle

1. Propos rapportés par le quotidien *Le Monde*, 5 novembre 2010.
2. « Pour une économie de marché responsable », *Le Monde*, 17 novembre 2016.

décisif, celui du cheval de Troie : « Les marchés financiers mondialisés sont *mondialisés* principalement parce que le processus d'intégration financière européenne est devenu ouvert et uniformément libéral. À la fin des années 1980, l'intégration des marchés de capitaux européens était synonyme de mondialisation[1]. »

Telle qu'on a fait le choix de la construire, l'Europe a été à la fois la matrice et le vecteur de la mondialisation financière et libérale. Reconnaître ce fait revient à revisiter l'histoire et à rejeter la version officielle qui voit en l'Europe le meilleur moyen de « maîtriser » la mondialisation : « Le caractère central, et nécessaire, de l'Europe dans le processus de la mondialisation financière est la plus importante révision à apporter à la sagesse commune[2]. »

Cette révision est à l'évidence déchirante pour la gauche, qui a cru que l'Europe pourrait être sociale, alors que ceux qui la construisaient la mettaient sciemment au service du libéralisme et de la finance dérégulée. Elle aurait dû écouter plus attentivement et entendre François Mitterrand lorsqu'il affirmait : « L'Europe sera socialiste ou ne sera pas. » Car la vérité est cruelle pour ceux qui ont ainsi été abusés : l'Europe ne sera pas socialiste et, donc, elle ne sera pas. Elle ne restera qu'un grand espace économique unifié, balayé par le vent de la finance, dont les deux maîtres resteront le « marché » et le « droit ». Pouvait-elle l'être, « socialiste » ? Non.

Le traité de Rome, tel qu'il fut conçu par les « Pères fondateurs » de l'Europe, en 1957, était, en effet, un piège, un engrenage libéral.

Un homme eut la clairvoyance de le comprendre et le courage de le révéler au grand jour : Pierre Mendès France.

---

1. Rawi Abdelal, *op. cit.*, p. 84. C'est Abdelal qui souligne.
2. *Ibid.*, p. 219.

Le 18 janvier 1957, à l'occasion du débat sur le traité de Rome, alors en négociation, Mendès France prononça à l'Assemblée nationale un discours fondamental, où il analysa lumineusement les dangers qui étaient déjà ceux du projet de marché commun à six pays[1].

Après avoir rappelé son engagement personnel pour une « construction organique de l'Europe », il se place sous les auspices de la formule de Georges Bidault, devenue depuis célèbre, selon laquelle il s'agit de « faire l'Europe sans défaire la France ». C'est un homme lucide et inquiet qui exprime ses profondes réserves face à un texte dont il ne comprend que trop bien la philosophie, celle du « libéralisme classique du XIXe siècle », philosophie dont il souligne l'inadaptation aux enjeux économiques et sociaux de l'époque.

Plus grave encore, il annonce de façon prémonitoire ce qui sera l'horizon de la France à partir des années 1990 : la politique économique de la France, puis sa « politique » tout court, finiront par lui être dictées de l'extérieur et surviendra alors « l'abdication d'une démocratie ».

Sa vision du sens de la construction européenne est formulée en des termes que les dirigeants européens ont depuis longtemps perdus de vue : « Notre politique doit continuer à consister, coûte que coûte, à ne pas construire l'Europe dans la régression au détriment de la classe ouvrière et, par contrecoup, au détriment des autres classes sociales qui vivent du pouvoir d'achat ouvrier. Il faut faire l'Europe dans l'expansion et dans le progrès social et non pas contre l'une et l'autre (...). Pas un travailleur ne doit être condamné au sous-emploi ou au chômage. »

Expansion et progrès social : deux impératifs pour l'Europe, que le libéralisme au cœur du traité de Rome ne permettra pas

---

1. Pierre Mendès France, *Œuvres complètes*, t. IV : *Pour une République moderne (1955-1962)*, Gallimard, 1987, pp. 250-275.

d'atteindre, Mendès France en est convaincu : « Enfin, pour en revenir au fond, le projet de marché commun tel qu'il nous est présenté ou, tout au moins, tel qu'on nous le laisse connaître, est basé sur le libéralisme classique du XIXe siècle, selon lequel la concurrence pure et simple règle tous les problèmes. Dix crises graves, tant de souffrances endurées, les faillites et le chômage périodique nous ont montré le caractère de cette théorie classique de résignation. »

Or Mendès France a parfaitement saisi la logique implacable de la construction européenne : son autonomisation et le dessaisissement démocratique qui en résultera nécessairement.

Il dit ce jour-là : « Mes chers collègues, il m'est arrivé souvent de recommander plus de rigueur dans notre gestion économique. Mais je ne suis pas résigné, je vous l'avoue, à en faire juge un aréopage européen dans lequel règne un esprit qui est loin d'être le nôtre. Sur ce point, je mets le gouvernement en garde : nous ne pouvons pas nous laisser dépouiller de notre liberté de décision dans des matières qui touchent d'aussi près notre conception même du progrès et de la justice sociale ; les suites peuvent en être trop graves du point de vue social comme du point de vue politique. Prenons-y bien garde aussi : le mécanisme une fois mis en marche, nous ne pourrons plus l'arrêter (...). Des sacrifices peuvent être nécessaires et peut-être avons-nous quelquefois dans ces dernières années manqué du courage qu'il aurait fallu pour les faire aboutir. Mais il appartient néanmoins au Parlement de choisir ces sacrifices et de les répartir et je supporte mal l'idée que ces sacrifices peuvent être demain dosés pour nous, choisis pour nous, répartis pour nous, par les pays qui nous sont associés et dont l'objectif premier n'est pas nécessairement le mieux-être en France pour la masse de nos concitoyens et le progrès de notre économie. »

Sa conclusion, d'une justesse politique saisissante, tombe :

« C'est avec de telles préoccupations constamment dans l'esprit que la France peut et doit coopérer à la construction de l'Europe ;

ce ne doit pas être avec un sentiment de méfiance en soi, d'impuissance à se réformer soi-même, avec l'idée de se faire imposer par des contraintes extérieures, par une autorité supranationale, des réformes que nous n'aurions pas eu le courage de promouvoir nous-mêmes. L'abdication d'une démocratie peut prendre deux formes, soit le recours à une dictature interne par la remise de tous les pouvoirs à un homme providentiel, soit la délégation de ces pouvoirs à une autorité extérieure, laquelle, au nom de la technique, exercera en réalité la puissance politique, car au nom d'une saine économie on en vient aisément à dicter une politique monétaire, budgétaire, sociale, finalement "une politique", au sens le plus large du mot, nationale et internationale. Si la France est prête à opérer son redressement dans le cadre d'une coopération fraternelle avec les autres pays européens, elle n'admettra pas que les voies et moyens de son redressement lui soient imposés de l'extérieur, même sous le couvert de mécanismes automatiques. »

En se dressant avec une telle force contre la forme d'abdication que représentait le traité de Rome, Pierre Mendès France fut, historiquement, le premier représentant de la gauche du « non ».

Quels mots aurait-il choisis pour qualifier le comportement politique de ceux qui ont, lors de la décennie 1983-1993, décidé, au nom de la gauche, de consacrer l'Europe libérale et d'en faire le cheval de Troie de la mondialisation ?

Ceux-là ne pouvaient ignorer que la construction d'une telle Europe était antinomique du socialisme qu'ils prétendaient poursuivre. Il n'y a jamais eu chez Mitterrand une croyance en la « ruse de la Raison européenne », comme veut encore s'en persuader Chevènement, par fidélité à la geste mitterrandienne ; il n'y a eu que de la ruse tout court. Et de la dissimulation. Et du double langage.

Désormais, trente-trois ans après les « ides de mars », vingt-quatre ans après le traité de Maastricht, onze ans après le « non » français au référendum sur le traité constitutionnel européen, les yeux des plus naïfs se sont dessillés : plus personne ne croit que l'Europe puisse, dans le cadre actuel des traités qui la régissent, devenir un jour – même très lointain… – « socialiste ». Et comme les campagnes du Parti socialiste depuis trente ans pour seulement réclamer « l'Europe sociale » – qui n'est pourtant pas l'Europe socialiste… – semblent pathétiques ! Ou hypocrites, c'est selon.

Troisième et dernier mythe : il y aurait une mauvaise mondialisation – la mondialisation débridée, la mondialisation anglo-saxonne – et une bonne mondialisation – la mondialisation « maîtrisée », la mondialisation française, la mondialisation « french touch[1] ».

En vérité, il n'y a qu'une seule mondialisation : celle qui régit nos économies, nos sociétés et nos vies, pour le meilleur et pour le pire. On ne peut la découper en tranches, selon nos convenances. Quant à son éventuelle « maîtrise », comment l'envisager sérieusement quand les institutions internationales chargées de réguler l'économie et la finance sont toutes dirigées par des libéraux militants, des *true believers*, comme Tony Blair aimait à désigner les partisans de la « Troisième voie » ? Comment croire à cette « maîtrise », dès lors que la mondialisation libérale et financière a été l'œuvre, pour une large part, d'une fraction de la gauche française qui n'a inventé ce slogan de « mondialisation maîtrisée » que pour dissimuler la réalité et à des fins exclusivement rhétoriques ?

Redonnons la parole à Abdelal :

« Ces fonctionnaires français ont emmené dans leurs bagages l'idée que la mondialisation pouvait être maîtrisée, ainsi que les instruments de cette maîtrise. Et pourtant, paradoxalement, en permettant aux organisations internationales de maîtriser la

1. « Mondialisation : la French Touch », par Rawi Abdelal et Sophie Meunier, Telos, 12 octobre 2007.

mondialisation au lieu de la libérer et de la débrider, ils ont contribué à forger un monde plus libéral et plus mondialisé. “Mondialisation maîtrisée” : voilà qui sonne bureaucratique, et à juste titre. Mais c’est aussi un processus éminemment politique : le simple fait de réécrire les règles, codifier les normes et donner plus de pouvoirs aux organisations internationales a étendu l’emprise de la mondialisation.

« Le concept et l’expression “mondialisation maîtrisée” sont tous deux français à l’origine. L’expression a pénétré la rhétorique européenne pour la première fois en septembre 1999, lorsque le socialiste Pascal Lamy l’employa dans son discours devant le Parlement européen lors de sa nomination au poste de Commissaire européen au commerce et déclara qu’il en ferait son objectif principal à ce poste (...). Bien que la doctrine fût française à l’origine, elle en vint à définir le projet européen. Après avoir défini la nature de la construction européenne pendant des années, les élites technocratiques françaises se mirent à influencer les autres institutions de l’économie mondiale.

« (...) Tous les observateurs français qui voient dans la mondialisation une conspiration des financiers de Wall Street, des fonctionnaires du Trésor des États-Unis, et des multinationales américaines devraient regarder ailleurs. Les fondations institutionnelles de l’ère présente de la mondialisation, ces règles qui ont permis aux biens et à l’argent de circuler de plus en plus vite, ont été posées plus par les Français eux-mêmes que par qui que ce soit d’autre (...) le contenu de ces règles a été libéral, et les organisations ont utilisé leurs pouvoirs ainsi renforcés pour encourager la libéralisation des marchés de biens, services, et capitaux. L’européanisation des marchés de capitaux, par exemple, est basée sur l’architecture financière la plus libérale jamais codifiée. Les négociations entre la France et l’Allemagne sur les règles européennes dans les années 1980 ont donné lieu à des obligations profondes pour les États membres de libéraliser – pas seulement entre les pays européens, mais aussi avec les pays tiers. Le “Code de libéralisation des mouvements de capitaux” de l’OCDE s’ensuivit, et sur le même modèle : sous impulsion française et avec des négociations intra-européennes[1]. »

La mondialisation libérale et financière, fille du socialisme mitterrandien et de l’européisme deloriste : on comprend que ce grand secret – ce gros mensonge – ait été soigneusement dissimulé par ceux qui le connaissaient.

Qu’ils s’empressent de changer de sujet de conversation lorsqu’un importun soulève la question des liens entre gauche et finance, entre Europe et mondialisation. Qu’ils s’évertuent à faire croire au bon peuple de gauche qu’il faut continuer à voter pour eux afin de « construire une Europe plus forte qui permettra de maîtriser la mondialisation », selon la parole d’évangile désormais consacrée. Que périodiquement – à chaque élection au Parlement européen – ils crient « Europe sociale ! » en sautant sur leurs fauteuils comme des cabris.

On peut même comprendre que les citoyens de gauche qui, n’étant pas dans la confidence – le plus grand nombre –, abusés, percevant bien quelque fausse note dans la berceuse qu’on leur chante, préfèrent néanmoins remiser leurs interrogations et continuer à psalmodier l’*Ode à la joie* : leur désillusion serait trop grande, à la mesure de la trahison.

On comprend aussi très bien que les Français dans leur ensemble, désabusés, aient fini par discerner ce que l’on prend tant de soin à leur masquer et se détournent de la politique. Sans avoir lu le professeur Abdelal, ils ont très bien saisi ce qui caractérise l’histoire politique de notre pays au cours des trente dernières années : un même fil rouge la parcourt, celui de la mondialisation, qui contourne systématiquement les résultats des scrutins successifs dont elle se moque bien, une même chaîne d’inspecteurs généraux

1. *Ibid.*

des Finances qui gouvernent le pays par-delà les alternances politiques, incarnation de cette « démocratie qui se conforme au marché » – selon la formule significative d'Angela Merkel –, au cœur du projet politique porté par la mondialisation.

Naouri, Lamy, Trichet, Jouyet, Macron : la France est ce beau pays où tout commence par des élections et où tout finit par l'Inspection...

Le meilleur moyen de ruiner un débat, c'est de l'éviter. Le meilleur moyen de conjurer une difficulté, c'est souvent de l'ignorer. Le meilleur moyen de mentir, c'est parfois de se taire. Telle a été la ligne de conduite suivie avec constance par ceux qui savaient. Les autres, le plus grand nombre, ont suivi. À deux reprises seulement, la question de la mondialisation a été appréhendée lucidement par des responsables socialistes.

Alors Premier ministre, Lionel Jospin, en butte à l'offensive idéologique et libérale de Tony Blair appelée « Troisième voie » – destinée à prendre le contrôle de la social-démocratie européenne et à la transformer en une « Internationale démocrate », au sens américain du terme –, fit œuvre de pionnier en clarifiant les termes du débat[1] :

« Le sens de cette mondialisation dépendra de ce que nous en ferons. Car si la mondialisation est un fait, elle n'est pas une fin en soi (...). La mondialisation est donc une question de nature politique, qui appelle une réponse politique : celle de nos gouvernements (...). Nous sommes donc placés devant un choix collectif. Nous pouvons laisser des lois économiques prétendument naturelles guider l'évolution de nos sociétés, et par là, abdiquer nos responsabilités politiques. Nous pouvons au contraire chercher à orienter les forces qui sont à l'œuvre

1. Discours prononcé devant le centre Cândido Mendes et le Centre brésilien des relations internationales, Rio de Janeiro, 6 avril 2001.

dans la globalisation de l'économie. C'est ce que nos peuples attendent de nous. »

Malheureusement, Jospin avait aussi à affronter, en France cette fois, un Président qu'il savait devoir retrouver sur son chemin lors de la présidentielle. Englué dans le jeu politique pervers de la cohabitation, il commit l'erreur de ne pas vouloir quitter ses fonctions quelques mois avant l'échéance pour mener campagne. Une erreur qui lui coûta la victoire. Plus que la célèbre tirade : « usé, vieilli, fatigué » dont il se servit dans l'avion qui le ramenait de la Réunion pour qualifier son concurrent ; plus que son aveu qui n'en était pas un : « l'État ne peut pas tout » (qui croit que l'État pourrait tout ?) ; plus que les candidatures de Christiane Taubira et de Jean-Pierre Chevènement – d'ailleurs souhaitées et soutenues par les grands stratèges socialistes de l'époque afin, pensaient-ils, de « ratisser » large au premier tour –, ce fut l'indifférenciation politique qui lui fut fatale. Cette idée selon laquelle la gauche et la droite se vaudraient et que rien ne les distinguerait plus, mortifère pour la démocratie, est surtout mortelle pour la gauche. C'est elle qui fait le lit du Front national. C'est elle qui mit un terme prématuré à la campagne de Jospin. Et cela en deux temps.

Le jeudi 21 février 2002, sur le plateau de France 2, enjambant imprudemment le premier tour de l'élection présidentielle, tant il était obnubilé par le second et dévoré par l'envie d'en découdre enfin avec Jacques Chirac, Lionel Jospin affirmait : « Le projet que je propose au pays n'est pas socialiste. » Bien entendu, il avait pris soin de préciser juste avant cette phrase fatidique : « Je suis socialiste d'inspiration. » Bien entendu, il voulait signifier par là qu'il voulait rassembler – « faire une synthèse » – toutes les sensibilités de la gauche plurielle. Mais le mal fut fait, une première fois.

Le sort du candidat Jospin fut scellé, après cette première secousse sismique, avec la réplique qui survint un peu plus d'un mois avant le premier tour. En regardant les journaux télévisés ou en lisant la presse, les électeurs de gauche comprirent alors que le « Président-candidat » de droite et le « Premier ministre-candidat » de gauche s'étaient entendus lors du sommet européen de Barcelone, les 15 et 16 mars 2002, pour adopter, à l'invitation pressante de la Commission européenne, le principe d'une augmentation progressive de cinq ans de l'âge de départ à la retraite. Cette confusion des valeurs et des positions politiques représenta un véritable choc, aussi profond dans l'électorat de gauche qu'incompris par les dirigeants socialistes. Comme l'écrivait un observateur clairvoyant de l'époque : « Le véritable programme commun à M. Jacques Chirac et à M. Lionel Jospin pour les années à venir figure dans le document intitulé "Conclusions de la présidence, Conseil européen de Barcelone", et qui, en bonne logique démocratique, devrait faire partie des documents adressés à tous les électeurs (...). Le minimum à attendre des candidats à toutes les fonctions serait qu'ils expliquent à ceux dont ils briguent les suffrages comment, à supposer qu'ils en aient l'intention, ils entendent faire face à ce qui n'est plus seulement un déficit démocratique, mais une véritable mise à la trappe de la souveraineté populaire, un vice structurel de l'actuelle construction européenne[1]. » La question que ces citoyens se posèrent inévitablement fut de savoir s'il était encore utile de voter après ce sommet. On sait la réponse qu'ils y apportèrent.

Second effort de lucidité : neuf ans plus tard, à l'occasion des primaires de la gauche, Arnaud Montebourg décida d'axer sa campagne autour du thème de la « démondialisation ».

Il entendait ainsi porter le fer dans la plaie et obliger à débattre de ce qui restait trop souvent enfoui : la finance affranchie de toute force de rappel, le libéralisme sans frein qui mène le monde. Résultat ? Alors que le favori décevait à 39 %, alors que la première secrétaire sortante se tassait à 30 %, alors que l'ex-candidate à l'élection présidentielle de 2007 s'effondrait à 7 %, alors

1. Bernard Cassen, « Est-il encore utile de voter après le sommet de Barcelone ? », *Le Monde diplomatique*, avril 2002.

que le futur Premier ministre était marginalisé avec ses 5 %, il fut le seul candidat à effectuer une percée et obtint un résultat – 17 % – 8 fois plus élevé que celui dont le gratifiaient les instituts de sondage au début de la campagne, parce qu'il fut le seul candidat ayant osé aborder le vrai sujet de l'élection à venir.

Le néologisme « démondialisation[1] » recouvrait en effet tous les enjeux qui seraient ceux de l'élection présidentielle, tous les thèmes dont le candidat Hollande ferait son miel pour élaborer le discours du Bourget : lutte contre la finance folle, redressement de l'industrie et de l'économie réelle, reprise en main de l'Europe libérale[2].

Au cœur du projet de démondialisation, il y avait – et il y a encore – la volonté de revenir à une forme de sagesse.

Sagesse de ne plus accepter de consommer des produits assemblés ou cultivés à 20 000 kilomètres de chez soi. Sagesse de ne plus accepter le chantage à la délocalisation. Sagesse de ne plus accepter que les banques spéculent et ne prêtent plus aux artisans ni aux PME. Sagesse de ne plus accepter un commerce déloyal qui contourne les normes environnementales et sociales. Sagesse de ne plus accepter la dégradation de l'environnement en plaidant pour la taxe carbone. Sagesse de vouloir modérer un système financier et économique mondial devenu extrémiste. Sagesse de vouloir construire, avec les pays du Sud et de l'Est, un nouveau système de Bretton Woods. Sagesse de vouloir habiter le monde dans la solidarité et l'harmonie et non plus dans la cupidité et l'égoïsme.

---

1. Forgé par le sociologue philippin Walden Bello dans son livre éponyme, *La Démondialisation. Idées pour une nouvelle économie mondiale*, Le Rocher, coll. « Le Serpent à plumes », 2011.

2. Toutes questions que j'avais précisément abordées dans une tribune au quotidien *Le Monde* daté du jeudi 8 septembre 2011 (« La démondialisation inquiète les partisans d'un libéralisme aux abois »), dont des extraits émaillent ce chapitre et à laquelle je me permets de renvoyer.

Dans ce combat pour une économie plus saine et plus juste, plus sage, nous reçûmes le soutien aussi précieux qu'inattendu de l'ancien Président Valéry Giscard d'Estaing : « Tout au long des années 2000, les profits de l'économie réelle ont été confisqués par le système financier qui s'est mis à travailler pour son propre compte et celui de ses dirigeants, dans des conditions extravagantes (...). Il va falloir revenir à un concept de mondialisation plus sain et plus réfléchi. La mondialisation des transports, des communications, de l'information est légitime. Mais le risque financier doit rester contrôlé. Il faut en avoir conscience : si l'on ne fait rien, il y aura d'autres crises, sans doute plus graves (...). Le retour au protectionnisme, ce ne sera pas pour cette fois, mais lors de la prochaine crise. D'un seul coup, la logique de la mondialisation apparaîtra alors comme inadaptée[1].

Cinq ans plus tard, la mondialisation, de folie financière, a dégénéré en hydre politique ; et l'alternative qui s'offre à nous est dorénavant tragiquement simple : soit nous sommes capables de conduire une stratégie de protectionnisme intelligent, raisonné, social et écologique, soit les peuples céderont aux sirènes maléfiques des divers populismes. Il faut nous opposer au délire de l'ouverture infinie des marchés qui déconstruit les protections sociales, les industries et les modes de vie, appauvrit les plus pauvres d'entre nous, détruit la planète et nourrit la perversion politique.

Il faut en être bien convaincu : le libéralisme extrémiste fait le lit de l'extrême droite.

Aujourd'hui, cette conviction a progressé ; elle est désormais partagée aussi bien par Barack Obama, qui voit dans « la méfiance vis-à-vis de la mondialisation, vis-à-vis des élites et des institutions » la raison principale de l'élection de Donald

1. Valéry Giscard d'Estaing, « Les leçons de la crise n'ont pas été tirées », entretien accordé au quotidien *Les Échos*, 26 mai 2011.

Trump et qui réclame un « changement de cap » de la mondialisation[1], que par le directeur général de l'Organisation internationale du travail, le syndicaliste Guy Rider, qui estime que « le modèle de mondialisation, mis en avant depuis une trentaine d'années, est remis en cause », soulignant que « la mondialisation est devenue une menace, un danger[2] », sans oublier le prix Nobel 2015 d'économie Angus Deaton, pour lequel « la mondialisation a dégradé les conditions de vie de millions de gens en Occident, en particulier les ouvriers, les moins qualifiés, les minorités[3] ».

Reste que la déflation mondiale rôde toujours, que l'Europe demeure engluée dans le marasme, que la finance est plus que jamais hors de contrôle, que l'emprise des plus grandes banques sur la démocratie mondiale conduit à l'impuissance politique, à la colère des peuples et mène le monde au bord du gouffre[4].

Cinq ans plus tôt, à la veille de l'élection présidentielle, nous assumions un constat clair et fort : c'est de France qu'étaient nés et partis le tsunami financier et la vague de mondialisation libérale ; et c'est donc de France que le coup d'arrêt devait leur être donné. Pour la gauche, le temps de la confrontation avec la finance, frappée d'hubris, était venu. L'heure de rendre la République plus forte que l'économie avait sonné. Il n'était que temps de remettre la gauche à l'endroit, cul par-dessus tête depuis la victoire des idées libérales en 1983.

---

1. Propos cités par *Le Monde*, 18 novembre 2016.
2. « La mondialisation est devenue une menace », entretien accordé au quotidien *Le Monde*, 16 novembre 2016.
3. « Le progrès continuera », entretien accordé au quotidien *Le Monde*, 11-12 septembre 2016.
4. Sur ce dernier point, capital, la lecture, indispensable, de l'article de François Morin, « Les banques, la globalisation et la démocratie », ainsi que de son commentaire par Michel Rocard, in *Le Débat*, « La démocratie à l'épreuve de la globalisation », n° 189, mars-avril 2016, plonge dans l'effroi

Grâce à la démondialisation, François Hollande fut élu président de la République. Parvenu au sommet de l'État, il rangea ses discours de campagne et se remit au service de la mondialisation. Sans le dire, évidemment. À ce vocable si périlleux à utiliser, il substitua – à l'image de toute la classe politique et de toute la presse – le mot de passe convenu entre tous : compétitivité.

Compétitivité, ou l'autre nom de la mondialisation.

Longtemps, la compétitivité se fit surtout remarquer comme l'un des plus récurrents sujets de dissertation ou d'exposé au sein de la vénérable fabrique des élites qu'est Sciences Po Paris. « Compétitivité prix », « compétitivité structurelle », « rôle et limites des dévaluations compétitives », « l'exemple allemand », « les faiblesses de la compétitivité française » : autant de marronniers qui peuplaient les pages des traités d'économie, des manuels, des polycopiés, des copies, des discours.

Au mitan des années 2000, la « compétitivité » a surgi comme objet politique et s'est mise à occuper le devant de la scène française. Rien de fortuit dans ce jaillissement soudain. Tout à rebours, il s'agissait, après le « traumatisme » vécu par nos élites à la suite du rejet du traité constitutionnel européen, le 29 mai 2005, de continuer à avancer leurs pions. Plus personne ne prononcerait le mot de « mondialisation » ; tout le monde disserterait désormais doctement sur les enjeux de la « compétitivité ». L'objectif resterait identique : convaincre le peuple que l'« adaptation » était inévitable, les « réformes » indispensables, toute résistance – qu'on appellerait « archaïsme », « corporatisme » ou « rigidité » – vaine, inutile et condamnable. Que le concept fût flou et théoriquement plus que fragile, que le mot semblât presque sans contenu, cela importait peu, au contraire même. Car ce n'était pas une démarche scientifique qui justifiait son usage, mais une manœuvre rhétorique.

Avec la campagne présidentielle, les choses prirent un tour plus clair. Distancé dans les sondages, Nicolas Sarkozy décida en janvier 2012 de faire mouvement et d'ouvrir ce front en proposant la formule des « accords compétitivité-emploi ». Il s'agissait d'autoriser les entreprises à négocier le temps de travail avec les représentants des salariés afin de moduler celui-ci en fonction de leurs carnets de commandes. Négociation qui pourrait se faire – et c'était la nouveauté du dispositif proposé – sur la base d'un accord collectif et non plus en recueillant l'accord individuel de chaque salarié. Premier signe prémonitoire : alors même que, comme lors de toute campagne, l'affrontement entre les deux hommes était manichéen, le candidat Hollande n'émit que des protestations assez convenues, critiquant davantage la forme – le passage en force – que le fond de la mesure avancée par son adversaire.

Plus significatif encore : pas une critique de ces fameux accords proposés par Nicolas Sarkozy ne vint ponctuer le discours du Bourget ; et le mot « compétitivité » n'y fut prononcé qu'une seule fois.

Cette modération et cette discrétion pouvaient légitimement surprendre ; on comprendrait plus tard leur raison d'être.

Ouverte le 9 juillet 2012 par le président de la République, la grande conférence sociale répondait à l'un de ses engagements de campagne ; elle devait permettre d'illustrer la méthode présidentielle – le dialogue social – et de donner du « grain à moudre » aux partenaires sociaux. Dès le lendemain, le Premier ministre, dans la logique des positions prises par le candidat Hollande pendant la campagne, déclarait que la négociation sur les accords compétitivité-emploi, que Sarkozy avait initiée, n'était « plus à l'ordre du jour ».

C'est ce qu'il croyait.

Le Medef, qui avait l'oreille du Président et la bouche du secrétaire général adjoint de l'Élysée, Emmanuel Macron, demanda, avec l'accord de la CFDT, que la négociation sur ce sujet fût réintroduite dans la feuille de route. Ce fut chose faite le soir même. Et puisqu'il fallait bien donner l'illusion de se démarquer de Nicolas Sarkozy, on ne parlerait plus de « négociation compétitivité-emploi » – formule proscrite –, mais de « négociation sur la sécurisation de l'emploi », ce qui revenait au même mais avec d'autres mots. La négociation aboutit. Le jour de l'intervention française au Mali, le 11 janvier 2013, un accord fut signé entre le Medef et la CFDT, la CFTC et la CFE-CGC. Avec un résultat tout à fait clair : les « accords compétitivité-emploi » de Nicolas Sarkozy voyaient bien le jour, mais ils devenaient les « accords de maintien dans l'emploi » de François Hollande. Le contenu était identique ; seul le nom avait changé.

Second moment de l'offensive « compétitivité » : commandé à l'automne 2012, le rapport réalisé par Louis Gallois fut remis au Premier ministre le 5 novembre. Intitulé « Pacte pour la compétitivité de l'industrie française », ce document, complet et équilibré, embrassait l'ensemble des handicaps mais aussi des atouts de l'industrie française, proposant un « choc de compétitivité » envisagé comme un pacte social à renouer. Dès le lendemain, Jean-Marc Ayrault annonçait le « pacte national pour la croissance, la compétitivité et l'emploi », comportant un éventail de 35 mesures concrètes pour rétablir notre industrie. Parmi celles-ci, une occupait une place particulière : le crédit d'impôt pour la compétitivité et l'emploi (CICE).

Celui-ci représente l'essentiel de ce pacte, tant symboliquement que financièrement : 18,6 milliards d'euros de droits déjà consommés fin 2015 sur un total de créances potentielles des entreprises sur l'État atteignant 27,4 milliards. Surtout, le CICE repose sur un mécanisme singulier. Il s'agit d'un crédit d'impôt accordé aux entreprises, proportionnel à leur masse salariale et calculé sur les salaires versés (dans la limite de 2,5 fois le SMIC) l'année précédente. Baisser le coût du travail le moins qualifié, rien que de très classique, pourrait-on penser. Ce serait oublier un trait qui fait le charme de cette mesure et dont l'inventeur du dispositif – le président de la République lui-même – n'était pas peu fier : voté en 2012, s'appliquant à partir du 1er janvier 2013 mais sur les salaires versés cette année-là, le CICE était donc conçu – et c'était là tout son intérêt – pour n'être effectivement décaissé et payé par l'État qu'en 2014. Une vulgaire baisse des cotisations sociales aurait, elle, immédiatement privé le Trésor public de ressources.

Or, si le Président avait, au terme de plusieurs semaines de travail solitaire, élaboré ce dispositif fiscal nouveau et innovant, c'était pour se tirer d'une situation délicate. Il lui fallait à la fois donner un signal aux entreprises, les aider à rétablir leurs marges financières, tout en n'obérant pas le rétablissement des comptes publics. Bref, tirer une créance sur l'avenir et annoncer à grands coups de trompe une manne qui ne serait versée que plus tard. Un avenir qui, dans l'esprit et selon le calcul du chef de l'État, serait celui d'une reprise ; une reprise qui permettrait, grâce aux ressources fiscales qu'elle dégagerait, d'honorer sans trop de peine les crédits liés à la montée en charge du CICE. Annoncé fin 2012, le CICE ne devait obliger à engager des dépenses nouvelles qu'en 2014, on l'a vu, soit plus d'un an après. Un an, autant dire, pour lui, une éternité. D'ici là, les choses iraient mieux, forcément mieux ; la croissance serait revenue, forcément revenue ; et le CICE passerait alors comme une lettre à la poste.

Ainsi, le CICE illustre, dans son principe même, trois caractéristiques psychologiques du chef de l'État. Son intelligence, subtile et ductile, mais essentiellement pétrie d'habileté, toujours soucieuse d'éviter la difficulté et non de l'affronter, tout entière tournée vers l'astuce (plus que la profondeur d'une pensée, il en apprécie la malignité). Sa propension à la temporisation, ensuite, fruit d'un tempérament pusillanime, d'un goût achevé pour l'analyse et d'une méthode privilégiant le calcul. Son optimisme foncier, enfin, traduisant certes une bonne nature, mais surtout un sentiment de supériorité résistant à tous les démentis infligés.

Avec le rapport Gallois, une première étape dans la « dédiabolisation » de la compétitivité voulue par le Président était franchie. Le mot serait désormais dans la bouche et sous la plume de tous les commentateurs. L'approche de cette question retenue par le Commissaire général à l'investissement – large, complète, équilibrée – ne posait pas de problème politique en soi. Le candidat Hollande avait fait ouvertement campagne sur l'enjeu du redressement économique, financier et industriel et avait confié le ministère en charge de ce redressement à l'homme du patriotisme économique et de la lutte contre la finance, Arnaud Montebourg. C'était là une décision logique, mais aussi fort habile : une manière de neutraliser le troisième homme de la primaire en lui attribuant une responsabilité où il y avait plus de coups à prendre que de lauriers à récolter. Quoi qu'il en soit, l'équilibre politique de la majorité et du gouvernement ne s'en trouvait pas affecté. Les choses commenceraient à se gâter avec la seconde étape, celle du pacte de responsabilité, avant de prendre un tour irréversible avec le remaniement de l'automne 2014.

Dans la vie d'un homme, il est des moments où tout bascule en même temps : la vie privée, la vie publique ; l'intime et le politique. Longtemps contenues, des forces personnelles sont soudainement libérées et emportent toutes les résistances qui valaient jusque-là. Jusque-là différé, un changement – souhaité en profondeur, mais difficile et douloureux à accomplir et à assumer – survient et plus rien ne peut l'endiguer. Dissimulée de longues années, une identité se fait jour, éclairant d'une lumière nouvelle une histoire et un passé que l'on croyait connaître, révélant un avenir et des perspectives nouveaux. Ce moment est celui d'une mue.

La mue de François Hollande s'opéra en deux semaines, à la charnière des années 2013 et 2014.

La première tentative du Président pour changer de Premier ministre venait de se briser sur la ténacité de Jean-Marc Ayrault. La situation politique ne cessait de se dégrader, chacun sentait que le pouvoir était dans un entre-deux qui ne pourrait plus se prolonger très longtemps, un désastre se profilait pour les prochaines élections municipales et l'exécutif semblait l'attendre, interdit, sans vision et sans réagir, alors que son action était désormais incomprise par les Français, des citoyens exaspérés et de plus en plus en colère. Tout cela, le Président le savait. Il mûrissait sa réflexion depuis des semaines, consultant les uns, sollicitant les autres, échafaudant dans la solitude de son bureau le coup qu'il préparait en secret.

La Noël était passée ; une brève trêve – le mot prenait alors pour l'équipe de l'Élysée tout son sens – nous était accordée par un calendrier indulgent ; la cérémonie des vœux aux Français était certes en ligne de mire – une échéance symbolique importante, la certitude d'être écouté avec une attention relative pendant cinq minutes par quelque dix millions de Français –, mais nous disposions de quelques journées pour souffler ; le moment était propice.

Quand je retrouvai le Président dans son bureau, vers 8 heures, le vendredi 27 décembre 2013, il était, comme à son habitude, déjà au travail. La discussion s'engagea très vite.

— Je dois présenter mes vœux aux Français dans quatre jours. Tu y as réfléchi ? Tu as préparé quelque chose ?

— Oui, j'ai commencé à organiser une trame. J'attendais que l'on en parle pour aller plus avant.

— Travaille toute la journée sur ton texte, concentre-toi sur ça. J'ai demandé la même chose à Emmanuel. Je m'y mets de mon côté. On se retrouve ce soir tous les trois pour faire le point.

Depuis notre arrivée à l'Élysée, le 15 mai 2012, le pli avait été pris par le Président de nous solliciter, Emmanuel Macron et moi, pour lui apporter des éléments de réflexion politique, l'aider à accoucher sa propre pensée, peaufiner ses arguments, distiller ce « jus de crâne » qu'il élaborait avec nous. Conseiller politique et secrétaire général adjoint chargé des questions économiques et financières, colbertiste et libéral, gauche du « non » et gauche du « oui », inspecteur général des affaires sociales et inspecteur général des Finances : notre tandem représentait un équilibre politique utile, une forme d'harmonie intellectuelle que certains journalistes avaient baptisés « le yin et le yang » du Président. À cette complémentarité était venue s'ajouter une complicité nouée dans les longues heures de travail communes et les épreuves affrontées ensemble. L'entente entre nous était bonne, la discussion facile et rapide, les désaccords toujours formulés avec simplicité et amitié, sans tension ni rivalité, dans une bonne humeur qui faisait contraste avec la morosité et les jalousies qui étaient le lot de la vie à l'Élysée.

Durant la campagne présidentielle, absent de l'organigramme officiel de l'équipe du candidat, Macron le conseillait néanmoins quotidiennement et savait qu'il le suivrait à l'Élysée, comme sherpa, en cas de victoire. Les deux hommes se connaissaient parfaitement, bien que depuis peu de temps ; leur convergence de vues et de convictions était remarquable ; Hollande appréciait, à juste titre, les qualités intellectuelles et humaines de son conseiller.

Séduisant, Emmanuel Macron est d'abord un séducteur. Charmant, c'est surtout un charmeur : il aime être aimé, autant par tempérament que par nécessité, pour se rassurer autant que pour faire son chemin. Il y parvient fort bien tant il est aimable. Vif-argent, il use d'une intelligence rapide, légère, virevoltante, aérienne. Il comprend vite et tout, les hommes et les femmes, les situations et les relations, les dossiers et les idées. Des idées, il en a – ce qui est rare en politique –, et il y tient – ce qui le singularise encore davantage. Il les défend, avec talent, avec courage aussi ; souvent je l'ai vu tenir tête au Président, argumentant, discutant pied à pied, ne lâchant pas. Souple et habile, il ne verse toutefois pas dans la flagornerie. Vrai libéral, il possède une cohérence intellectuelle qui fait tant défaut dans les antichambres du pouvoir où, sous couvert de « service de l'État », règnent trop souvent l'inconsistance, l'inculture, le manque de personnalité et de convictions. Nommé ministre, il a apporté rapidité, subtilité, réactivité, agilité, vivacité ; mais aussi simplicité, sincérité, spontanéité, à un gouvernement qui en manquait cruellement. Dissimulant sa fêlure sous un sens de l'humour ravageur, il en use sans retenue. Lorsque le candidat Hollande avait annoncé les « 75 % », Emmanuel avait drôlement raillé la proposition : « Les 75 % ? C'est Cuba sans le soleil ! » La saillie m'avait beaucoup fait rire et j'aurais ensuite bien souvent l'occasion de m'esclaffer avec lui durant les deux années passées ensemble à l'Élysée, à alimenter la réflexion présidentielle, comme cette fin de semaine-là encore.

Lorsque nous retrouvâmes le Président, le vendredi 27 décembre au soir, celui-ci nous donna ses instructions : « Travaillez tous les deux ensemble, confrontez vos textes et avancez. Moi, j'écris de mon côté. Bloquez votre week-end, je veux que vous soyez totalement disponibles. On déjeune tous les trois demain ici et on fera le point samedi soir. Ensuite, comme vous le savez, je pars en voyage officiel pour l'Arabie saoudite. Il faudra avancer au maximum pendant ce temps-là car je ne vous retrouverai que mardi matin, le jour même de mes vœux. » Laborieuses, ces deux journées furent ponctuées des allées et venues d'Emmanuel qui apportait ses moutures successives et lisait les miennes ; des irruptions présidentielles aussi, le chef de l'État ouvrant sans crier gare la porte de mon bureau pour vérifier l'état d'avancement de nos travaux.

Rien que de très habituel. Le dimanche 29, à l'aube, le chef de l'État s'envola comme prévu pour l'Orient compliqué. Toute cette journée et celle du lundi furent consacrées à poursuivre la confection commune des vœux aux Français. Le lundi soir venu, fatigués, seuls dans ce palais de la Belle au bois dormant qu'était devenu l'Élysée, Emmanuel et moi décidâmes de délaisser nos plateaux-repas et de nous consoler devant un assortiment de raviolis chinois.

Le mardi 31 au matin, venus faire le point avec le Président, rentré la veille dans la nuit de Riyad, nous le trouvâmes en pleine rédaction. Débordant de la corbeille située à sa main gauche, des feuillets en nombre jonchaient le sol pour former un blanc tapis recouvrant l'épaisse moquette rouge de son bureau. Il leva les yeux sur nous avec gourmandise.

— Ah ! Vous voilà… Vous avez avancé, j'espère ?
— Oui, oui ! Ne t'inquiète pas François, on commence à tenir quelque chose. Le seul problème, c'est qu'Aquilino a un peu de mal avec les chiffres…

Par principe de vie et pour détendre le Président, Emmanuel s'amusait et nous amusait ; de fait, notre patron sourit.

— Emmanuel, je te l'ai dit à plusieurs reprises : la politique, ce sont des lettres, pas des chiffres. Je sais bien que tu es en stage de formation, mais là, ça devient un peu long…

Cette fois, le rire s'installa entre nous.

— Bon, c'est bien, je vois que vous êtes en forme. Tant mieux, parce que j'ai lu votre production et ce n'est pas encore ça… Vous avez encore du pain sur la planche et le temps presse. C'est trop diffus, il faut concentrer le message sur deux ou trois points au maximum. La République, c'est bon. Mais il faut muscler la première partie, celle sur l'économie ; faire plus simple, plus net. Emmanuel, comment s'appelle ce papier que le Medef t'avait fait passer ?…
— La lettre de Gattaz ? Le pacte de confiance ?
— Oui, c'est ça. Il faut partir de là.

Le « pacte de confiance » ?

Jamais je n'en avais entendu parler. Ni le Président, ni Emmanuel, ni quiconque n'en avait jamais fait mention devant moi. Plus tard, je découvrirais que le Medef et quatre autres organisations patronales avaient, un mois auparavant, le lundi 18 novembre 2013 pour être précis, écrit au chef de l'État pour lui proposer ce « pacte » et lui indiquer ce que pourrait en être le contenu. Une longue missive, détaillée, suggérant des orientations économiques et un engagement personnel du Président :

« Nous restons persuadés que seul un signe fort de votre part montrant un engagement résolu en faveur de réformes importantes pour la compétitivité des entreprises, donc l'emploi, sera de nature à inverser la spirale négative dans laquelle semble être entrée notre économie (...). Des initiatives sont déjà en cours (simplification) ou sur le point d'être lancées (réflexions sur le coût du travail, assises de la fiscalité), mais ces initiatives doivent être mises en cohérence tant dans leur objectif que leur communication. Il nous semble important que vous les portiez politiquement, afin de leur donner un sens commun, celui de l'emploi. Il est désormais urgent de marquer par un signe fort, l'engagement de votre part et de tout le gouvernement en faveur d'une réelle politique de l'emploi et de la compétitivité des entreprises ».

Et les mêmes de suggérer « une communication plus ambitieuse de ce "pacte de confiance pour la croissance et l'emploi" ».

Ils seraient bientôt entendus.

Une dernière ligne droite ce mardi et le « pacte de responsabilité » naissait, de la plume même du Président, qui le présentait ainsi aux Français à 20 heures :

« Je vous le redis ce soir : je n'ai qu'une priorité, qu'un objectif, qu'un engagement, c'est l'emploi ! (...) C'est pourquoi je propose un pacte de responsabilité aux entreprises. Il est fondé sur un principe simple : moins de charges sur le travail, moins de contraintes sur leurs activités et, en contrepartie, plus d'embauches et plus de dialogue social. »

Quelques phrases, un principe simple, une orientation affichée. Cela pouvait paraître peu ; ce laconisme disait beaucoup, en réalité. Pour la première fois, le chef de l'État donnait une priorité claire à l'action de son gouvernement. Sans se retrancher derrière des experts ou un rapport. En décidant, en assumant. En commençant à se dévoiler. Il ne disait pas tout, ce n'était ni le moment ni la circonstance. Les précisions suivraient, rapidement ; trois semaines plus tard, en l'occurrence, lors des vœux du mardi 21 janvier 2014 aux acteurs de l'entreprise et de l'emploi, dans la Salle des Fêtes de l'Élysée :

« Le pacte de responsabilité, c'est un grand compromis social qui obligera chacun à prendre des engagements (…). Vous connaissez l'esprit du pacte. D'un côté, la baisse des charges et la simplification des normes. De l'autre côté, des engagements pour l'emploi et le dialogue social (…). Les contreparties (…) forment un tout avec le pacte, elles ne peuvent pas être dissociées, séparées, segmentées. Elles sont le pacte (…). Ces contreparties (…) doivent être peu nombreuses et centrées sur trois objectifs principaux.

« Le premier, c'est évidemment le nombre de créations d'emplois (…). Le deuxième objectif, c'est la qualité des emplois (…). Enfin, dernière contrepartie, les entreprises doivent s'engager à investir davantage en France et à relocaliser autant qu'il est possible leurs activités sur le territoire national (…). Chaque année, il sera ainsi possible de regarder si les équilibres du pacte sont tenus à mesure que les étapes d'allègements sont franchies. Un observatoire sera mis en place avec les partenaires sociaux, le Parlement qui sera représenté. Cet observatoire sera présidé par le Premier ministre. »

Ainsi défini et détaillé, le « pacte de responsabilité » s'inspirait sans doute aucun du « pacte de confiance » proposé par les organisations patronales. Mais le Président avait veillé à lui donner un vrai contenu, équilibré et substantiel. Un pacte se conclut à deux ; il confère des responsabilités et des obligations aux deux parties comme il leur assure des avantages en retour ; chacun doit y trouver son compte, mais chacun doit s'engager à concéder quelque chose à son interlocuteur. Tel qu'il avait été concocté, le « pacte de confiance » n'avait de pacte que le nom : le patronat réclamait – des baisses de charges sociales, de la souplesse pour le marché du travail, des impôts en moins, de la flexibilité en plus –, mais ne s'engageait à rien. Le « pacte de responsabilité », lui, s'il accordait aux entreprises ce qu'elles estimaient utile, prévoyait des engagements de leur part – des « contreparties ». Des « contreparties » dont le Président avait pris soin de préciser qu'elles « forment un tout avec le pacte », qu'elles « sont le pacte ».

Envisagée du point de vue de la gauche, cette approche politiquement équilibrée représentait même un progrès par rapport au « pacte de compétitivité », annoncé l'année précédente, dans la mesure où ce dernier ne comportait précisément aucune forme de contrepartie. Cet équilibre serait même bientôt renforcé, puisqu'en changeant de Premier ministre au lendemain de la débâcle des municipales, le Président dévoilerait, dans l'allocution où il annonçait la nomination de Manuel Valls, la transformation du pacte de responsabilité en « pacte de solidarité », lesté de trois priorités : éducation nationale et jeunesse ; santé et Sécurité sociale ; pouvoir d'achat des Français.

Un constat s'impose désormais : ces mots ne furent que des artifices, des habiletés, des « astuces ». Leur seule raison d'être, au bout du compte, n'aura été que d'habiller, de déguiser une réalité politique autrement cynique : on allait donner au patronat ce qu'il avait réclamé, et sans conditions. Le « pacte de responsabilité » doubla ainsi la mise du « pacte de compétitivité » et porta à 41 milliards d'euros la baisse de fiscalité accordée aux entreprises. Quant aux « contreparties », qui étaient « le pacte » lui-même, selon le Président, il n'y en aurait pas au final, ou trop peu, et ce fameux « pacte » serait donc, selon le jugement d'Emmanuel Macron, devenu entre-temps ministre de l'Économie, « un échec[1] ». Échec confirmé plus d'un an après, de la bouche de la CGT comme de celle du Premier ministre qui, devant la faiblesse des contreparties obtenues – seulement seize branches sur les cinquante plus importantes avaient, en février 2016, signé un accord sur l'emploi dans le cadre du pacte –, en vint à menacer le patronat de revenir sur les aides fiscales accordées[2].

Un échec, oui, car du « pacte de responsabilité » du Président, il n'est en fin de compte plus resté que le « pacte de confiance » du Medef. Il est désormais loin le temps où François Hollande claironnait : « La compétitivité est un faux prétexte. Ce n'est pas en baissant de quelques points les cotisations patronales qu'il y aura quelque progrès que ce soit pour notre commerce extérieur[3]. »

Ainsi, du discours du Bourget au social-libéralisme assumé, du rapport Gallois à la « flexisécurité à la française[4] », de la « grande conférence sociale » de juillet 2012 à la loi El Khomri, le chef de l'État allait finir par conduire la politique qu'il avait à l'esprit depuis le début – pas seulement depuis son élection, depuis qu'il était entré en politique, depuis toujours. Par un parallèle historique incongru, révélateur de la culture de soumission qui prévaut trop souvent, seraient qualifiés de « frondeurs » ceux

1. « Dans le pacte de responsabilité, il y a le mot "responsabilité". Aujourd'hui il y a très peu d'accords de branche qui sont signés [pour définir les contreparties, NDA], c'est un échec. » Entretien accordé à Radio Classique, le 2 décembre 2014.

2. « Pacte de responsabilité : Valls menace de "réorienter" les aides aux entreprises », *Les Échos*, 16 février 2016.

3. Le 30 janvier 2012, lors d'une conférence de presse à Brest.

4. Selon l'expression utilisée par le Président lors de l'entretien télévisé accordé aux chaînes TF1 et France 2, le 11 février 2016.

qui s'insurgeraient contre cette dérive. François Hollande n'est pourtant pas un monarque – même républicain. Il est le président de la République. Et ceux qui s'opposent à lui ne sont pas ses sujets, mais des citoyens.

De « clarifications » en démissions forcées, de remaniements en injonctions à la nécessaire « cohérence », le locataire de l'Élysée allait parvenir à se défaire de tous ceux – ministres, conseillers – qui lui rappelaient un passé devenu gênant. Curieux renversement de la charge de la preuve que d'exiger de ceux qui sont restés fidèles à leurs convictions et à leurs engagements une « clarification » inutile, alors que l'on s'en exempte soi-même ! Que de réclamer de la « cohérence » à ceux qui n'ont jamais changé de position, eux, et de s'exonérer dans le même temps de cette belle exigence quand on est celui qui en aurait le plus besoin !

Ainsi, au terme d'un long cheminement personnel et politique, le président de la République allait finir par avouer qui il est.

Mais qui est François Hollande ?

Le jeudi 16 mai 2013, dans la Salle des Fêtes du palais de l'Élysée, à l'occasion de la deuxième conférence de presse de son quinquennat, répondant à la première interpellation après son propos liminaire, dans un instant de trouble qu'il ne parvint pas cette fois-là à dissimuler, comme à l'accoutumée, par un trait d'humour, le Président fit devant tous cette magnifique confession : « Alors, vous me demandez qui je suis ?... Ça, c'est une question terrible... »

Terrible, en effet. Terrible, parce que la réponse en est terriblement simple : François Hollande est Jean-François Trans.

Sous ce pseudonyme se cache un magistrat à la Cour des comptes de trente et un ans, un élément brillant de la jeune garde du Parti socialiste, fondateur et principal animateur au sein de celui-ci du mouvement des « transcourants », implanté en Corrèze à l'occasion des élections législatives ayant suivi l'arrivée au pouvoir de François Mitterrand en 1981 ; un jeune homme rond, souriant et à l'allure encore un peu timide, mais déjà sûr de lui et de son destin, qui, avec quatre de ses commensaux, publie en cette année 1985 un essai intitulé *La gauche bouge*[1].

Dans une tribune publiée par *Le Monde* du 16 décembre 1984, au titre éloquent – « Pour être modernes, soyons démocrates ! » –, il avait, peu de temps auparavant, plaidé pour la transformation du Parti socialiste en Parti démocrate, sur le modèle des États-Unis[2].

Quelque mois après, *La gauche bouge* devenait le manifeste de cette gauche libérale qui ne faisait alors que pointer son museau.

Sa lecture en 2016 permet de comprendre bien des choses qui se sont déroulées depuis 2012. À vingt-six ans d'écart, se dévoile en particulier la frappante convergence de vues entre cet essai inaugural et la note de la fondation Terra Nova qui, en 2011, révéla le pot aux roses idéologique du nouveau PS et illustra la coupure entre cette figure de l'élite et le peuple[3].

Même enthousiasme naïf pour le « jeunisme » et les « nouvelles classes » et même mépris pour la gauche et le militantisme classiques.

---

1. Jean-François Trans, *La gauche bouge*, Jean-Claude Lattès, 1985. Curieusement, désormais introuvable en librairie aussi bien que sur Internet, ce livre référencé comme « disponible » à la bibliothèque de Sciences Po Paris est « inexpliquablement absent des linéaires » de sa réserve (située à Dreux), selon la réponse qui fut faite à ma demande de prêt.

2. Entre autres analyses, relevons celle-ci qui résume bien l'ensemble du plaidoyer et qui valait programme d'action pour ses auteurs : « Aussi face aux périls qui grossissent (racisme, peur, pauvreté, montée des extrêmes), ayons le front de proposer un consensus stratégique entre nous et les courants démocratiques du pays. »

3. « Gauche : quelle majorité électorale pour 2012 ? », *op. cit.*

« La joie des animateurs de SOS Racisme, après le succès de leur fête de la “Concorde”, sera toujours plus grande et plus authentique que celle des colleurs d'affiches les nuits d'élections. Il est aujourd'hui plus satisfaisant de monter une opération en faveur du départ en vacances des jeunes des banlieues, de résoudre ponctuellement les problèmes des nouveaux pauvres, d'alphabétiser des femmes immigrées que d'organiser un débat dans une section politique dans le cadre de la préparation d'un congrès ou de faire une distribution de tracts à la sortie des usines sur les lois Auroux. Dommage, mais c'est comme ça[1] ! »

Manifestement, à l'époque, Jean-François Trans n'imaginait pas qu'un jour il deviendrait premier secrétaire du PS, dirigerait ce parti pendant onze longues années, présiderait de si nombreuses réunions dans les fédérations et se montrerait orfèvre en matière de motions et de congrès…

Même affection prononcée pour les minorités agissantes et pour la lutte contre les « stigmatisations ».

« Les discriminations, qu'elles soient dirigées contre les femmes, les “gays”, les étrangers, doivent enfin trouver dans chaque socialiste un adversaire déterminé[2]. »

Même illusion sociologique sur la disparition de la classe ouvrière fondant le même cynisme électoral.

« La gauche, qu'elles (sic) qu'aient pu être ses divisions, a construit sa démarche sur un principe simple : elle représentait le monde du travail et avait vocation à défendre ses intérêts (…). Et pourtant, la réalité est bien là : plus d'un Français sur deux (57,6 % exactement) travaille dans les services et un actif

1. *La gauche bouge*, *op. cit.*, p. 37.
2. *Ibid.*, p. 152.

sur trois seulement est ouvrier (...). La crise et les mutations technologiques confirment les tendances amorcées en période de croissance : l'industrie occupe de moins en moins d'actifs (entre 1975 et 1984, elle a perdu plus de 10 % de ses effectifs) et le mouvement paraît irréversible (...). Ainsi, la classe ouvrière, au sein de laquelle la population immigrée représente désormais près de 15 %, ne peut-t-elle (sic) servir, même symboliquement, de référence principale à l'action politique de la gauche[1]. »

François Hollande avait-il relu sa production littéraire avant d'aller haranguer les ouvriers de Florange ?

Même réalisme de posture et même fascination pour la gestion.

« Silencieusement, sur la pointe des pieds, la gauche a fait sa propre révolution. Le réalisme colore sa pratique gouvernementale, le souci de rassemblement tempère ses discours, la volonté de compromis caractérise ses interventions. Elle n'a peur aujourd'hui ni de mettre de la publicité sur les radios, ni de créer des chaînes de télévision privées. Elle n'hésite même pas à prendre des décisions qu'hier encore elle aurait abhorrées comme par exemple le loto sportif ou les mesures en faveur du capital-risque. Certains diront que cette mue lui fut imposée par les circonstances, les déconvenues politiques ou par la mobilisation du camp d'en face. C'est largement faux, car le repli sur les dogmes, l'envie d'en découdre ou la sublimation des problèmes dans le rapport de force constituaient des tentations beaucoup plus fortes que le choix douloureux de l'adaptation ou de la modernisation. Ce n'est pas par calcul ou par malignité que la gauche a accepté de laisser fermer les entreprises ou d'entamer le pouvoir d'achat des Français. C'est par lucidité. Refuser ces évolutions et c'en aurait été fait de la perspective d'une gestion régulière du pays par la gauche[2]. »

1. *Ibid.*, p. 46.
2. *Ibid.*, pp. 52-53.

Faire de la promotion du loto sportif l'illustration de la « lucidité » de la « nouvelle gauche » : il fallait y penser.

Même plaidoyer pour la flexibilité du marché du travail et pour « une meilleure souplesse de l'emploi[1] ».

« Une inflexion de la courbe du chômage ne relève plus du mythe si une démarche pluraliste est adoptée et si trois orientations sont privilégiées : l'abaissement du coût du travail ; le partage du travail au service d'une meilleure utilisation des équipements ; le développement de nouvelles formes d'emploi. Ces orientations doivent concourir à rendre plus flexible le marché du travail sans qu'il soit nécessaire de remettre en cause brutalement les droits acquis par les salariés dans la protection de leur emploi comme le suggèrent les conservateurs[2]. »

L'inversion de la courbe du chômage, déjà !... Décidément, en effet, en politique, on n'invente rien...

Vient aussi une proclamation nouvelle : « La concurrence est de gauche[3] » et même « fondamentalement une valeur de gauche[4] ».

« Professions fermées, cloisonnement des réseaux de crédit et d'épargne, loi Royer, garanties statutaires, ordres professionnels font partie intégrante du paysage économique français (...). Dans un tel contexte, la déréglementation change de camp. La généralisation des pratiques concurrentielles devient une exigence pour la gauche afin d'assurer une plus grande mobilité sociale, de garantir une diffusion satisfaisante des gains de productivité, de lutter contre les rentes et les privilèges injustifiés[5]. »

1. *Ibid.*, p. 82.
2. *Ibid.*, p. 78.
3. *Ibid.*, titre du chap. 5, p. 83.
4. *Ibid.*, p. 88.
5. *Ibid.*, p. 85.

On aura reconnu là les conclusions de la commission Attali – dont le rapporteur général adjoint était Emmanuel Macron – et les dispositions de la loi du même Macron qui viendraient près de trente ans plus tard.

Fort logiquement, une profession de foi libérale prolonge cette ode à la concurrence.

« "Libéraux de gauche", nous [les socialistes, NDA] devrons confondre les politiques conservatrices pour lesquelles il n'y a de libéralisme que dans l'acte de produire[1]. » La mission politique de ces « socialistes » d'un nouveau genre devient même, dans cette perspective, d'éloigner de la coalition conservatrice « les vrais libéraux qui s'y fourvoient[2] ».

La conclusion politique de ce « coming out » libéral est claire : le PS doit se transformer pour devenir, au terme d'une « mutation difficile[3] », un parti d'un nouveau type – un parti « transgenre » ? –, un parti démocrate, s'affirmant comme « le pôle essentiel de rassemblement des réformistes et des modernistes[4] ». Un parti ayant évidemment une vocation majoritaire : « Ce n'est dès lors plus 25 ou 30 % des voix que nous devons prétendre réunir au sein de ce vaste pôle démocrate de la France en mouvement, mais 40 % ou 50 %[5]. » Et pour faire l'appoint des voix, une préconisation est formulée : casser la droite, enfoncer en elle, le plus profondément possible, le coin du libéralisme politique : « (...) nous pourrons alors poser à la droite les vraies questions qui la divisent (...)[6] ».

Toute ressemblance avec des événements récents et des tactiques actuelles ne serait pas fortuite.

1. *Ibid.*, p. 152.
2. *Ibid.*, p. 153.
3. *Ibid.*, p. 168.
4. *Ibid.*, p. 122.
5. *Ibid.*, p. 152.
6. *Ibid.*

Au passage, Jean-François nous aura fait une confidence qui éclaire la personnalité politique de François : « L'existence de plusieurs droites et de plusieurs gauches, cachées par la logique du scrutin majoritaire, va s'affirmer dans les années à venir grâce au scrutin proportionnel. Il rend possible l'émergence des deux pôles, l'un à droite, l'autre à gauche, entre lesquels il n'est pas interdit de penser qu'une conjonction est possible, non pour gouverner ensemble, mais pour dépassionner la France et trouver un mode de fonctionnement plus *normal* de notre démocratie, d'où serait bannie l'exclusion, au profit de la coexistence[1]. »

« Je serai un Président normal », nous avait promis François Hollande. Pour les uns, « normal », cela voulait dire simple, proche des gens, naturel, accessible, sympathique, chaleureux, pas prétentieux, pas agité. Les autres ricanaient et pointaient dans cette épithète : falot, sans caractère ni épaisseur, sans autorité ni charisme, banal, indécis, pas à la hauteur, pas crédible. La vérité était ailleurs. « Normal » ne renvoyait pas à la psychologie mais à la politique. « Je serai un Président normal » : François Hollande a tenu parole. Ni de droite ni de gauche ; *et* de droite *et* de gauche ; socialiste d'apparence et libéral de conviction ; normal, quoi…

Jean-François Trans a toujours été un type normal.

À la lumière de cette profession de foi proclamée en ses vertes années comme de tout ce qui s'ensuivit, l'identité politique de François Hollande nous apparaît dans son plus simple appareil.

De tempérament, on pourrait dire qu'il est radical – au sens du radical-socialisme de la IIIe République. N'a-t-il pas choisi, au moment de s'implanter électoralement, les terres du petit père Queuille, celles de cette Corrèze qu'avant lui un autre radical-socialiste, Jacques Chirac – qui d'adversaire sarcastique devint, au fil du temps, figure tutélaire –, avait sillonnées et

1. *Ibid.*, p. 122. C'est moi qui souligne.

conquises ? Ne cherche-t-il pas de façon systématique la conciliation – qu'il appelle « synthèse » ? N'adhère-t-il pas aux principes du parlementarisme le plus traditionnel ? Certes. Un autre qualificatif lui sied cependant mieux : modéré. François Hollande est un modéré. Il ne goûte ni les affrontements ni les éclats de voix. Il fuit la passion politique qu'il craint plus que tout. Il lui préfère la fréquentation des chiffres qui, même lorsqu'ils sont désagréables, restent silencieux et que l'on peut toujours, à force d'adresse et de patience, d'*astuce*, apprivoiser.

De conviction, il est libéral. Il croit aux vertus de la concurrence, commerciale et économique, mais aussi politique et humaine – c'est un darwinien en la matière. Il aime l'entreprise – il n'est pas ancien élève d'HEC pour rien –, non pour l'argent qu'elle génère – et qui ne l'intéresse pas –, mais pour l'innovation, l'accomplissement personnel qu'elle permet. Adepte de la « main invisible » depuis toujours, il ne changera pas d'avis. Libéral, donc ; mais libéral honteux.

Car après l'acte inaugural qu'a représenté la parution de *La gauche bouge*, en 1985, François Hollande a privilégié sa carrière politique sur ses convictions : impossible d'être l'élu et encore moins le premier secrétaire du PS en étant ouvertement libéral. Il choisit donc de ranger son drapeau dans sa poche pour se faire élire à l'Assemblée nationale, puis pour s'installer au 10 de la rue de Solférino. Le temps ayant passé et accompli son œuvre, son acte de foi libéral ayant sombré dans un oubli soigneusement entretenu par l'auteur, son image s'étant opportunément cristallisée en un premier secrétaire, souvent décrié ou moqué, mais un premier secrétaire du Parti *socialiste*, un homme ayant donc réussi à faire oublier son péché originel et à devenir un *socialiste* comme les autres, il a pu se présenter à l'élection présidentielle et l'emporter au nom du Parti *socialiste*.

Troisième et dernière dimension de l'identité politique de François Hollande, découlant en grande partie des deux premières : son irréductible européisme. Pour lui comme pour de nombreux socialistes sincèrement abusés, eux, par la manœuvre mitterrandienne de 1983 – « La France est notre patrie, l'Europe est notre avenir », ce qui voulait dire, en creux, « le socialisme appartient au passé » –, l'Europe est une cause qui justifie tous les sacrifices. La conviction européiste est profonde chez Hollande. Avec, toutefois, une particularité, une incongruité pourrait-on dire : sa relation à Jacques Delors, pourtant le « grand homme » de la cause européenne. C'est l'ambition politique plus que l'engagement européen qui a poussé Hollande vers lui. Une fois que ce dernier aura décliné la proposition faite avec insistance par ses camarades de se présenter à l'élection présidentielle de 1995 – « Jacques, accomplis ton devoir ! » lui lança ainsi, à la tribune du congrès de Liévin, en 1994, un Henri Emmanuelli peu soucieux de cohérence politique –, Hollande le quittera, pour toujours, ne lui pardonnant pas d'avoir brisé ses rêves de pouvoir et de carrière ministérielle. Après sa défection, Delors, lucide, confia ainsi : « Il paraît que j'ai un fils spirituel, ça fait dix ans qu'il n'est jamais venu me voir, il ne vient que quand il a besoin de quelque chose, il n'était avec moi que parce qu'il croyait que je serais candidat[1]. » Delors, qui ne sera pas invité par le Président Hollande à la cérémonie de passation de pouvoir le 15 mai 2012. Delors, dont le nom sera biffé dans le projet de discours pour la commémoration du 50e anniversaire du traité de l'Élysée. François Hollande est sans aucun doute un européiste authentique ; il n'a jamais été qu'un deloriste de circonstance et d'opportunisme.

Ses deux modèles sont autres : François Mitterrand et Michel Rocard.

Rien que de très logique ; ce furent les deux figures de surplomb de la gauche française des cinquante dernières années. Avec cette particularité, toutefois : écartant le bon grain et

1. Cité par Cécile Amar, *op. cit.*, pp. 154-155.

choisissant l'ivraie, Hollande n'a pris, des deux hommes, que le pire, délaissant le meilleur.

Du père de la deuxième gauche, il n'a gardé que la conviction libérale, affirmée de manière de plus en plus nette au fil du temps, oubliant sa sincérité et sa constance dans l'engagement, la vérité de la pensée et du langage qui était sa marque de fabrique, son goût des idées, sa liberté d'esprit, la profondeur de sa réflexion, nourrie de nombreuses lectures, celles d'un intellectuel en politique. Rocard vanté, loué, célébré, décoré, mais comme un aïeul dont on pense, dans le fond, que, bien sympathique, il n'a tout de même pas été capable d'atteindre le sommet – la seule chose qui compte.

De son prédécesseur à l'Élysée, il n'a retenu que le goût de la tactique – oubliant que celui-ci fut d'abord un stratège –, la vision, ressassée de façon si sommaire qu'elle finit par en être comique, qui voit dans le « rapport de force » l'alpha et l'oméga du « sens politique », le goût du pouvoir pour lui-même et celui de la manipulation des hommes, sans comprendre que de tels traits ne se révèlent féconds que chez un homme supérieur, animé par une force tranquille, ancré dans un terreau de haute culture. Mitterrand, admiré depuis toujours et souvent singé, que Hollande – trop rond, trop lisse, trop jovial, pas assez cultivé – n'a jamais intéressé.

Mitterrand, avec lequel Hollande partage néanmoins une forme de trajectoire personnelle et politique.

Biographe de François Mitterrand, l'ancien correspondant de la BBC à Paris a ainsi décrit la transformation que ce dernier a connue au fil de sa vie :

« Après dix-sept ans, depuis l'hiver 1965 jusqu'à la mi-1983, passés à surfer sur la vague de la rhétorique de gauche, Mitterrand était revenu à ses racines. Les habits idéologiques qu'il avait revêtus pour arriver au pouvoir avaient enfin été ôtés. Ils ne lui avaient jamais vraiment convenu. Une partie de lui regrettait les illusions perdues. Mais l'autre était heureuse de s'en débarrasser[1]. »

C'est le même long et sinueux chemin qu'aura suivi François Hollande, le même retour à ses racines personnelles qu'il aura effectué, la même révolution politique qu'il aura accomplie. Révolution, car avant d'être le bouleversement complet d'un être ou d'un régime que le mot évoque spontanément à notre esprit, celle-ci est d'abord le mouvement de rotation complet que réalise un corps et qui le ramène à sa position initiale.

Le mardi 14 janvier 2014, dans cette Salle des Fêtes de l'Élysée, surchargée de dorures et tendue de rouge impérial, en présentant son « pacte de responsabilité », François Hollande a donc accompli sa révolution : il est redevenu Jean-François Trans.

Politique, cette première rupture allait s'accompagner d'un second bouleversement, intime.

La rumeur courait Paris depuis l'automne 2013. Au contact quotidien de la presse dans mon rôle de porte-parole officieux du Président, qui consistait à propager la bonne parole mais aussi à récolter de précieuses informations, j'avais été alerté, en septembre 2012, sur l'existence d'une liaison entre le chef de l'État et une productrice de cinéma. Bien que relevant de la vie privée, le fait ayant potentiellement des conséquences politiques – ce que la suite des événements confirmerait amplement –, je m'en ouvris alors au Président. Il ne me donna pas ce jour-là une confirmation que je n'attendais pas ; elle était par ailleurs inutile : connaissant l'homme, et bénéficiant de surcroît de l'effet de surprise, à sa mine enfantine je sus, à l'instant même où je lui relatai la confidence qui m'avait été faite, que celle-ci était

1. Philip Short, *François Mitterrand. Portrait d'un ambigu*, Nouveau Monde éditions, 2015, p. 553, cité par Jean-Pierre Chevènement, in *Le Débat*, *op. cit.*

fondée. Je l'incitai alors à la plus grande prudence et à prendre toutes les mesures de précaution nécessaires.

Après une deuxième alerte en décembre de la même année, à l'occasion d'une visite présidentielle au marché de Rungis, un épisode plus fâcheux survint quand, dans l'édition du 21 juillet 2013 du quotidien *La Montagne*, une brève mentionna la présence simultanée sur un marché de Tulle, quelques jours auparavant, à l'occasion d'un festival, du Président et de la personnalité en question. La coïncidence était signalée – à dessein, à l'évidence – et, cette fois, imprimée. L'été passa et l'automne fut politiquement agité ; accaparé par le travail, après avoir attiré l'attention du Président sur cet articulet, je ne me souciai plus d'une affaire sur laquelle, une fois mon conseil renouvelé, je n'avais pas prise ; n'en entendant plus parler, je pensai les choses rentrées dans l'ordre ; je me trompais.

Le lundi 6 janvier 2014, vers midi, je reçus l'appel d'un journaliste important ; il m'informait que l'hebdomadaire *Closer* publierait, dans son édition du vendredi suivant, des photographies qui ne laisseraient plus de doute sur l'existence de la liaison du Président. Catégorique, il me précisa même qu'il tenait cette information de l'entourage de Nicolas Sarkozy qui, selon lui, « s'en pourléchait d'avance les babines ». Rentré de déjeuner, un second coup de téléphone d'un de ses confrères confirma la teneur de cette première révélation. J'étais en train de considérer la situation quand la porte de mon bureau s'ouvrit après un léger coup toqué. Dans l'embrasure apparut le visage de Stéphane Ruet, responsable de la cellule « Image » à l'Élysée ; à sa mine, je devinai qu'il savait. Rien de plus logique : ancien photographe à *Paris-Match*, il connaissait tout ce monde de la presse « people ». En buvant un café, nous avisâmes rapidement. Sans lui confirmer totalement l'information, la directrice de l'hebdomadaire lui avait laissé entendre que ces clichés existaient et que leur publication était probable. Il fallait prévenir le Président. Nous le fîmes immédiatement.

Le coup était rude ; il l'encaissa presque sans sourciller, étonnamment calme, reculant son fauteuil vers la cheminée pour nous lancer un regard un peu triste, où se lisait une certaine résignation. Que faire ? Rien. Ou si peu. Stéphane Ruet se mit en chasse pour tenter de vérifier l'information, qui parut dès le lendemain hautement probable et, le surlendemain, certaine. Le Président continuait à travailler, à écrire, à recevoir, à présider – le Conseil des ministres, des réunions avec ses collaborateurs. Il donnait parfaitement le change, en dépit de la rumeur qui enflait ; il se préparait intérieurement à ce « choc » qui ne serait pas que rhétorique cette fois – le « choc des photos ». Arriva le jour fatidique, le jeudi 9 janvier. Dans l'après-midi, Ruet reçut une confirmation définitive : le numéro avait été composé dans le plus grand secret – la rédaction du magazine tenue dans l'ignorance de la véritable couverture du numéro à paraître –, imprimé à l'étranger pour éviter toute fuite, les photographies s'étaleraient partout sur les vitrines de France dès le lendemain.

Vers 20 heures, le Président convoqua une réunion en comité restreint, afin d'envisager la réaction à adopter et les éventuelles suites judiciaires à donner à une publication désormais imminente. Nous étions là pour l'entourer autant que pour le conseiller. Toujours maître de lui, d'apparence tranquille, on avait peine à croire qu'il savait devoir affronter, dans quelques heures, quelques minutes, à la fois une tornade politique et médiatique et un séisme intime. La soirée serait longue ; nous allâmes dîner dans un restaurant vietnamien à un jet de pierre de l'Élysée, le laissant rejoindre ses appartements privés situés dans l'aile est du palais. Étrange veillée d'armes pour nous, serrés sur les banquettes de velours rouge, à peine égayée par l'arrivée inattendue d'Arnaud Montebourg qui, dans les parages, nous rejoignit pour partager ce moment.

De retour dans le bureau présidentiel, nous reprîmes notre attente. Quand ? Quand aurions-nous un exemplaire en main ? Quand verrions-nous ces photographies ? Quand saurions-nous à quoi nous en tenir *exactement* ? Car, en la matière, il y a « photo » et « photo »… Fatigué d'attendre et d'entendre le secrétaire général répéter la même rengaine depuis le début de la soirée – « avec la disparition des Renseignements généraux, il n'y a plus moyen de disposer des journaux avant leur parution » –, j'informai le Président de mon intention de joindre le ministre de l'Intérieur. Notre entretien fut bref et sa conclusion nette et précise : le préfet de police de Paris allait m'appeler incessamment. Ce fut chose faite quelques minutes après ; il allait « se débrouiller », l'exemplaire me serait porté à l'Élysée et remis en main propre par son chauffeur personnel dès qu'il aurait « mis la main dessus ».

Une vingtaine de minutes plus tard, la voiture que je guettais depuis le vestibule du premier étage pénétra dans la cour du palais et s'immobilisa devant le perron. L'enveloppe me fut remise ; je vérifiai son contenu ; elle comportait bien l'exemplaire fatal accompagné d'une carte renseignée de la main du préfet de police. Je retrouvai le cénacle réuni autour de la petite table ronde du bureau du Président ; je lui remis le magazine ; il le prit en main, donna l'impression de le soupeser, l'examina avec une sorte de soulagement, l'ouvrit, le parcourut, le commenta avec un détachement qui me laissa pantois – il semblait qu'il s'agît d'un autre, qu'il connaissait bien certes, mais un autre. Par moments, son appréciation se faisait presque technique : la qualité des images, le contenu des commentaires, l'impression générale dégagée par le reportage. Le spécialiste de la presse décortiquait avec précision le travail de ceux qui l'avaient piégé. Mais quand le brouhaha de la conversation lui accorda un court instant de répit et qu'il releva les yeux sur moi, qui me tenais debout à son côté, la tristesse de son regard était insondable, celle d'un homme seul et conscient du gâchis qu'il avait causé comme de l'épreuve qui l'attendait.

Dès que les réseaux sociaux se saisirent de la couverture de l'hebdomadaire, ce fut une déferlante – des appels de journalistes, des messages, des textos sincèrement ou hypocritement affligés. Avec Christian Gravel, nous en déblayâmes le plus gros. Tous, nous laissâmes le Président seul, passer les appels téléphoniques personnels que la situation imposait. Il était plus de 1 heure du matin quand il poussa la porte de mon bureau et s'assit pour échanger quelques phrases, « poser son sac », comme il le faisait souvent – il était bien lourd, cette fois. Puis, avec un soupir, il se leva et sortit par la porte qui donnait sur la charmante petite pièce d'où l'on accédait à son appartement privé ; je l'accompagnai. Là, il se retourna et m'embrassa pour prendre congé. Ce n'était pas le chef de l'État qui m'étreignit alors, mais un homme pour qui l'heure était venue d'affronter sa responsabilité et d'aller dire la vérité à la femme qui l'aimait et qui partageait sa vie. Un homme que je n'ai jamais autant que cette fois-là, dans la nuit et le calme trompeur de l'Élysée, cru être mon ami.

Le lendemain, peu avant 7 heures, nous étions réunis autour de lui pour faire le point des réactions politiques et des commentaires de la presse. J'avais préparé un projet de communiqué que nous examinâmes et corrigeâmes. Un communiqué dans lequel François Hollande et non le président de la République, l'homme et non le magistrat suprême, déplorait « profondément les atteintes au respect de la vie privée auquel il a droit comme tout citoyen » et déclarait examiner « les suites, y compris judiciaires » à apporter à la publication de *Closer*. Un communiqué que je lirais ensuite à la journaliste de l'Agence France-Presse que nous connaissions lui et moi fort bien, depuis le temps de Lionel Jospin à Matignon, et en laquelle nous avions confiance. Ce n'était pas le conseiller politique du Président, mais le « proche », qui l'appela à 7 h 15.

Dans le maelström des heures et des jours qui suivirent, il nous fallut reprendre le collier : le Président devait tenir une conférence de presse prévue de longue date le mardi suivant, 14 janvier 2014, et il n'était pas question de la reporter. Tous les journalistes de France et du monde entier se presseraient dans la Salle des Fêtes pour voir de leurs yeux la bête blessée, la scruter, jauger sa résistance, évaluer l'état de ses blessures, spéculer sur la date de sa mort, apprécier la manière avec laquelle elle répondrait à « la » question, celle qui lui serait effectivement posée ce jour-là « sans détour » par le président de la presse présidentielle : « Valérie Trierweiler est-elle toujours aujourd'hui première dame de France ? » Il fallait préparer ce moment si délicat et, néanmoins, travailler le reste, qui était d'importance : la situation économique, le pacte de responsabilité, l'annonce des 50 milliards d'économies budgétaires, la réorganisation territoriale de la France, le plan pour l'éducation prioritaire, l'intervention militaire au Mali.

Dans ces jours, et ceux qui suivirent la conférence de presse, jusqu'à l'annonce de sa séparation d'avec Valérie Trierweiler, le Président s'appuya sans réserve sur moi. Tôt le matin, très tard le soir, dans le cours de la journée, à tout moment, il franchissait les quelques mètres séparant nos deux bureaux, pour puiser le soutien, le conseil, le réconfort, la force aussi, dont il avait besoin et qu'il savait pouvoir y trouver, se confiant à moi, sûr qu'il était de ma loyauté et de ma liberté de jugement. Rien de ce qu'il m'a demandé de faire je n'ai refusé, sans jamais néanmoins avoir à rougir de mes actes. Toujours j'ai répondu à ses sollicitations, avec dévouement et honnêteté. Jamais je n'ai franchi la limite entre mon conseil politique et sa vie privée – même quand il me le demanda.

Tout cela je l'ai fait par devoir et par amitié, par sens de l'honneur aussi. Et c'est pour les mêmes raisons que je l'aurais tout de même fait si j'avais su ce que j'ignorais alors : que le Président avait déjà décidé que je quitterais bientôt la chambre d'Eugénie.

Chapitre V

LA CHAMBRE D'EUGÉNIE

« Le vœu que fait l'honneur, c'est de parler rude
Quand le roi perd le sens ! »

William Shakespeare, *Le Roi Lear*

« Vole comme le papillon, pique comme l'abeille. »

Mohammed Ali

Par les deux fenêtres donnant sur le levant, les rayons du soleil illuminent la vaste pièce, ravivant les couleurs passées des tapisseries que le temps a délavées, comme il a fini par lacérer le tissu teinte vert d'eau revêtant les murs. Celles orientées au sud, offrant au regard le magnifique parc, le bassin qui l'agrémente et la grille du Coq qui le clôt, laissent entrer la chaleur de l'été qui oblige à baisser les stores. Sa hauteur de plafond, exceptionnelle, et ses proportions, harmonieuses, confèrent à l'endroit un charme et une douceur perceptibles dès qu'on y pénètre, ceux d'une pièce où il fait bon travailler, mais surtout bon être et bon vivre. Car avant de devenir un bureau, la pièce a été – et cela se sent – une chambre, une spacieuse et lumineuse chambre.

La chambre d'Eugénie.

Eugénie de Montijo, la belle Espagnole aux origines écossaises dont Napoléon III fit l'impératrice des Français. Eugénie, au visage à l'ovale parfait, tel que le restitue le portrait ornant la pièce et qui accueille le visiteur. Eugénie, dont le regard indulgent contemple celui qui, le choix du Président et la tradition de la République en ayant ainsi décidé, passera de longues journées de labeur et de méditation dans la pièce du palais de l'Élysée qu'elle avait, en son temps, choisie pour refuge.

L'attrait qu'exerce sur le plus grand nombre ce prestigieux bureau d'angle n'est pas lié à sa beauté ni à sa valeur patrimoniale. La convoitise qu'il suscite tient au rang très élevé qu'il occupe dans la hiérarchie des lieux de pouvoir.

Tout pouvoir se manifeste par des symboles autant qu'il s'en nourrit. En la matière, les apparences ne sont pas trompeuses : elles témoignent. Ordre protocolaire, titre, préséance, décrets d'attribution des compétences, localisation de son cabinet dans Paris, nombre et qualité de ses collaborateurs : les critères d'affichage et de reconnaissance du pouvoir d'un responsable d'État – au moins du pouvoir officiel à défaut d'être réel – sont établis et connus. Disputés, aussi.

La géographie des lieux de pouvoir obéit ainsi à un ordonnancement très strict. À la hiérarchie des fonctions et des attributions répond celle des bureaux. La proximité physique par rapport au détenteur de l'autorité suprême illustre la proximité politique, l'emplacement et la taille du bureau attribué aussi. La logique du pouvoir républicain rejoint là celle de l'étiquette monarchique. Dans ce domaine comme dans tant d'autres de notre République, l'étincelante et paradoxale leçon de Tocqueville a conservé son actualité : la Révolution n'a pas fait que détruire et supplanter l'Ancien Régime, elle l'a aussi préservé, prolongé et maintenu en vie.

Dans la géographie des lieux de pouvoir de la République, la chambre d'Eugénie occupe une place à part. En quelques pas, en traversant le secrétariat particulier du chef de l'État avec lequel elle communique par une porte à double battant, on atteint le Salon Doré, où le président de la République a son bureau. Considérable et symbolique, ce premier atout n'épuise pourtant pas l'intérêt de la pièce. Fichée à l'angle est du palais de l'Élysée, en la quittant par l'angle opposé au passage menant au bureau présidentiel, on tombe sur une des pièces les plus charmantes du palais, aux murs recouverts de délicates peintures représentant naïades et tritons : la salle de bains de l'impératrice. Bonne fille, la République a conservé la baignoire d'Eugénie ; pragmatique, elle l'a transformée en banquette. De là, il suffit de pousser une porte, celle qu'emprunte plusieurs fois par jour le Président, pour accéder à ses appartements privés, situés au premier étage de l'aile est du palais qui fait retour sur la façade principale, celle que les huissiers et les gardes républicains ont baptisée « aile Madame », puisqu'elle accueille le bureau de la première dame en son rez-de-chaussée.

À l'intersection du politique et de l'intime, du public et du privé, de l'officiel et du confidentiel, la chambre d'Eugénie occupe un emplacement stratégique : celui de la plus grande proximité. Mais elle est plus qu'un lieu de pouvoir de la République : un espace qui inspire la réflexion ; un endroit propice à l'écriture, aussi ; un havre. Ces raisons, autant que l'antigaullisme foncier qui l'animait, poussèrent Valéry Giscard d'Estaing à s'y installer en 1974, délaissant le Salon Doré qu'avait choisi Charles de Gaulle en 1958 et dans lequel retournèrent ses successeurs après 1981.

Exception faite de cet intermède présidentiel, celui qui occupe ce qui est sans doute le plus beau bureau de l'Élysée est à la fois un conseiller et un confident. Longtemps, il fut donc attribué au directeur de cabinet du Président, l'homme dépositaire des secrets, petits et grands. En 2007, Henri Guaino, conseiller spécial de Nicolas Sarkozy, mit fin à cette tradition en s'y installant. Je lui succédai le 15 mai 2012.

Quelques jours auparavant, le mercredi 9 mai, le Président fraîchement élu m'avait demandé de le suivre dans le petit bureau de son siège de campagne, au 59 de l'avenue de Ségur. Assis autour de la table de travail où nous avions raturé tant de pages ensemble, il me proposa alors de l'accompagner à l'Élysée : « Tu te souviens de ce que je t'avais dit lorsque nous nous sommes vus, au tout début janvier ? Que ta place dans le dispositif final, c'est toi qui te la ferais. Tu as beaucoup donné. Dans cette campagne, c'est toi qui as fait le plus difficile. Maintenant, il faut choisir. Je sais que tu souhaites devenir député. Ce serait logique et cela te permettrait de préparer l'avenir. Le Foll a préempté une circonscription pour toi, dans la Somme, Aubry sera d'accord, en tout cas elle ne s'y opposera pas, elle ne le peut plus. Mais je voudrais que tu restes avec moi, que tu m'accompagnes à l'Élysée. Tu serais mon porte-parole officieux – porte-parole de l'Élysée, c'est trop officiel, c'est figé –, non, tu expliquerais ma politique à la presse, c'est mieux. Tu continuerais à m'aider pour les grands discours, tu suivrais l'état de l'opinion. Tu serais mon conseiller politique. Pas mon conseiller spécial, parce qu'un Président normal ne peut pas avoir de conseiller spécial… »

Il dit cette dernière phrase avec un sourire espiègle. Puis reprit son propos : « Bien sûr, si tu choisissais d'entrer à l'Assemblée, je le comprendrais. Et cela ne changerait rien entre nous. Ni maintenant, ni pour la suite. Mais je te le redis : j'aimerais que tu m'accompagnes. Réfléchis, tu as un peu de temps. Donne-moi ta réponse lundi. »

Ce peu de temps n'était pas de trop ; le choix était d'importance. Néanmoins, après avoir consulté ceux dont l'avis comptait pour moi, mon opinion fut rapidement forgée. Comment refuser d'aller à l'Élysée alors que la gauche en avait été éloignée si longtemps ? Comment ne pas prolonger cette campagne victorieuse en accompagnant un homme avec lequel tant de liens personnels et politiques s'étaient noués ? Comment ne pas accepter l'offre faite par celui qui, trente et un ans après, devenait l'héritier de François Mitterrand ? Comment écarter la perspective de se retrouver ainsi au cœur du pouvoir, le pouvoir politique comme le pouvoir d'État ? Pourquoi ne pas assumer la responsabilité de servir mon pays en aidant le Président socialiste qu'il s'était donné ? Seul l'appel téléphonique de Martine Aubry, le samedi 12 mai, m'ébranla : « Écoute, Aquilino. Il faut que tu y ailles, que tu te présentes aux législatives. C'est le bon moment pour toi. Je sais que François t'a proposé de le suivre à l'Élysée, et c'est logique. Mais, crois-moi, entrer à l'Assemblée maintenant, ce serait bien. Tu pourras construire politiquement. J'ai réglé la situation sur le plan local, tout est au net, les camarades te réserveront un bon accueil, tu seras facilement élu. Ce sera le début de quelque chose pour toi. Vas-y, suis mon conseil. »

Je ne l'ai pas suivi. Aurais-je dû le faire ? C'est possible et même vraisemblable. Martine Aubry était sincère ce jour-là et, connaissant parfaitement François Hollande, elle devait pressentir que les choses se termineraient mal.

Le lundi matin, j'ai informé François Hollande de ma décision. Ensemble, nous avons rédigé sa première allocution de président de la République, celle qu'il prononcerait le lendemain, 15 mai 2012, devant la foule des personnalités invitées qui se presseraient dans la Salle des Fêtes. Parvenu à la relecture du passage réservé à l'hommage dû à ses prédécesseurs, il s'arrêta, tendu – chose très rare chez lui.

— Non.
— Quoi, non ?
— Je ne veux rien sur Sarkozy.
— C'est impossible… Il a été président de la République !
— Oui, mais je ne veux pas le saluer. Pas après ce qu'il a

fait, pas après ce qu'il a dit, en particulier sur Valérie. Il s'est comporté de manière indigne pendant toute la campagne.

— Oui. Mais la campagne est finie. Tu as gagné. Tu es Président. Ne pas évoquer Sarkozy serait grossier et incompréhensible. Ce serait une faute et tu ne peux pas commencer ton quinquennat de cette façon. Vraiment, je t'assure, c'est impossible.

Son silence, inhabituel, était lourd. Je le voyais se repasser le film de ces dernières semaines, les mises en cause excessives et les saillies parfois violentes de Sarkozy, ses attaques *ad hominem* déplacées, son ton condescendant et agressif à la fois.

— Et je vais dire quoi, sur Sarkozy ? Je ne vais quand même pas mettre en valeur sa politique ? Saluer son action ?

— Non. Mais tu peux t'en tirer en allant sur le terrain personnel, en lui souhaitant de réussir sa nouvelle vie. On expliquera aux journalistes que l'Histoire n'est pas encore passée, qu'il est trop tôt pour savoir ce qu'il restera de sa présidence, que l'heure n'est pas encore au bilan… Je me débrouillerai. L'essentiel est de dire quelque chose sur lui. Tu ne peux pas l'ignorer. Tu n'en as pas le droit.

— Admettons.

C'était de bien mauvaise grâce que François Hollande « admettait ». Une mauvaise grâce qu'il manifesterait publiquement le lendemain, jour de la passation de pouvoir, quand, après avoir raccompagné Nicolas Sarkozy sur le perron de l'Élysée, il tournerait aussitôt les talons, sans attendre que l'ancien Président ait rejoint sa voiture, sans faire preuve de cette courtoisie républicaine espérée par beaucoup, mais que lui récusait. Une mauvaise grâce due à la colère pas encore éteinte en lui, au ressentiment qu'il éprouvait pour son adversaire pourtant battu. Une mauvaise grâce liée surtout au souvenir de la peur que cet homme avait suscitée en lui, une peur politique, dont je l'avais vu être saisi à deux ou trois reprises, une peur qu'il avait su surmonter, mais qu'il en voulait encore à l'intéressé de lui avoir infligée.

Le lendemain, donc, mardi 15 mai 2012, jour de gloire, jour de pouvoir, la Salle des Fêtes rougissait de plaisir pour tous les invités de celui qui serait bientôt, dans moins d'une heure, investi comme septième président de la Ve République. Arrivé vers 9 h 30, il ne me restait que quelques dizaines de minutes pour corriger, sur place, installé dans une sorte de cabinet de toilette dissimulé au fond de l'immense salle, le texte du discours d'investiture qu'un officier de sa sécurité était venu me porter. Singulier moment que celui où l'on passe ainsi de la campagne électorale au sommet de l'État. Miracle de la politique, qui mène un homme d'une modeste préfecture de province, où il annonce sa candidature, entouré de ses amis et de ses compagnons de route, à l'Élysée, où il accède à la magistrature suprême, devant les plus hautes autorités de l'État. Le travail accompli, je rejoignis ma place pour assister à la cérémonie. Et c'est soulagé que j'entendis le nouveau chef de l'État saluer tous ses prédécesseurs, sans exception et sans s'écarter du texte que nous avions arrêté.

« En cet instant où je suis chargé de présider aux destinées de notre pays et de le représenter dans le monde, je salue mes prédécesseurs, tous ceux qui avant moi ont eu la responsabilité de conduire la République. Charles de Gaulle qui mit son prestige au service de la grandeur et de la souveraineté de la France, Georges Pompidou qui fit de l'impératif industriel un enjeu national, Valéry Giscard d'Estaing qui relança la modernisation de la société, François Mitterrand qui fit tant avancer les libertés et le progrès social, Jacques Chirac qui marqua son attachement aux valeurs de la République ; Nicolas Sarkozy à qui j'adresse mes vœux pour la nouvelle vie qui s'ouvre devant lui. »

C'est ainsi que, pas même nommé au Journal officiel, mais déjà dans les murs de l'Élysée, je fis mes premières armes de conseiller politique du président de la République. Un lieu de pouvoir que je découvris ce soir-là, au retour de la cérémonie d'hommage à Jules Ferry, dans le jardin des Tuileries – sous la pluie, déjà. Précédé d'un huissier à chaîne dont la carrure et la trogne lui donnaient l'allure d'un personnage de Lautner, j'accédai au premier étage. Comme j'examinais avec étonnement et sans un mot les différentes pièces qu'il me faisait visiter – le vestibule décoré des portraits de Charles de Gaulle et de Georges Pompidou, l'antichambre, le Salon Vert jouxtant le bureau présidentiel et servant de salle de réunion, enfin la chambre d'Eugénie que mon rang de « numéro deux » de l'Élysée me réservait –, il me lança : « Ah ! Monsieur Morelle. Vous allez voir, c'est beau, ici, très beau. Vous avez travaillé cinq années à Matignon, mais ça n'a rien à voir… Matignon, c'est un hôtel, alors que l'Élysée, c'est un palais. » Un palais, en effet. Avec ses fastes, ses coulisses, ses secrets, ses silences, ses rumeurs, ses mesquineries, ses intrigues, ses courtisans, ses bassesses aussi, que j'apprendrais à connaître bientôt.

Un palais construit pour le comte d'Évreux dans les premières années du XVIIIe siècle, racheté par la marquise de Pompadour, agrandi et restructuré par le prince Murat, cédé par ce maréchal de France à l'empereur Napoléon Ier qui y logea ainsi que son fils, le roi de Rome, avant d'y signer sa seconde abdication le 22 juin 1815. Un palais entré en 1816 dans les biens de la Couronne, puis affecté le 12 décembre 1848 par l'Assemblée nationale au tout nouveau président de la IIe République, le prince-président Louis Napoléon Bonaparte qui, devenu empereur des Français à la suite de son oncle et de son coup d'État du 2 décembre 1851, sous le nom de Napoléon III, y installa sa belle fiancée, Eugénie, en 1853. Un palais devenu, à la chute du second Empire, la résidence officielle des présidents de la République française. Un palais habité désormais par un roi élu par le peuple, depuis 1962, un monarque républicain dont j'étais depuis quelques minutes, depuis qu'il avait signé l'arrêté officialisant ma nomination, le conseiller politique.

À quoi sert un conseiller politique ? Que fait-il ? Quelles sont les fonctions qui lui sont attribuées ? Quels sont les métiers qu'il exerce au quotidien ? Et pourquoi un Président aurait-il besoin d'un tel conseiller ? N'est-il pas un homme politique de premier plan, le meilleur d'entre tous *a priori*, puisque parvenu à la magistrature suprême, au terme, le plus souvent, d'un *cursus honorum* de la République qui s'apparente à bien des égards à un parcours du combattant ?

En quelques heures, celui qui accède au sommet du pouvoir d'État se retrouve investi de prérogatives considérables, en particulier dans le champ régalien. Très vite, il est pris dans les rets de ce « monstre froid » qu'est l'État, pour reprendre l'image de Nietzsche ; un monstre qui veut et qui doit vivre, un monstre qui dévore ceux qui le servent, un monstre dont la « continuité » ne saurait souffrir la moindre interruption : « Le Roi est mort, vive le Roi ! » Ainsi, dès le résultat de l'élection acquis et plus encore après la passation des pouvoirs, un protocole ancré dans l'Histoire, symbole de son nouveau statut, s'impose au souverain républicain, les messages diplomatiques affluent, des contacts directs, téléphoniques, s'établissent avec les principaux chefs d'État européens ou étrangers, la transmission des affaires urgentes au regard de la sécurité extérieure et intérieure est effectuée, le Premier ministre doit être nommé et le gouvernement constitué.

Cet homme-là, au moment où le collier de grand maître de la Légion d'honneur lui est remis et où il est proclamé président de la République, entre – politiquement mais aussi physiquement – dans le vaste corps qu'est l'État, un corps sacré, qui l'empoigne, l'absorbe, le marque de ses signes d'appartenance et de reconnaissance, le fait sien, en fait sa chose[1]. Le Président devient

1. L'extraordinaire transmutation qui a conduit du monarque médiéval à l'État au sens moderne du terme a été magistralement décrite par Ernst Kantorowicz dans *Les Deux Corps du Roi. Essai sur la théologie politique au Moyen Âge*, Gallimard, coll. « Bibliothèque des Histoires », 1989. Elle repose en particulier sur l'émergence puis l'épanouissement du *corpus reipublicae mysticum*, le corps mystique de la communauté, ancêtre et préfiguration de

alors le *chef* de l'État, c'est-à-dire sa *tête*, à la fois le sommet et le cerveau du monstre. Afin d'éviter la pétrification que cette saisie par l'État opère *en lui*, le Président doit conserver *près de lui* une trace de ce qu'il fut auparavant et qu'il doit s'efforcer de préserver : un homme politique, un homme immergé dans le flux de la vie et des événements, un homme profane, un homme vulnérable, un homme. Celui qu'il désigne pour se tenir à ses côtés est cette trace vivante, le témoin de la vie d'avant, le lien avec la campagne qui l'a conduit à l'Élysée, le garant des engagements pris au cours de celle-ci, la mesure du chemin parcouru par la volonté du peuple, un repère. Lui revient la responsabilité de garder contact avec les forces de la société, avec la vie, de rappeler au monarque qui il est et d'où il vient, quand l'emprise de l'État tend à tout ensevelir.

Celui-là est aussi un compagnon. De fortune et d'infortune. Des bons et des mauvais jours. Un compagnon avec qui converser, à qui se confier, avec lequel partager les grandes joies et les petites misères qui font la vie d'un homme d'État, vers lequel se tourner lorsque la mer se lève et que s'abattent les coups. Un compagnon qui porte sur vous un regard sans concession mais bienveillant. Un compagnon qui rompt la solitude glacée de l'exercice de l'État.

Car le Président est seul, toujours.

Seul quand il est seul, dans le Salon Doré dont rien ne vient perturber l'ordonnancement, travaillant sans un bruit, sans une présence humaine, tôt le matin, très tard le soir. Seul quand il est plongé dans la multitude, celle des citoyens lors des visites ou des commémorations, celle des journalistes qui le pressent. Seul

---

l'État. Pour une analyse historique et comparative de cette métaphore des « deux corps du Roi », à l'occasion de la disparition de François Mitterrand, voir *La Mort du roi. Essai d'ethnographie politique comparée*, sous la direction de Jacques Julliard, Gallimard, 1999.

quand il est entouré des ministres qu'il retrouve chaque mercredi à 10 heures pour le Conseil. Seul quand il est caressé par la troupe des courtisans qui le flattent. Seul quand il est cerné par les mauvaises nouvelles, les sondages accablants, les statistiques indociles, les indicateurs récalcitrants. Seul quand il doit affronter la douleur de familles éplorées. Seul lors des hommages de la Nation rendus aux soldats tombés pour la France dans la cour des Invalides. Seul lorsqu'il s'adresse à ses concitoyens, pour leur souhaiter la bonne année ou leur annoncer le pire. Seul pour donner l'ordre d'éliminer un ennemi de la France comme pour décider de l'emploi de notre force armée. Seul quand il s'ennuie à la table d'honneur d'un dîner d'État ou sur l'estrade d'un congrès. Seul pour prendre une décision grave ou pour procéder à une nomination sensible.

Seul, car lui seul peut et doit faire les choix ultimes nécessaires à la vie de l'État, des choix qui, grands ou petits, de conséquence ou contingents, le renvoient toujours à ce qu'il est *lui* – sa personnalité, son histoire, ses valeurs, ses préférences, ses dégoûts, ses espérances, ses peurs ; des choix qui le ramènent inéluctablement à sa solitude, celle de l'homme qu'il est, celle de l'enfant qu'il fut. Il y a tant de choses qu'un Président ne peut dire à personne, qu'il ne peut partager avec qui que ce soit. Aussi, avoir à ses côtés un bon compagnon, qui sait et se tait, qui grogne ou qui distrait, qui parle sans détour et écoute sans juger, est une chose précieuse, mieux : utile.

À la solitude du chef de l'État, François Hollande ajoutait la sienne propre, celle de l'homme, liée à ses choix de vie ou aux actes posés par d'autres ; solitude plus terrible encore, car l'exercice du pouvoir, pour froid et dur qu'il puisse être, grandit celui qui l'exerce dans le même temps qu'il répond à son appel intérieur. Une première fois, au mois de septembre 2012, la vision de ce qu'était devenue sa vie m'emplit de tristesse. Il était tard, un vendredi, et je m'apprêtais à rentrer chez moi où j'étais attendu. Comme chaque soir, j'allai le saluer et le trouvai presque dans la pénombre, le vaste Salon Doré tout juste éclairé des deux lampes de travail posées sur son bureau. Quand je lui annonçai mon départ, en me lançant un regard désolé il ne put s'empêcher de soupirer : « Tu rentres dîner en famille… Quelle chance tu as. Si tu savais comme je t'envie… »

Bien souvent, plus tard, c'est encore seul que je le verrais, attablé devant le journal télévisé d'une chaîne d'information continue ou bien un match de football, n'ayant pas même pris le temps ou la peine de rejoindre son appartement privé ; spectacle affligeant que celui de ces mets fins, de ces crus de qualité choisis dans de bons millésimes, servis sur un plateau d'argent, dans la porcelaine de Sèvres et le cristal, synonymes d'amitié, de conversation, d'échange, de gaieté et de rire, mais réservés à un seul convive. Celui-là qui n'a personne avec qui partager son repas peut bien être président, il n'est qu'un malheureux.

Aux côtés du président de la République, pendant près de deux ans, j'ai été ce repère et ce compagnon. Nouée pendant la campagne présidentielle, notre relation fut forte, à la fois politique et intime. Avec des hauts – des sommets, des pics – et des bas – des abysses. Après la grave crise de Florange, elle s'est tendue, à l'extrême, puis défaite. Se sont ensuivis six mois de mise à l'écart, de bannissement politique. Puis, à la rentrée 2013, lorsque le temps s'est fait gros, un retour en grâce, une proximité retrouvée mais en vérité fallacieuse, car feinte de sa part, dictée seulement par son intérêt et ses calculs. Enfin, l'expulsion, brutale, d'une brutalité dont sont seuls capables les faibles.

Comme conseiller politique, j'ai analysé, commenté, proposé, écrit, parlé librement, imaginé, alerté, suggéré, corrigé, affiné, communiqué, rassuré aussi, résisté si nécessaire : en vain, largement. Toujours je me suis mis à sa place en sachant rester à la mienne, lui ai toujours dit – jusqu'à la dernière minute du dernier jour – ma vérité sans jamais me formaliser lorsque je n'étais pas suivi, toujours donné le meilleur de moi-même, toujours été sincère et toujours suis resté libre ; jamais je n'ai reculé, n'ai cédé lorsque j'étais convaincu d'avoir raison, ne me suis lassé de répéter, ne me suis découragé.

Pourtant, j'ai échoué.

Échoué à le convaincre, échoué à faire respecter le discours du Bourget, échoué à infléchir le cours de sa politique, échoué à résister, échoué à être suivi, à être utile, échoué tout court. Cet échec, politique et personnel, était un échec programmé. Compte tenu de ce que le Président avait en tête, compte tenu de la ligne politique qui était la mienne, une alternative simple devait inéluctablement finir par s'imposer à moi : me soumettre ou me démettre. Mon départ était inscrit à partir du moment où, tournant le dos à son discours du Bourget, puis réservant des prolongements inédits à son pacte de responsabilité, il opérerait une rupture social-libérale dans son quinquennat. Un départ que néanmoins je n'ai pas su – ou pas voulu, peut-être – voir venir.

Rappeler à l'ordre de la vie, accompagner et épauler : si un conseiller politique ne servait qu'à cela, ce serait déjà beaucoup. D'autres missions lui sont de surcroît confiées, dans des configurations qui varient selon les époques, les personnalités, les inclinations, les compétences et les goûts de chacun.

La première d'entre elles consiste – cela va de soi, mais mérite d'être rappelé – à donner son conseil. Par écrit, sous la forme de notes ; ou oralement, à l'occasion de conversations en tête à tête ou de réunions. Lorsqu'on le demande. Quand on ne le demande pas, surtout. Le politique ayant ceci de particulier qu'il définit lui-même son champ de compétences et qu'une question sur laquelle il se penche acquiert *de facto* une dimension politique, le conseiller peut être amené à s'intéresser et à se prononcer sur tous les sujets. Dans tous les cas, sa motivation doit être unique : la loyauté à l'égard de celui qu'il sert. Loyauté veut dire sincérité : jamais il ne doit se censurer sur ses analyses, toujours il doit parler vrai, c'est-à-dire souvent parler dru. Sincérité suppose courage – vertu cardinale pour un tel collaborateur. Qu'importe de se tromper, d'avoir raison ou bien tort ; la seule chose qui vaille est de toujours dire ce que l'on pense – encore faut-il, il est vrai, penser quelque chose…

Plus que l'intelligence, c'est ce courage d'être soi, cette liberté de penser et cette vérité de l'engagement qui comptent. Le bon sens et le sang-froid aussi. Ces qualités morales sont premières. Ce sont elles qui confèrent au conseiller son crédit personnel, qui justifient la confiance que place en lui le conseillé. Il est si facile et si tentant de se taire ou, pire, d'aller dans le sens de ce que l'on sait ou de ce que l'on croit être l'avis du prince. Tentation à laquelle succombent aisément les courtisans, les lâches et les esprits faibles – ce sont souvent les mêmes – et qui est la plaie de cet univers, trop souvent fait de calculs et d'arrière-pensées, qu'est l'entourage d'un homme de pouvoir. Tentation de s'entourer de tels « flatteurs, de qui les cours sont pleines[1] », comme l'avait dénoncé Machiavel, et à laquelle ne savent pas résister bien des puissants. Après, et seulement après, vient la qualité du jugement, pour importante qu'elle soit. Là encore, prime l'authenticité : le conseiller politique doit incarner une sensibilité politique, à laquelle il adhère et qu'il doit défendre. Il doit aussi connaître et aimer son pays, entretenir avec lui un rapport qui ne peut pas être qu'intellectuel ou livresque.

Le prolongement naturel et logique de la pensée est l'écriture. Voilà pourquoi bien des conseillers politiques ont été des « plumes », et *vice versa*. Les deux fonctions impliquent une complicité personnelle et une intimité politique rares qui confèrent sa valeur à l'attelage une fois celui-ci constitué. Le colonel de Gaulle fut le « nègre » du maréchal Pétain. Georges Pompidou, le

1. Machiavel, *Le Prince*, chap XXIII, « Comment il faut fuir les flatteurs ».

« normalien sachant écrire » que Charles de Gaulle appela à ses côtés. Alain Juppé joua le rôle de plume auprès de Jacques Chirac, comme Laurent Fabius, un temps, auprès de François Mitterrand. Celui-ci se singularisa en demandant à deux vrais écrivains – Régis Debray et Erik Orsenna – d'assurer cette même fonction. Henri Guaino rédigea, quant à lui, la plupart des discours de Nicolas Sarkozy.

Écrire pour un autre que soi est un exercice singulier, fait de confiance et de proximité, de dévouement et de partage, de labeur – parfois harassant – et de lectures, de débats d'idées – parfois vifs – et de communion politique, de réflexion et de ressassement, de longues méditations et de soudains jaillissements, de sérieux et d'éclats de rire aussi. Il y faut de la ténacité, de la constance, de la souplesse, de la créativité, de l'endurance et de l'humilité. Savoir défendre son point de vue sans jamais chercher à imposer ses vues, remettre cent fois l'ouvrage sur le métier et accepter de voir tout défait par l'avis du dernier venu, donner sans compter et ne pas mégoter sur ses heures, nourrir une vision d'ensemble et avoir le sens du détail, enfin s'engager avec passion dans le sertissage d'un joyau qu'un autre offrira.

Quelle que soit sa contribution, celui qui aide à l'écriture d'un discours doit toujours s'effacer. Telle est la règle, conforme à la morale enfantine : « Donner, c'est donner ; reprendre, c'est voler. » On ne peut donc – on ne doit donc – écrire que pour celui que l'on estime, que l'on respecte, que l'on admire parfois, et que l'on veut servir, toujours. Écrire pour un autre, c'est offrir, de bon cœur, le meilleur de soi-même et ne jamais le regretter. Il y a du don de soi, du don tout court, presque du potlatch, dans cette tâche. Une « plume » peut avoir bien des défauts, la mesquinerie lui est par nature étrangère. Six années durant – une dans l'ombre, à Solférino, les cinq suivantes sous les dorures de Matignon – j'ai, entre autres missions, écrit pour Lionel Jospin. Ce fut la meilleure des éducations politiques, dispensée par un vrai maître, exigeant et fraternel à la fois.

Quelques jours avant l'échéance, nous nous retrouvions pour une conversation qui allait parfois se prolonger des journées entières – quand les circonstances l'exigeaient : déclaration de politique générale, motion de censure, conseil national du PS ou clôture de ses Universités d'été à La Rochelle –, et qui commençait invariablement par une interrogation rituelle : « Alors, comment vois-tu les choses ? » S'ouvrait alors le temps de la discussion politique, de l'échange des arguments, de la confrontation des idées et des sensibilités, le temps du partage, celui de la réflexion et de l'amitié. Lesté de ces indications, je retournais dans mon bureau, à charge pour moi de bâtir un premier jet de discours, que je revenais soumettre quelques heures ou quelques jours plus tard. Une fois validé, ce texte devenait ce que nous appelions entre nous une « base ». Ce mot désignait bien le statut de ce qui était effectivement un projet destiné à connaître, tout au long de nombreuses séances de relecture, des ajouts, des coupes, des amendements, des restructurations, des élagages, des reprises, des polissages enfin. Lionel Jospin accordait la plus grande importance à ses prises de parole et s'impliquait pleinement dans l'écriture de ses discours, même quand il fut absorbé par sa charge de Premier ministre.

Quand il m'a proposé de travailler avec lui, au début de l'année 1996, l'étonnement fut unanime et la perplexité générale : « Comment vas-tu faire ? » me demandait-on. « Cela va être difficile pour toi, il a toujours tout écrit seul. » La suite démentit ces craintes. Ce fut l'intelligence et le discernement de Pierre Moscovici que d'avoir compris qu'il y aurait entre nous deux une affinité élective et d'avoir suggéré mon nom à Jospin. Jamais je n'ai éprouvé de peine dans cette tâche. Dès le départ, et davantage encore avec le temps, l'harmonie politique entre nous fut grande, presque totale ; je n'avais pas à « me mettre à sa place » pour « deviner ce qu'il voulait dire », comme on me le répétait alors souvent ; spontanément, je pensais comme lui, avec ma jeunesse et mon inexpérience, bien entendu ; mais je jouais une musique politique qui lui convenait et dans laquelle il se retrouvait.

Et certes, il n'écrivait plus tout seul ; mais il continuait d'écrire, de tout écrire. Simplement, je l'aidais à le faire, lui faisant gagner un temps qui lui était devenu précieux à mesure qu'il lui était devenu compté en accédant à Matignon, lui apportant une forme de sécurité et de tranquillité. Méthodique, il relisait, plume à la main, les versions successives des discours que je lui confectionnais, veillant à l'équilibre des parties, à la rigueur de l'exposé, au choix des mots, vérifiant sans cesse le bien-fondé d'une argumentation ou les raisons justifiant tel ou tel développement. Le soin scrupuleux qu'il manifestait alors était la marque du politique qui sait, d'instinct et d'expérience, que la politique consiste d'abord à parler : parler pour dénoncer, parler pour convaincre, parler pour émouvoir, pour persuader, pour entraîner.

Héritier de l'agora et du forum, le Parlement est ainsi étymologiquement le lieu où l'on parle et, avant même cette acception, dans son sens premier et désormais inusité, il est l'action de parler. *Docere, movere, delectare* : rien n'a changé depuis Démosthène et Cicéron ; il s'agit toujours d'enseigner, d'émouvoir et de plaire ; de s'adresser, dans un même mouvement, à la raison et à la passion du citoyen, de rallier l'auditoire à ses vues en lui démontrant la justesse mais aussi la justice de celles-ci, et de le faire en lui donnant du plaisir. Un bon discours politique est fait de logique, de rhétorique et d'esthétique. Réussi, il est une des plus belles créations de l'esprit humain ; une grande part de sa beauté et de sa force vient de ce qu'il rassemble dans une même écoute et une même ferveur des milliers de cœurs ; exaltation du talent et du charisme d'une personnalité, il est aussi œuvre collective ; assomption de celui qui parle – qui en est parfois transfiguré – et communion de ceux qui boivent ses paroles. Un discours est un acte d'amour et, comme tel, il est le produit de deux corps : l'orateur et l'auditoire. Bien entendu, il y a le texte ; il y a aussi la salle, vivante, qui réagit et qui participe, qui *écrit* parfois des yeux les passages qu'elle vous suscite ; il y a les regards qui vous tiennent ou qui vous interrogent, l'adhésion qui vous porte, les sourires qui vous encouragent et ceux qui vous inspirent, le lien invisible et pourtant puissant qui s'établit entre celui qui parle et ceux qui ne font pas qu'écouter. Voilà pourquoi il est souvent si difficile de finir un discours : il s'agit alors d'opérer une séparation, douloureuse, dont aucune des parties ne veut et qui est néanmoins inéluctable.

L'éloquence de Jospin tenait principalement à la puissance de son verbe. Chez lui, pas de goût ni de place pour la rodomontade ou l'emphase, ni pour l'envolée lyrique ; sans se priver de digressions inspirées par les circonstances, il privilégiait son texte, très travaillé et parfaitement maîtrisé, et rejetait les effets faciles, attitude que d'aucuns prenaient pour de la froideur. L'émotion qui finissait pourtant par se dégager de ses interventions provenait de l'ampleur de son analyse, de la profondeur de sa mise en perspective historique surtout, qui donnait le sentiment à l'auditeur d'être, le temps d'un discours, partie prenante d'une geste qui le dépassait – et de loin –, d'être plongé dans le mouvement de l'Histoire et d'en devenir lui-même un acteur. Souvent, en l'écoutant, on éprouvait la conviction d'avoir devant soi non seulement le chef d'un parti, leader de son camp et candidat au pouvoir, ou le Premier ministre animateur d'une majorité plurielle, mais aussi un maillon de la chaîne historique du socialisme et de la gauche. De cette capacité d'incarnation et de projection naissait une émotion politique particulière, liée à l'authenticité de l'homme et de sa trajectoire. C'est elle qui, par exemple, fit chavirer les quelque 7 000 personnes qui se pressaient au Zénith de Lille, le vendredi 30 mai 1997, avant-veille du second tour des élections législatives.

Retenu par un dernier passage au journal télévisé de TF1, Lionel Jospin n'avait quitté Paris que tard, à l'heure où il était déjà attendu à Lille. Tous les responsables du PS et de la gauche plurielle, Martine Aubry en tête, avaient déjà pris la parole dans une ambiance des grands jours, les orchestres répartis dans l'immense salle se donnant la réplique. La foule en liesse chantait, criait, appelait son champion, qui ne venait pas ; on l'annonçait, on suivait sa progression : il était sur le plateau de Claire Chazal, en route vers l'aéroport du Bourget, puis dans l'avion qui venait de décoller, il serait bientôt là, dans une poignée de minutes… Pour faire patienter ces milliers de bouches d'un même corps, Pierre Mauroy accepta de remonter à la tribune et de raconter à nouveau l'histoire du socialisme, à la grande joie des militants, ses belles mains fines, semblables à deux oiseaux gracieux, dessinant des arabesques autour de son tronc qui n'en semblait que plus imposant. Le grand homme du Nord était à court de propos et n'avait plus que son sourire à offrir à la foule quand le petit avion se posa enfin.

Quand nous pénétrâmes dans la salle, les acclamations se firent assourdissantes, et c'est dans un enthousiasme indescriptible que Lionel fut littéralement hissé sur le podium. Il lui aurait été alors facile de s'appuyer sur la vague de joie pure qui s'était formée pour lui et qui venait, en ondes successives, l'entourer de son affection. Il ne le fit pas : cela aurait été jouer avec cet hommage et il ne voulait pas jouer. Il voulait respecter ce témoignage qui avait pour lui la plus haute valeur, celle qui donne sa noblesse à l'engagement politique. Aussi choisit-il de parler en chef, conscient de la confiance placée en lui comme de sa responsabilité. À la ferveur de l'adhésion populaire, il répondit donc par la hauteur du propos – celle de l'homme d'État qu'encore en campagne il devenait sous nos yeux. En dépit de sa maîtrise et de la forme de réserve qu'il manifestait ainsi, l'émotion du moment était telle qu'après avoir fini son discours, alors que montait la clameur, il ne put s'empêcher, geste inhabituel chez lui, après avoir rajusté son bracelet-montre à son poignet, d'envoyer, de la main gauche, un baiser aux premiers rangs de la salle. Et lorsque j'aperçus le journaliste qui se tenait près de moi, baisser les yeux et détourner son regard afin que je ne le voie pas pleurer, j'eus la certitude absolue, physique, que nous remporterions les élections le surlendemain.

Après cinq années à Matignon, après avoir préparé, écrit, relu, corrigé, coordonné, validé, réécrit, amendé, peaufiné, des centaines de discours, après le retrait de la vie politique de celui auprès duquel je m'étais engagé et pour lequel je l'avais fait, ma décision était prise : je ne le referais plus. Même au cœur de la bataille des primaires de la gauche, du printemps à l'automne 2011, je n'ai pas écrit pour Arnaud Montebourg. Bien entendu, comme directeur de sa campagne, je relisais avec lui ses principales interventions ; mais je n'avais ni le temps ni le goût de reprendre la plume. Lorsque François Hollande m'a demandé, en janvier 2012, de l'accompagner et de lui prêter main-forte pour la rédaction de ses discours, je n'ai pourtant pas hésité. On ne refuse pas d'aider le candidat de son camp dans une échéance aussi décisive. J'ai donc embarqué sur son navire pour une magnifique traversée, qu'il sut conduire de main de maître. C'est alors que j'ai pris la mesure de son talent.

Quand Lionel Jospin impressionne par une intelligence construite, structurée, hiératique et marmoréenne, contribuant à son autorité naturelle, François Hollande, lui, séduit par une intelligence vive, souple, plastique, ductile, presque liquide, au service d'un charme désarmant. Son art oratoire est à cette image : les phrases s'enchaînent dans un ordre et sur un rythme qui s'imposent par leur naturel et leur fluidité, le discours s'écoule tel le filet d'eau d'un ruisseau, un argument bondissant vers le suivant comme les ricochets obtenus par un galet lancé avec habileté. Là où le discours de Jospin participait de la démonstration, celui de Hollande tient de la conversation ; rien n'est affecté, tout est légèreté. Avec cette marque de fabrique, unique dans l'univers politique : un sens de l'humour dévastateur. Et véritable, car susceptible de s'exercer à ses dépens autant qu'à ceux des adversaires qu'il raille. Rares sont les orateurs capables de faire s'esclaffer une salle entière. Un seul peut y parvenir plusieurs fois dans le même discours, avant de revenir au registre de la gravité, puis de recommencer : François Hollande. Son art oratoire prit toute son envergure au cours d'une campagne présidentielle qui l'amena à prononcer plus de cinquante discours, galvanisant les militants et sympathisants, soulignant les vrais enjeux de l'élection, détaillant ses 60 engagements, rappelant les valeurs et l'histoire de la gauche, traçant son sillon, confortant progressivement son emprise sur l'issue du scrutin.

Chaque nouveau meeting nous voyait, sur les routes ou dans les airs, corriger le texte du discours, réécrire, corriger à nouveau, modifier, ajouter, retrancher. Retrancher, surtout. Jusqu'à la dernière minute, presque la dernière seconde, François relisait, raturait et coupait. Au début inquiet, puis intrigué et enfin fasciné, je le regardais couper, couper et encore couper ce que nous avions mis tant de temps à écrire. Dans l'avion ou dans le train, il coupait. Dans la voiture qui nous menait sur le lieu du meeting, il coupait. Dans la loge, des mouchoirs en papier formant une collerette autour de son cou, pendant que la maquilleuse le poudrait, ses lunettes posées devant lui, il coupait encore. Dans l'instant ultime avant de monter sur scène, concentré sur le palimpseste posé sur ses genoux, mais attentif tout de même à la personnalité qui finissait de « chauffer » la salle – « Tiens, c'est pas mal cette formule » ou « Elle n'est pas en forme ce soir » –, il coupait toujours. Il avait raison.

La campagne de France qu'il conduisit avec brio fut une succession de batailles tactiques remportées – Florange, les 75 %, la conférence de presse « gaullienne » entre les deux tours – et de discours réussis, emportant l'adhésion, soulevant l'enthousiasme. Il y en eut de beaux, il y en eut de grands et de forts – Orléans, Limoges, le dernier à Toulouse, sur la place du Capitole –, il y en eut d'uniques. Unique, celui de Bercy, où, tel un ténor applaudi à tout rompre après son grand air, il remonta sur scène, le meeting achevé, pour reprendre la parole – faire un bis. Unique, celui de Marseille : je nous revois, plantés tous les deux derrière le rideau de scène de la salle du Dôme, muets, comme pétrifiés, échangeant des regards éloquents, saisis par la clameur qui grondait jusqu'à nous, énorme, presque menaçante ; nous l'écoutions, interdits, le temps était comme suspendu ; une fois monté sur scène, il lui fallut attendre près de deux minutes et s'y reprendre à trois fois avant de pouvoir commencer à parler, tant la foule, dressée devant lui, faisait barrage de ses cris. Cette fois-là, j'éprouvai à nouveau, comme quinze ans auparavant à Lille, la présence invisible et pourtant indubitable de la victoire.

Si le discours vise à éclairer l'entendement de l'auditeur et à faire vibrer sa corde sensible, il veut aussi frapper son esprit : c'est l'objectif assigné à la formule. Saillie, trait, estocade, ou, bien plus rarement, image poétique, la formule cherche d'abord à faire mouche et, si cela est possible, à marquer la mémoire collective. Elle y parvient quand elle saisit l'épaisseur d'une époque, clarifie un débat, résume une position, ramasse un raisonnement, exprime une conviction, et cela dans des termes accessibles au plus grand nombre.

Confronté dès son arrivée à Matignon à l'offensive de la « Troisième voie », Lionel Jospin cherchait le moyen de désamorcer le procès en archaïsme que certains voulaient lui intenter à cette occasion, tout en rappelant le sens de l'idée socialiste. Je lui suggérai une formule : « Oui à l'économie de marché, non à la société de marché. » Il l'utilisa une première fois à Washington, le 19 juin 1998, au National Press Club : « La globalisation est une chose – un mouvement puissant, profond, de long terme, qui vient modifier les conditions de la production. J'en prends acte et veux que mon pays en tire parti. Le "globalisme" en est une autre – une idéologie qui cherche à s'imposer à tous les domaines de la vie sociale en se parant des attributs incontestables de l'ordre naturel. Ne confondons pas tout. Oui à l'économie de marché. Non à la société de marché. »

Le résultat dépassa notre attente ; mise en exergue par la presse, la phrase fut reprise par les militants et les responsables socialistes qui trouvaient en elle un drapeau autour duquel se regrouper, un argument simple pour riposter aux attaques de la droite comme aux sarcasmes de la gauche libérale. Soucieux d'enfoncer le clou, Jospin en fit usage une seconde fois, saisissant l'occasion de répliquer à Tony Blair sur son propre terrain, à Londres, le 23 juillet 1998, invité qu'il était par Robin Cook, ministre des Affaires étrangères, à l'inauguration d'un centre de recherche du Labour Party. « Fidèle à mes convictions, m'inscrivant dans la trajectoire du socialisme français, je poursuis, dans un monde différent de celui d'hier, son idéal de transformation sociale, son objectif de justice, la même ambition de maîtrise collective de notre destinée. Nous avons accepté l'économie de marché, mais nous n'avons pas oublié que l'économie perd sa raison d'être lorsqu'elle cesse de servir l'homme pour ne profiter qu'à quelques-uns. Nous disons : oui à l'économie de marché, non à la société de marché. Les moyens de progresser vers cet avenir sont différents de ceux d'hier. Ils sont ceux de la société, de l'économie, du monde d'aujourd'hui. Le monde a changé, il nous a changés, mais nous n'avons pas perdu l'ambition de le changer. »

Cette fois, le succès fut total. Tony Blair lui-même le consacra. Redoutable communicant et vrai idéologue, ayant senti le coin politique sous la trouvaille, il décida de reprendre la formule à son compte. Pour étouffer le Premier ministre français sous le compliment, sans aucun doute ; mais, ce faisant, il la validait et nous rendait un point important dans la partie engagée. Blair a quitté le pouvoir il y a longtemps maintenant, la « Troisième voie » n'est qu'un lointain souvenir – même si elle a su se réincarner –, mais la formule, elle, est restée. Encore aujourd'hui, elle sert, et elle servira peut-être encore demain. Son succès est dû à son contenu politique, simple, robuste, compact, dense, net ; aussi à ce que, dans sa sobriété, son sérieux, son efficacité, sa rugosité – l'emploi du « non » devant lequel reculent de nos jours tant de politiques –, elle est à l'image de celui qui la popularisa et qui en est le seul auteur : Lionel Jospin.

Avec François Hollande, en quelques semaines, lors de l'élaboration du discours du Bourget, je n'ai pas eu la chance de dénicher la perle rare, cette fameuse tirade « Mon adversaire, c'est le monde de la finance » qui, pour le meilleur, et le pire désormais, symbolise sa campagne et stigmatise son quinquennat. Ma consolation réside dans quelques phrases qui émaillent ce discours et pour lesquelles je conçois une secrète fierté.

La politique est la bataille des idées ; celui qui détient le pouvoir des idées est proche du pouvoir tout court. Rien de plus normal, dès lors, qu'une des missions confiées à un conseiller politique soit d'identifier ou de formaliser celles qui peuvent permettre de prendre le dessus sur l'adversaire. Lors de la campagne présidentielle de 2012, il m'est revenu de proposer à François Hollande la taxation à 75 % des revenus au-delà de un million d'euros par an.

Le vendredi 24 février au soir, l'état-major du candidat s'était dispersé avec une mission précise : trouver une mesure susceptible de remobiliser l'électorat de gauche tenté par le vote Mélenchon. Le dimanche soir, je fis parvenir à Hollande une note de trois pages présentant les « 75 % ». À ma grande surprise, lorsque nous nous retrouvâmes, le lendemain matin, aucune objection ne fut formulée quand, à son invitation, je détaillai ma proposition : pas d'enthousiasme chez Pierre Moscovici, mais pas d'opposition ; un intérêt marqué chez Stéphane Le Foll et le soutien entier de Manuel Valls. À peine une heure de discussion – en particulier pour arrêter le taux exact de la taxation et son seuil de déclenchement –, l'adoption d'une stricte consigne de silence – qui fut parfaitement respectée – et nous étions en route pour TF1. La suite est connue.

Cette proposition de taxer les revenus les plus élevés n'était pas tombée du monde des Idées platonicien. Comme toujours en ces circonstances, elle était le fruit d'une conjonction de facteurs : un travail de l'esprit, latent et inconscient, mais réel ; la chiquenaude intellectuelle qui met en branle la réflexion – en l'occurrence la commande de François Hollande ;

le raisonnement analogique qui s'ensuit à partir de faits et de notions, déjà présents en nous, mais au repos, et qui, soudainement, tels les « atomes crochus d'Épicure » qu'évoque Poincaré, vont entrer en collision, entamer leur danse jusqu'à s'associer par affinité et produire une combinaison nouvelle ; l'intuition enfin, qui nous fait discerner et choisir le meilleur résultat parmi ceux ainsi atteints[1].

Cinq ans auparavant, Ségolène Royal avait déjà proposé de fixer par la loi un revenu maximal. De surcroît, un article, fort intéressant, de la dernière livraison du *Monde diplomatique*, avait retenu mon attention[2]. L'auteur y rappelait des faits trop souvent oubliés. À savoir que l'idée de plafonner le revenu disponible d'une personne n'était pas née au pays des Soviets, mais en Amérique. Et que les États-Unis avaient, sous la présidence de Franklin Delano Roosevelt, adopté un taux marginal de l'impôt sur le revenu extrêmement élevé. Le Congrès avait ainsi, en 1944, fixé ce taux pour les revenus supérieurs à 200 000 dollars à un niveau record : 94 %. Il était ensuite resté stable pendant plus de vingt ans – ce fut d'ailleurs une période de prospérité pour la classe moyenne américaine –, puis tomba à moins de 70 % pendant la présidence de Lyndon Johnson. Et il avait fallu attendre la « révolution reaganienne », conservatrice et ultra-libérale, pour que ce taux atteigne 50 % en 1981, puis 28 % en 1988, avant de remonter à 35 %.

Sollicité par le candidat, la combinaison de ces divers éléments m'avait conduit à formuler la proposition des 75 % ; peu de chose, d'une certaine manière, mais ce peu de chose emporta de vraies conséquences sur le déroulement de la campagne, et fut une réussite tactique.

1. Dans sa célèbre conférence « L'invention mathématique », donnée le 23 mai 1908 à l'Institut général psychologique de Paris, Henri Poincaré a très bien décrit ce processus psychologique singulier.

2. Sam Pizzigati, « Plafonner les revenus, une idée américaine », *Le Monde diplomatique*, février 2012.

La meilleure politique n'est rien si elle n'est pas comprise. L'expliquer constitue dès lors une mission prioritaire. Il s'agit de décrire l'action conduite, de rectifier les erreurs et de dissiper les contre-vérités qui peuvent l'entourer, d'en justifier le bien-fondé, d'en indiquer la portée et les bénéfices attendus, d'en éclairer le sens – bref, faire œuvre de pédagogie. La politique étant le règne du relatif – la vérité appartient à l'ordre de la science –, il s'agit aussi de dénoncer les fautes de l'adversaire, de protester de sa bonne foi ou de ses bonnes intentions, de souligner les difficultés inhérentes à toute action, de rappeler le passé et le passif de ses opposants, de présenter les choses sous leur jour le plus favorable – en un mot de plaider tel un avocat.

Labeur quotidien que de le faire auprès des journalistes qui, sans cesse et avec raison, réclament des informations ou des explications. Labeur qui était le mien, puisque le Président m'avait proposé de devenir son « porte-parole officieux ». Labeur délicat, consistant à commenter en « off », c'est-à-dire de façon autorisée mais non officielle, la position du Président ou du gouvernement. Labeur parasité par la multitude de ceux qui, à l'Élysée, enfreignant la consigne, répondaient aux sollicitations de la presse alors même qu'ils n'y étaient pas habilités. Labeur compliqué par le goût prononcé de François Hollande pour les relations avec les journalistes.

De sa vie politique « d'avant », il avait conservé l'habitude de répondre aux appels ou aux textos de celles et ceux, petits ou grands, avec lesquels il avait noué un lien. Incorrigible, il se refusait à admettre que ce qui était légitime chez le premier secrétaire du PS devenait incongru, voire périlleux, pour le chef de l'État. Sa conception du « Président normal » l'amenait à considérer qu'il devait répondre quand on le sonnait. Cette disponibilité finissait par étonner même celles et ceux qui en bénéficiaient ; il ne l'ignorait pas, mais n'en avait cure : il ne changerait pas ses manières de faire – ainsi en avait-il décidé –, il était libre et revendiquait cette liberté. À ses collaborateurs de s'en débrouiller, de faire preuve de discernement et d'habileté pour saisir ce qu'il avait pu confier à tel ou tel de ses contacts réguliers, et qu'il se gardait bien de leur répéter.

À cette première complication venait s'ajouter l'irrésistible attrait qu'exerçait sur lui l'espèce journalistique. Lors de ses nombreux déplacements, à peine voyait-il la petite troupe agglutinée derrière le cordon censé la maintenir à bonne distance, qu'il se dirigeait vers elle, comme aimanté, pour engager la conversation. Autant de moments privilégiés pour la presse, désireuse de lui soutirer un commentaire, une confidence ou un bon mot. Autant d'occasions de dérapages aussi, que Christian Gravel s'évertuait à contrôler, à l'image de Manuel Valls pendant la campagne de 2012. Mais on ne s'adresse pas à un Président comme on peut le faire avec un candidat ; aussi, le plus souvent, c'est dépité qu'il assistait à ces échanges, contemplant, impuissant et désolé, la ligne Maginot de ce cordon devenu le symbole de sa défaite. Au retour de ces expéditions, il venait souvent se consoler dans mon bureau et nous finissions par rire de ses déboires. Chronique ordinaire de la communication présidentielle.

Normal ou pas, un Président doit aussi s'adresser directement à ses concitoyens : dans des occasions institutionnelles, qui peuvent devenir des rituels – les vœux de nouvelle année, la prise de parole le jour de la Fête nationale –, pour expliquer et s'expliquer, ou parce que la gravité du moment le commande. On touche là à une communication formalisée et organisée, dont la périodicité varie selon les hommes et leurs tempéraments, les époques et leurs modes, les « communicants » et leurs doctrines, les circonstances et leurs impératifs. Conférence de presse, entretien accordé à un journal télévisé, émission conçue pour l'occasion et allocution sont les quatre modalités d'intervention possibles. Techniquement la plus maîtrisable, cette dernière est pourtant celle pour laquelle Hollande a le moins d'affinités. Il y réussit d'ailleurs mal ; ses prestations sont toujours comme empruntées et décalées à la fois. Sa solennité et les circonstances souvent graves ou difficiles qui la justifient pourraient expliquer que l'allocution ne soit pas l'exercice de prédilection de François Hollande.

La véritable raison de sa défiance est à chercher ailleurs : pour donner le meilleur de lui-même, cet homme a besoin du regard de l'autre, dont il tire son inspiration et qui le soutient ; il lui faut une présence humaine et l'échange qu'elle permet, non seulement pour être à l'aise, mais pour raisonner. Face à l'œil noir de la caméra, le voilà désorienté, hésitant ; ses défauts sont accusés, il perd ses moyens devant ce Cyclope qui le fixe froidement, sans aucun affect, de son regard aveugle. Et c'est précisément pour cette raison qu'à l'inverse, la conférence de presse lui convient si bien : le voilà dans son élément – la discussion –, se jouant des questions posées, les retournant et les renvoyant à leur auteur, s'en amusant parfois, jonglant avec les chiffres et les arguments, désamorçant les polémiques, récusant les critiques, manifestant une vivacité et une alacrité qui font merveille et contrastent avec le cadre grandiloquent de la Salle des Fêtes de l'Élysée. Sans atteindre à la suprématie de Charles de Gaulle en la matière, inégalable, il livre là une prestation convaincante et séduisante.

Mais la conférence de presse présidentielle, même réussie, est – par nature – inaboutie : elle ne s'adresse en effet qu'indirectement aux citoyens, son public étant celui des journalistes accrédités pour y assister. Certes, les chaînes d'information continue la retransmettent désormais en direct, mais le Français « normal » n'en recueille le plus souvent qu'un écho diffracté, celui que les journaux télévisés et la presse écrite du lendemain lui répercuteront. Or la communication politique moderne se doit d'être à la fois de *masse* et de *proximité*. C'est bien ce qu'avaient parfaitement compris les deux grands précurseurs, les deux maîtres inégalés depuis. Franklin Delano Roosevelt, dont les *fireside chats* ont révolutionné la parole politique, lui offrant la possibilité nouvelle de se glisser dans l'intimité du plus reculé des foyers américains, permettant au Président d'expliquer et de justifier la politique du New Deal, puis l'intervention des États-Unis dans la Seconde Guerre mondiale[1]. Charles de Gaulle, immense politique, prodigieux comédien aussi, qui, de l'Appel du 18 juin 1940 à son allocution radiodiffusée du 30 mai 1968, en passant par le message radiotélévisé du 23 avril 1961, sans oublier ses exceptionnelles conférences de presse, a su combiner comme personne la verticalité et la concentration de la parole du souverain – il s'exprimait devant une chaîne de télévision unique – avec l'horizontalité et la décentralisation de cette parole – gage de la plus grande efficacité –, grâce à l'usage du transistor, dont la large diffusion lui garantissait de toucher tout un chacun et lui a permis, en particulier, en s'adressant directement aux appelés du contingent, de réduire le « putsch des généraux ».

Et aujourd'hui ?

À l'évidence, Internet offre une puissance de frappe inédite et accompagne nos vies dans chacune de leurs pulsations, répondant et correspondant ainsi parfaitement aux deux réquisits d'une communication présidentielle moderne. D'autant plus étrange est, par conséquent, la réticence profonde que François Hollande a longtemps marquée à l'égard de l'usage des réseaux sociaux. En dépit de nos démarches à répétition en ce sens, il aura toujours refusé la proposition de basculer sur une « présidence 2.0 ». Ni les notes internes, ni les plaidoiries, ni le soutien de personnalités extérieures n'auront entamé son hostilité un peu butée ; il aura fallu attendre le mois de janvier 2014 pour qu'enfin il donne son accord à la nouvelle organisation de sa communication et au déploiement du numérique que je lui recommandais. Certes, l'épisode ravageur du tweet de Valérie Trierweiler, en juin 2012, l'avait amené à envisager avec méfiance l'usage des réseaux sociaux.

1. Les trente interventions radiophoniques de Roosevelt, très opportunément rassemblées et publiées en 2013 (Franklin Delano Roosevelt, *Causeries au coin du feu. 1933-1944*, Bartillat), sont des exemples à méditer de simplicité et de puissance politique ; elles restent bien souvent d'une étonnante actualité.

La vraie raison de sa réticence était ailleurs : au fond, Hollande ne s'intéressait qu'aux relations avec la presse ; communiquer, pour lui, cela signifiait échanger avec des journalistes. Ainsi s'explique qu'il ait accepté pendant près de deux ans de ne pas disposer d'un pôle chargé de la communication digne de ce nom, toléré un organigramme incohérent, couvert de son indulgence des incompétences coupables, souffert des mises en images de lui-même calamiteuses, enduré les railleries récurrentes, et souvent justifiées, sur tous ces sujets. En refusant de nommer un responsable politique de la communication à ses côtés, il avait fait le choix, naturel chez lui, du désordre.

Dès le 5 décembre 2012, puis le 26 août 2013, au-delà des remarques orales faites presque quotidiennement, je couchai par écrit les solutions à apporter à cette situation anormale et préjudiciable. À chaque fois, il valida de sa main toutes mes propositions, qui ne furent néanmoins jamais appliquées en raison de l'impéritie du secrétaire général et de sa jalousie puérile. Ne souhaitant pas l'affronter, le Président éluda. Cela ne le gênait guère : tout ceci ne l'intéressait que par raccroc et, à la vérité, il souhaitait garder le contrôle de son expression.

Intimement convaincu de n'avoir rien à apprendre de qui que ce soit en la matière, il multipliait néanmoins les déjeuners « confidentiels » avec des « communicants » de ses amis – qui se dépêchaient bien entendu, conformément à ses vœux implicites, mais néanmoins très clairs, de le claironner à peine sortis de l'Élysée –, faisant mine de les écouter attentivement, opinant du bonnet, prenant des notes, renchérissant même sur leurs préconisations – des recommandations qui resteraient sans suite puisqu'il n'avait jamais envisagé un seul instant de les appliquer. Régulièrement, le samedi matin, je croisais deux d'entre eux, faisant antichambre, pareils l'un à un clown blanc et triste, l'autre à un auguste méridional. M'apercevant dans le vestibule, ils se levaient de leur canapé pour me saluer avec la déférence qu'ils pensaient encore me devoir, sans sembler percevoir le comique de la situation, désopilants avec leur esprit de sérieux.

Refusant de faire respecter ses instructions chez lui et sollicitant des comparses de l'extérieur, le Président avait choisi d'organiser la désorganisation de sa communication.

Il y parvint fort bien et chacun put le mesurer. Obnubilé par la presse et les journalistes, dans le secret de son bureau il continuait à multiplier les appels aux unes et aux autres, consultant compulsivement les dépêches de l'AFP et trouvant toujours une bonne raison – le calendrier, la conjoncture politique, l'actualité internationale… – pour refuser ou écarter par des manœuvres dilatoires toutes les propositions d'interventions un tant soit peu novatrices que Christian Gravel et moi-même pouvions lui suggérer, au gré de notes toujours lues et commentées, mais jamais mises en œuvre. Il se repliait systématiquement sur le classicisme le plus achevé : interviews sur le plateau d'un journal télévisé et émissions conçues *ad hoc*. Certain d'être le meilleur conseiller de lui-même, après avoir fait travailler tout le cabinet de l'Élysée à la préparation d'une émission télévisée, il finissait par distiller, seul, des formules que nous découvrions, Nicolas Revel, Emmanuel Macron et moi, comme tous les Français, assis devant notre poste de télévision.

Ainsi fûmes-nous tout étonnés d'apprendre, le 9 septembre 2012, à l'occasion d'un entretien au journal télévisé de TF1, qu'il avait la ferme intention d'« inverser la courbe du chômage d'ici un an ». Encore s'agissait-il là d'une marque de volontarisme en soi fort louable, même si elle nous parut sur le coup quelque peu téméraire. Témérité dont le Président prit d'ailleurs conscience lui-même, s'attachant dans ses interventions ultérieures à repousser cette échéance fatidique. Quelques mois plus tard, le jeudi 28 mars 2013, sur le plateau de France 2 cette fois, il commit l'erreur de reprendre à son compte la formule « boîte à outils », utilisée par David Pujadas pour désigner les instruments de politique économique mis en place par le gouvernement, ce qui lui valut les sarcasmes de tous et le surnom de « Monsieur Bricolage ». Comme toute maladresse, celle-ci avait un sens et révélait une vérité, en l'occurrence la conception instrumentaliste et quelque peu naïve – technocratique, pour tout dire – que se faisait le Président de l'économie : on forgeait des « outils », on les prenait en main, on s'appliquait à les manier avec sérieux, on bêchait, on binait, on resserrait quelques boulons, on procédait à des réglages et tout repartirait.

La gravité de la crise ? L'écartèlement de la société provoquée par la mondialisation ? La finance frappée d'hubris ? La confiance populaire entamée ? Le rapport de force avec le patronat ? La puissance des lobbies ? L'étau européen ? La saignée industrielle ? La paupérisation du pays ? *Exeunt*. Autant de données structurelles qui néanmoins allaient rapidement se rappeler à son bon souvenir.

Les choses se compliquèrent encore quand le Président se lança dans la prévision économique, sans en référer préalablement à qui que ce soit.

Le 14 juillet 2013, toujours devant notre poste de télévision, nous apprîmes ainsi que « La reprise, elle est là ». Nous l'ignorions, Nicolas, Emmanuel et moi, mais nous n'étions que les secrétaires généraux adjoints de l'Élysée et le conseiller politique du Président, et ceci devait certainement expliquer cela. Ensuite, avec une régularité métronomique, le Président continua de nous rassurer, chaque jour de Fête nationale : « La reprise, elle est là, mais elle est trop faible », le 14 juillet 2014 ; suivi, un an plus tard, d'un réconfortant « La croissance, elle est là ». Persévérant dans son être, le chef de l'État acheva de nous tranquilliser, le jeudi 14 avril 2016, de cette sentence désormais passée à la postérité : « Ça va mieux. » Autant de péripéties de la communication présidentielle, autant de signes révélateurs, aussi, de ce qu'est cet homme et de sa conception performative de la parole politique.

Le politique doit enfin s'attacher à connaître la société qu'il veut transformer – ses enjeux, ses blocages, ses perspectives –, à comprendre les problèmes, les attentes, les préoccupations, les colères et les frustrations de ses concitoyens, leurs aspirations, leurs vœux et leurs espérances aussi. Un moyen précieux d'y parvenir sont les études d'opinion, qu'elles soient quantitatives – les « sondages » – ou qualitatives – enquêtes, panels, verbatim. En arrivant à l'Élysée, j'avais reçu le suivi des sondages et autres études dans mon escarcelle de conseiller politique. Avec toutefois ce bémol assez cocasse : je n'avais la possibilité d'en commander aucun, le Président ayant décidé de supprimer purement et simplement la ligne de crédit dédiée à cette fin et jusque-là inscrite au budget élyséen.

Sage décision, en vérité.

Très vite, il apparut en effet qu'en cumulant les sondages réalisés régulièrement par le Service d'information du gouvernement – certes service du Premier ministre, mais dont la production pouvait intéresser le chef de l'État – et ceux commandés par la presse – fort nombreux et portant sur presque tous les sujets, d'actualité ou de fond –, nous disposions d'une masse d'informations suffisante pour appréhender les évolutions de la société autant que l'état de l'opinion. Encore fallait-il les exploiter correctement. En la matière, les règles à respecter sont simples et peu nombreuses : le tout est de ne jamais omettre de les suivre. Maintenir une neutralité épistémologique à l'égard de ces sondages : ne les considérer que comme ce qu'ils sont et doivent rester – des instruments d'analyse –, et ne pas les ignorer, ni les sacraliser. Toujours privilégier, quand cela est possible, les outils les plus anciens et les mieux connus, ceux pour lesquels le recul est le plus grand – gage de fiabilité. N'apprécier une évolution – cote de popularité, intentions de vote, jugements portés sur une personnalité, un fait ou une donnée politique – qu'en tendance, à l'occasion de plusieurs mesures, et de préférence sur la foi de plusieurs indicateurs. Surtout, ne rien projeter de soi sur le résultat obtenu, éviter le préjugé qui aveugle, ne pas refuser d'entendre la *vox populi* sous prétexte que son message vous heurte ou vous déplaît : le principe de précaution vaut aussi en politique et il faut savoir prêter l'oreille à la prophétie du malheur, écouter et entendre Cassandre. Il ne s'agit pas là de considérations théoriques, mais d'écueils politiques bien réels, sur lesquels peuvent venir se fracasser les plus beaux espoirs.

L'exemple le plus tragique de l'incapacité à comprendre le péril qui vient et à saisir l'alerte donnée se produisit le 16 avril 2002[1]. Ce jour-là, dans la salle de réunion de l'Atelier – le siège de la campagne présidentielle de Lionel Jospin – où se tenait le conseil politique du candidat, Gérard Le Gall, responsable des études d'opinion et orfèvre en la matière, prit la parole pour sonner le tocsin : compte tenu des marges d'erreur inhérentes aux sondages, le risque d'une élimination du candidat socialiste par celui du Front national devenait statistiquement envisageable et devait, par conséquent, être politiquement considéré. À cinq jours du funeste premier tour, tout était encore possible : appeler la gauche à l'unité autour de son principal représentant, rappeler l'enjeu de l'élection – désigner un président de la République –, dramatiser celui du premier tour, mettre en garde sur la menace Le Pen, souligner la responsabilité de chacun face à celle-ci, prendre une initiative politique pour alerter les Français sur le danger d'une élimination de Jospin dès le premier tour.

Alors que la discussion s'engageait, le député de Loire-Atlantique, maire de Nantes, président du groupe socialiste à l'Assemblée nationale, Jean-Marc Ayrault, y coupa court en donnant à voir sa maestria et sa *vista* politiques d'une sentence lumineuse : « Si le

1. Cette scène d'anthologie et d'autres sont gravées dans *Comme un coup de tonnerre* (2002), documentaire de Stéphane Meunier et Jérôme Caza, triste chronique d'une catastrophe (tardivement) annoncée.

moindre espace existe pour utiliser cet argument, c'est un argument de perdant, je vous déconseille de l'utiliser et même d'en parler. »

On suivit son conseil, on n'utilisa pas l'argument, on n'en parla même pas et la gauche perdit son candidat.

À la vérité, cet aveuglement mortel face à ce qui dérange, ce déni d'une réalité qui vous contrarie et contredit vos convictions ou vos certitudes, n'est l'apanage de personne ; il est même la chose la mieux partagée, surtout à gauche. Trois mois avant le désastre des élections municipales de 2014, je pus le vérifier une nouvelle fois lorsque j'invitai à s'exprimer, au cours de la réunion hebdomadaire du cabinet du Président, le vendredi 20 décembre 2013, Bernard Sananès, alors président de l'institut CSA. Parmi tous ses collègues qui m'apportaient régulièrement, très cordialement, et bénévolement, leur éclairage sur l'état de l'opinion, je l'avais choisi parce que, n'étant pas de sensibilité de gauche, il m'avait semblé que, devant un tel auditoire, sa parole aurait été moins convenue. L'intitulé de son exposé était : « Autoportrait d'une France en déclin ».

Crise sans précédent, perspective du déclin, peur du chômage, appauvrissement, accroissement des inégalités, sentiment d'abandon, défiance généralisée : ce sombre constat était équilibré par une conclusion politique soulignant le dynamisme des Français, leur attachement profond à la France et à son modèle social, des citoyens encore pénétrés de l'idée de progrès, préoccupés mais combatifs, refusant de baisser les bras, croyant toujours en la politique et eux-mêmes engagés et mobilisés. Bref, un tableau très ressemblant de notre pays, tel qu'on peut l'appréhender par les enquêtes et les études sociologiques. Tableau complété par une typologie de la société française mettant en lumière un bloc évalué à 31 %, celui de « la France amère », qu'il n'était pas nécessaire d'être docteur en sciences politiques pour identifier comme étant celui du Front national.

Une fois le délai de décence passé, les interrogations et les objurgations fusèrent en direction de Sananès, exprimant sans retenue l'incompréhension et le scepticisme des participants : comment pouvait-il se trouver, dans la France de François Hollande, près d'un tiers de citoyens attachés à l'égalité et révoltés par l'aggravation des inégalités, indignés par l'assistanat et la fraude aux aides sociales, tétanisés par la perspective du chômage, scandalisés par la précarité du travail, inquiets pour l'identité de la France, craignant de devenir pauvres et – quelle impudence ! – tentés par le Front national ou votant pour lui ? N'avaient-ils donc rien compris à l'action de redressement engagée par le Président ? La parole se libérant à mesure que les admonestations et les critiques méthodologiques – « Êtes-vous bien sûr de vos chiffres ? »… – se faisaient jour, la Salle des Fêtes où nous étions réunis ressembla rapidement à une basse-cour retentissant des piailleries de cette gauche de cabinet qui ne voulait rien savoir, rien entendre, seulement continuer à caqueter dans son douillet entre-soi.

Raccompagnant mon hôte jusqu'au vestibule et lui présentant mes excuses pour cet étalage de suffisance et d'insuffisance – avec tact, il me glissa, dans un sourire, que c'était là le lot de son métier –, je pensai que non seulement notre défaite aux municipales était inéluctable, mais qu'elle serait sévère et méritée.

Et, *a contrario*, je mesurai aussi la force d'âme de l'homme Hollande. Lui qui, chaque semaine, devait souffrir la blessure rouverte périodiquement de sondages sans cesse plus mauvais, acceptait toujours de les lire et de les commenter avec moi, sans gêne ni colère, avec calme et détachement. Impavide et attentif, il analysait, détaillait, décortiquait leurs résultats comme s'ils concernaient un autre, comme s'il s'agissait de la politique d'un autre, essayant de comprendre sans les juger ceux qui l'accablaient, avec une forme d'indifférence à la morsure de la critique et de sensibilité à la pertinence de celle-ci qui ne pouvaient que forcer l'admiration.

Son endurance face à l'adversité, celle des mauvaises nouvelles comme celle des attaques bien ajustées, est comparable à celle du boxeur que se doit d'être tout politique. Comme la boxe, la politique est un art du combat consistant à porter des coups tout en en recevant le moins possible, à ménager ses forces tout en amenant l'adversaire à dilapider les siennes, à savoir frapper mais surtout encaisser ; comme la boxe, elle est « l'art leibnizien d'obtenir avec le minimum de forces le maximum d'effets possibles[1] ».

François Hollande est un grand boxeur, un de ces athlètes politiques complets possédant une diversité de qualités dont seule la présence simultanée chez la même personne fait de celle-ci un champion : l'endurance, donc ; la capacité à trouver, dans l'épreuve, ce « second souffle », respiration faite de régularité et de profondeur, qui transcende le combattant, libère son corps, lui confère une relative insensibilité à la douleur, et ainsi lui permet de tenir la distance ; la mentalité primitive, sauvage, archaïque, même lorsqu'elle est dissimulée sous la bonhomie, de celui qui est nécessairement un solitaire parce qu'il est un tueur – telle est la signification précise d'accepter de monter sur un ring de boxe : vouloir non pas vaincre, gagner le match, mais éliminer, c'est-à-dire tuer, celui qui fixe ses yeux dans les vôtres au moment d'engager le combat, marque de défi, et promesse d'un affrontement sans merci ; l'aptitude à *lire* son adversaire – comme on dit d'un matador qu'il *lit* son taureau –, c'est-à-dire à connaître ses forces, ses points faibles, à deviner ses intentions secrètes, à comprendre sa manière de lutter, à anticiper ses coups – aptitude qui permet de le dompter et de le manipuler, de l'amener là où on le souhaite, de le fatiguer aussi ; la maîtrise de l'esquive, essentielle pour se préserver, et de la feinte, pour abuser l'autre

1. À ce sujet, lire la passionnante *Histoire de la boxe*, Bartillat, 2002, que le grand spécialiste de Kant, Hegel et Descartes, Alexis Philonenko, a consacrée au *noble art*, d'où est tirée cette citation (p. 64) et dont s'inspirent les lignes qui suivent. Plus récent, l'émouvant *Boxing-Club* de Daniel Rondeau, Grasset, 2016.

et l'amener à se découvrir ; la puissance, la vitesse et la précision du coup porté, qui donnent son sens et sa singularité au *punch* ; la chance, enfin, celle qui offre la victoire par *knock-out* sur un coup heureux – le mythique et pourtant bien réel (en particulier pour celui qui l'encaisse) *lucky punch*.

Tout champion – surtout s'il est grand – a besoin d'entraînement, physique et mental. Très vite s'est donc imposé le *sparring-partner*, le boxeur qui va donner la réplique et permettre de se préparer au mieux en attendant le grand jour. Tout champion – surtout s'il est dur aux coups – a besoin de soutien, de réconfort, de soins le cas échéant. C'est là le rôle du *coach*, celui qui accompagne, qui veille sur le bien-être corporel et psychologique.

À l'égard de son champion, le conseiller politique doit tenir les deux rôles à la fois – c'est en tout cas ainsi que j'ai continûment envisagé cette fonction. Comme le *sparring-partner*, il ne doit rien épargner au prétendant au titre et savoir l'acculer dans les cordes, si nécessaire ; il est là pour faire mal, pour cogner une fois, deux fois, dix fois, sur la zone sensible – les classiques crochets du gauche au foie –, et puis décocher la flèche soudaine, qui surprend et coupe l'élan – le terrible *uppercut* qui cueille l'imprudent ayant relâché sa garde et l'envoie au tapis. Comme le *coach*, son rôle est d'entourer, de protéger, d'encourager, de panser les plaies aussi ; il est là pour faire du bien, pour écouter, consoler, stimuler, dire sa confiance ; pour répéter une fois, deux fois, dix fois, les paroles qui rassurent, effacent la douleur, chassent la peur et permettent de remonter sur le ring.

Dans cette singulière position de conseiller politique, la tentation existe – c'est l'évidence – de privilégier la dimension de *coaching*, gratifiante, sur celle de *partner*, dure et usante pour les deux parties : prudence qui permet aussi, aux opportunistes, de préserver leurs chances de carrière. Car personne n'aime recevoir des coups, même administrés avec bienveillance ;

encore moins un homme parvenu au faîte du pouvoir et, à ce titre, légitime à considérer qu'il est le meilleur – c'est là une donnée psychologique avérée. Qui plus est, à l'amitié et à l'estime portées à la personne que l'on assiste – pouvant, à elles seules, pousser à retenir ses coups et à l'épargner – viennent souvent s'ajouter l'inévitable lassitude et le sentiment d'impuissance, nés de la répétition des échecs et des conseils restés vains, qui contribuent à l'installation d'une forme de découragement.

D'une nature robuste et tenace, je ne me suis jamais découragé ; par conséquent, jusqu'à la dernière minute de mon mandat de conseiller politique, j'ai – délibérément, régulièrement, soigneusement, méthodiquement, méticuleusement, consciencieusement, minutieusement, scientifiquement – cogné sur le Président ; et j'ai certainement fini par en payer le prix. Si je l'ai fait, c'est par devoir ; avec application toujours, avec plaisir jamais. Et le Président a toujours pu compter sur mon soutien et trouver le réconfort dont il avait besoin dans l'épreuve. J'ai ainsi honoré mon contrat et j'en suis fier.

Comme un championnat du monde de boxe, catégorie poids lourds, une élection présidentielle se prépare longtemps à l'avance ; elle se gagne d'abord grâce à la stratégie, puis par la tactique et enfin dans le corps à corps.

La victoire de François Hollande sur Nicolas Sarkozy en 2012 rappelle, par bien des aspects, celle de Mohammed Ali[1] sur George Foreman, acquise lors du match de légende qui les opposa, le 30 octobre 1974, à Kinshasa[2].

---

1. Sur le personnage hors du commun et le boxeur de génie que fut Ali, lire le beau livre qu'Alexis Philonenko lui a consacré, *Mohammed Ali. Un destin américain*, Bartillat, 2007.

2. Le captivant documentaire de Leon Gast, *When We Were Kings* (1996), permet de prendre la mesure de l'intelligence d'Ali comme de son sens politique, et de saisir toute la beauté de ce combat mythique, dont Alexis

Foreman était alors le champion du monde en titre, un boxeur tout en puissance, sûr de lui et de sa force, véritable colosse alors invaincu en 40 combats, dont 37 remportés par K-O, ses adversaires successifs toujours balayés avant la troisième reprise. De sept ans son aîné, Cassius Clay, devenu Mohammed Ali en 1965 après avoir rejoint Nation of Islam, une première fois champion du monde en 1964, puis déchu de son titre et interdit de combat pour avoir refusé de faire la guerre au Vietnam – il ne boxera pas pendant 43 mois –, était le challenger ; doué d'un jeu de jambes unique – il lui arrivait de littéralement danser sur le ring –, il déployait un style virevoltant qui le rendait bien souvent insaisissable ; puissant comme le poids lourd qu'il était, il disposait de la vitesse d'un poids moyen[1] ; jugé par beaucoup fantasque et irrégulier, il ne partait pas favori dans cette finale face à un Foreman considéré par la plupart comme imbattable ; mais intelligent et calculateur, il était « capable d'imaginer une stratégie mêlée de tactique[2] », ce qu'il avait lui-même revendiqué en jetant à la face de tous : « Je suis un scientifique ! Je suis un artiste ! J'ai une stratégie ! »

Il allait le prouver.

Philonenko a donné une analyse fine, *Histoire de la boxe*, *op. cit.*, IV, chap. 4, « L'apothéose de la légende des Noirs ».

1. Pour juger de cette combinaison inédite de puissance et de vitesse d'exécution, on peut admirer son célèbre *phantom punch*, le coup « invisible » qui permit à Ali de confirmer son titre de champion du monde, conquis un an plus tôt, en mettant au tapis, dès la 2e minute du 1er round, son challenger Sonny Liston, monté sur le ring sous les acclamations de la foule et ressorti, moins de cinq minutes après, défait. Exécuté sans avoir été au préalable armé, assené de haut en bas, ce direct du droit foudroyant fut porté avec une telle rapidité que, sur le moment, la plupart des spectateurs et des journalistes ne le virent tout simplement pas ; beaucoup crièrent au scandale et dénoncèrent un match truqué, accusant Liston de s'être « couché ». Seul le ralenti permet de saisir la fulgurance de ce coup de maître. C'était le 25 mai 1965 et ceux qui ont eu la chance d'assister à cette punition ne s'en sont toujours pas remis.

2. Alexis Philonenko, *op. cit.*, p. 423.

Il savait que tout combat se gagne autant avant l'affrontement que pendant le duel. Arrivé à l'avance au Zaïre, Ali met à profit le report du match dû à une blessure de son adversaire survenue à l'entraînement pour multiplier les courses de fond, indispensables à qui veut trouver le « second souffle » ; il a compris, en analysant le cas Foreman, que son point fort est aussi le défaut de sa cuirasse : n'ayant jamais boxé au-delà de la troisième reprise, il se fatiguera si la confrontation se prolonge. Pour déstabiliser son adversaire, et conformément à son habitude, Ali use de la provocation en déclarant, dans cette ancienne colonie belge, à propos de Foreman : « C'est un Belge. » Il se fait le héraut du Black Power et la foule africaine le soutiendra en hurlant « Ali, bomaye ! » (« Ali, tue-le ! »).

Lui aussi challenger, le champion de la gauche n'était pas en reste ; grâce à la primaire, il s'était entraîné pendant six mois, avait suivi une préparation physique et mentale rigoureuse. Jusque-là tout en rondeurs et rigolard, François Hollande avait maigri et ne plaisantait plus. Sans avoir lu l'*Alcibiade* de Platon, il savait qu'on ne peut prétendre gouverner les autres que si l'on sait se gouverner soi-même. Il avait pris la mesure de l'épreuve et s'y était préparé, avec discipline et application. Il avait rallumé les soleils de la gauche et réussi à fixer l'image de « Sarkozy, Président des riches » ; la vague de l'antisarkozysme le portait.

Comme tout tenant du titre qui se respecte, et confiant, comme Foreman, en sa puissance, Nicolas Sarkozy est entré le dernier en lice, au mois de mars 2012, faisant patienter son challenger depuis la fin janvier, après le lancement de sa campagne au Bourget. George Foreman avait fait de même à Kinshasa, laissant Mohammed Ali monter le premier sur le ring. Discrètement, celui-ci en profita pour faire détendre les cordes. Cette astuce, dont Foreman et son coach ne se rendraient compte que trop tard, allait permettre à Ali de prendre Foreman à contre-pied, désorientant les commentateurs comme les 100 000 spectateurs qui clamaient son nom dans la nuit africaine[1] : au lieu de pratiquer, comme il l'avait proclamé avant la rencontre, son habituelle boxe rapide et mouvante, il allait, dès la deuxième reprise, s'adosser aux cordes, y camper, s'y installer, et, bien protégé par sa garde serrée, attendre que son adversaire se fatigue à balancer des crochets aussi larges que vains.

À l'abri, lui, de ses « 75 % », Hollande aussi économisait son énergie et se contentait de boxer en contre, Sarkozy s'épuisant à lancer des attaques de plus en plus violentes – que l'on se rappelle son message télévisé d'avant le second tour[2] – et de moins en moins efficaces.

Pour la première fois de sa carrière, Foreman connut la désagréable surprise et le désappointement de devoir boxer au-delà du troisième round, comme Sarkozy dut encaisser l'humiliation de n'arriver qu'en deuxième position le soir du premier tour. À compter de la cinquième reprise, désemparé, de plus en plus essoufflé, le tenant du titre commença à subir la loi d'Ali, qui le pilonnait de ses *jabs*[3] fameux.

À la dernière minute du huitième round, la fatigue aidant, l'ouverture se fit, une occasion qu'Ali ne laissa pas passer : dans un enchaînement d'un classicisme achevé, après un violent crochet du gauche il terrassa son adversaire d'une droite splendide – celle qu'Ali appelait son *anchor punch* – qui vint écraser la face de Foreman – semblable à la tape donnée sur le museau d'une vache pour l'écarter et la ramener à de meilleures intentions –, lui infligeant le premier et seul *knock-down* de sa carrière,

1. Afin que le match puisse être suivi aux États-Unis dans la soirée, il débuta à 4 heures du matin, heure locale.
2. Dans lequel il n'hésita pas à attiser les peurs et à flatter le Front national.
3. Coup de poing direct (du gauche pour un droitier), équivalent du *oi-zuki* en karaté, le *jab* sert soit à tenir à distance son adversaire ou à le gêner, soit, lorsqu'il est assez puissant pour cela, à le marquer et à l'affaiblir. C'était l'arme favorite d'Ali.

s'emparant, exploit alors sans précédent, de la ceinture de champion du monde des poids lourds dix ans après son premier titre, et entrant ainsi dans l'histoire de la boxe[1].

Hollande non plus ne laissa pas passer sa chance et sut porter le coup fatal : quand, à la 136e minute du duel télévisé d'entre-deux-tours, Laurence Ferrari lui demanda : « François Hollande, quel président comptez-vous être ? », il assena à un Sarkozy groggy son *lucky punch* à lui, l'anaphore qui le ferait entrer à l'Élysée : « Moi, président de la République… » Le débat pouvait bien durer encore 32 minutes, le match, lui, était fini.

Beaucoup se sont interrogés sur cette anaphore : avait-elle été préparée ? Ou bien était-elle le fruit de l'inspiration du moment ? Coup de com' ou coup de maître ? Coup de chance ou botte secrète ? À la vérité, comme tout coup gagnant, l'anaphore de Hollande tenait aux circonstances de cette soirée du 2 mai, mais elle venait de loin, de l'après-midi du 22 janvier. Bien entendu, il avait fallu la perche tendue par la journaliste, la présence d'esprit du candidat, la passivité étonnante de son adversaire pour qu'elle puisse jaillir. Mais comment ne pas reconnaître, dans ses quinze occurrences, le retour dans la bouche du futur Président des vingt reprises de la formule « Présider la République, c'est… » – c'est-à-dire une autre anaphore, celle qui avait ouvert le discours du Bourget ? La mémoire et l'habileté de s'en servir à bon escient : tel est le secret de ce coup de Jarnac. Comme un match de boxe, un combat politique se gagne par la force et par la ruse.

La force et la ruse : depuis Machiavel, la tradition philosophique, prolongeant la distinction fondatrice entre corps et esprit, voit là les deux moyens propres au politique.

1. Pour rendre à Foreman l'hommage qu'il mérite, rappelons qu'il est lui-même le seul boxeur de l'histoire à avoir reconquis, le 5 novembre 1994, à l'âge de 45 ans, son titre mondial perdu vingt ans plus tôt.

Pour conquérir et conserver le pouvoir, le prince doit ainsi se faire tantôt lion tantôt renard[1]. En dépit de sa présentation équilibrée de l'appariement complémentaire et nécessaire entre ces deux ressources de la politique, Machiavel fait l'éloge de la ruse. Le maître florentin rejoint là le sens commun qui valorise celle-ci plus que la force. Pour le plus grand nombre, et cela dès l'Antiquité, la ruse est en effet la quintessence de l'intelligence, un de ses usages privilégiés et son accomplissement, l'intelligence poussée à son paroxysme, révélée à elle-même et aux autres. De tous les Achéens, les Grecs reconnaissaient Ulysse comme le plus valeureux et le meilleur de leurs guerriers, car celui doté de la *mètis* – la ruse –, et nous ont légué en héritage cette belle figure, celle d'*Odysseus Polutropos*, « l'homme aux mille ruses », « aux mille tours », « aux mille visages » – devenue depuis l'incarnation de l'intelligence de l'homme[2].

Intelligence de calcul et d'anticipation, la ruse suppose la souplesse, la capacité d'adaptation, l'habileté, l'ingéniosité et la créativité. En ce sens, elle a directement partie liée avec la guerre : elle est manœuvres – celles auxquelles on se livre avant et pendant la bataille – et stratagèmes – *strategema*, la ruse du *strategos*, le général en chef grec[3]. Avec le Mal aussi, et c'est là que les choses se compliquent. L'astuce, c'est, avant même l'ingéniosité, l'*astutia*, l'adresse à tromper son prochain en vue de lui nuire ou d'en tirer quelque avantage ; et la rouerie, définie comme l'action pleine de ruse et de dissimulation, est une finesse et une habileté sans scrupule. La ruse est bien

1. Machiavel, *Le Prince*, *op. cit.*, chap. XVIII, « Comment les princes doivent garder leur foi ».

2. Cette incarnation millénaire et toujours actuelle de l'intelligence humaine a été dépeinte par Gabriel Audisio, dans son beau livre, érudit et personnel à la fois, *Ulysse ou l'intelligence*, Gallimard, coll. « Les Essais », 1945.

3. Comme l'a exprimé très nettement Carl von Clausewitz : « À première vue, il n'est pas injuste que la stratégie ait tiré son nom de la ruse. La guerre a eu beau changer profondément en surface et en profondeur depuis l'Antiquité grecque, ce nom en indique pourtant la nature la plus profonde », *De la guerre*, chap. X, « La ruse ».

une forme de malice, c'est-à-dire de malignité. Elle est faite de simulation et de dissimulation – le subterfuge, dont elle use, est le *subterfugium*, la fuite en cachette –, d'opportunisme et de duplicité.

On reconnaît là les deux premiers des cinq fameux préceptes posés par Mazarin : « Simule. Dissimule[1]. » Depuis le XVIe siècle, l'art du gouvernement est en effet identifié comme un art de la dissimulation : « Qui ne sait pas dissimuler ne sait pas régner[2]. » Mais aussi, on l'oublie trop souvent, de la simulation, comme l'avait souligné Machiavel : « Il faut (...) être grand simulateur et dissimulateur : et les hommes sont si simples et ils obéissent si bien aux nécessités présentes que celui qui trompe trouvera toujours qui se laissera tromper (...). À un prince il n'est donc pas nécessaire d'avoir toutes les susdites qualités, mais il est bien nécessaire de paraître les avoir[3]. » La frontière entre la ruse et la fourberie est ténue.

Vif d'intelligence, calculateur de méthode, souple de caractère, solitaire et secret de personnalité, indéchiffrable d'intentions et ondoyant de comportement, François Hollande est la figure de la ruse politique. Et même de la suprême ruse, celle qui consiste à faire croire à l'absence de ruse, à se faire passer pour simple et à donner à penser à l'adversaire qu'il est plus intelligent que vous : la ruse de ne pas paraître rusé.

« Flanby », « Fraise des bois », « Pépère », « Capitaine de pédalo », « Monsieur petites blagues », « Guimauve le Conquérant », « Culbuto », « Un bouchon flottant sur l'eau et ballotté par les flots »... Nombreux sont ainsi ceux qui l'ont sous-estimé

---

1. Cardinal de Mazarin, *Bréviaire des politiciens* (1684), Arléa, 1996, p. 133.

2. Gabriel Naudé, *Considérations politiques sur les coups d'État* (Rome, 1639), Gallimard, 2004, cité par Pierre Rosanvallon, *Le Bon Gouvernement*, Seuil, coll. « Les livres du nouveau monde », 2015, p. 191.

3. Machiavel, *op. cit.*, chap. XVIII.

et qui l'ont payé, souvent au prix fort. Plus que sa méthode, la ruse est sa nature. Première ou seconde nature ? Peu importe, lui seul – et sa famille, peut-être ? – le sait. Et puis, Blaise Pascal nous l'a appris : « La coutume est une seconde nature, qui détruit la première. Mais qu'est-ce que nature ? Pourquoi la coutume n'est-elle pas naturelle ? J'ai grand peur que cette nature ne soit elle-même qu'une première coutume, comme la coutume est une seconde nature. » Certainement a-t-il aiguisé sa ruse depuis l'enfance, afin d'échapper à l'emprise paternelle, tel le cerf usant d'un détour – d'une *ruse* en langage de vénerie – pour échapper à ses poursuivants.

Rusé, Hollande l'est par nature et par culture, par complexion et par choix. C'est là son talent et sa limite. En politique, la ruse sans la force condamne en effet à l'impuissance.

Certes, elle peut contribuer, et parfois de façon décisive, à la conquête du pouvoir. Encore que si la ruse au service d'une tactique peut contribuer à remporter une bataille, seule la force inscrite dans une stratégie permet de gagner la guerre. Toujours est-il que si la conquête du pouvoir est belle, enthousiasmante souvent, elle ne résume pas la politique, loin s'en faut. On juge l'homme politique non à la conquête du pouvoir, mais à la manière dont il l'exerce et à la façon dont il parvient – ou pas – à le conserver. Or pour exercer le pouvoir, il faut la force. La ruse pour la ruse est vaine.

Un premier facteur vient ruiner l'intérêt de la ruse envisagée pour elle-même, et la vider progressivement de sa substance : le temps. Par nature, la ruse est faite pour surprendre, désorienter, déstabiliser et décontenancer. Par nature, elle est donc éphémère, car on ne saurait être longtemps surpris par une même chose. Les avantages qu'elle confère sont donc temporaires. Avec le temps, elle épuise ses effets. Plus grave encore : renouvelée trop souvent, utilisée comme un instrument de gouvernement, elle inquiète le citoyen, lui fait perdre ce qui n'a pas de prix mais tant de valeur pour un gouvernant : la confiance, sans laquelle la direction d'un pays devient périlleuse, puis impossible. Et c'est là chose logique, car le recours répété à la ruse trahit la faiblesse et non la force, comme nous l'a appris Fénelon : « La vraie habileté consiste à n'avoir jamais besoin de tromper, et à réussir toujours par des moyens honnêtes. Ce n'est que par faiblesse (...) qu'on a recours à la ruse[1]. »

Plus au fond des choses, si la ruse est utile, parfois précieuse, dans le champ de *la* politique, elle n'est que de peu d'intérêt pour *le* politique[2].

La politique est une activité humaine, contingente si elle est universelle, s'inscrivant dans un contexte historique donné, s'exprimant à travers des institutions variables dans le temps, révélant et sublimant le fond de l'âme humaine. La finalité de la politique est de conquérir le pouvoir, de gagner les élections, de l'emporter sur l'adversaire, de se maintenir aux affaires. Un art de gouverner, dans le meilleur des cas.

Le politique est une orientation vitale de l'existence humaine, une catégorie de celle-ci sans laquelle l'homme ne serait plus homme, une essence ayant une fin propre – la concorde et la sécurité – et disposant d'un moyen spécifique – la force. La mission du politique est d'imaginer le bien, de le concevoir, et d'y travailler ; dans le même temps où il doit se montrer capable de penser le mal et de le prévenir, d'empêcher sa survenue.

---

1. Fénelon, dialogue entre Richelieu et Mazarin, in *Dialogues des morts*. Il en va de même du théoricien de la guerre : « Plus faibles sont les forces dont dispose le commandement stratégique, plus celui-ci aura besoin de la ruse », Carl von Clausewitz, *De la guerre, op. cit.*

2. Sur cette distinction, sur la nature du politique, sur ses présupposés, ses finalités, ses moyens privilégiés (sur la comparaison entre la force et la ruse, notamment), voir le maître livre de Julien Freund, *L'Essence du politique*, Sirey, 1965.

Au regard du politique, dans l'exercice du pouvoir et dans la conduite de l'État, la ruse ne suffit plus.

Il y faut impérativement de la force, et même beaucoup de force. Le nombre des adversaires à affronter est grand, leur détermination entière. Les résistances, nombreuses – celles de la société, des intérêts, des partis, des partenaires sociaux, celles de l'État aussi, son administration, ses grands corps. Les obstacles qui sans cesse surgissent devant le pouvoir ne peuvent être systématiquement contournés, ni les difficultés esquivées ; il faut savoir abattre les uns et résoudre les autres. Pour toutes ces raisons, en politique la ruse ne peut être que l'auxiliaire de la force ; la force prime, même si la ruse peut se révéler parfois précieuse. Ulysse lui-même n'était pas que le plus rusé des Grecs ; il était aussi un de leurs guerriers les plus forts, solidement charpenté, aux muscles saillants, aux épaules larges et au torse massif, un combattant puissant et redouté, un nageur endurant, un véritable athlète réussissant à bander l'arc – ce qu'aucun des cent vingt-neuf prétendants de Pénélope n'était parvenu à faire.

Face à Merkel, pas de ruse possible. Contre la finance, pas d'astuce concevable. Avec la Commission européenne, aucun stratagème disponible. Dans la confrontation avec Mittal, pas de subterfuge. Pour surmonter le conformisme des élites dirigeantes, pas d'esquive. Il fallait affronter. Déplaire. Crisper. Rompre avec tant d'habitudes, de routine, d'anciennes compromissions. Remettre en cause des situations acquises de longue date. Engager et construire un rapport de force. C'est à ce prix que l'on aurait pu faire ce que l'on avait annoncé et ce pour quoi l'on avait été élu : renégocier réellement le traité budgétaire européen, réorienter réellement le cours de l'Europe, reconsidérer réellement la relation franco-allemande, remettre réellement la finance dans le droit chemin, celui du service de l'économie, redresser réellement notre industrie, relancer réellement l'activité et l'emploi, replacer réellement la jeunesse au centre de nos priorités, reconstruire réellement une école de l'égalité et de l'exigence, réformer réellement notre fiscalité.

Rien de cela n'était impossible. Tout a été gâché. Et pourtant, en 2012, nous détenions bien des puissances : la présidence, le gouvernement, l'Assemblée nationale et même le Sénat, les régions, les départements, les villes.

Ne nous manquait que l'essentiel : la force. C'est-à-dire la volonté. Celle d'exercer le pouvoir.

Un pouvoir regardé comme encombrant, comme en excès – en excès, oui : trop de pouvoir pour ce qu'on avait réellement l'intention d'entreprendre. Un pouvoir considéré comme un intrus.

Cette défiance n'était pas seulement affaire de personnalité – la pusillanimité de François Hollande, c'est un point acquis, s'y prêtait. Ni même de convictions – le libéralisme et l'européisme du Président y contribuaient puissamment, la chose était entendue. C'était aussi une affaire de moment politique, de vision politique, de génération politique – la « génération Mitterrand » –, d'idéologie, en fait. Jacques Rancière a caractérisé ce moment ouvert en 1988, avec la réélection de François Mitterrand, ce moment de la « fin de la politique », de ce renoncement consistant à « abandonner les illusions attachées au pouvoir, à la représentation volontariste de l'art politique comme programme de libération et promesse de bonheur (...). À ce temps qui n'est plus divisé par la promesse devait correspondre un espace libéré de la division. L'idiome gouvernemental l'appelle volontiers *centre*. Ce n'est pas la désignation d'un parti au milieu des autres mais le nom générique d'une nouvelle configuration de l'espace politique[1] ».

L'abandon de l'ambition, l'érection du centre en nouvel idéal politique : tout est dit.

1. Jacques Rancière, « La fin de la politique ou l'utopie réaliste », in *Aux bords du politique*, 2e édition, La Fabrique, 1998, pp. 19-20. C'est Rancière qui souligne.

Tels sont le paradoxe et la contradiction intime de cette gauche qui aime à se qualifier « de gouvernement ». Elle n'a de cesse de se parer des atours de la « responsabilité » et de réclamer le pouvoir. Puis, quand elle l'obtient, son premier mouvement, en toute hâte, est de s'en défaire. De manière récurrente, elle accuse « l'autre gauche », la gauche de « contestation », qu'elle décrit comme immature, de ne pas vouloir se frotter aux réalités, d'éprouver le « remords » du pouvoir[1], de se complaire dans une logique et une culture d'opposition stériles et puériles ; dans le même temps où elle se présente, elle, comme la gauche réaliste, celle qui veut « réformer » et, à ce titre, revendique l'exercice du pouvoir. Mais quand elle l'obtient, le pouvoir, elle ne l'exerce pas ; elle se contente de « gérer ». Elle confond exercer le pouvoir et gérer les affaires du pays.

Le pouvoir n'est pas la gestion.

Pour servir d'étendard à cette gauche libérale et, parallèlement, pour tenter de discréditer ceux qui ne se résignent pas, un mot a été dévoyé : réformisme. Ainsi, y aurait-il, d'un côté, les « réformistes » et, de l'autre… Qui d'ailleurs ? Car dans l'histoire politique, le réformisme s'oppose à la révolution comme mode de conquête et d'exercice du pouvoir. Or qui, aujourd'hui, au PS ou dans la gauche, se réclame de la révolution ? Personne. Tout le monde est réformiste, tous les socialistes se sont ralliés à la réforme : le débat a été tranché avec le Front populaire, dont on a célébré le 80ᵉ anniversaire cette année. Depuis 1936, tous les socialistes sont des réformistes.

Les accords de Matignon, les congés payés, le principe de la négociation collective, la reconnaissance du droit syndical, les hausses de salaires, la semaine de travail de 40 heures, la

1. Pour une mise en perspective historique de cette thèse désormais classique, voir Alain Bergounioux et Gérard Grunberg, *L'Ambition et le remords. Les socialistes français et le pouvoir (1905-2005)*, Fayard, 2005.

nationalisation des chemins de fer et la naissance de la SNCF, la création du CNRS, l'allongement de la scolarité obligatoire à 14 ans, l'œuvre d'éducation populaire, l'entrée des premières femmes au gouvernement : tout cela fut acquis et réalisé par la voie de réformes, pas par la révolution.

François Mitterrand et Pierre Mauroy n'étaient pas davantage des révolutionnaires quand, quarante-cinq ans plus tard, ils ont transformé le pays. L'abolition de la peine de mort, la cinquième semaine de congés payés, la semaine de 39 heures, la retraite à 60 ans, les lois Auroux, la loi Roudy sur l'égalité salariale entre les femmes et les hommes, le passage de la majorité sexuelle à 15 ans pour tous – homosexuels comme hétérosexuels –, la décentralisation, les radios libres, la grande politique culturelle, les nationalisations industrielles et financières, la maîtrise de l'inflation : autant de réformes.

Et Lionel Jospin, bien que trotskiste de formation, était bien réformiste, quand, à la tête de la gauche plurielle, il a instauré les 35 heures, lancé les emplois-jeunes, institué le PACS, inscrit le principe de parité dans la Constitution, créé la CMU, mis en place l'allocation pour l'autonomie des personnes âgées, fait baisser le chômage de près de un million de personnes.

Blum, Mitterrand, Jospin : la voilà, la « gauche de gouvernement », la vraie, celle qui sait se montrer, elle aussi, habile dans la conquête du pouvoir, mais qui ne renonce pas, elle, à l'exercer.

Quant au discours du Bourget, il s'agissait bien d'un discours réformiste, pas révolutionnaire ! Et pourquoi, dès lors, n'a-t-il pas été appliqué, ce programme réformiste ?

La loi de séparation bancaire, si elle avait été effective ? Réformiste. L'interdiction pour toute banque française d'être présente dans un paradis fiscal, si elle avait été imposée ? Réformiste. La suppression des stock-options, si elle avait bien été décidée ? Réformiste. La taxe sur les transactions financières en Europe, si elle avait été obtenue ? Réformiste. La renégociation du traité budgétaire européen, si elle avait été menée à bien ? Réformiste. La « nouvelle relation de vérité et d'égalité » entre la France et l'Allemagne, si elle avait été instaurée ? Réformiste. Le plan européen de croissance de 120 milliards d'euros, s'il avait vu le jour ? Réformiste. L'inscription de la loi de 1905 dans la Constitution, si elle avait été réalisée ? Réformiste. La grande réforme fiscale, si elle avait été soumise au Parlement ? Réformiste. L'institution de l'Éducation nationale comme « grande cause nationale », si elle avait été réussie ? Réformiste. Et, pour être juste, le « mariage pour tous », voté et entré dans les faits ? Réformiste – une « réforme de civilisation », pour reprendre la formule de Christiane Taubira, mais bien une réforme.

Alors, puisque tous les socialistes sont réformistes, qui sont ceux qui se cachent derrière ce qualificatif vertueux qu'ils se sont attribué – « réformistes » ?

Des libéraux et des européistes qui ne souhaitent pas, en réalité, troubler l'ordre des choses. Pour eux, le réformisme, ce n'est pas la transformation sociale, l'ambition d'agir au cœur de la société ; ce n'est même plus le marginalisme, le gradualisme ou l'incrémentalisme : c'est le fatalisme. Car il y a réformisme et réformisme : réformisme de transformation et réformisme de résignation – ou mieux, de soumission.

Et, pour reprendre la distinction posée jadis par Léon Blum – en la dénaturant à dessein –, leur vœu, contrairement à leurs grandes proclamations, n'est pas d'exercer le pouvoir, mais de l'occuper[1]. Leur doctrine, ce n'est pas le réformisme, le vrai,

1. Avec un certain excès de subtilité et de juridisme qui lui était propre, Léon Blum a théorisé quatre positions possibles pour le mouvement socialiste

le seul, celui de Blum, de Mitterrand ou de Jospin : c'est le renoncement de Hollande.

Spectacle fascinant, en vérité, que celui de cet homme, ayant donné trente ans de sa vie pour arriver au pouvoir, refusant de s'en saisir et de l'exercer, une fois celui-ci conquis. Refus d'exercer le pouvoir. Refus d'engager le combat, tout simplement. Refus de donner et de recevoir les coups qui usent et qui salissent, occultation délibérée de cette règle d'or : « Si la science du combat consiste *à éviter les coups*, elle ne consiste pas, importante nuance, à les fuir[1]. » Face à l'adversaire aux mille visages, il a préféré biaiser, esquiver, comme il sait si bien le faire, comme il en avait si bien usé jusque-là. Oubliant que le temps ouvert avec la victoire du 6 mai 2012 était radicalement nouveau : ce n'était plus le temps de la conquête du pouvoir, mais celui de son exercice ; plus celui des accommodements, mais celui des décisions.

Une fois au pouvoir, la ruse ne sert plus. Comme dans la fable de La Fontaine – *La Grenouille et le Rat* –, elle se retourne contre son inventeur.

Le référendum interne au PS sur le projet de traité constitutionnel européen, en 2004 ? Stratagème concocté pour de mesquines considérations politiciennes, qui n'aura réussi qu'à révéler et élargir la fracture avec le peuple de gauche.

– alors encore très marqué par l'idéologie révolutionnaire – à l'égard du pouvoir : la participation à un gouvernement « bourgeois » (le « ministérialisme ») – proscrite ; la conquête du pouvoir, véritable révolution politique conférant au prolétariat le contrôle de l'appareil d'État et permettant le passage du capitalisme au socialisme ; l'exercice du pouvoir qui, tout en préservant le régime capitaliste, ouvrait la voie à des réformes au service de la classe ouvrière et pouvait représenter une transition vers le socialisme ; l'occupation du pouvoir, enfin, permettant de faire barrage au fascisme. Dans cette perspective, le Front populaire participa à la fois de l'exercice et de l'occupation du pouvoir.

1. A. Philonenko, *op. cit.*, pp. 26-27.

Le pseudo-plan de relance de 120 milliards d'euros censé être la contrepartie obtenue pour rééquilibrer le traité budgétaire européen ? Feinte qui n'aura abusé personne et devenue aujourd'hui l'un des boulets du quinquennat.

La fameuse « inversion de la courbe du chômage » ? Habileté destinée à laisser le temps aux emplois aidés de monter en puissance et à la croissance de revenir, cet artifice dilatoire signera *in fine* le principal échec du Président.

Le CICE ? Astuce elle aussi conçue pour gagner du temps, on mesure désormais son inefficacité en termes de création d'emplois et les précieuses ressources fiscales qu'il aura fait perdre au budget de l'État.

La révision de la Constitution pour y inscrire la déchéance de nationalité ? Manœuvre destinée à couper l'herbe sous le pied de la droite, elle a tourné à la déconfiture.

Le référendum sur l'aéroport de Notre-Dame-des-Landes, organisé pour tenter de se sortir d'un piège politique ? Subterfuge consternant, qui aura conduit à mettre en scène la perte d'autorité de l'État et les faiblesses de notre démocratie.

La réécriture du quinquennat, récemment sortie du chapeau présidentiel, tentant de justifier l'escamotage des engagements pris au Bourget par le surgissement des attentats terroristes et la dureté nouvelle des temps[1] ? Rouerie qui restera vaine.

Lui, un des hommes les plus puissants de la Terre – élu au suffrage universel direct, bénéficiant du fait majoritaire et d'institutions à la fois remarquablement solides et souples, pouvant mobiliser des moyens diplomatiques et militaires réels et

1. « Je suis prêt », entretien accordé par François Hollande à *L'Obs*, n° 2710, 13 octobre 2016.

respectés, disposant d'un pouvoir d'influence encore considérable, le président de la Ve République est, d'une certaine façon, plus puissant, en tout cas plus libre de ses mouvements, que le président des États-Unis qui, élu, doit immédiatement composer avec le Congrès et les lobbies –, se tenait là, dans son bureau, envisageant le pouvoir qui était le sien avec circonspection. Un pouvoir dont il ne savait que faire, qui le mettait dans l'embarras, dont il était encombré et qui le plongeait dans la perplexité.

François Hollande ne voulait pas exercer le pouvoir ; il voulait seulement devenir président de la République.

Et c'est peut-être pour fuir ce pouvoir qu'il avait sollicité du peuple, mais qu'il jugeait trop grand pour lui, qu'il allait s'investir sur la scène internationale, là où les choses seraient, paradoxalement, plus aisées.

Et, pour cela, il allait trouver refuge dans le ventre de la baleine.

Chapitre VI

LE VENTRE DE LA BALEINE

« L'égalité et la ressemblance sont des conditions nécessaires à l'amitié. »

ARISTOTE, *Éthique à Nicomaque*

« L'équilibre de la crainte est la seule garantie d'une alliance. »

THUCYDIDE, *Histoire de la guerre du Péloponnèse*

L'avion fait bien plus que nous transporter.

Pour un temps, il nous met à l'écart du monde qu'il nous permet de parcourir. À ceux qu'il ne rend pas malades de peur, il offre un espace-temps singulier, dilaté, apaisé, allégé, délesté, épuré. Est-ce la virtualité de la désintégration en plein vol ? L'euphorie de se savoir en voyage ou l'effet de l'alcool que l'on y sert généreusement ? Quoi qu'il en soit, les relations humaines s'y révèlent souvent plus fluides, plus simples, plus rapides, plus douces aussi.

L'avion est un refuge. La prouesse technologique révèle une vérité animale : l'avion est un œuf.

Comme l'œuf, il est un modèle de perfection formelle et fonctionnelle ; comme l'œuf, il est à la fois résistant et fragile ; comme l'œuf, il est brillant et oblong, lisse et doux au toucher ; comme l'œuf, il est protecteur, nourricier ; comme l'œuf, il est un monde en soi, complet, se suffisant à lui-même, un univers clos et hiérarchisé, un petit royaume.

L'avion du président de la République est un petit royaume.

Ses frontières sont bien gardées. Nul n'y entre s'il n'y a été expressément invité, en bonne et due forme, par le prince qui y règne – et par lui seul. Beaucoup d'appelés, dont nombre déploient des trésors d'ingéniosité pour recevoir le précieux bristol, et très peu d'élus : avec seulement quatre-vingt-huit places, l'Airbus A330-200 présidentiel a été reconfiguré pour offrir à chaque passager un confort appréciable. Comme tout royaume, il connaît ses lois et ses ordres. Tout à l'arrière de l'appareil, six sièges de classe économique, qu'occupent les agents des services techniques. Puis, les soixante fauteuils réservés aux membres de la délégation officielle ou aux journalistes, invités du Président – si près du Seigneur et néanmoins condamnés à vivre le voyage dans l'attente de l'une des incursions divines. À l'avant, les vingt-deux personnalités protocolairement les plus importantes : ministres, élus nationaux ou locaux, conseillers du Président, capitaines d'industrie, personnalités du monde culturel.

Dans le prolongement de ce cocon, dissimulés par des rideaux : à tribord, en direction de la proue du navire, l'office ; à bâbord, l'espace dédié aux communications, où veille en permanence le responsable des transmissions, assurant le lien précieux et régalien avec le reste du monde, permettant au chef de l'État de le rester à tout moment et quelle que soit la longitude ou la latitude de son vaisseau. En continuant à progresser vers le poste de pilotage, on entre ensuite dans les appartements du monarque républicain. D'abord, une salle de réunion où trône une table ovale, autour de laquelle dix sièges équipés de leurs ceintures sont installés, plus le trône présidentiel ; là, le Président reçoit aussi à déjeuner ou à dîner les bienheureux qu'il aura distingués. Puis, un couloir longeant le flanc gauche de l'avion dessert le bureau du chef de l'État, sa chambre, et encore un espace médicalisé, adapté aux soins d'urgence. Enfin, à la proue de ce paquebot des airs, le cockpit. Voilà les comtés de ce royaume. Un royaume dont l'étiquette est aussi stricte que discrète. Souriantes et efficaces, attentionnées avec les passagers, les hôtesses sont aussi les messagères royales et viennent prévenir, d'un mot glissé au creux de l'oreille, les élus qui auront le privilège de partager le pain et le vin avec le Président. Les autres devront se contenter du plateau – excellent au demeurant, mais pour eux une piètre consolation – qui sera servi à leur siège.

L'avion du Président est un lieu de pouvoir parmi les plus symboliques. Il est aussi un espace de travail des plus utiles. Loin d'être une quelconque « lubie », coûteuse et archaïque – comme on se plaît à le dire ou à l'écrire encore aujourd'hui –, COTAM 001[1] – puisque tel est son nom – est un instrument d'exercice du pouvoir d'État et une manifestation de la souveraineté nationale. Voulu et commandé par Nicolas Sarkozy en 2010, nous l'avions, à gauche, copieusement raillé. Critique apparemment de bonne guerre, dans la perspective d'une campagne électorale à venir ; injuste et déplacée, en réalité. Rebaptisé « Air Sarko One » par l'opposition d'alors, cet avion est celui de la République française, dont il porte le nom sur ses flancs et les couleurs sur sa dérive. Très confortable, certes, ce tapis volant électronique répond avant tout aux exigences de l'action politique et diplomatique d'un chef de l'État ayant des responsabilités internationales éminentes et parfois décisives. Grâce à lui le Président peut parcourir près de 12 000 kilomètres sans escale, communiquer en toute sécurité, de façon cryptée, conserver en toutes circonstances le lien avec Paris, donner ses instructions,

1. COTAM est l'acronyme de « Commandement du transport aérien militaire ».

travailler avec ses ministres et ses collaborateurs, préparer ses discours et étudier ses dossiers, se reposer, dormir quand cela est nécessaire – en un mot : accomplir sa mission.

François Hollande s'est rallié, très vite, à ce qui est plus qu'un avion : le prolongement de l'Élysée, en vérité, mais débarrassé des importuns, une bulle évoluant à une hauteur où les tracasseries qui sont le lot d'un Président se dissolvent.

Et il est vrai que l'on ressent, dans les entrailles de ce monstre aérien, une quiétude, une impression de paix, de puissance, de sécurité et de liberté auxquelles nul ne peut rester indifférent. Les seules turbulences que l'on y perçoit sont atmosphériques. Ainsi, à l'instar de Jonas, le président de la République y éprouve-t-il la sérénité si particulière de celui qui se trouve dans ce « ventre de la baleine » qu'évoque George Orwell[1], quand il décrit l'écrivain au travail, absorbé par son activité créatrice, au centre de l'œuvre qu'il produit, œuvre qui l'accapare et le préserve à la fois. L'avion présidentiel est l'équivalent de cette baleine maternelle et protectrice. D'ailleurs, la figure mythologique du Léviathan, dont Thomas Hobbes a fait la personnification de l'État et la représentation de la souveraineté, ne revêt-elle pas précisément l'apparence d'un monstre marin, et souvent celle de ce cétacée ? Que l'Airbus, baleine volante, emporte dans ses entrailles le chef de l'État est donc chose logique. Comme il est logique que le Président ait rapidement apprivoisé cet animal politique qu'il apprécie hautement, ce qu'il confessa un jour, déclarant : « Au moins, dans l'avion, je suis tranquille, je fais ce que je veux. »

Là, dans ce ventre, à l'abri de la rumeur de la ville, les événements et les soucis lui parvenant filtrés, avec un écho assourdi, le Président peut à la fois se relâcher et se concentrer, travailler

1. George Orwell, *Dans le ventre de la baleine et autres essais (1931-1943)*, Ivrea/Encyclopédie des Nuisances, Paris, 2005.

vite et bien, avec une rare économie de moyens humains, dans une atmosphère unique, faite de détente et de mobilisation, bénéficiant du calme et de la force que lui communique l'appareil. Une tranquillité au service de l'action diplomatique et militaire de la France, une action dans laquelle le Président a dû se plonger dès après sa prise de fonction, montrant un goût prononcé pour ce volet des affaires régaliennes de l'État et faisant preuve d'une aisance dans ce domaine qui en surprit plus d'un.

Un premier déplacement d'importance aux États-Unis était inscrit à l'agenda international de François Hollande, installé à l'Élysée le 15 mai 2012. Programme copieux : entretien avec le Président Obama à Washington le 18, puis sommet du G8 à Camp David le 19, suivi dans la foulée d'un sommet de l'OTAN à Chicago, les 20 et 21 mai. Une épreuve initiatique qu'il allait parfaitement surmonter. Ce succès inaugural fut indiscutablement lié au contexte politique du moment : bénéficiant encore de la toute récente onction du suffrage universel, face à des chefs d'État ou de gouvernement en cours ou en fin de mandat, le Président français disposait d'un avantage substantiel. Son talent personnel fit le reste. Classiquement, la diplomatie est considérée comme le champ privilégié de la ruse dans l'action politique, la sphère où elle peut déployer tous ses artifices ; nul doute, à cet égard, que Hollande s'y soit senti à son aise, évoluant là comme en terrain de connaissance. Cette inclination prononcée pour la ruse ne saurait pourtant rendre compte intégralement de sa facilité, liée aussi au bon usage de la force. Ainsi, dans les entretiens diplomatiques, faisait-il preuve d'une fermeté dans le propos, d'une netteté dans l'expression, et même d'une forme de dureté, parfois, que je ne lui ai jamais vues dans les affaires intérieures.

L'ascendant qu'il pouvait alors prendre sur son interlocuteur semblait même lui procurer, par instants, un sentiment de jouissance, presque imperceptible, mais que l'on pouvait lire dans l'esquisse d'un sourire ou deviner dans le rythme inhabituellement saccadé de sa parole, qui rendait son discours semblable à une volée de petits coups secs, précis et ajustés, délivrés avec une certaine délectation. Sa maîtrise des dossiers, y compris dans leurs détails les plus techniques, son sens de l'argumentation, son intelligence psychologique, comme son habileté dialectique, faisaient merveille dans ces circonstances. Quant à son anglais approximatif et à sa prononciation improbable, qui auraient dû constituer de sérieux handicaps, ils se révélèrent paradoxalement des atouts : contraints d'attendre la traduction de ses propos pour reprendre le fil de l'échange, ses interlocuteurs anglo-saxons ou anglophones en étaient symboliquement ramenés à une position de droit commun.

Je découvris donc en même temps que le Président le ventre de la baleine, le vendredi 18 mai 2012 au matin.

À peine le décollage effectué, il vint nous saluer et convoqua une réunion de travail afin de reprendre les projets d'interventions et de discours qui lui avaient été préparés par la cellule diplomatique. Ces textes étaient d'un classicisme caricatural et, pour le dire simplement, sans grand intérêt ni grande utilité. Après les avoir examinés, le chef de l'État se tourna vers son conseiller diplomatique, Paul Jean-Ortiz, qui en avait coordonné la rédaction, et lui assena : « Paul, ça ne va pas. Ce n'est pas ce que je veux. Il me faut des discours beaucoup plus courts et plus nets, centrés sur les trois sujets qui sont pour moi prioritaires : le retrait de nos troupes d'Afghanistan, le maintien de la France dans l'OTAN, la croissance. Revoyez cela avec Aquilino et on se retrouve une heure avant l'atterrissage. » Retournés à nos sièges, côte à côte, Paul, déconfit par sa découverte de l'exigence de François Hollande, me demanda, inquiet : « Il est toujours comme ça, avec les discours ? » À quoi je répondis d'un : « Non, en général, c'est pire », qui lui arracha un grand éclat de rire silencieux, ses yeux levés vers le ciel. Ainsi commença une relation amicale et chaleureuse avec un homme intelligent et drôle, conservant en toutes circonstances une part de mystère, diplomate de valeur, sinisant de haute volée, qui aurait poursuivi sa belle carrière par un poste d'ambassadeur de premier plan – à Pékin, sans doute – si la mort ne l'avait emporté en 2014.

En arrivant à la Maison-Blanche, quelques heures plus tard, me revint à l'esprit le souvenir du voyage effectué aux côtés de Lionel Jospin en juin 1998 et de son entrevue avec Bill Clinton ; avec lui, une pointe de nostalgie aussi – près de quinze ans s'étaient écoulés –, nostalgie vite effacée par la curiosité de rencontrer Barack Obama. Curiosité aiguisée par la perspective de voir François Hollande confronté au président des États-Unis d'Amérique. Non seulement l'ancien président du département de la Corrèze inaugurait sa vie diplomatique par un face-à-face avec l'homme le plus puissant de la planète, mais cet homme-là avait commis l'imprudence de soutenir Nicolas Sarkozy durant la campagne présidentielle, ce qui ajoutait du sel à cet entretien. C'est donc avec beaucoup d'intérêt que je gagnai ma place dans le Bureau ovale, relevant au passage que, des membres de la délégation française alors présents – le ministre des Affaires étrangères, Laurent Fabius, le ministre de l'Économie, Pierre Moscovici, le général Benoît Puga, chef d'état-major particulier du président de la République, Paul Jean-Ortiz et moi-même –, François Hollande était le seul à fouler pour la première fois le tapis frappé du sceau présidentiel – l'aigle tenant dans sa serre droite le rameau d'olivier à treize feuilles, dans la gauche le faisceau des treize flèches, métaphores des treize États fondateurs de l'Union, une Union tournée vers la paix, mais prête à déclencher la foudre.

L'accueil d'Obama fut à son image : chaleureux tout en étant empreint d'une certaine solennité.

De haute taille, parfaitement découplé, d'une prestance rare et, ce jour-là, d'une élégance stricte, presque austère, dégageant une impression de maîtrise de soi et plein d'assurance, l'allure d'un grand félin, le Président américain en impose à ses hôtes, qu'il met un point d'honneur à recevoir et à saluer personnellement, avec ce mélange de décontraction et de formalisme qui est la marque des États-Unis. De sa personne émane un vrai charme, souligné par sa voix de basse, dont il sait user. Pourtant, un indéfinissable trouble vient brouiller cette image presque trop parfaite, dont on finit par percevoir le caractère contrôlé et quelque peu construit. Dès cette première rencontre, et plus encore lors de celles qui suivirent, je fus ainsi frappé par la rapidité avec laquelle, sur son visage, le sourire radieux pouvait laisser place à un masque figé ; et, de même, comme l'éclat du regard était vite voilé par une ombre qui s'y posait de façon si régulière. Fausse cordialité « à l'américaine » du professionnel de la politique ? Vraie tristesse trahissant une fêlure personnelle ? Réelle distance du patricien conscient et sûr de sa supériorité intellectuelle et institutionnelle ? Irréductible dureté d'un homme qui a traversé son lot d'épreuves ? Une combinaison de tous ces traits ? Toujours est-il qu'Obama donne, par cette alternance de signaux psychologiques contradictoires, l'impression d'être insaisissable et, peut-être, à sa manière, fragile.

Après avoir invité le Président français à s'asseoir à ses côtés, sous le portrait de George Washington ornant le mur au-dessus de la cheminée, et lui avoir adressé un message de bienvenue et de félicitations pour son élection, Obama donna la parole à François Hollande. Assis bien droit dans son fauteuil, presque raide, les avant-bras collés aux accoudoirs de celui-ci, le Président entama son exposé, direct et politique.

« Monsieur le Président des États-Unis, je veux vous remercier pour votre accueil, chaleureux, et pour vos félicitations, qui s'adressent, à travers ma personne, au peuple français que je représente ici. Nos deux nations sont liées, depuis la naissance de la vôtre – pour laquelle la mienne a combattu –, par une amitié indéfectible. À deux reprises vos soldats sont venus mourir sur le sol de ma patrie, pour la sauver et la libérer. Les liens qui unissent nos deux pays sont donc très puissants. L'amitié est un privilège ; mais elle impose des devoirs. Le premier d'entre eux est la franchise. Je vous dirai donc ici, dans ce prestigieux bureau, chargé d'histoire et symbole de la puissance américaine, et je le répéterai demain au G8, et ensuite encore à Chicago au sommet de l'OTAN, ce que vous savez déjà – et je vous le dirai avec la plus grande amitié : les engagements que j'ai pris devant le peuple français seront honorés. Parmi ceux-ci, il y a le retrait de nos forces armées d'Afghanistan, où leur mission est terminée. Nos soldats seront rentrés chez eux à la fin de cette année. »

Les choses étaient dites ; la question du retrait militaire de la France d'Afghanistan, sensible et épineuse, traitée avec simplicité et loyauté. Le Président Obama en prit acte avec sérénité, formulant à son homologue français deux requêtes : « Je respecte votre décision, elle est souveraine. Je la comprends d'autant mieux que j'ai moi-même été élu sur une promesse de désengagement de nos forces en Irak. Je souhaite seulement qu'elle n'apparaisse pas comme une prise de distance, ni à l'endroit des États-Unis, ni à celui de l'OTAN. Et que la France reste présente en Afghanistan, pour une période de transition, sous des formes différentes évidemment, mais qu'elle ne se désengage pas brutalement d'un pays qui a encore besoin d'être aidé et soutenu. »

La suite de l'échange fut conduite dans le même esprit ; elle donna l'occasion à Obama d'apporter un soutien de poids à la position française, précisée au Bourget, puis développée pendant toute la campagne de Hollande : priorité à la croissance en Europe. « Le monde a besoin de croissance. Les États-Unis ont besoin de croissance. L'Europe a besoin de croissance. Renouer avec la croissance forte, la plus forte possible, est une priorité pour nous tous. La situation de la zone euro est d'une extrême importance pour l'économie mondiale. Je sais que vous avez pris là aussi des engagements et que vous souhaitez ouvrir ce débat au niveau européen. Vous avez raison et je vous appuie dans cette démarche. Nous évoquerons ce sujet très important demain à Camp David où je vous recevrai pour le G8. »

L'entretien entre les deux chefs d'État dura une heure et dix minutes – une durée inhabituellement longue pour le président des États-Unis et qui symbolisait l'importance particulière que celui-ci voulait donner à la rencontre. Une fois celle-ci terminée, les deux délégations quittèrent momentanément le Bureau ovale ; Hollande et Obama restèrent seuls pour un échange en tête à tête d'une quinzaine de minutes, à la suite duquel, après avoir fait revenir les officiels des deux parties, le service du protocole de la Maison-Blanche fit entrer la presse, nombreuse, qui patientait. Devant l'attroupement des journalistes et des photographes, Barack Obama se livra alors, dans la plus pure tradition américaine, à un exercice de séduction, fondé sur l'humour, des plus réussis. Après avoir fait rire l'assemblée en rappelant que, dans sa jeunesse, François Hollande avait effectué un voyage d'études aux États-Unis afin de se pencher sur le marché américain des fast-foods, et que « bien qu'il ait décidé de s'engager en politique, nous serions intéressés de connaître son opinion sur les cheeseburgers de Chicago », il eut ces paroles que François Hollande se remémora peut-être vingt mois plus tard : « Je l'ai aussi prévenu que, maintenant qu'il est président, il ne pourra plus circuler à scooter dans Paris. Je le sais, car j'ai essayé avec le Secret Service, et ils ne m'ont pas laissé faire. »

Avertissement prémonitoire qui, sur le moment, arracha à celui qui serait plus tard immortalisé, casqué, sur son deux-roues favori, une confidence rétrospectivement des plus savoureuses : « Quant au véhicule qui était jusque récemment le mien, j'espère ne pas avoir à l'utiliser avant longtemps. » Certainement voulait-il laisser entendre par là qu'il était déjà candidat à sa propre succession ; reste que, compte tenu de l'usage qu'il ferait ultérieurement de cet instrument de transport – pour lui un signe de liberté, un vestige de son passé d'homme « normal », auquel il était très attaché –, au-delà de l'anecdote, l'épisode illustre une question politique de fond.

En France, contrairement aux États-Unis, le Président n'est pas tenu de respecter les consignes du service chargé de sa protection, le Groupe de sécurité de la présidence de la République (GSPR). Il n'existe pas d'équivalent français du United States Secret Service, cette puissante agence de près de 7 000 personnes, dotée de pouvoirs d'investigation propres, et dont les décisions en matière de protection s'imposent au Président américain. Le chef de l'État français, lui, est libre – et il l'a prouvé – d'organiser, et même de désorganiser, sa sécurité rapprochée. Car les fonctionnaires – policiers et gendarmes – qui composent le GSPR exécutent ses volontés. Le Président peut donc aller jusqu'à considérer les contraintes de sécurité liées à l'exercice de sa fonction comme des questions personnelles, alors qu'il s'agit de problèmes de sécurité nationale – laquelle devrait normalement s'imposer à lui, mais dont il peut, en l'état actuel, s'affranchir comme il l'entend. La crise du mois de janvier 2014, provoquée par les révélations sur la liaison du Président, a ainsi démontré à l'envi que celui-ci pouvait agir à sa guise et décider lui-même de réduire sensiblement le niveau de sa sécurité.

Face à un Président ayant choisi, pour des raisons ayant trait à sa vie sentimentale, de circuler dans la capitale dans des conditions extravagantes, aucune autorité n'était en mesure de s'opposer à lui. Ni les agents du GSPR – soumis au bon vouloir présidentiel –, ni même leur supérieur hiérarchique – officiellement dans l'ignorance de ces escapades ; ni le commandement militaire de l'Élysée – qui, lui, connaissait ces événements et les a couverts ; encore moins les « responsables » du cabinet du Président – secrétaire général, directrice du cabinet –, qu'aucun des agents au courant de ces faits et placés sous leurs ordres n'a même songé à informer de cette situation, et qui la découvrirent en lisant la presse, lors même que ces questions relevaient officiellement et directement de leur « compétence[1] ».

---

1. De cette flagrante démonstration d'amateurisme et de ce manque de la moindre autorité, ces derniers furent ultérieurement récompensés par le

Cette désinvolture présidentielle, que rien ni personne ne peut actuellement contrecarrer ou encadrer, aurait pu avoir des conséquences dramatiques : le 7 janvier 2015, après la tuerie au journal *Charlie Hebdo*, le Président s'est précipité sur les lieux de l'attentat, contre l'avis des services de sécurité, sans qu'aucune précaution préalable ait pu être prise – ni sécurisation du lieu, ni passage canin afin de dépister une charge d'explosifs –, parcourant même, à pied, les dernières centaines de mètres le séparant du siège de l'hebdomadaire, s'offrant ainsi à un éventuel second attentat le visant en réalité lui, selon le piège à double détente classiquement utilisé par les terroristes en Irak. Privilégiant l'émotion et la communication sur la rigueur et le sens de l'État, il s'est ce jour-là personnellement mis en danger et, plus grave, a exposé la République.

De même, circuler en scooter est – en soi – une prise de risque inconsidérée pour tout chef d'État, ce qu'avait opportunément rappelé le Secret Service à Obama : on est, à l'évidence, autrement plus vulnérable sur ce type de véhicule qu'à bord d'une voiture blindée, accompagnée d'une escorte en bonne et due forme, mode de déplacement « normal » d'un Président « normal ». Avec ces considérations élémentaires sur la vie de l'État à l'esprit, on ne peut que lire avec stupéfaction et tristesse les arguties invraisemblables de François Hollande : « L'histoire du scooter, par exemple, n'a pas de sens. Sauf à dire que le président de la République ne peut jamais être en scooter – que je ne conduisais pas d'ailleurs dans cette affaire... Est-ce que c'est un problème de sécurité ? Ça peut se discuter[1]. » Non, cela ne se discute pas. Mais, comme le confiait Manuel Valls, à l'époque ministre de l'Intérieur : « Hollande est très dur à protéger, il veut rester libre, mais il est imprudent, voire inconscient[2]. » Parole d'expert.

Président, comme il se doit en pareilles circonstances, par des nominations inespérées à de hautes fonctions dans l'orbe de l'État.

1. Gérard Davet et Fabrice Lhomme, *op. cit.*, p. 149.
2. *Ibid.*, p. 148.

Alors qu'il est un des chefs d'État les plus menacés dans le contexte géopolitique actuel, de sorties tenues secrètes en escapades amoureuses, de légèretés en initiatives de communication hasardeuses, François Hollande est le premier responsable de ce constat amer posé, sous couvert d'anonymat, par un responsable du GSPR : « La sécurité du Président n'est pas assurée[1]. »

Pas davantage de véritable protocole en France : il existe certes un ordre des préséances[2] ; mais, en dehors de celui-ci, le président de la République aménage les règles protocolaires – la plupart du temps non écrites et relevant de la seule coutume – comme il l'entend, disposant en la matière du pouvoir de changer ce qu'il souhaite – jusqu'au rythme d'exécution de l'hymne national, comme le fit Valéry Giscard d'Estaing. C'est là encore une des marques les plus éclatantes de l'empreinte durable laissée par l'Ancien Régime sur notre République : protocole ou sécurité, le Président agit selon son « bon plaisir ».

De protocole, il serait question dès le lendemain au cours du G8.

Nous arrivâmes à Camp David en fin de journée, le 18 mai, après un rapide transfert depuis Washington, à bord de Marine One. Lieu de villégiature des présidents des États-Unis depuis Roosevelt, qui ne supportait pas la chaleur étouffante en été de Washington, ce vaste parc, placé sous la surveillance étroite des Marines, offre un cadre propice à la réflexion, aux discussions et aux négociations, telles celles entre Anouar el-Sadate et Menahem Begin, qui aboutirent, en 1978, aux accords de paix éponymes entre l'Égypte et Israël.

---

1. Très importante, la question des graves lacunes actuelles de la sécurité du président de la République a été posée en termes clairs dans l'excellent, et très bien documenté, article de David Revault d'Allonnes, « Doutes sur la sécurité du chef de l'État », *Le Monde*, 26 mai 2015, qui relate les faits rappelés ici, et dont est tirée cette citation.

2. Fixé par le décret n° 89-655 du 13 septembre 1989 relatif aux cérémonies publiques, préséances, honneurs civils et militaires.

Installé dans un des confortables *lodges* disséminés dans le parc, le Président était en pleine forme quand nous le retrouvâmes, Paul Jean-Ortiz et moi. Après un rapide point sur l'actualité politique et un examen du contenu de la discussion qui aurait lieu lors du dîner à venir, nous devisions tranquillement quand arriva Laurent Stéfanini, l'impeccable chef du protocole. Bien plus que grand chambellan du Président, ce fin diplomate, homme cultivé et pondéré, maître de lui-même en toutes circonstances, que j'avais connu lorsqu'il occupait des fonctions analogues à Matignon du temps de Lionel Jospin, remplissait avec discrétion et efficacité la dimension la plus politique de sa mission : arrondir les angles, trouver une solution lorsque surgissait une difficulté inattendue, servir de messager entre le Président et ses hôtes. Après nous avoir salués, il resta debout, près de nous, silencieux – ce qui, en langage diplomatique, signifiait qu'il avait une chose délicate à aborder avec le chef de l'État. Celui-ci ne s'y trompa pas et prit les devants.

— Oui, Laurent ? Vous voulez me dire quelque chose ?
— Oui, Monsieur le Président.
— Eh bien, allez-y, je vous écoute.
— Voilà, Monsieur le Président. Comme vous le savez, Camp David est une résidence de villégiature du Président américain et l'usage veut que, lorsqu'ils y sont reçus, les invités de celui-ci adoptent une tenue *casual*. C'est une manière de faciliter les contacts, de fluidifier les relations.
— Une tenue *kajouol* ? Que voulez-vous dire par là ?
— Eh bien, concrètement, cela signifie que vous ne devez pas porter de costume ni de cravate ce soir au dîner. Ni demain, d'ailleurs. Plutôt une veste et un pantalon légers, une tenue détendue. Vous pouvez même jeter seulement un chandail sur vos épaules. L'essentiel est d'être simple et d'éviter le formalisme. C'est très américain.

Imperturbable, Hollande continua à picorer des morceaux de fruits coupés dans son assiette. Il finit par répondre au bout de quelques secondes.

— Je suis très bien en costume et en cravate, j'irai au dîner ainsi.

Même si, expérimenté et connaissant François Hollande, il l'attendait, le coup fut néanmoins rude pour Stéfanini.

— Mais, Monsieur le Président, comme je vous l'ai dit, c'est l'usage ici. Cela fait partie des règles non écrites de Camp David. Le Président Obama vous en a d'ailleurs parlé tout à l'heure, à votre arrivée, sur l'héliport.

— Je ne m'en souviens pas. (« Je n'ai pas compris ce qu'il m'a dit » aurait été plus juste.)

Le chef du protocole commençait à être gagné par une crainte – terrible pour un diplomate –, celle du « précédent ».

— Monsieur le Président, je me permets d'insister. Ne pas suivre le *dress code* de Camp David constituerait un précédent. Vous seriez de surcroît le seul dans cette situation. Les autres chefs d'État ou de gouvernement respecteront, eux, la consigne de Monsieur Obama. Cela pourrait être embarrassant.

— Les autres feront comme ils voudront, et moi comme je veux.

— Vous pourriez peut-être garder votre costume, si vous le souhaitez, mais ne pas porter de cravate ? Ce serait un bon compromis.

Hollande, que cette discussion amusait et agaçait à la fois, décida d'y mettre un terme en retournant habilement l'argumentation officielle des autorités américaines, fidèlement transmise par Stéfanini.

— Écoutez, Laurent, soyons simples : vous me dites que la philosophie de cette soirée est de ne pas être formaliste et d'être à l'aise. C'est bien cela ?

— Oui, Monsieur le Président.

— Il se trouve que, moi, je me sens à l'aise en costume et en cravate. Et puis, s'il faut absolument ne pas en porter, cela devient une obligation, non ? Et alors là, on verse dans un autre formalisme, le formalisme du décontracté obligatoire, qui est un formalisme tout de même, ce qui est le contraire de l'état d'esprit recherché, n'est-ce pas ?
— En effet, Monsieur le Président.
— Je garderai donc mon costume et ma cravate.

Davantage préoccupé pour le Président que dépité par cette rebuffade, Stéfanini ne dit mot tout au long du chemin qui menait jusqu'au chalet où avait lieu le dîner ; à notre arrivée, vers 20 heures, les autres chefs d'État et de gouvernement nous attendaient sur place ; la presse, nombreuse, massée devant l'entrée du bâtiment, contenue à une dizaine de mètres. La vision de François Hollande costumé et cravaté fit sensation. Barack Obama, tout sourire, accueillit le Président français très cordialement, mais prit un malin plaisir à souligner sa singularité vestimentaire.

— François ! Je t'avais dit que tu pouvais venir sans cravate…
— Je l'ai gardée pour les journalistes ! plaisanta Hollande.

Tard dans la soirée, quand nous retrouvâmes le chef de l'État, la force du protocole – qui consistait en l'occurrence à se vêtir « sans protocole » –, autant que la pression grégaire de ses collègues, l'avait emporté sur son confort personnel et sa volonté d'indépendance : Hollande ne portait plus de cravate.

Il n'en portait pas davantage, le lendemain matin, quand Paul et moi arrivâmes tôt au *lodge* qui lui avait été attribué. Ayant parfaitement dormi, comme à l'accoutumée, frais et dispos, il attaquait un copieux petit déjeuner qu'il nous proposa de partager. En nous relatant le contenu de la discussion du dîner de la veille, le Président insista sur la bonne volonté d'Obama et l'appui « très précieux » du chef du gouvernement italien, Mario

Monti, au regard de ce qui était alors sa préoccupation principale : la croissance. Même le *Prime Minister* anglais, David Cameron, s'était montré favorable à agir pour soutenir l'activité économique européenne, défaillante ; et s'il pouvait y avoir avec lui divergence sur les moyens d'y parvenir, une configuration politique nouvelle avait donc commencé à se dessiner dès ce premier contact : la Chancelière allemande, Angela Merkel, seule tenante d'une ligne d'austérité budgétaire et d'orthodoxie monétaire stricte, se retrouvait isolée au sein du G8.

La stratégie du Président se voyait confortée : sans marginaliser l'Allemagne, il s'agissait de construire une coalition favorable à la croissance. Le président de la Commission, José Manuel Barroso, et celui du Conseil européen, Herman Van Rompuy, présents à ce sommet en tant qu'observateurs, étaient aux premières loges pour entériner cette inflexion. Les débats se poursuivirent toute la journée. Nous n'en percevions qu'un écho diffracté, Paul et moi, via un système de communication indirecte reliant la salle où les chefs d'État et de gouvernement étaient réunis à huis clos et celle où leurs conseillers patientaient ; mais cet écho était très favorable, ce que nous confirma le Président en émergeant de ce conclave. La priorité de la France – la relance de la croissance en Europe – avait été plébiscitée par les participants. Merkel avait dû faire le dos rond. La discussion avec elle avait été quelque peu tendue, ce dont je pris la pleine mesure quelques instants plus tard.

Profitant d'une pause dans le déroulement du sommet, et à l'ombre d'un bosquet, François Hollande s'était lancé dans une de ces discussions informelles qu'il affectionne avec le groupe, fourni, des journalistes français qui l'avaient accompagné à Camp David, non spécialisés en diplomatie ou politique étrangère pour la plupart. C'est là une particularité de notre presse que de privilégier le prisme national, y compris dans le traitement des affaires du monde ; il en résulte mécaniquement une déformation de l'actualité internationale qui ne semble déranger personne.

Alors qu'il résumait le contenu des travaux du G8 à ces journalistes, Angela Merkel sortit du bâtiment où elle avait tenu son point de presse. Immanquablement, son trajet devait l'amener à croiser le Président – il ne pouvait matériellement en être autrement. Parvenue à sa hauteur, elle ralentit l'allure puis s'arrêta ; à l'évidence, elle cherchait à croiser le regard de son collègue et à échanger quelques paroles avec lui, peut-être même à dire un mot aux journalistes français. Pendant une poignée de secondes, qui parurent interminables à ceux qui avaient relevé la scène, elle resta là, silencieuse et immobile. Ayant parfaitement noté sa présence, le Président fit néanmoins mine de ne pas l'avoir vue ; continuant son « off », il l'ignora délibérément. Visage fermé, esquissant un petit rictus, elle reprit sa marche, tandis que Hollande faisait, d'un bon mot, éclater de rire la petite troupe.

Elle ne tarderait pas à prendre sa revanche.

Froidement, résolument, avec persévérance et sans état d'âme, la Chancelière allait en effet s'employer à empêcher la constitution de ce môle politique en faveur d'une relance de la croissance en Europe, esquissé sous ses yeux lors du G8, et, ce faisant, à vider les engagements de Hollande en la matière de tout contenu. Habilement, elle décida de plier ce jour-là et non de rompre, consciente de ce que le rapport des forces en présence était favorable au Président français, consciente aussi et surtout que cet avantage ne durerait pas. Lors de la conférence de presse finale, après la traditionnelle « photo de famille », François Hollande, ayant réussi haut la main son examen de passage international, se féliciterait un peu bruyamment de ce G8 « utile, fructueux », affirmant : « C'était ma première participation à un sommet international. J'avais au nom de la France l'objectif de mettre la croissance au cœur du débat (...). Dans le G8, cette volonté de croissance, même si chaque dirigeant peut y mettre ses propres mots, a été partagée (...). Il n'y a pas de croissance sans confiance, pas de confiance sans croissance. » Satisfait de lui-même, il ajouterait cette phrase étonnante et révélatrice de sa conception performative de la politique : « Le mandat que j'avais reçu du peuple français a été dans un premier temps honoré. » Ainsi, il aurait donc suffi de parler de croissance, de rencontrer l'assentiment verbal de ses collègues sur son approche volontariste, pour que l'engagement pris devant les Français lors de son discours du Bourget fût honoré.

C'est une tout autre pratique de la politique qu'allait rapidement lui faire connaître Angela Merkel.

Les prémices de ce retour imposé à la réalité pouvaient se lire en filigrane dans le compte rendu officiel des travaux du sommet diffusé au même moment, texte reflétant bien le poids de l'Allemagne dans la discussion :

« Nous avons un impératif : promouvoir la croissance et l'emploi (...) nous nous engageons à prendre toutes les mesures nécessaires pour renforcer et redynamiser nos économies et faire face aux tensions financières, tout en reconnaissant que les mesures appropriées ne sont pas les mêmes pour tous nos pays. Nous suivons avec intérêt le débat mené actuellement en Europe sur les moyens d'assurer la croissance, tout en restant fermement attachés à la mise en œuvre d'un assainissement des finances publiques qui doit être évalué sur une base structurelle. Nous sommes d'accord sur l'importance d'une zone euro forte et solidaire pour la stabilité et la reprise mondiales, et nous affirmons qu'il est dans notre intérêt que la Grèce reste dans la zone euro tout en respectant ses engagements (...). Nous convenons que tous nos gouvernements doivent prendre des mesures pour renforcer la confiance et stimuler la reprise, notamment en adoptant des réformes visant à augmenter la productivité, la croissance et la demande dans un cadre macroéconomique durable, crédible et non inflationniste. Nous nous engageons à faire preuve de responsabilité budgétaire. Dans ce contexte, nous sommes favorables à des politiques d'assainissement des finances publiques qui soient solides et durables, qui prennent en compte l'évolution de la situation économique des pays et renforcent la confiance et la reprise économique. Pour accroître la productivité et le potentiel de croissance de nos économies, nous préconisons des réformes structurelles ainsi que des investissements dans l'éducation et dans les infrastructures modernes, selon les besoins. »

La France avait plaidé pour la croissance. Elle avait été entendue – le communiqué le rapportait ; mais elle ne serait pas suivie – le texte l'annonçait.

Du côté de la croissance, des vœux, des souhaits, de l'« accord », de l'« intérêt ». Du côté de la rigueur, de la « fermeté », des « preuves », des « engagements », des « réformes » – « structurelles », forcément structurelles… L'Allemagne avait rappelé avec insistance ce qui représente pour elle l'alpha et l'oméga de la politique économique européenne : réduction des déficits publics, rigueur budgétaire, orthodoxie monétaire, réformes structurelles. La Chancelière allait maintenant s'employer à ramener tout ce petit monde dans le droit chemin, François Hollande en tête. Ayant bien compris que celui-ci avait la possibilité de fédérer les pays désireux de desserrer l'étau de l'austérité, en regroupant l'Italie, l'Espagne, le Portugal, la Grèce, sous le regard ironique du Royaume-Uni, elle ne le laisserait pas faire. Le danger, à ses yeux, était réel car Mario Monti, le président du Conseil italien, avait clairement signifié son soutien à l'initiative française ; il voulait même aller vite et loin dans cette démarche, en y associant l'Espagne, absente du G8 ; et, à cette fin, avait convié Hollande, Merkel et Mariano Rajoy – le Premier ministre espagnol – à une réunion de travail à la fin du mois de juin. Or, si ce rapprochement franco-hispano-italien se concrétisait et se pérennisait, l'équilibre politique et donc économique de l'Europe s'en serait trouvé redéfini : tiré vers le Sud et vers la croissance. Une perspective inacceptable pour Angela Merkel.

Moins brillante que François Hollande mais plus pugnace, moins bavarde et plus efficace, elle allait lui donner rapidement une leçon de *Realpolitik*.

Le président du Conseil italien tint parole et organisa rapidement un mini-sommet, le vendredi 22 juin à Rome. Il visait deux objectifs : donner corps à cette nouvelle alliance de l'Europe du Sud et de la croissance, sans chercher à en exclure l'Allemagne, mais plutôt à l'entourer et à l'entraîner ; plus pragmatiquement, préparer le Conseil européen, décisif, qui devait se tenir, une semaine plus tard, le 29 juin. Les discussions furent âpres. La Chancelière campait roidement sur ses positions : pour elle, la croissance ne pouvait être envisagée que comme la conséquence d'une cure d'austérité et non comme un objectif en soi, à poursuivre par une relance de l'investissement, comme cela lui était proposé. Que cette « conséquence » fût lointaine et hypothétique lui importait peu et même pas du tout. Dans son esprit, seule la réduction des déficits publics comptait ; et elle pouvait s'appuyer pour faire valoir son point de vue sur une réalité aussi incontestable juridiquement que contestable politiquement : les règles du traité de Maastricht, prévoyant que les États membres de l'Union ramènent leur déficit budgétaire sous la barre des 3 % du PIB et que leur endettement ne dépasse pas 60 % de ce même PIB. Des règles qui, comme elle le rappela à plusieurs reprises lors de la réunion, n'avaient pas été respectées jusque-là. Elle identifiait dans cet affranchissement par rapport aux contraintes communautaires la seule source des maux de l'Europe.

Que la Grèce et, avec elle, tous les pays présentant un déficit de leurs comptes publics, se mettent en conformité avec la sacro-sainte « règle des 3 % » et tout rentrerait dans l'ordre, la croissance reviendrait d'elle-même, « saine », « durable », « compétitive », cela était assuré. Aucune place pour le doute dans son esprit.

Que le creusement des déficits publics soit, en grande partie, la résultante de la stagnation économique en Europe et le résultat de la crise financière de 2007-2008 ayant conduit les États à nationaliser les pertes de la finance privée ; que les peuples européens continuent ainsi à payer le prix de la crise, alors même qu'elle n'aura rien coûté à ceux qui en sont responsables ; que vouloir équilibrer à toute force ces comptes, alors que l'Europe était plongée dans la stagnation, revienne à exiger des peuples des sacrifices sans même être certains d'atteindre l'objectif assigné ; que seul le retour de la croissance puisse permettre de résorber ces déficits : c'était là un raisonnement qu'elle ne comprenait pas, qu'elle ne pouvait pas comprendre ; elle lui était, littéralement, imperméable. Sa position pouvait se résumer ainsi : « Vous méritez la saignée que je vous administre, et tant pis si vous en mourez. »

Cette vision absurde de la réalité économique de l'Europe n'était pas réductible à de l'étroitesse de vue, pas même seulement à de l'idéologie libérale ; autre chose venait l'aveugler ; une chose échappant par nature à l'entendement : la foi.

Fille de pasteur, Merkel *croyait* et *croit* encore en ses positions, au sens religieux du verbe. Dès lors, il ne lui était et ne lui est pas possible d'en changer, et elle en conçoit même l'idée que sa vocation est de vous ramener dans le droit chemin de la pensée bonne et juste. Avec sa perspicacité psychologique habituelle, François Hollande diagnostiqua cette disposition d'esprit presque immédiatement. En rentrant ce soir-là à Paris, il me confia ainsi : « Tu as vu ? Dans le fond, elle ne veut pas seulement obliger les Grecs à rétablir leurs comptes, elle veut les punir. Pour elle, l'austérité n'est pas seulement une solution économique, c'est une sanction morale. »

Le Président l'avait bien compris : la Chancelière voulait faire payer les peuples ayant, selon elle, manqué de vertu – payer financièrement, mais d'abord et avant tout payer moralement. Elle voulait non seulement les contraindre à redresser leurs comptes, mais les amener à résipiscence. Une conviction morale était intimement enracinée en elle : les peuples ayant accumulé des déficits publics s'étaient rendus coupables d'un grave péché et ils devaient expier leurs fautes par une cure d'austérité. C'est cette conviction qui la rendait inflexible – et elle ferait la démonstration de son intransigeance lors de la crise de la dette grecque, à l'été 2015. En cela, elle renouait avec la dimension fondamentalement morale qui est celle du libéralisme : avant d'écrire *La Richesse des nations* qui l'a fait passer à la postérité, Adam Smith fut l'auteur d'une importante *Théorie des sentiments moraux* ; et, pour lui, le libéralisme était d'abord une philosophie morale avant d'être une doctrine économique. Aussi, seule une force politique nouvelle pouvait être à même de vaincre le moralisme de la Chancelière allemande, une force qui, précisément, était en train de se constituer sous ses yeux, sous la forme d'une alliance inédite entre la France et l'Italie.

Dans cette alliance, François Hollande apportait la stratégie politique et la légitimité de son élection, toute fraîche ; Mario Monti, lui, lestait la corbeille de la mariée de sa crédibilité économique et de son image d'icône des marchés.

Car l'homme qui accordait providentiellement son soutien à la politique de relance de la croissance préconisée par le Président français ne pouvait être en quoi que ce soit suspecté de « laxisme » et encore moins de « socialisme ». Diplômé en économie et en gestion des prestigieuses universités Bocconi à Milan et Yale aux États-Unis, deux fois commissaire européen – au Marché intérieur puis à la Concurrence –, ancien président du *think tank* proeuropéen Bruegel, *International Advisor* dans ce temple de la finance internationale qu'est la banque Goldman Sachs, responsable pour l'Europe de la Commission Trilatérale et membre du groupe Bilderberg, Monti était un des grands prêtres de la religion européiste, mondialiste et libérale. Cumulant les fonctions de président du Conseil et de ministre des Finances de son pays – à l'image d'un Raymond Barre italien –, il s'était lancé dans une vague de « réformes structurelles » sans précédent et qu'avait saluées comme il se devait Angela Merkel.

Celui que le monde de la finance avait baptisé « Super Mario » reprenait désormais à son compte la vision macroéconomique, robuste et éprouvée, selon laquelle sans croissance il n'y aurait de retour à l'équilibre des finances publiques pour aucun des États membres de l'Union européenne : le libéral s'était converti, pour un temps au moins, au keynésianisme le plus classique. Renfort aussi précieux qu'inespéré, par conséquent, pour François Hollande. Un renfort qui symbolisait la prise de conscience, chez certains acteurs du système européen, pourtant de formation et de culture libérales, de la gravité de la stagnation en Europe, et de la nécessité d'y remédier par une relance de l'investissement. Une prise de conscience qui serait celle, en particulier, des représentants de l'école italienne, européistes mais néanmoins pragmatiques : Mario Draghi, à la tête de la Banque centrale européenne (BCE) depuis novembre 2011, et Mario Monti, donc, nommé au même moment président du Conseil pour succéder à Silvio Berlusconi. Le sénateur à vie, francophile et maîtrisant notre langue à la perfection – ce qui lui permettait non seulement de comprendre tous les traits d'esprit émaillant la conversation de François Hollande, mais encore d'en forger lui-même de fort subtils – fut l'artisan de l'adoption, ce jour-là, à Rome, du projet de plan de relance, évalué à 1 % du PIB européen, soit 120 milliards d'euros, qui serait discuté une semaine plus tard à Bruxelles.

Le Conseil européen se réunit dans la capitale belge les 28 et 29 juin 2012, dans le même temps qu'un sommet de l'Eurozone.

La situation était grave et la tension, palpable. La crise financière faisait rage au sein de la zone euro ; elle menaçait l'existence même de la monnaie unique.

Pour la première fois, les débats portèrent sur le soutien à l'activité économique, en l'occurrence sur le « pacte de croissance » élaboré une semaine plus tôt à Rome.

Hollande avait besoin de ce pacte pour donner corps à son engagement solennel pris lors du discours du Bourget : « L'Europe, elle doit nous aider à sortir de la crise, mais pas imposer une austérité sans fin qui peut nous entraîner dans la spirale de la dépression (...). C'est la croissance qui nous permettra d'y parvenir le plus sûrement. C'est pourquoi je proposerai à nos partenaires un pacte de responsabilité, de gouvernance et de croissance. Je renégocierai le traité européen issu de l'accord du 9 décembre. »

Quant à Merkel, elle s'était résolue à la perspective de ce plan, qui devait lui permettre de rentrer à Berlin avec, dans sa besace, de quoi faire accepter le pacte de stabilité par le SPD, la gauche allemande. Les deux « grands » de l'Europe étant tombés d'accord, les choses paraissaient entendues.

La surprise fut donc totale quand, au cours d'un dîner compris comme le moment d'entériner ce pacte, les « caves se rebiffèrent »... Mario Monti, qui aimait à se qualifier lui-même de « plus allemand des Italiens », osa défier la Chancelière, appuyé dans cette entreprise par le Premier ministre espagnol, Mariano Rajoy : tous deux exigèrent des mesures d'urgence destinées à combattre la spéculation financière et à réduire les différentiels de taux d'intérêt (les « spreads ») qui pénalisaient les économies de leurs pays respectifs, sans quoi ils s'opposeraient à l'adoption du pacte de croissance. Estomaquée, puis ulcérée par cette jacquerie Merkel connut l'humiliation, inédite pour celle qui avait pour habitude de régenter l'Europe, de devoir négocier avec ces deux « pays du Club Med », comme s'amusait à les railler la presse allemande. Le bras de fer dura toute la nuit. Au petit matin, défaite, elle dut se résoudre à l'inconcevable : ne pouvant retourner bredouille devant le Bundestag, où sa gauche refuserait alors de voter le traité de stabilité budgétaire, il lui fallait passer sous les fourches caudines de l'Espagne et de l'Italie, accepter leurs conditions.

Avec un sens aigu du rapport de force bien dissimulé sous ses manières de diplomate anglais et son sourire avenant, son « ami

Mario », dont elle avait tant de fois chanté les louanges, venait de lui infliger un véritable camouflet. Médusé, François Hollande avait assisté – et même prêté la main – à ce renversement de situation, riche d'enseignements pour lui.

Ainsi, chez la Chancelière, les arguments de politique intérieure étaient-ils prégnants, habilement masqués par des considérations lénifiantes sur l'« intérêt général de l'Europe » ou sur le « bon sens » économique et financier. Ainsi était-il possible de s'opposer à Angela Merkel et même d'avoir le dessus sur elle ; encore fallait-il pour cela disposer d'une combinaison judicieuse de force et de ruse, telle que Monti avait su la forger. Ainsi, même si la chose était difficile, existait-il une voie politique – étroite certes, mais elle existait – pour parvenir à infléchir le cours de l'Europe et honorer les engagements pris par lui devant le peuple français qui venait de l'élire.

Lorsque, vers 8 heures, ce matin du 29 juin 2012, les traits tirés après cette nuit blanche, le Président français présenta les conclusions du sommet aux nombreux journalistes qui suivaient sa conférence de presse, un espoir s'était levé.

Certes, les résultats concrets obtenus étaient plus que modestes : 120 milliards d'euros mobilisés, ce n'était pas, loin s'en fallait, une « relance ». Bien trop faible, ce montant correspondait de surcroît, pour 55 milliards, à des crédits de fonds structurels européens, déjà existants mais inutilisés jusque-là, et seulement pour 5 milliards à des financements nouveaux affectés à des projets d'investissement (« project bonds ») ; quant aux 60 milliards restants, ils étaient censés être obtenus, via un effet de levier, par la Banque européenne d'investissement, opportunément recapitalisée à hauteur de 10 milliards d'euros.

Plus importante que ces chiffres, une réalité politique nouvelle avait toutefois vu le jour : le Président français n'était pas seul pour affronter la Chancelière allemande ; outre les États-Unis d'Amérique qui soutenaient – de loin, mais tout de même – ses initiatives, il était en mesure de fédérer autour de lui deux pays importants, dont l'Italie, État fondateur de l'Union. Or, à elles trois, ces nations représentaient plus de 46 % du PIB de la zone euro, contre 28,3 % pour l'Allemagne[1].

François Hollande pouvait donc, s'il le voulait et s'il se donnait les moyens de cette volonté, devenir le leader de l'Europe, une Europe nouvelle, celle de l'investissement et de la croissance, celle précisément qu'il avait dessinée tout au long de sa campagne présidentielle.

Ce leader politique que bien des pays européens attendaient, il ne l'est pas devenu ; et s'il ne l'est pas devenu, c'est d'abord et avant tout parce qu'il n'a pas *voulu* le devenir. Il en avait pourtant la légitimité politique, encore auréolé de l'onction du suffrage universel et ayant axé sa campagne sur le nécessaire rééquilibrage de l'Europe. Ses engagements pris le 22 janvier 2012 au Bourget ne pouvaient en effet être plus clairs :

« La France doit retrouver l'ambition de changer l'orientation de l'Europe. Elle imposera de savoir convaincre et entraîner nos partenaires. On me demande souvent : "Mais comment allez-vous faire pour faire venir vos alliés dans cette Europe, sur les positions que vous défendez, puisque le Président sortant n'y est pas arrivé ?" Mais ce qui va changer, c'est le vote des Français, qui sera notre levier pour convaincre ! Les destins de l'Europe et de la France sont liés, la grandeur de la France ne peut pas être séparée de la force de l'Europe. Nous avons besoin d'Europe, elle doit nous aider à sortir de la crise mais pas nous imposer une austérité sans fin qui peut nous entraîner dans la spirale de la récession. Les disciplines sont nécessaires (...). Mais c'est la croissance qui nous permettra d'y parvenir

1. Chiffres de l'année 2015, tirés de *Zone euro. Principaux indicateurs économiques et financiers*, Banque de France, 31 octobre 2016.

le plus sûrement (…). Je renégocierai le traité européen issu de l'accord du 9 décembre (…). Ce qui manque à l'Europe, c'est du mouvement – et c'est un Européen de cœur qui vous le dit – mais pas dans n'importe quelle Europe : le mouvement vers une Europe de croissance, vers une Europe de solidarité, vers une Europe de protection. C'est la vocation de la France que de la construire avec l'Allemagne et avec les pays qui voudront bien nous accompagner. Aucun des grands défis de l'Europe ne peut se résoudre sans le pacte d'amitié, dans l'égalité, que Français et Allemands ont noué au lendemain de la guerre. Je proposerai donc à nos amis allemands une nouvelle relation de vérité et d'égalité (…). Chers amis, je veux redonner confiance à la France dans l'Europe (…). »

Tel était le serment du Bourget.

Mais pour tenir ce serment, il lui fallait affronter Angela Merkel. Il allait s'en révéler incapable, butant sur une réalité irréductible, face à laquelle il se retrouverait désarmé : lui-même.

Chaque homme dispose d'une palette de qualités et de défauts, intellectuels et psychologiques, dont la combinaison, plus ou moins harmonieuse, lui donne sa coloration et son caractère ; chacun détient ainsi, consciemment ou pas, une carte maîtresse et une faiblesse principale. L'atout de François Hollande ? Son intelligence. Sa faille ? Son intelligence. Une intelligence qu'il paie cher, d'un prix élevé, trop élevé pour qui est chef d'un État : la pusillanimité. Souffrant d'un excès d'intelligence et d'un déficit de volonté, trop souvent, à force de tout comprendre, il finit par ne rien décider. Dans le champ, si important pour la France, de la politique européenne, il allait ainsi tomber dans le piège tendu par sa propre personnalité ; un piège dans lequel le pousseraient autant Angela Merkel que les lignes de force psychologiques et politiques structurant le débat sur la construction européenne.

Joua d'abord le conservatisme foncier du ministère des Affaires étrangères. Pour le Quai d'Orsay, la perspective de compléter l'axe Paris-Berlin – et non de le remplacer – par une nouvelle alliance avec Rome et Madrid était considérée, dans le meilleur des cas comme incongrue, le plus souvent comme blasphématoire. Nombre de diplomates de profession poussèrent des cris d'orfraie dès qu'ils saisirent qu'une nouvelle donne européenne se dessinait, puis entonnèrent en chœur le sempiternel lamento du « couple franco-allemand, moteur de la construction européenne ». Que ce couple fasse chambre à part depuis quinze ans ; que les intérêts – démographiques, économiques, industriels, commerciaux – des deux nations ne cessent de diverger ; qu'en politique internationale, seuls les intérêts comptent : autant de considérations réalistes dont ne voulaient pas entendre parler les conformistes de métier.

Seule voix lucide, comme à son habitude, mais isolée, comme toujours, celle d'Hubert Védrine : « En réalité, il n'y a plus vraiment de "couple" franco-allemand depuis la réunification de l'Allemagne. Le langage pavlovien automatique tenu à Paris qui consiste à répéter qu'il faut "relancer le couple franco-allemand pour relancer l'intégration européenne, en priorité dans la zone euro" est décalé (…). Les deux pays ont toujours intérêt à chercher en priorité des accords entre eux – cela marche parfois – et il n'y a pas d'alternative. Mais cela devient de plus en plus difficile car l'Allemagne est devenue plus puissante, grâce notamment aux réformes que nous ne parvenons pas à faire. Du côté de la France, qui ne cesse paradoxalement de réclamer plus de réglementation européenne, l'européisme, idéologie de substitution, s'est emparée il y a longtemps des élites de centre gauche et centre droit, de la sphère financière et techno. C'est impossible pour elles de repenser ce système[1]. » Il va sans dire que le panurgisme et la résignation l'emportèrent sur la lucidité et le courage.

1. Entretien accordé au quotidien *Les Échos*, 2 septembre 2016. Cet extrait a été choisi pour sa particulière clarté, mais cette analyse avait déjà été formulée

Quant à la construction européenne, elle était devenue, avec l'élargissement inconséquent et inconsidéré des années 2000, le marasme économique et l'austérité fiscale, un problème pour les peuples et non plus une solution pour eux. Il en fallait toutefois davantage pour tirer de sa torpeur dogmatique un Quai d'Orsay qui flatta habilement le penchant de François Hollande pour la conciliation et sa répugnance à assumer le conflit ; la volonté présidentielle, flamme déjà chancelante, s'éteignit alors.

Plus grave, le Président laissa le temps, ce matériau si précieux de l'action politique, lui échapper.

Alors qu'il aurait dû pousser son avantage sur le plan européen, dans la foulée du sommet du 29 juin 2012, il s'amollit dans la satisfaction de ce premier résultat. Les mois de juillet et d'août auraient dû être consacrés à cette œuvre politique qui aurait pu changer le cours de l'Europe et donner un autre visage au quinquennat de François Hollande : bâtir un nouveau rapport de force avec l'Allemagne, grâce à l'onction de l'élection encore proche et à l'appui de nos deux nations sœurs, demander et obtenir de Berlin une vraie politique de croissance au-delà du premier pas fait à Bruxelles. Bref, respecter l'engagement pris au Bourget. Or, dès la rentrée de septembre 2012, un brutal retournement de l'opinion publique se produisit, provoqué précisément par le sentiment chez les Français que les choses n'avançaient pas – pas assez vite et pas dans la direction indiquée par leur vote.

Ce décrochage dans les sondages prit le Président de court et le plaça derechef sur la défensive. N'ayant pas bénéficié du moindre « état de grâce », la chute qu'il enregistra dans les enquêtes d'opinion – et cela seulement trois mois après son élection – l'affaiblit politiquement et, surtout, psychologiquement.

---

auparavant, et à plusieurs reprises, publiquement ou lors d'entretiens privés, par l'ancien ministre des Affaires étrangères de Lionel Jospin.

L'été était passé, et avec lui le moment opportun pour agir – ce *kairos* cher aux Grecs anciens. Agir, c'est-à-dire donner corps à l'alliance esquissée à Camp David et inaugurée à Bruxelles, c'est-à-dire commencer de reprendre la barre du vaisseau européen, c'est-à-dire faire le choix de la croissance. L'automne arrivé, il était trop tard. C'était en effet le moment où le traité de stabilité, de coopération et de gouvernance (TSCG), plus connu sous le nom de « pacte budgétaire européen », exigé en 2011 par Angela Merkel et signé par Nicolas Sarkozy en pleine campagne présidentielle, le 2 mars 2012, traité que François Hollande s'était, au Bourget, engagé à renégocier, arrivait au Parlement.

La Chancelière allemande ne laissa pas passer sa chance de rétablir son emprise sur l'Europe ; elle fit pression sur un François Hollande vacillant. En guise de « renégociation », on se contenta donc de joindre un « volet croissance » au traité budgétaire, en l'occurrence le paquet virtuel de 120 milliards d'euros négocié à Rome et adopté à Bruxelles au mois de juin. Rétive face à ce premier manquement au pacte du Bourget, la majorité de gauche ne voulut néanmoins pas déstabiliser encore davantage son Président ; le traité, instaurant la « règle d'or budgétaire » et un contrôle de la Commission européenne sur les procédures budgétaires nationales, fut ratifié par l'Assemblée le 9 octobre et entra en vigueur le 1er janvier 2013. Quelques jours auparavant, le 21 décembre 2012, l'estocade avait été portée à la promesse d'une nouvelle Europe avec, pour des raisons de politique intérieure italienne, la démission de Mario Monti de ses fonctions de président du Conseil des ministres. Son départ du Palazzo Chigi laissait François Hollande seul face à Angela Merkel : le combat devenait par trop inégal.

La France et l'Allemagne allaient donc reprendre leur vie de « couple » et continuer à avancer, bras dessus, bras dessous, vers plus de stagnation économique et de chômage en Europe.

Un des ressorts les plus puissants de l'inertie des dirigeants européens face à la crise qui écartèle les nations du Vieux

Continent est leur déni des faits, signe de leur aveuglement idéologique.

Quels sont ces faits, ignorés, sous-estimés, négligés ou le plus souvent rejetés ? La lecture de la tribune que tient au *New York Times* le professeur Paul Krugman, prix Nobel d'économie, devrait éclairer ces Diafoirus qui nous gouvernent et nous président. Un article au titre ravageur – « Si seulement c'était les années 1930[1] » – leur apprendrait que, face à une stagnation économique très grave, presque aussi grave que la Grande Dépression des années 1930, face à ce « marasme continu » que décrit Krugman, aucune mesure à la hauteur de la récession n'a été prise, contrairement aux années 1930, époque où l'Europe avait fini par s'engager, à la suite des États-Unis, dans la voie inventée et préconisée par Keynes. Le « pacte de croissance » de 2012 et ses 120 milliards virtuels paraissent, en comparaison, une plaisanterie. Pire, comme l'écrit Krugman, « l'idéologie de l'austérité est aux commandes ». La Grande Dépression avait fait naître le New Deal ; le « Grand Marasme », lui, ressuscite la « Vieille Idéologie » – celle de l'austérité fiscale.

Comme il l'avait écrit un mois plus tôt : « Encore pire que les années 1930 : voilà un remarquable résultat[2] ». Un an plus tard, le grand économiste refit ses calculs, reprit son clavier en main et publia un troisième article, encore plus alarmiste : « On rejoue les années 1930 au ralenti[3]. » Son constat était encore une fois sans appel : alors même qu'elles ne peuvent ignorer l'enchaînement fatal des années 1930, qui conduisit le monde de la Grande Dépression au fascisme, au nazisme et à la Seconde Guerre mondiale, les élites dirigeantes de l'Europe, et plus précisément celles de la zone euro, s'obstinent à infliger à leurs pays une austérité totalement inefficace.

1. *If Only It Were the 1930s*, 15 décembre 2013.
2. *Europe's Remarkable Achievement*, 14 novembre 2013.
3. *Replaying the 30s in Slow Motion*, 15 septembre 2014.

Ainsi, le PIB de la zone euro, en 2014, six ans après la crise financière, n'avait-il pas retrouvé le niveau qui était le sien en 2008. Résultat affligeant, qui place la zone euro dans une situation pire, et de loin, que celle que l'Europe avait réussi à recouvrer en 1935, six ans après le krach de 1929. Et de souligner que cette « Dépression 2.0 » fait le lit de tous les extrémismes en Europe. Qu'importe ce diagnostic clair, net, précis, concis, étayé, que toute personne soucieuse de vérité et d'efficacité peut se procurer en deux clics. L'essentiel, pour les dévots qui dirigent l'Europe, est ailleurs, dans leur credo libéral et comptable ressassé *ad nauseam* : hors la réduction des déficits, point de salut. On peut bien penser, analyser, commenter, prescrire, à New York ; à Berlin, à Bruxelles, à Francfort, là où se prennent les décisions dans le système européen actuel, on n'en démord pas, l'essentiel étant de ne pas se déjuger et de poursuivre l'austérité fiscale.

À Paris, on aura continué, sous Hollande, comme on l'avait fait sous Sarkozy, à appliquer sagement la politique voulue par Merkel, soi-disant au nom de l'Europe entière, mais au bénéfice principal de l'Allemagne et au prix du marasme économique, du chômage, de la précarité sociale, pour les autres pays.

Seuls les « chocs » de l'année 2016 – Brexit, élection de Donald Trump – conduiraient la Commission européenne à consentir, pour la première fois depuis la crise de 2007-2008, à desserrer l'étau de l'austérité et à se montrer conciliante avec l'Italie, l'Espagne et le Portugal, dont les budgets publics largement déficitaires auraient dû susciter des sanctions de sa part. A demander aussi à l'Allemagne, de manière très allusive et sans la moindre chance d'être entendue, néanmoins, de procéder à une relance de l'investissement.

Seule la peur du populisme aura pu commencer à faire entendre raison aux comptables bruxellois qui nous gouvernent. Ou, pour le dire avec les mots choisis du commissaire européen à l'économie, Pierre Moscovici : « Nous ne pouvons pas rester les défenseurs d'une austérité étroite. L'Europe est sortie de la crise, mais sa croissance est trop faible (…) pour espérer réduire vite le chômage et les inégalités et faire reculer le populisme[1]. » À la veille d'un référendum délicat en Italie et d'élections à venir en Autriche et aux Pays-Bas qui s'annonçaient difficiles pour les partis europhiles, cette soudaine souplesse de la Commission européenne représenterait une avancée, même millimétrique, dans la bonne direction : la relance.

Dès cette seconde moitié de l'année 2012, et tout au long de son quinquennat, le président de la République aura ainsi eu l'occasion d'éprouver personnellement, avec la relation franco-allemande, à quel point l'« amitié » entre deux nations, précieuse en elle-même, peut compliquer l'exercice du pouvoir. Car pour qu'une amitié reste vraie et féconde, il faut qu'elle existe entre égaux et entre semblables. Égaux, c'est-à-dire suffisamment proches dans leurs vérités démographiques, économiques, financières, industrielles et commerciales. Semblables, c'est-à-dire partageant les mêmes espoirs, les mêmes projets, les mêmes aspirations, les mêmes peurs aussi. Or l'Allemagne et la France étaient devenues, avec le temps, de moins en moins semblables et plus du tout égales. Il fallait rééquilibrer leur relation. François Hollande candidat s'y était solennellement engagé ; élu Président, il y a renoncé. Trop difficile, trop fatigant, trop exigeant, trop usant, trop conflictuel surtout, que de s'atteler à cette œuvre, pourtant indispensable.

En reculant devant la nécessité de rééquilibrer la relation franco-allemande et d'assurer le leadership de l'Europe, François Hollande n'a pas seulement renié son engagement pris au Bourget ; il a aussi commis un grave contresens politique.

Abrupte, certes, figée dans ses certitudes comptables plus qu'économiques, préoccupée d'abord et avant tout par ses problèmes de politique intérieure, assurément, intransigeante au

1. Cité par *Le Monde*, 18 novembre 2016.

regard de l'orthodoxie financière, sans doute, Angela Merkel n'en attendait pas moins que le Président français prenne sa part du fardeau européen. Dans le fameux « couple franco-allemand », si la puissance économique revient à l'Allemagne, le leadership politique ne peut incomber qu'à la France.

Alors qu'elle domine commercialement et financièrement l'Europe, l'Allemagne, lors des moments de crise, a toujours fait le choix du cavalier seul et celui de ses intérêts nationaux. Ainsi, lors de l'exode des migrants, en 2015 ; ainsi, bien entendu, de la politique d'austérité aggravée après la crise financière de 2007-2008 ; ainsi, aussi, de l'abandon unilatéral du nucléaire après la catastrophe de Fukushima, en 2011. À chaque fois, Angela Merkel n'a pas cherché à entraîner l'Europe, elle l'a mise devant le fait accompli.

Or, non seulement le chef de l'État français n'a pas saisi la chance qui s'offrait à lui de rétablir une relation entre les deux pays plus harmonieuse, plus équilibrée, et, ainsi, de réussir l'Europe de la croissance ; mais il n'a pas été en mesure, par la suite, d'assurer la direction politique de l'Union, ni lors de la crise des migrants, ni face à la montée du péril terroriste.

Le leader qu'il n'a pas voulu devenir ne sera pas, ne peut pas être, ne doit pas être, pour des raisons historiques et géostratégiques, la Chancelière d'Allemagne. Et même si Barack Obama a tenu à la distinguer comme telle, en s'arrêtant, lors de sa tournée d'adieux, après Athènes, le mardi 15 novembre – pour rappeler avec insistance la priorité qu'il a toujours accordée à la relance de la croissance en Europe –, le surlendemain à Berlin – pour « passer le flambeau » à Madame Merkel –, ce voyage symbolique est d'abord la marque de l'effacement de la France, un pays délibérément ignoré par le Président américain lors de ce dernier déplacement en Europe.

Le leadership actuel de Merkel est un leadership par défaut, qui ne saurait perdurer. La force politique actuelle de l'Allemagne est d'abord le témoin de la faiblesse de notre pays.

Il appartiendra au prochain Président de soulager son homologue germanique d'une responsabilité qui ne peut ni ne doit être la sienne, et de rétablir les conditions d'une alliance fondamentale pour le cours de l'Europe et du monde.

L'alliance est, en politique, chose ambivalente.

Si passer une alliance – c'est-à-dire concrétiser une amitié politique – est une décision prise pour accroître la puissance des parties qui se rapprochent ainsi, la chose se paie, inévitablement, d'une limitation de leurs libertés respectives. Cette amitié, dont on fait de grandes démonstrations lors des voyages diplomatiques, dont on fait de vibrantes protestations dans les toasts portés au cours des dîners d'État, le Président allait bientôt aussi, avec l'« ami américain », en découvrir la labilité. Les mois à venir allaient en effet lui rappeler cruellement un des enseignements reçus des Grecs anciens, depuis qu'ils s'étaient épuisés à se combattre au cours du long conflit opposant Sparte à Athènes : en politique, l'alliance n'est dictée que par le seul intérêt, ne vaut que par lui et ne dure que le temps où il prévaut ; et même dans le temps où elle vit, l'alliance est susceptible d'être remise en cause à tout moment, si l'un des « alliés » l'estime opportun ; car seul le rapport des forces – ce que Thucydide appelait l'« équilibre de la crainte » – est à même de constituer l'alliance, de la modeler, de la pérenniser ou, à l'inverse, de la rendre caduque, voire de la dissoudre.

À propos de la Syrie, François Hollande allait connaître la jeunesse de la leçon donnée il y a 2 400 ans par l'historien de la guerre du Péloponnèse.

Dans l'horrible guerre civile qui martyrise la Syrie, survint le 21 août 2013 un épisode effroyable : un massacre perpétré à l'arme chimique fit environ 1 500 morts – hommes, femmes et enfants, indistinctement – parmi la population civile de la Ghouta, banlieue de Damas. Pour des raisons aussi bien politiques que techniques, la culpabilité du régime de Bachar el-Assad ne faisait aucun doute. Avec ce que le secrétaire général des Nations unies qualifiait dès le surlendemain de « crimes contre l'humanité », une « ligne rouge », selon la formule choisie par Barack Obama en août 2012, avait été franchie. Or il était impossible de décider d'une action militaire contre la Syrie sous l'égide de l'ONU, Assad disposant avec la Russie et la Chine de deux fidèles alliés, membres permanents du Conseil de sécurité de cette organisation et qui auraient opposé leur veto à tout projet de décision en ce sens. Le crime était pourtant là, abominable, révélé à la face du monde. La France et les États-Unis, nations alliées elles aussi, élaborèrent alors ensemble un plan de frappes devant être délivrées conjointement par les forces armées des deux pays.

Cette initiative militaire poursuivait deux objectifs. Punir le régime de Bachar el-Assad, tout d'abord, lui infliger la sanction que son geste monstrueux méritait. Lui signifier, aussi, qu'il trouverait en face de lui une coalition soudée, prête à interdire ses exactions, à soutenir l'opposition « modérée » et, ainsi, à lutter contre les islamistes djihadistes. À la fois expédition punitive et mise sous pression, cette action concertée revendiquait une dimension morale et une vertu politique, indissociablement liées dans l'esprit de ses promoteurs. Lors du Conseil de défense restreint qui se tint à l'Élysée le mercredi 28 août, le Président décida de préparer, de façon coordonnée avec les forces armées britanniques et américaines, « un raid aérien à partir du territoire national, délivrant des missiles de croisière sur des objectifs militaires du régime syrien en lien avec ses capacités chimiques », raid pour lequel un créneau fut arrêté : entre le 30 août et le 2 septembre. La détermination des alliés semblait totale et le dispositif militaire était prêt.

Première fissure dans ce bel édifice : le 29 août, la Chambre des communes – échaudée par le précédent de Tony Blair, lorsqu'il avait entraîné son pays comme supplétif des États-Unis de Bush dans une guerre contre l'Irak censé détenir des armes de destruction massive, une invention des services secrets américains – refusa à David Cameron l'autorisation d'intervenir en Syrie. La coalition se retrouvait réduite à deux pays. Le samedi 31 août, le Président apprit que Barack Obama avait cherché à le joindre dans la nuit ; rendez-vous fut pris pour un échange téléphonique à 18 heures. Nous n'imaginions pas que le Président américain puisse reculer, et cela d'autant moins que, la veille, au cours d'une conférence de presse solennelle, John Kerry, le Secrétaire d'État américain, après avoir confirmé l'usage de l'arme chimique le 21 août, avait évoqué une action militaire « ciblée » avec la France, « plus vieil allié » des États-Unis. Sa conclusion était même sans appel : « Si le monde exprime sa condamnation et qu'ensuite rien ne se passe, cela voudra dire quelque chose. » Il parlait d'or.

Toutefois, Paul Jean-Ortiz, qui s'était entretenu peu de temps auparavant avec Susan Rice, la conseillère à la sécurité nationale d'Obama, en avait retiré une impression mitigée : « Je me demande s'ils ne sont pas en train de nous balader », me confia-t-il peu avant l'appel du Président américain. Son intuition était juste : Barack Obama confirma certes son soutien à la démarche française et sa détermination à frapper Bachar el-Assad ; mais il annonça au chef de l'État une très mauvaise nouvelle pour lui – il souhaitait disposer d'un vote favorable du Congrès et du Sénat avant de s'engager militairement.

C'était là un changement majeur par rapport à la position initiale des États-Unis.

Outre qu'il privait la coalition de tout effet de surprise dans sa frappe, le vote du Congrès était loin d'être acquis ; de surcroît, dans cette hypothèse, François Hollande devrait alors affronter son opposition qui lui réclamerait un débat parlementaire et pourquoi pas un vote ; or, même si la Constitution de la Ve République n'oblige en rien le chef des armées à cette concession, la situation politique en serait rendue délicate.

Surtout, cette initiative représentait davantage qu'un affront américain, embarrassant pour le Président français ; elle annonçait un revirement diplomatique. Officiellement, John Kerry donnait le change en condamnant en des termes très durs le régime syrien, et en déclarant œuvrer à élargir la coalition, notamment aux pays arabes. En réalité, Barack Obama était personnellement très réticent à intervenir militairement en Syrie.

Le 4 septembre, de passage à Stockholm, il déclara que « face à une telle barbarie, la communauté internationale ne peut rester silencieuse ». À quoi le Président russe, Vladimir Poutine, rétorqua que toute intervention militaire en Syrie qui n'aurait pas été autorisée par l'ONU serait une « agression ». Détenant un droit de veto au Conseil de sécurité, il soulignait ainsi que rien ne serait possible sans son acquiescement ; soutien et allié de Bachar el-Assad, chacun savait qu'il ne le donnerait pas. Habilement, après ce rappel à l'ordre, il allait ensuite offrir une issue politique à Obama, en proposant un contrôle international de la nature des stocks d'armes du régime syrien. Celui-ci se saisirait sans délai de la perche tendue. Le jeu diplomatique reprendrait sur ces bases nouvelles, la France se retrouvant désormais marginalisée, et François Hollande déçu et blessé de l'attitude de notre « allié » américain.

Conscient d'avoir manqué à la France, Barack Obama allait mettre un point d'honneur à adoucir l'amertume de son « ami François » en le recevant de manière exceptionnelle à l'occasion de son voyage d'État aux États-Unis, en février 2014, le premier d'un Président français depuis 1996.

Tout serait fait pour faire oublier le triste épisode de l'été précédent. Échange à bord d'Air Force One, visite de Monticello, la résidence de Thomas Jefferson – rédacteur principal de la Déclaration d'indépendance des treize colonies anglaises, ancien président des États-Unis qui succéda à Benjamin Franklin comme ambassadeur de sa jeune nation à Paris –, magnifique réception officielle dans les jardins de la Maison-Blanche, en cette matinée glaciale du lundi 10 février 2014 – placé au côté de Michelle Obama, superbe dans son manteau écarlate, j'eus le plaisir d'engager la conversation avec elle –, entretien dans le Bureau ovale, bien entendu, remise de la Légion d'honneur au soldat inconnu américain du cimetière d'Arlington, cocktail dans les appartements privés du Président Obama et, surtout, somptueux dîner d'État le mardi soir, sous une immense tente dressée en face de la Maison-Blanche.

Le Tout-Washington était là. Politiques, principaux conseillers d'Obama, artistes, financiers, grands journalistes, tous mêlés autour des tables aux plans savamment composés. Un dîner d'État, assurément – vaisselle d'apparat, mets choisis, robes longues et smokings, discours officiels et toasts de rigueur –, mais comme seuls les États-Unis d'Amérique savent et peuvent en organiser un, agrémenté d'un véritable concert de la chanteuse de RnB Mary J. Blige, faisant se lever les invités pour danser avec elle et qui interpréta, pour le seul François Hollande, *a cappella* et en se penchant vers lui, « Ne me quitte pas ».

Autant de moments symboliques, parfaitement étudiés, autant d'occasions pour la diplomatie américaine de montrer son savoir-faire, variant et combinant les registres – solennité, émotion, spectaculaire, décontraction, humour – aux fins d'offrir au Président et, à travers sa personne, à la France, un florilège de marques d'amitié et célébrer une relation ayant atteint, selon la formule de François Hollande, « un degré exceptionnel de proximité et de confiance ».

De proximité et de confiance, il avait été, brièvement, mais intensément, question lors de la réunion de travail, consacrée aux questions économiques, que Barack Obama avait tenue à la Maison-Blanche, le matin même, peu après la réception officielle.

La délégation officielle française – ministres, conseillers – avait rejoint, en empruntant la célèbre colonnade donnant sur la roseraie, le *Cabinet Room*, la pièce où le Président américain réunit ses ministres. Les deux chefs d'État arrivèrent après leur entretien en tête à tête dans le Bureau ovale. L'ambiance était chaleureuse et détendue, amicale, donnant l'impression que nous ne formions qu'une seule et même équipe. Obama, tout sourire, mais grave néanmoins, attaqua l'ordre du jour sans ambages et avec simplicité : « Cher François, nous sommes très heureux d'avoir cette séance de travail commun, avec plusieurs de tes ministres et tes collaborateurs. Depuis 2008, ici, aux États-Unis, nous avons pris notre part de la nécessaire relance de l'économie mondiale. Les affaires redémarrent, nous créons des emplois. Mais que se passe-t-il chez vous, en Europe ? Nous ne comprenons pas bien. Il semble que les choses n'aient pas progressé depuis notre premier entretien, en mai 2012. Toujours pas de mesures en faveur de la croissance. Alors, je te pose la question directement : qu'est-ce qui cloche chez vous ? »

« *What's going on in Europe ?* » : un léger flottement dans l'assistance accueillit cette entrée en matière « à l'américaine ». Surpris, Hollande se tassa un instant dans son fauteuil en rosissant ; puis, se redressant, arborant son sourire le plus désarmant et sur le ton de l'humour – mais un humour un peu forcé, et cela s'entendit –, il concéda cette vérité première qui fit néanmoins sensation : « De la croissance ? Tu dis cela parce que vous, en Amérique, vous n'avez pas Madame Merkel. Quelle chance… » Saisie, l'assemblée chercha à dissiper, par quelques rires mal contenus, la gêne qui s'était installée, palpable. Après cet aveu du Président, le débat tourna court, Barack Obama ne souhaitant pas embarrasser davantage « son ami François » en soulignant encore sa dépendance d'avec « notre amie Angela ».

Par cette interpellation, le Président américain avait confirmé la priorité à la relance de la croissance qu'il avait déjà recommandée, presque deux ans plus tôt, dans le Bureau ovale, lors de son premier entretien avec François Hollande. Constant dans son analyse comme dans ses préconisations politiques, il prendrait soin, deux ans après, lors de son dernier voyage en Europe, de faire escale à Athènes afin d'y renouveler son plaidoyer pour un allègement de la dette grecque – rappelant au passage que celui-ci était demandé par le Fonds monétaire international – et d'y proclamer : « L'austérité seule ne peut pas apporter la prospérité. »

Décidément, l'amitié est chose bien compliquée en politique ; et, à tout prendre, les relations sont plus simples avec l'ennemi : c'est ce que devait alors penser François Hollande.

Fuyant les palabres interminables, étranger au formalisme des relations diplomatiques, appréciant la rude simplicité des militaires, trop souvent embarrassé dans le jeu des « amitiés » institutionnalisées – telle l'Union européenne – où il se sent à l'étroit, comme prisonnier, empêtré dès qu'il s'agit d'imposer sa volonté à qui le regarde droit dans les yeux, surtout s'il se targue d'être son ami, mais n'hésitant jamais à jouer du rapport des forces et à pousser son avantage face à l'adversaire, François Hollande est à l'aise dans la guerre.

La guerre ramène à l'essentiel, clarifie les enjeux, interdit les tergiversations, conduit à décider vite – si ce n'est bien.

Quel soulagement pour un homme qui avait dû, jusque-là, composer avec tous, à commencer par ceux, nombreux, qu'il méprisait, et, pire encore, ceux qu'il craignait, que de se retrouver dans cet univers clair, ordonné, hiérarchisé, rapide, où un seul – lui – décide et où les autres – tous les autres – exécutent. Ce qui est décidé est appliqué et l'on en constate le résultat de suite. La chaîne de commandement est courte, le circuit de transmission et d'exécution fluide, l'efficacité visible, très rapidement. Les soldats sont toujours prêts, toujours disponibles, ils ne discutent pas, ils obéissent, ils agissent. À la guerre, pas de Parlement, pas de votes, pas de partenaires sociaux, pas de « grande conférence », pas de négociations. À la guerre, pas de « dialogue social ». À la guerre, pas d'administrations lentes et parfois réticentes, pas de réunions interministérielles, pas d'arbitrages à rendre. À la guerre, pas de Bercy.

La guerre simplifie les choses, délimite les camps de façon bien nette, sans ambiguïté.

Il y a l'ennemi, à combattre, à réduire, à éliminer, à détruire, à tuer. Il y a les amis, qui luttent à vos côtés, qui sont « avec vous », avec lesquels vous avez noué alliance, qui seront au rendez-vous commun de la victoire comme de la défaite. Aucune confusion entre ami et ennemi n'est possible à la guerre. Alors qu'en politique, l'amitié est une complication, nécessaire parfois, indispensable même, et utile, mais une complication. L'ami politique est là pour aider, soutenir, mais il pose aussi des problèmes, soulève des difficultés, émet des objections, ralentit la marche ; ses intérêts peuvent diverger des vôtres et même leur devenir opposés. L'ami peut se révéler réticent. Et pourtant, c'est l'ami. Dès lors, difficile et pénible d'ouvrir un conflit avec lui : il faudrait prononcer des paroles dures, désagréables, blessantes peut-être, soutenir son regard, accepter et même revendiquer, au nom de l'amitié, le différend, car c'est là parfois la seule solution. L'amitié politique est source de tensions. Rien de tel à la guerre.

À la guerre, pas d'amis à affronter, que des ennemis à abattre. À la guerre, pas de Merkel.

À la fois prolongement et quintessence de la politique, restituant le plaisir animal de la traque, sublimant le goût âpre et fort de la victoire, la guerre a fait découvrir à François Hollande le sentiment de plénitude suscité par l'exercice du pouvoir d'État dans sa forme la plus élémentaire et la plus pure : la violence.

La guerre est de la politique à haute dose, très concentrée, très pure, sans impureté ni diluant, qui procure une sensation puissante, intense, brûlante, qui vous submerge : celle du pouvoir. Le vrai pouvoir, le seul, l'ancien, l'archaïque, le fondamental, l'irréductible, le régalien, le jupitérien, celui qui constitue depuis toujours et pour toujours le cœur du pouvoir politique : le pouvoir de punir, de sanctionner, de frapper, le pouvoir de tuer.

Aussi, Hollande, qui ne vit que *pour* et *par* la politique, ne pouvait que s'épanouir dans la guerre[1]. Sans avoir lu Spinoza, il savait que « pour faire la guerre, il suffit d'en avoir la volonté ». La volonté, il la portait en lui ; les événements le conduiraient à la mobiliser. Tout comme le servirait celui qui allait devenir l'Amphitryon militaire du chef de l'État, le général Benoît Puga, son chef d'état-major particulier.

« L'aurore aux doigts de rose » était à peine levée, ce vendredi 25 mai 2012, quand l'avion du président de la République décolla d'Orly. Important et symbolique, le voyage avait été, pour d'évidentes raisons de sécurité, tenu secret. Il ne serait dévoilé qu'à 6 heures, heure de Paris, une fois la baleine en route vers sa destination : l'Afghanistan, Kaboul. Puis, en hélicoptère, portes ouvertes et mitrailleuses pointées vers le sol, la vallée de la Kapisa, la base militaire française de Nijrab. Le Président avait décidé d'aller saluer personnellement nos soldats engagés dans la lutte contre le fanatisme islamique ; de leur confirmer aussi qu'il tiendrait son engagement pris lors du discours du Bourget : leur mission étant désormais achevée, ils seraient rentrés chez eux pour la Noël. Le général Puga, que je connaissais à peine – nous n'étions à l'Élysée que depuis dix jours –, était placé à côté de moi. Après quelques propos convenus, mettant à profit l'assoupissement de nos voisins immédiats, il se lança.

1. Le portrait de François Hollande en « chef de guerre » a été fort bien brossé par David Revault d'Allonnes, dans *Les Guerres du Président*, Seuil, 2015.

— Cela me fait plaisir que vous soyez de ce voyage, Monsieur Morelle. Vous n'étiez pas obligé de venir.

— Ma mission consiste à aider le Président, à l'étranger comme à Paris ; d'autant que, désormais, il n'y a plus de coupure bien nette entre vie politique nationale et action internationale. D'ailleurs, quand il se déplace hors de France, le Président est suivi par la presse politique. Et puis je suis heureux d'aller rencontrer les soldats qui se battent pour nous, cela me touche. Je suis un patriote, général. Un peu cocardier, même, pour tout vous dire.

— Cela ne m'étonne pas. Je suis sûr que nous allons bien nous entendre. Dans le fond, vous et moi sommes faits du même bois…

— Que voulez-vous dire ?

— Eh bien, vous, le conseiller politique, et moi, le chef d'état-major particulier du Président, nous sommes tous les deux des guerriers. C'est un premier point commun. Et puis, vous êtes médecin, moi soldat. Tous les deux, nous connaissons les hommes, et nous les connaissons de l'intérieur. Tous les deux, nous savons que c'est fait de sang et de tripes, un homme, plus que de cervelle. Tous les deux, nous avons déjà ouvert un ventre : vous avec votre bistouri, moi à la baïonnette. Tous les deux, nous y avons déjà mis nos mains, dans un ventre. Cela nous rapproche.

— C'est une certaine façon de voir les choses, mais ce n'est pas faux.

À ce moment de notre échange, qui commençait à piquer ma curiosité, l'amiral Édouard Guillaud, chef d'état-major des armées, assis de l'autre côté de l'allée centrale de l'avion par rapport à nous, se leva et se déplaça, offrant aux regards une tenue « camouflage » du meilleur effet.

— Non, mais vous l'avez vu, celui-là ? reprit vivement Puga en me le désignant. Non, mais dites, vous l'avez vu ?

— Je le vois, oui.

— Regardez-moi ce clown ! Il s'est déguisé en soldat… Lui qui n'a jamais fait la guerre ! Un soldat de salon ! Il se fout vraiment du monde… Les soldats, les vrais, ils sont là-bas, en Kapisa. Il faut les respecter. Et les respecter, c'est ne pas faire semblant et ne pas faire le malin, comme ce Guillaud. C'est moi qui vous le dis, Monsieur Morelle, moi qui ai sauté sur Kolwezi, avec le 2e REP, en 1978…

— Je sais, général. Il faudra d'ailleurs que vous me racontiez ça.

— Oui, une prochaine fois, le prochain voyage… Eh bien, moi, qui ai conquis mes galons et mes étoiles sur le terrain et pas dans les bureaux, je respecte ces soldats. Ce sont eux, les combattants. Pour leur rendre visite et les saluer, je porte mon uniforme de l'armée de terre, pas une tenue léopard !

Dans l'avion du Président ou à l'Élysée, le général d'armée – cinq étoiles – Benoît Puga porte en effet l'uniforme de l'armée de terre, quand il n'est pas sanglé dans un costume bleu marine de bonne coupe. Le samedi ou le dimanche, au printemps, il n'hésite pas à enfiler un pantalon de toile de couleur vive – garance, en particulier –, signe récent de reconnaissance et de connivence des « tradis ». Et pourtant, on ne saisit vraiment le personnage qu'en treillis – usé sur bien des théâtres d'opérations extérieures, du Gabon au Tchad, en passant par Djibouti, le Liban et la République centrafricaine, mais remisé depuis dix ans dans l'armoire de son appartement de fonction du quai Branly –, ou portant le smoking – dans lequel il évolue avec aisance et avec un plaisir dissimulé qu'un sourire en coin trahit néanmoins –, tel que je le vis, déambulant dans les salons de la Maison-Blanche, soutenant la conversation en anglais, tenant son rang. Le costume qui lui siérait le mieux est toutefois celui dont on ne peut que l'imaginer vêtu : la soutane du cardinal politique du Grand Siècle qu'il est profondément.

Par sa culture, son intelligence concrète, son esprit pragmatique, son entregent, l'acuité de son jugement – en particulier sur les hommes –, son habileté à la manœuvre, son goût des confidences partagées, sa conversation colorée et animée, sa souplesse intellectuelle et une raideur orgueilleuse qu'il a conservée de sa vie de soldat, Puga est semblable à l'un de ces grands prélats versés dans les affaires de l'État qui peuplent nos livres d'histoire. Ancien élève de Saint-Cyr, ancien commandant des opérations spéciales et ancien directeur du renseignement militaire, ce « para » de la Légion étrangère fut nommé chef d'état-major particulier du président de la République en mars 2010 par Nicolas Sarkozy. Homme d'ordre et de tradition, ancré à droite, catholique pratiquant, père de onze enfants (conçus avec la même femme, bien entendu), frère du vicaire de l'église intégriste Saint-Nicolas-du-Chardonnet, son sort paraissait scellé après le 15 mai 2012. À la surprise générale, il fut confirmé dans ses fonctions par François Hollande, puis renouvelé dans celles-ci à deux reprises, ne quittant l'Élysée que le 6 juillet 2016, pour rejoindre la grande chancellerie de la Légion d'honneur. Cette longévité en a surpris beaucoup et a beaucoup fait jaser.

Pour qui connaît le Président, ce choix s'imposait pourtant, très logiquement. Pour des considérations d'équilibre interne du pouvoir exécutif, tout d'abord. Quelle que fût la confiance – totale – que le chef de l'État plaçait en son ministre de la Défense, il lui fallait un homme à lui pour suivre les dossiers militaires, si sensibles ; et cela d'autant qu'en arrivant à l'hôtel de Brienne, Jean-Yves Le Drian avait annoncé la couleur : il allait réaffirmer le pouvoir civil sur les armées. Dès lors, lui faire contrepoids était de bonne politique. Le même principe de précaution prévaudrait en matière de renseignement : à la tête de la DGSE, Bernard Bajolet, intime du Président et ne rendant compte qu'à lui, serait maintenu lui aussi en fonction, contre vents et marées, au-delà de l'âge de la retraite, par décret présidentiel. Puis, Puga est un professionnel de haut niveau : il sait de quoi il parle. Ses états de service plaident pour lui. Et Hollande est un élitiste : il aime les hommes qui ont réussi, ceux que leur réputation, flatteuse, précède.

Or il avait besoin d'un véritable expert des questions militaires, questions qu'il ignorait complètement et dédaignait souverainement avant d'accéder à la magistrature suprême. Enfin, sans être le moins du monde fasciné par lui, Puga, avec sa trogne et son langage viril, est un vrai personnage, qui ne pouvait que susciter la curiosité et l'intérêt du Président. Ceux qui ne l'apprécient pas, ou qui le détestent – ils sont nombreux –, peuvent bien dénigrer Benoît Puga : reste qu'il n'est pas un de ces innombrables falots qui hantent les couloirs des ministères, y compris celui de la Défense nationale. Quant au Président, il a été comblé d'avoir à ses côtés un homme qui l'a aidé à accomplir une part de son identité et à tenir la barre dans des moments qui resteront parmi les plus importants et les plus marquants de son quinquennat.

Le vendredi 11 janvier 2013 fut un de ceux-là. Dans un chiasme qui n'avait rien d'une coïncidence – il n'y a pas de coïncidences en politique –, cette journée d'hiver, qui aurait dû rester comme un des grands succès de Hollande en politique intérieure, serait celle de sa consécration comme chef de guerre.

La signature de l'accord national interprofessionnel, fruit de la « grande conférence sociale » ouverte au mois de juillet, la « méthode Hollande » couronnée de succès, le dialogue social en actes, le troc « flexibilité » contre « sécurisation de l'emploi »… Tout cela serait balayé. Car, en fin de matinée, le chef de l'État avait convoqué un Conseil de défense restreint, consacré à la situation au Mali, subitement aggravée depuis quarante-huit heures. La veille, le Président Traoré avait écrit à l'Élysée pour demander solennellement l'aide de son alliée la France, face au danger des katibas djihadistes qui, profitant de la débandade de l'armée malienne, progressaient rapidement vers le sud, menaçant désormais directement la capitale, Bamako, où vivaient quelque 6 000 ressortissants français. Dès sa prise de fonction, le Président avait saisi l'enjeu géostratégique de la crise malienne et la nécessité de tout faire pour empêcher que le Sahel ne tombe dans les mains des islamistes et d'agir résolument pour, selon la formule du ministre de la Défense, « ne pas laisser Al-Qaïda au

Maghreb islamique établir un sanctuaire terroriste hors de tout contrôle, à l'instar de ce qu'Al-Qaïda avait fait dans les zones tribales afghano-pakistanaises[1] ».

Dans le Bureau ovale et à Camp David, il avait attiré l'attention d'Obama sur ce point, décisif. De même, le lendemain au sommet de l'OTAN, à Chicago, était-il intervenu pour évoquer ce qui était pour lui une priorité, tant pour contenir la poussée islamiste que pour des raisons tenant à la sécurité nationale. Nos alliés lui réservèrent une écoute polie et sans suite politique. Le Mali était pour eux un pays lointain et éloigné de leurs préoccupations du moment. Persévérant, le Président obtint, lors de l'Assemblée générale des Nations unies, au mois de septembre 2012, une session consacrée à la question malienne. Et, trois mois plus tard, le 20 décembre, le vote, par le Conseil de sécurité, d'une résolution prévoyant le déploiement d'une « mission internationale de soutien au Mali sous conduite africaine » (MISMA), mission ayant pour objectifs de soutenir ce qu'il restait d'armée malienne, de protéger les populations civiles et de repousser les divers groupes djihadistes ayant fait main basse sur tout le nord du pays.

En ce début d'année 2013, la donne venait de changer brutalement avec la perspective de voir tout le Mali passer sous contrôle islamiste. Incapable de se défendre, ce pays ami appelait à l'aide. Le Président avait bien à l'esprit que la communauté internationale, si elle soutenait le Mali, ne prendrait pas de suite l'initiative d'une intervention militaire ; or le temps pressait. La France était donc seule à pouvoir et à vouloir agir. Car le chef de l'État voulait agir. Pas question pour lui de laisser quelques milliers de fanatiques religieux étendre leur emprise sur le Mali et, à partir de là, sur le Sahel. Nous disposions de troupes aguerries et stationnées à proximité ; le rapport des forces militaires était à notre avantage ; les différents plans d'action lui avaient

1. Cité par David Revault d'Allonnes, *op. cit.*, p. 35.

été soumis, il les avait validés ; restait à décider. Il décida, ce vendredi 11 janvier. L'ordre d'intervenir fut donné aux forces spéciales françaises en des termes univoques. Quittant le Salon Vert à l'issue du Conseil de défense restreint pour se diriger vers l'hôtel de Marigny où l'attendaient ses collaborateurs réunis pour une petite cérémonie des vœux, le Président était calme, souriant, détendu, paisible, plaisantant comme à l'accoutumée. Personne n'aurait pu imaginer, en le croisant dans l'escalier d'honneur de l'Élysée, qu'il venait de donner l'ordre d'engager nos forces armées.

En arrivant dans le salon où son cabinet était rassemblé, tandis qu'il entamait un tour de salle, serrant les mains et embrassant les visages qui se tendaient vers lui, comme si de rien n'était, imperturbable et ayant un mot pour chacun, je ressortis pour passer un coup de fil urgent. Là, dans une encoignure, j'aperçus le général Puga dans ses œuvres. Accroché à son téléphone portable, en ligne avec un responsable militaire sur place, en Afrique, il traduisait en termes opérationnels – à sa manière, mais fidèlement – la décision présidentielle : « Bon, écoutez-moi bien. Ce que je vais vous dire, c'est comme si le Président, que je viens de quitter et qui est près de moi, vous le disait lui-même, vous m'entendez ? Alors, je vous le dis : maintenant, vous y allez ! C'est bien compris ? Vous y allez ! Vous cognez, et fort ! Brisez-leur les reins, vous m'avez compris ? Brisez-leur les reins ! » Quatre heures plus tard, deux hélicoptères des forces spéciales basées à Ouagadougou s'envolaient et frappaient les colonnes de véhicules djihadistes. Le soir même, quatre Mirage 2000D décollaient de N'Djamena, la capitale tchadienne, pour bombarder les positions des terroristes. La guerre au Mali venait de commencer.

En regagnant le premier étage de l'Élysée, pour y préparer avec le Président le texte de la brève allocution qu'il prononcerait dans la soirée, un souvenir troublant de la campagne présidentielle me revint à l'esprit.

C'était le vendredi 4 mai 2012, et François Hollande accordait à RTL sa dernière interview de candidat. Avec Manuel Valls, nous l'avions accompagné et, pendant qu'il participait à l'émission « Laissez-vous tenter », enfermé dans un studio, nous prenions un café avec un groupe de journalistes. Selon l'usage à la radio, le programme était diffusé en direct dans l'ensemble de la rédaction. La conversation roulait paisiblement quand, soudain, je fus saisi par ce que j'entendais. François racontait un douloureux souvenir d'enfance qui l'avait meurtri, une « déchirure », comme le souligna l'animateur : « J'avais une collection de petits soldats, de toutes sortes d'ailleurs, d'Indiens, de cow-boys, et même de soldats de plomb, qui étaient les plus rares, et je faisais des batailles qui duraient des jours entiers (...). Et ce qui m'a fait le plus de peine de mon enfance, c'est quand j'ai déménagé de Rouen pour aller à Paris – j'étais déjà un adolescent –, mon père, croyant bien faire, a donné ma collection de petits soldats (...). Je la recherche encore. »

En 2015, interrogé par David Revault d'Allonnes sur sa métamorphose en chef de guerre, le Président, pour se défendre d'être tombé dans le piège de l'aventure extérieure, lui confia : « Je ne joue pas au petit soldat[1]. » En transcrivant par écrit la parole du chef de l'État, le journaliste du *Monde* s'est trompé, j'en ai la conviction, prenant un pluriel pour un singulier. Non, pas « au petit soldat », mais « aux petits soldats », c'est bien cela qu'avait voulu dire François Hollande. Et ce n'était pas ce jour-là le président de la République qui répondait, dans le faste de son bureau, mais l'adolescent humilié qui, quarante ans plus tard, tenait sa revanche.

Étrange Président que cet homme, doué de charme mais dépourvu d'autorité.

À la ville, il tergiverse, soupèse au trébuchet les arguments, ressasse les données d'un problème à l'infini, temporise

1. David Revault d'Allonnes, *op. cit.*, p. 17.

– convaincu que le temps finira par clarifier la situation et lui offrira la bonne solution –, finasse, avance pour mieux reculer, ergote, ratiocine et verse dans la procrastination, « fait du Hollande » – pour reprendre l'expression que le spectacle de son irrésolution a fait naître et a popularisée. À la ville, personne ne l'écoute plus et il ne décide de rien. À la guerre, le voilà net, précis, tranchant, assuré de sa position, décidant vite, sans hésitation ni état d'âme. Il est le chef des armées que l'on respecte et que l'on suit.

Bien involontairement, François Hollande ressuscite ainsi la figure du chef primitif, telle que les ethnologues l'ont découverte avec stupéfaction en étudiant les peuplades d'Amérique du Sud, celles du Brésil et d'ailleurs, figure dont la première et plus remarquable propriété réside dans son absence à peu près totale d'autorité[1]. Institution paradoxale, donc, symbole d'un pouvoir politique vide, dans l'incapacité de se voir exercer. Mais institution doublement paradoxale, car à cette première dimension – l'impuissance, voulue et organisée – vient s'en superposer une seconde, totalement opposée : en temps de guerre, ce chef jusque-là sans aucune autorité et ignoré de tous, se voit doté des plus grands pouvoirs, jusqu'au pouvoir absolu, sur ses guerriers. La paix revenue, le voilà ramené à sa condition initiale. Ambivalence profonde et troublante de la fonction de chef dans ces sociétés premières[2].

Cette ambivalence primitive, François Hollande l'incarne, bien malgré lui, sous la Ve République. Mieux, il la porte en lui, inscrite sur les traits de son visage. De face, celui-ci offre l'apparence

1. À tel point que certaines de ces sociétés ne possédaient pas l'institution de la chefferie et que la langue jivaro ne connaît pas même le mot « chef ».

2. Pour une présentation de ces questions passionnantes et avoir le plaisir de lire Pierre Clastres : *La Société contre l'État*, Minuit, 1974 (notamment le chap. 2, « Échange et pouvoir : philosophie de la chefferie indienne ») et *Recherches d'anthropologie politique*, Seuil, 1980 (en particulier le chap. 11, « Archéologie de la violence : la guerre dans les sociétés primitives »).

débonnaire et le sourire ravi d'un « Monsieur Tout-le-monde » qui aurait réussi, encore tout étonné et tout heureux de cette bonne fortune ; un Président « normal », cherchant toujours à concilier les points de vue, même au prix d'une improbable synthèse. Envisagez-le de profil cette fois : paraît alors le nez busqué et fort du *condottiere* Federico da Montefeltro, le duc d'Urbino immortalisé par Piero della Francesca, un chef de guerre semblable à celui du tableau d'Antonello da Messina qui inspira son premier roman à Perec, un conquérant ambitieux et sûr de lui, le bec d'un oiseau de proie à la froide cruauté et n'hésitant pas à déchirer ses victimes.

François Hollande est un tueur.

Et de l'espèce la plus redoutable – l'espèce souriante. Toujours affable, il peut vous ouvrir les bras pour vous écraser, vous étreindre pour mieux vous étouffer, vous caresser de la voix dans le même temps qu'il enfonce sa dague dans votre flanc. Ses coups sont obliques ; il préfère confier à ses reîtres – amoureux transis, envieux obsessionnels, ambitieux frustrés, politiciens médiocres, technocrates soumis, parfois les mêmes, jocrisses toujours – le soin d'accomplir ses vœux et de vous exécuter.

Je le sais ; il a essayé de me tuer.

Chapitre VII

VILLA FAUCHEUR

« Regarde de tous tes yeux, regarde ! »

Jules Verne, *Michel Strogoff*

« Lui qui n'était pas particulièrement cultivé se souvenait de la phrase de Talleyrand à propos de Louis XVIII : "Si vous voulez avoir une idée de son caractère, prenez deux boules de billard, trempez-les dans l'huile et serrez-les très fort." La métaphore convenait parfaitement à Launay, qui n'avait pas failli à la tradition selon laquelle le président de la République se devait d'être le personnage le plus complexe et le plus trouble du pays, infidèle en amitié, allant parfois jusqu'à jouir de ses propres trahisons. »

Marc Dugain, *Ultime partie*

Un soir, au tout début – à la mi-juin 2012, certainement, les journées étaient longues et la lumière pleine de ce poudroiement doré qui annonce l'été –, après avoir traversé le secrétariat particulier vide à cette heure tardive, toqué à la porte capitonnée et vérifié par l'entrebâillement que je pouvais le faire sans déranger, j'entrai dans le bureau du Président. Je le trouvai au travail comme toujours, penché sur ses papiers, la plume à la main, absorbé dans ses pensées. Relevant la tête, il tourna vers moi son visage d'ordinaire jovial, et dont, ce soir-là, le regard était voilé et le sourire triste. Après m'avoir chaleureusement salué et avant que j'aie pu dire quoi que ce soit, il me confia, en hochant la tête et d'une petite voix : « Tu en as de la chance. Tu es libre. Et pour toi, tout est encore possible. Tu vas avancer, progresser, apprendre, faire ton chemin, tu seras ministre. Moi, je suis là, je suis heureux, j'ai atteint l'objectif que je m'étais donné, je suis arrivé où je voulais. Mais maintenant ?... »

Seul dans cette pièce prestigieuse, qui paraissait subitement trop grande et trop surchargée de dorures pour lui, l'air penaud d'un bon élève mis au coin, il semblait presque se demander ce qu'il faisait là. Le sentiment qui l'avait saisi, je n'eus pas de mal à le comprendre, l'ayant moi-même, à ma mesure et à ma place, perçu avec acuité, de manière douloureuse, un mois auparavant, le jour de l'annonce de la composition du gouvernement. Tous les amis, les camarades avec lesquels nous avions mené cette si belle et si joyeuse campagne investissaient leurs ministères, composant leurs équipes, découvrant leurs dossiers, se mettant au travail, entamant une nouvelle vie faite d'action et dans laquelle – du moins je le croyais alors – ils ne se perdraient pas de vue. Installé dans mon magnifique bureau, au cœur du pouvoir sans doute, au centre de l'État assurément, j'étais désormais loin d'eux et de notre vie commune. C'était ce même sentiment de solitude qui, ce soir-là, avait envahi le Président, ce goût de vide, que peut parfois laisser l'accomplissement, qui le gagnait. Alors, autant pour le consoler que pour le sonder, affection et curiosité mêlées, je lui lançai : « Mais non ! Toi aussi, tu vas progresser ! Tu vas réussir ce qu'aucun n'a réussi avant toi, pas même Mitterrand, qui a d'abord perdu les législatives et enduré la première cohabitation : tu vas gagner en 2017. »

Quand s'épanouit cette fois sur sa face ce large sourire, à la fois enfantin et carnassier, que je connaissais bien, et qu'il lâcha d'un ton gourmand « Oui, tu as raison », je sus que, Président depuis à peine un mois, il ne pensait déjà plus qu'à ce qui le ferait vivre dorénavant : sa réélection.

Disposition d'esprit somme toute bien normale pour un tel animal politique, mais qui permet de mesurer la gravité de l'échec rencontré, très vite, au terme des six premiers mois du quinquennat. Car le renoncement politique et presque moral qui caractérisa cette phase inaugurale n'ouvrit pas même la voie à un gain en termes électoraux ou, à tout le moins, de popularité ; ce qui fut perdu au regard des engagements et des valeurs ne fut pas compensé par un surcroît d'efficacité ; devant l'alternative classiquement réservée à la gauche au pouvoir – la trahison ou l'échec –, le second semestre de l'année 2012 conduisit au fracas sur ces deux écueils : ce fut à la fois l'abdication politique et l'enlisement économique et social.

Tout se finit donc là où tout avait commencé : en six mois, le discours du Bourget fut renié, de même que l'engagement pris devant les ouvriers de Florange fut bafoué.

Florange fut « la tragédie de la gauche » – de toute la gauche, celle du « non » bien entendu, qui fut flouée ; celle du « oui » aussi, dont elle signa le discrédit aux yeux de millions de Français des classes populaires – parce que ce fut une abdication politique.

L'abdication du président de la République.

En ce mois de novembre 2012, six mois après son élection acquise de haute lutte et grâce au soutien massif, presque univoque, du peuple de gauche, François Hollande fit le choix de capituler.

Choix politiquement absurde, incompréhensible d'un point de vue stratégique et tactique, tant les événements semblaient avoir été organisés pour servir sa cause. Lui dont l'engagement central, proclamé au Bourget, avait été celui du volontarisme et du patriotisme économique ; lui qui avait, dans ce discours fondateur, affirmé sa volonté de redresser la France parce que « ce qui est en cause, c'est la souveraineté de la République face aux marchés et à la mondialisation » ; lui qui avait en conséquence désigné son « véritable adversaire » comme étant « le monde de la finance », se retrouvait alors face à l'adversaire idéal : Mittal. Mittal, symbole de l'industrie soumise au joug de la finance, milliardaire à l'époque régulièrement classé, avec une fortune estimée à 34 milliards d'euros, parmi les vingt personnes les plus riches au monde, propriétaire d'un palais néogothique situé dans Kensington Palace Gardens et acheté 117 millions de livres, « roi de l'acier » dont les trois propriétés immobilières à Londres valaient, en 2012, 542 millions d'euros, soit trois fois le montant de l'investissement sur cinq ans auquel il prétendrait s'engager pour moderniser le site de Florange (180 millions d'euros), homme d'affaires sans scrupules ayant déjà abusé l'État et le contribuable français en 2008, et bien disposé à récidiver en sacrifiant Florange au nom de la rentabilité financière de son groupe.

Vraiment, un adversaire idéal.

Encore eût-il fallu que la bataille fût menée. Parce qu'elle était un enjeu symbolique, parce que des femmes et des hommes attendaient que nous ayons le courage d'engager le fer ; pas nécessairement que nous sortions vainqueurs de l'affrontement, non, mais que nous respections la parole donnée et que nous menions le combat. Or nous nous sommes dérobés. Le Président s'est dérobé, pour être précis, nous entraînant avec lui dans cette défection.

Pendant de longues semaines, entre juin et novembre 2012, il a donné le change, fait semblant. Semblant de résister, de négocier, de tenir, de construire un rapport de force, de vouloir. Il a laissé les tenants de la nationalisation temporaire de Florange – ministre et conseiller – s'exprimer, s'escrimer, livrer leurs arguments, rédiger note sur note, chercher les soutiens nécessaires à cette option. Il a mis en scène le combat avec Mittal, distribué les rôles, arrangé les décors, réglé les éclairages. Tenant la plume, il connaissait l'issue de la tragédie qu'il écrivait, et même était le seul à la connaître. Dès le début, il savait que dans la scène finale il renoncerait. Il renoncerait non parce que l'adversaire était plus fort – il était puissant, c'est vrai, mais à sa portée. Non parce que le Premier ministre, égaré dans ses minuscules combats personnels, faisait pression sur lui, ruminait sa jalousie et attendait son heure. Non parce que sa majorité ne l'aurait pas soutenu – au contraire, elle aurait été heureuse et fière de le faire. Non parce que l'opposition l'aurait alors fustigé – beaucoup de ses responsables s'étaient ralliés à la nationalisation temporaire. Non parce que les Français l'auraient désapprouvé – ils étaient majoritairement favorables aux ouvriers de Florange. Non, il renoncerait parce que c'était là son choix, parce qu'il en avait décidé ainsi. Il renoncerait parce qu'en réalité il n'avait jamais envisagé sérieusement une autre solution. Ce choix était un aveu – celui d'une conviction cachée depuis longtemps, plus de trente ans, mais toujours vivace ; et une révélation – celle d'une personnalité et d'une méthode, fondées toutes deux sur l'esquive.

Pratiquant officiellement le rite socialiste mais célébrant, depuis toujours et dans le secret de sa conscience, la religion libérale, il ne pouvait pas faire d'autre choix que celui de reculer devant Mittal et de souscrire à la loi du marché – qui est aussi, cela tombe bien, celle des affaires. Il le ferait à sa manière – fuyante –, prenant bien soin, comme à l'accoutumée, que d'autres – Jean-Marc Ayrault, en l'occurrence – endossent la responsabilité de la décision, se fassent les porteurs de la mauvaise nouvelle, lui veillant à se tenir en retrait.

Une fois la débâcle consentie, décidée, organisée, par le Président, puis annoncée, revendiquée et proclamée à la télévision par un Premier ministre qui croyait tenir là sa revanche sur son ministre du Redressement productif, une fois le choc politique passé, aux yeux du plus grand nombre les choses semblèrent rentrer dans l'ordre, la crise au sommet de l'État, résolue. Éprouvé, Arnaud Montebourg était apparu le visage défait, les yeux rougis et le regard égaré, sur les images télévisées de la réunion au cours de laquelle Jean-Marc Ayrault avait précisé les termes de l'« accord » qu'il avait « négocié » avec Mittal. Il avait perdu, il restait néanmoins membre du gouvernement, il ravalait ses larmes, mais à Bercy : c'est ce qu'avait souhaité le Président, ce à quoi je m'étais employé, ce à quoi il s'était résigné. La vérité était tout autre : rien n'allait plus au sein de l'exécutif et tout était abîmé entre nous. La tension ne cessa plus de croître entre Hollande et Montebourg, la faille ouverte entre les deux hommes s'agrandissant chaque jour, dans le même temps où l'alliance passée entre eux au lendemain du premier tour de la primaire se défaisait, doucement mais sûrement. Bien qu'ayant en apparence remporté la partie, Ayrault enrageait – à sa manière, froide et impulsive à la fois – contre ce ministre qui ne le respectait pas, qui ne se soumettait pas à son autorité parce qu'il ne la reconnaissait pas, et contre ce conseiller politique du Président dans lequel il voyait la source principale de ses difficultés.

Évidemment, il ne fallait rien montrer de tout cela ; ensemble, il fallait continuer comme si de rien n'était ; nous avions fait ce choix, nous devions nous y tenir. Hollande parce que Montebourg lui était encore politiquement utile, et qu'il n'avait pas encore assumé et encore moins annoncé les orientations économiques qui seraient les siennes un an plus tard. Montebourg parce qu'il espérait encore pouvoir infléchir la politique de Hollande et emporter la partie de bras de fer entamée avec celui-ci. Moi, parce que j'avais accepté de devenir le collaborateur du Président et concevais mon rôle comme celui de gardien des engagements du Bourget et de l'alliance nouée entre les deux hommes. Tous les trois, parce que même si nous sentions que les choses étaient désormais très compromises, la perspective de prendre le risque de déstabiliser la majorité présidentielle six mois seulement après l'élection du successeur de François

Mitterrand nous paraissait inconcevable et irresponsable ; mieux valait cette situation bancale et douloureuse sur le plan personnel qu'une déflagration politique.

Pour tous ceux – au gouvernement, à l'Élysée – qui partageaient la colère, la peine et l'humiliation nées de cette défaite sans combat, mais aussi la volonté de résister, commença une année de tristesse et de cantonnement politique progressif. Petit à petit, le piège tendu par le Président se refermerait sur nous, nous isolant, nous marginalisant, nous condamnant enfin à l'exil. Impossible de partir après seulement six mois de pouvoir ; impossible de quitter le navire si vite, à la première bourrasque, sans être accusés de traîtrise ou d'irresponsabilité. Mais impossible de partir ensuite, après avoir endossé la crise de Florange, sans une raison forte et indiscutable, s'imposant aux yeux de tous. Une raison qui ne viendrait pas, car le Président prenait soin de masquer ses intentions. Comme toujours avec lui, la rupture, inéluctable, actée par lui, s'étalerait dans le temps, prendrait progressivement corps, pour paraître presque naturelle à la fin.

Fragmentation lente mais irrémédiable de l'exécutif, qui serait définitivement actée après ce qu'il faut bien appeler une farce, la farce des 75 %.

Spoliation des revenus tirés du travail et du talent ou indispensable limitation de gains devenus à la fois extravagants et indécents ; archaïsme confiscatoire ou justice fiscale ; stigmatisation vexatoire des « riches » ou participation de tous les citoyens à proportion de leurs moyens au redressement national : chacun pouvait avoir son opinion sur cette mesure, la défendre ou la dénoncer. Une chose était sûre, néanmoins : voulue, assumée, annoncée de façon spectaculaire et revendiquée par le candidat Hollande – qui avait lui-même souligné le rôle qu'elle avait joué dans sa victoire –, cette proposition avait été démocratiquement débattue et était devenue un symbole politique. Maladresse ? Malveillance ? Machiavélisme ? Un savant mélange des trois, dans des proportions connues des seuls protagonistes ? Toujours est-il que l'exécutif parvint à ce résultat remarquable : la « contribution exceptionnelle de solidarité », introduite dans la loi de finances pour 2013, fut censurée par le Conseil constitutionnel pour « méconnaissance de l'égalité des citoyens devant les charges publiques ».

Les Sages de la rue de Montpensier ne condamnèrent pas le taux de 75 % en lui-même, que pourtant beaucoup, notamment dans l'opposition, jugeaient excessif. Ils invalidèrent la taxe parce que la loi votée prévoyait qu'elle fût calculée non sur les revenus d'un foyer fiscal donné, mais sur ceux des personnes le composant et gagnant plus de un million d'euros par an. Ainsi, un couple dont chacun des membres gagnait 600 000 euros par an, soit 1 200 000 euros au total, n'aurait pas acquitté la taxe de 75 % ; alors qu'un autre, où cette fois l'un des deux conjoints aurait gagné à lui seul 1 200 000 euros, et le second rien, aurait dû payer un impôt supplémentaire de 75 % sur les 200 000 euros excédant le million, soit en l'occurrence 150 000 euros. Ce seul exemple permet de saisir aisément l'absurdité – et l'illégalité – évidentes du dispositif retenu. Et qui fut pourtant retenu.

Comment cela fut-il possible ?

Le chiffre de un million d'euros par an avait été avancé par François Hollande lui-même, on s'en souvient. Cette annonce surprise avait donné lieu à un cafouillage puisque, sur le plateau de TF1, il avait d'abord indiqué, avant de se reprendre et de corriger son propos, que la taxe de 75 % s'imputerait sur les revenus de un million d'euros *par mois*… Au regard de la suite des événements, cette bévue devrait être raisonnablement considérée comme un *lapsus linguae*. Car si le candidat Hollande s'était emparé sans la moindre hésitation de la mesure que je lui avais suggérée, c'était par pur opportunisme tactique et non par adhésion politique. Peu avant, dans son discours du Bourget, il avait aussi « confié son secret » aux Français :

« J'aime les gens, quand d'autres sont fascinés par l'argent. » Dans une démarche comparable, il avait déjà, en 2007, et cela afin d'embarrasser Ségolène Royal dans l'élection présidentielle, déclaré qu'il « n'aimait pas les riches », s'aventurant même à fixer le seuil de la « richesse » à 4 000 euros par mois. Bref, dans la plus pure – si l'on ose écrire – veine mitterrandienne, il avait fait une nouvelle fois du thème de l'argent un usage des plus classiques et des plus électoralistes : celui de l'instrumentalisation.

Car de Cahuzac à Macron, en passant par nombre de ses très proches, le moins que l'on puisse dire est que le Président s'était entouré de gens qui, eux, ne rencontraient pas de problème avec « l'argent » ni avec « les riches » – riches ils l'étaient souvent eux-mêmes, par talent, travail, héritage, mariage ou autre motif moins avouable. Beaucoup parmi ceux-là, alors dans l'ombre, n'y resteraient pas longtemps et occuperaient, vite ou moins vite, des fonctions importantes dans l'appareil de l'État, à l'Élysée ou ailleurs. S'étant épargné la peine et le risque de mener publiquement campagne auprès du candidat, ils s'étaient, en revanche, une fois l'élection remportée, réparti les postes avec célérité et efficacité. Ils n'avaient pas gravi l'Everest de la présidentielle en sherpas dévoués du candidat ; mais fait le choix, si confortable, d'attendre la victoire pour prendre l'hélicoptère de l'amitié ou de la promotion Voltaire de l'ENA et rejoindre ainsi directement le nouveau Président au sommet de l'État. Inutile de préciser que ces belles personnes n'envisageaient pas les 75 % avec une particulière aménité – que ce soit par idéologie, origine familiale ou sociale, intérêt personnel ou matrimonial, souvent les trois à la fois.

Mais un chiffre est un chiffre, un million est un million ; et une annonce solennelle à la télévision, un engagement.

Il fallait donc « faire avec » les 75 % et les mettre en œuvre, ce qui soulevait un sérieux problème pour ces braves gens. En effet, si le montant de un million d'euros était appliqué au foyer fiscal, alors patatras ! Beaucoup trop de monde, beaucoup trop vraiment, beaucoup d'« amis » comme ils disaient, auraient été concernés... Or le droit fiscal ne connaît que l'imposition des revenus d'un foyer et non d'une personne physique. Pour contourner cette difficulté, on pouvait envisager de prévoir que, pour un couple, ce seuil fût porté à deux millions d'euros ; mais la mesure aurait alors été vidée de toute portée, car le nombre de foyers concernés en aurait été considérablement réduit. Ces sommités ne tardèrent donc pas à trouver une parade qui s'apparentait largement à un sabotage en bonne et due forme. Pourquoi ne pas taper au milieu et « couper la poire en deux » ? On taxerait à 75 % les seuls revenus supérieurs à un million par an et par personne physique donnée.

Certains esprits simples – dont je fus – firent bien observer l'incongruité de la formule retenue et le risque d'inconstitutionnalité très élevé qui en découlait. On me fit aimablement observer qu'étant « le père » de cette mesure, je n'étais pas le mieux placé pour en débattre sereinement et que les « experts » du droit fiscal, administratif et constitutionnel consultés considéraient, eux, que la solution proposée n'encourait pas le risque d'une censure par le Conseil constitutionnel.

La directrice des affaires juridiques de Bercy, conseillère d'État ? Le conseiller pour les affaires juridiques du ministre de l'Économie et des Finances, qui lui succéderait peu après dans ces fonctions, conseiller d'État ? Le secrétaire général du gouvernement, conseiller d'État ? Le directeur de cabinet du Premier ministre, conseiller d'État ? La directrice du cabinet du Président, chargée des relations avec le Conseil constitutionnel, conseillère d'État ? Tout ce beau monde valida une disposition qu'un étudiant en licence de droit aurait jugée plus qu'hasardeuse. Il en alla de même des plus hautes autorités du pouvoir exécutif. Le ministre délégué chargé du budget, Jérôme Cahuzac, ancien président de la Commission des finances de l'Assemblée nationale, fin connaisseur de la fiscalité et, surtout, adversaire acharné et déclaré des

75 % dès le premier jour – dès le premier soir[1] ? Le ministre de l'Économie et des Finances, Pierre Moscovici, conseiller-maître à la Cour des comptes, spécialiste des questions budgétaires ? Le Premier ministre, Jean-Marc Ayrault, qui avait examiné 26 budgets depuis sa première élection comme député, en 1986 ? Le président de la République, François Hollande, magistrat de la rue Cambon lui aussi, orfèvre en matière fiscale ? Aucune de ces personnalités ne trouva quoi que ce soit à redire à la « solution » imaginée.

Le dispositif des 75 % ainsi retenu fut évidemment censuré par le Conseil constitutionnel[2], comme furent évidemment promues toutes les éminences, membres de la plus haute juridiction administrative française, qui s'étaient penchées sur lui avec tant de zèle et de discernement.

Un jour – peut-être… – nous saurons quel dosage de cynisme, d'incompétence, de bêtise, de servilité, de conflits d'intérêts aussi, a conduit à ce fiasco. Mais nous savons déjà qui fut le dindon de cette farce : le peuple de gauche qui avait souscrit à une mesure qui aurait pu, si elle avait été portée politiquement par

1. On se rappelle que Jérôme Cahuzac, alors responsable des questions budgétaires et fiscales dans l'équipe de campagne de François Hollande, ne fut pas informé de l'« invention » de cette mesure et la découvrit le soir même où elle fut annoncée à TF1 par le candidat. Il en conçut un vif et légitime dépit qu'il manifesta alors publiquement. Cette « omission » avait eu une raison fort simple : le candidat Hollande voulait devenir Président ; il voulait par conséquent proposer cette mesure dont il escomptait une relance de sa campagne ; il avait donc décidé de ne pas en informer un Cahuzac dont il savait parfaitement qu'il s'y opposerait de toute sa force et de tout son talent.

2. Après avoir souligné que « le législateur a retenu le principe d'une imposition sur le revenu par personne physique sans prendre en considération l'existence du foyer fiscal », il sanctionna imparablement le fait que « par l'effet de cette contribution exceptionnelle assise sur les revenus d'activité professionnelle des personnes physiques excédant un million d'euros, deux foyers fiscaux bénéficiant du même niveau de revenu issu de l'activité professionnelle pourraient se voir assujettis à cette contribution ou au contraire en être exonérés, selon la répartition des revenus entre les contribuables composant ce foyer ». Commentaire de la Décision n° 2012-662 DC du 29 décembre 2012. Loi de finances pour 2013.

le Président, expliquée aux citoyens et notamment à ceux qu'elle concernait directement, et aménagée avec pragmatisme, devenir un instrument de réconciliation patriotique et non le symbole de notre frénésie fiscale.

Après la tragédie de Florange, la farce des 75 % : dès la fin de 2012, l'échec symbolique de la gauche au pouvoir était consommé, l'alliance stratégique Hollande-Montebourg – qui avait permis la victoire – défaite, l'élan politique brisé, l'action du gouvernement enlisée, le quinquennat remis en cause dans son fondement même – le discours du Bourget –, la rupture avec les Français entérinée.

Le Président hésitait toutefois à changer de cap économique ; il espérait encore pouvoir vivre sur l'apparence du projet qui l'avait porté à l'Élysée ; car il escomptait toujours une baisse du chômage qui aurait changé la donne et lui aurait permis de faire oublier sa reculade. Tel était le sens de l'engagement pris le 9 septembre 2012 : « J'inverserai la courbe du chômage d'ici un an. » Engagement renouvelé et repoussé régulièrement, à plusieurs reprises, à mesure que les résultats en termes de croissance et d'emploi se faisaient désespérément attendre.

Toute la stratégie de François Hollande reposait ainsi sur un pari conjoncturel, un pari qui allait être perdu : la crise ayant débuté en 2007-2008, le redémarrage de l'activité devait se produire, selon lui – c'est-à-dire selon la doxa économique – au bout de cinq ans, la durée habituellement admise du cycle économique – en 2012-2013, par conséquent. Faire le dos rond d'ici là, donner le change sur le plan politique en attendant la croissance, vivre sur l'acquis de la campagne, tout en faisant monter en puissance les diverses formes d'emplois aidés afin de contenir la progression du chômage : voilà la ligne que s'était donnée le Président et qui prévalut jusqu'à sa prise de conscience, au début de l'année 2014, de l'impasse stratégique dans laquelle son pari tactique l'avait conduit. C'est alors seulement qu'il prit la décision de se dévoiler, de quitter le socialisme pour voguer vers le libéralisme, de brûler ses vaisseaux en opérant ce renversement d'alliance qui lui fit préférer « l'homme des 5 % » de la primaire à celui des 17 %, de nommer Valls à Matignon, non seulement pour en chasser Ayrault, mais surtout pour se débarrasser de Montebourg à Bercy, de moi à l'Élysée, c'est-à-dire pour enterrer définitivement le discours du Bourget.

Là encore et comme toujours, le mouvement – inéluctable une fois sa décision prise – se ferait en plusieurs étapes, par glissements successifs.

D'abord, opérer une première inflexion avec l'annonce du pacte de responsabilité. Puis, se servir de Montebourg et de moi-même pour effectuer un changement de Premier ministre auquel il ne se résolvait pas, tout en le sachant indispensable. Passer, ce faisant, un accord avec Manuel Valls : à toi Matignon, à moi la réélection ; à nous deux le pouvoir, l'exil à ceux qui nous ont aidés à le prendre ou à le conforter. Après nous avoir bernés, donc, Montebourg et moi, nous expulser brutalement de l'exécutif. Une fois les mains libres, conduire enfin au grand jour la politique qui avait toujours été la sienne en secret : le libéralisme « de gauche ».

Voilà pourquoi l'année 2013 fut une année de transition avant le basculement politique de 2014.

Année de transition, année de convulsions aussi.

La France connut d'abord de graves soubresauts à l'occasion de la crise ouverte avec la réforme connue sous le nom de « mariage pour tous ».

Il s'agissait là de l'engagement 31 du candidat Hollande : ouvrir le mariage aux couples homosexuels, et leur permettre également d'adopter des enfants, alignant ainsi leurs droits sur ceux des couples mariés et des personnes célibataires. Cette belle « réforme de civilisation », comme la qualifia la garde des Sceaux, Christiane Taubira, adoptée solennellement par l'Assemblée nationale le 23 avril 2013, provoqua de vives tensions politiques et une crispation de la société française qui ne cessa pas après l'entrée en vigueur de la loi, le 17 mai. Tout juste mentionnée dans le discours du Bourget[1], l'annonce du « mariage pour tous » passa alors presque inaperçue dans le fracas que provoqua la désignation par François Hollande de son fameux « adversaire ».

Conscient de la dimension anthropologique de cette réforme, comme de la sensibilité des questions soulevées, touchant à la fois au plus intime – la sexualité, l'amour, la foi – et au très officiel – la proclamation publique qu'est tout mariage –, mêlant considérations relatives à l'identité – sexuelle, mais aussi celle liée à la filiation – et à la religion – chrétienne, bien entendu, mais aussi musulmane –, il répétait à ceux qui, dans son équipe de campagne ou son entourage, s'enthousiasmaient à la perspective d'une telle avancée : « Vous verrez, ce sera difficile, très difficile. Bien plus que vous ne l'imaginez. » Ce le fut. Car cette fois-ci, le Président ne recula pas devant l'adversaire et engagea le fer avec lui. Un adversaire qui, ne disposant pas d'alliés tels que le lobby bancaire, l'administration de Bercy, l'inspection des Finances, les technocrates des cabinets ministériels ou élyséens prévoyant leur parachutage à venir dans le « monde de la finance » – quand ils n'en venaient pas déjà –, ou encore les « visiteurs du soir » – qui étaient souvent avec François Hollande ceux du week-end –, décida de mobiliser ses troupes et d'investir cette partie de l'espace public, jusque-là pré carré de la gauche, où se sont faites et défaites tant de réformes et de lois : la rue.

1. Une seule phrase lui fut consacrée, dans une anaphore sur l'égalité : « l'égalité ce sont les mêmes droits pour tous, quels que soient son sexe et son orientation, c'est le droit de pouvoir se marier, d'adopter, pour les couples qui en décident ainsi ».

Tiède dans ses convictions, diplomate de tempérament, calculateur de méthode, technocrate de formation, libéral en économie, radical-socialiste d'élection, prudent par expérience, François Hollande fuit la passion politique, les excès et les emportements auxquels elle conduit, la violence qu'elle fait naître et dont elle se nourrit ; rien ne le rebute autant que la confrontation des personnes. Amoureux du débat d'idées, il élude les questions identitaires, quelles qu'elles soient, qu'il ne saisit pas même s'il en comprend l'importance, qui le déstabilisent par nature et qu'il n'envisage que comme autant de pièges.

Aussi, quand il sentit l'opposition acharnée que le projet de loi sur le « mariage pour tous » suscitait dans la France catholique et, au-delà, l'hostilité qu'une part substantielle de la frange conservatrice de la société française lui manifestait ; quand il constata l'écho que cette forme de rébellion civique rencontrait dans la droite, une droite bien décidée à ne pas laisser passer l'occasion de se rassembler et à tirer un profit politique de la crise ; quand, surtout, il perçut la dureté des attaques portées au gouvernement, le climat de tension croissante qui régnait dans le pays, la forme de refus irréductible que portaient les manifestations de masse organisées à répétition et le risque d'affrontement physique qu'elles généraient, le Président conçut de tout cela une inquiétude profonde.

Or l'inquiétude, chez lui, est mauvaise conseillère ; elle aggrave son penchant naturel à l'arrangement et le pousse à esquiver la difficulté plutôt qu'à l'affronter.

Ainsi, amené à s'exprimer le 20 novembre 2012 devant les maires de France rassemblés à Paris pour le 95e congrès de leur association, des maires largement hostiles au mariage pour tous et le faisant savoir, s'écartant du texte écrit de son intervention et cherchant manifestement une forme d'apaisement, après avoir envisagé la possibilité d'élargir les délégations – ce qui aurait permis aux maires et aux adjoints ne souhaitant pas célébrer un mariage entre personnes du même sexe de confier cette mission à un collègue –, il alla jusqu'à évoquer la « liberté de conscience », laissant ainsi entendre que chaque élu pourrait se retrancher derrière cette notion pour éviter d'avoir à marier deux homosexuels. Une « République à géométrie variable », en quelque sorte. Recul symbolique considérable. Recul improvisé sous la pression des événements – en l'occurrence une salle rétive et frondeuse. Recul inacceptable pour la gauche, concernant une réforme en passe de devenir un totem pour elle. Dès le lendemain, devant la colère et l'incompréhension de sa majorité, le Président reculerait une nouvelle fois – mais dans l'autre sens, si l'on peut dire… – en recevant l'association Inter-LGBT et en retirant sa malencontreuse formule sur la liberté de conscience, donnant ainsi le spectacle de la confusion et de l'indécision, et se caricaturant lui-même.

Convaincu de l'importance de cette « réforme de civilisation » et conscient de l'utilité qu'elle revêtait pour lui en tant que « marqueur de gauche », à aucun moment de la crise ouverte le Président n'a pourtant souhaité ni accepté s'adresser directement aux Français pour leur expliquer sa position, rappeler l'engagement pris, donner ses arguments, répondre à ceux de ses adversaires les plus résolus, faire le travail de pédagogie que de nombreux citoyens – y compris ceux de gauche – attendaient pour éclairer un débat qui, plus d'une fois, tourna au pugilat. Tout au plus y consacra-t-il quelques phrases lors de ses vœux de nouvelle année, les 31 décembre 2012 et 2013. Éloquent silence, offrant un frappant contraste avec l'activisme médiatique déployé en des occasions pourtant bien contingentes. Qui se souviendra de Leonarda Dibrani dans vingt ans, dans dix ans, demain ? Qui s'en souvient encore ? Et, *a contrario*, quel manuel d'histoire ne mentionnera pas le vote de la loi sur le mariage homosexuel ?

On a souvent moqué l'irrésolution de François Hollande, ses tergiversations, son attentisme, sa propension à ne décider que sous la contrainte des événements et des acteurs. De cette disposition d'esprit, le calcul tactique n'est pas le seul paramètre ; une intelligence vive et sensible, percevant avec acuité les diverses facettes d'un problème, et envisageant tout choix comme une forme d'arrachement, entre aussi en ligne de compte. En résulte un profil psychologique particulier, rendant l'exercice du pouvoir d'État aussi ardu et problématique que la conversation agréable, profil partagé par Jules Renard, qui confiait avec humour dans son *Journal* : « Une fois ma décision prise, j'hésite longuement. » Hésitation, certes, mais aussi manque de force dans l'expression publique. Une des clés d'interprétation de cet étrange et navrant quinquennat sera ainsi, sans nul doute, l'inaptitude du Président à affirmer, face aux inévitables crises qui sont le lot de tout gouvernant, une position ferme et nette.

Pour que 2013 méritât le titre d'*annus horribilis* qui est le sien[1], il fallait qu'à l'abdication politique, à l'impasse économique, à la crise sociétale, vînt s'ajouter le scandale ; ce serait chose faite avec « l'affaire Cahuzac ».

L'histoire est désormais connue de tous : le ministre délégué chargé du Budget détenait un compte bancaire non déclaré en Suisse, dont l'existence fut révélée à l'occasion d'un divorce conflictuel. Ainsi, l'homme responsable de la collecte de l'impôt fraudait-il le fisc depuis de nombreuses années. Doué, intelligent, rhéteur habile, orateur redouté, maîtrisant ses dossiers, partisan et soutien historique de Michel Rocard, fidèle de Dominique Strauss-Kahn, Jérôme Cahuzac était devenu un des bras armés du candidat Hollande puis du président de la République, le serviteur implacable de sa politique de rigueur. Son ascension politique l'avait conduit, dans un premier temps, à la présidence de la Commission des finances de l'Assemblée nationale, à la tête de laquelle il avait été désigné en 2010 grâce à la décision de Nicolas Sarkozy d'accorder cette prestigieuse et importante fonction à un député de l'opposition, et au large soutien de la droite parlementaire. Là, il avait parfait sa

1. Titre désormais vivement disputé par l'année 2016.

connaissance de la procédure budgétaire et des questions financières, mais aussi des dossiers fiscaux de ses contemporains.

À mesure qu'il gravissait l'échelle du pouvoir, l'homme à l'intelligence rapide, à la personnalité brillante et au sourire lumineux s'était mué en un esprit tranchant et recherchant l'affrontement – duquel il tirait un plaisir manifeste –, une sorte de gladiateur politique de plus en plus rugueux et au visage qui, avec le temps et les responsabilités, avait pris l'aspect d'un masque lisse et froid, hiératique et menaçant, où les yeux donnaient à voir par moments un regard inquiétant – pour lui plus que pour ceux qu'il pensait effrayer, tant il témoignait de l'abîme psychologique ouvert en lui. Du diamant de sa jeunesse, il n'avait gardé que la dureté et perdu l'éclat.

Enfermé depuis longtemps dans la contradiction intime d'un mensonge qui dissociait progressivement sa personnalité, il s'était ensuite enferré dans celui-ci, mentant à son ami le ministre de l'Économie, mentant au Président, mentant à la Représentation nationale et, à travers elle, mentant aux Français, se perdant dans une folle fuite en avant, aussi absurde que vaine. Il finit par avouer ce qu'il ne pouvait plus cacher, que beaucoup firent mine de découvrir alors qu'ils l'évoquaient à voix basse depuis longtemps, et que certains savaient pertinemment. Il démissionna. Bercy perdit un excellent ministre, la troisième circonscription de Lot-et-Garonne un très bon député, la droite un ami cher, la gauche beaucoup d'illusions, la « République exemplaire » du candidat Hollande un bon paquet de plumes.

C'était au mois d'avril 2013, le même mois qui vit mon sort scellé par le Président.

Tout commença de manière très banale.

Le ministre du Redressement productif, Arnaud Montebourg, avait décidé d'accorder un entretien au quotidien *Le Monde*. Il m'en informa. À l'époque, le Premier ministre, qui n'avait pas compris que l'autorité, pas plus que la confiance, ne se décrète, avait institué un contrôle de type prussien sur ses ministres, qui prévoyait non seulement que ceux-ci lui demandassent son autorisation ou celle de son cabinet avant d'accepter une interview, mais aussi qu'ils lui fissent parvenir, pour relecture, le texte de tout projet d'interview écrite. Quand on est membre d'un gouvernement, faire viser au préalable sa copie par des technocrates de Matignon au sens politique très limité représentait une forme d'infantilisation et d'humiliation insupportable. Ne la supportaient donc que les ministres ne disposant pas du poids politique suffisant pour la contourner ou l'ignorer. Arnaud Montebourg, par ailleurs en guerre larvée avec Jean-Marc Ayrault depuis la crise de Florange, n'avait nulle intention de se plier à la règle tatillonne édictée par le Premier ministre. Or, suite au séisme déclenché par l'aveu, quatre jours auparavant, de l'ex-ministre du Budget quant à l'existence de son compte bancaire en Suisse, le choc dans l'opinion, considérable, faisait trembler l'exécutif ; le Président était sur le point d'annoncer les mesures qu'il jugeait nécessaires pour prévenir de tels comportements ; il était par conséquent prévisible que Montebourg serait interrogé sur ce point, sensible.

Aussi, avec l'entier accord du Président, j'acceptai sa proposition de revoir le contenu de son entretien. Il s'agissait, pour lui comme pour le chef de l'État, d'une mesure de précaution politique.

Le lundi 8 avril, tard dans la soirée, je le retrouvai donc dans son appartement de fonction, à Bercy. Ensemble, nous relûmes avec attention le texte de l'interview que *Le Monde* lui avait fait parvenir peu avant. De façon très logique, plus des deux tiers de celle-ci étaient consacrés à l'affaire Cahuzac et à ses conséquences, aux dérives de la finance, à la lutte contre la fraude fiscale et contre les paradis fiscaux. À l'occasion d'une question posée sur l'existence d'une « crise de régime », le ministre du Redressement productif indiqua : « Il y a crise de régime quand le système institutionnel est incapable de répondre à la perte de confiance. Je ne crois pas que nous en soyons là, car les décisions que le gouvernement s'apprête à prendre sont de nature à rétablir la confiance. La vraie question est la suivante : la politique d'austérité imposée par l'Europe est-elle soutenue par nos concitoyens ? La réponse est non. Elle est rejetée par tous les peuples. Donc s'il y a une crise de régime, c'est au niveau de l'Union européenne, où il n'y a nul débat démocratique sur les causes et les conséquences de cette politique d'austérité qui nous entraîne collectivement dans une spirale récessive. »

Ayant pris l'initiative, dans sa réponse, d'aborder la question, centrale, de l'austérité en Europe, le journaliste l'avait relancé sur ce point : « Ce choix est pourtant assumé par M. Hollande. Voulez-vous dire qu'il faut déplacer le curseur de la politique du gouvernement, ce que réclament d'ailleurs de plus en plus de gens à gauche, y compris au PS ? » À quoi il répondit : « Le gouvernement a fait des efforts sans précédent pour faire face à la montagne himalayenne de dettes que le sarkozysme nous a léguée. Ces efforts, la Cour des comptes les a signalés, la Commission européenne les a soulignés. Mais le sérieux budgétaire, s'il tue la croissance, n'est plus sérieux. Il est absurde et dangereux. Il est donc plus que temps d'ouvrir le débat sur cette politique qui conduit l'Union à la débâcle. »

Classique pour Montebourg, le message était formulé en des termes vigoureux, certes, mais, dans le style propre et caractéristique du locataire de Bercy. Rien d'extraordinaire, donc. Et cela d'autant moins que j'avais encore dans l'oreille – et pour cause – les déclarations faites par le Président, quelques jours auparavant, lors de son émission spéciale sur France 2, le 28 mars : « Avec l'Allemagne, nous sommes en tension amicale (...). Être dans l'austérité, non. Être dans l'austérité, ce n'est pas seulement condamner l'Europe à la récession, c'est la condamner à l'explosion (...). Aujourd'hui, prolonger l'austérité, c'est le risque de ne pas aboutir à réduire les déficits et la certitude d'avoir des gouvernements impopulaires dont les populistes ne feront qu'une bouchée le moment venu (...). Moi, je ne ferai pas une politique qui conduise l'Europe à l'austérité (...). Cette prise de conscience, elle existe (...). Tous les pays d'Europe me le disent : il n'y a que vous qui pouvez (sic) le faire (...). Je suis pour le redressement, pas pour la maison de redressement ! »

Même condamnation de la politique d'austérité en Europe que le Président refusait de « prolonger ». Même refus de conduire une telle politique en France. Même inquiétude quant aux conséquences politiques et économiques : « crise de régime » d'un côté, « populistes » de l'autre ; menace d'« explosion » de l'Europe dans la bouche du Président, spectre d'une « débâcle » sous la plume de son ministre.

C'est donc l'esprit tranquille que je validai le propos, que je rentrai tard chez moi, ce soir-là, et que j'ouvris le quotidien posé sur mon bureau à mon retour de déjeuner le mardi 9, vers 14 h 30. J'avais alors bien entendu noté que *Le Monde* avait choisi de faire sa une sur la partie la plus courte de l'entretien – celle centrée sur l'Europe – en titrant « Le gouvernement tenté par une remise en cause de l'austérité ». Mais le seul responsable d'un titre est le journaliste qui le choisit et non la personne qu'il interroge ; quant au fond de l'entretien, il était dans la droite ligne des prises de position présidentielles. Je fus donc fort surpris quand, peu avant 15 heures, la porte de mon bureau donnant sur les appartements privés du Président s'ouvrit brutalement, livrant passage à un personnage me jetant un regard furibond, son journal sur la table et un « Tu as vu *Le Monde* ? » qui valait excommunication.

Il était méconnaissable.

Lui d'ordinaire si calme, toujours maître de sa parole, qui n'élevait jamais la voix, chez lequel la disparition du sourire était signe de colère et le ton sec d'une phrase celui de l'emportement, était littéralement hors de lui. Debout près de moi, il entama sa diatribe :

— Non mais, tu as vu *Le Monde* ? Tu as lu l'interview de ton ami Montebourg ?

Il savait parfaitement que je l'avais lue, et même relue, puisqu'il m'avait demandé de le faire.

— Oui, bien entendu. Quel est le problème ?
— Le problème ? Le problème, c'est qu'Ayrault, que je quitte à l'instant, est fou de rage, contre Montebourg et contre toi !

Le mardi était alors effectivement le jour du déjeuner hebdomadaire entre le Président et son Premier ministre.

— Contre Montebourg qui se permet de faire son numéro sur l'austérité et contre toi qui as validé l'interview ! Il le sait, car quand son cabinet a été prévenu, ce matin, de la parution du papier, les journalistes ont précisé que l'entretien avait reçu l'aval de l'Élysée, c'est-à-dire de toi. Tu te rends compte ?!
— Je me rends compte que ce texte ne contient rien de nouveau par rapport aux positions habituelles de Montebourg.
— Et la une ? La « remise en cause de l'austérité » ? Vous vous croyez où ?
— Tu sais très bien que la une et la titraille sont de la responsabilité du *Monde*.

Il le savait évidemment, mais la discussion – si l'on pouvait qualifier ainsi une telle altercation – ne portait désormais plus, pour lui, sur des arguments rationnels. Alors, s'éloignant un peu de ma table de travail, il assena :

— Tu es un irresponsable ! Ce que tu as fait est irresponsable.

À cette accusation dont il savait comme moi la vanité et l'injustice, je me levai d'un bond et lui fis face, nos visages à quelques centimètres l'un de l'autre.

— Irresponsable ?! Irresponsable de quoi ? De t'avoir obéi ? D'avoir relu et corrigé ce papier jusqu'à 2 heures du matin ? D'avoir réussi à en retirer les commentaires que Montebourg voulait faire sur la loi de séparation bancaire ? De l'avoir convaincu de ne pas parasiter tes annonces sur la transparence de la vie publique ? D'avoir préservé tes intérêts ? Irresponsable d'avoir fait ce que tu m'avais demandé ? D'avoir fait mon travail ?

Sa seule réponse fut un regard comme je ne lui en avais jamais vu et dont je ne le pensais pas capable – un regard mauvais. Sans un mot, il sortit de mon bureau pour regagner le sien, me laissant seul avec sa colère.

Ce qu'il me reprochait n'était pas cette faute imaginaire, mais de l'avoir placé dans la situation de devoir subir la furie de son Premier ministre. Un homme dont il avait compris les limites, dont il savait qu'il ne parvenait pas et ne parviendrait pas à diriger le gouvernement, dont il commençait à envisager le remplacement, un homme que, précisément pour toutes ces raisons, il voulait préserver à tout prix et surtout ne pas affronter – car telle est sa façon d'être et sa manière de faire. Et comme il souhaitait faire savoir à l'intéressé qu'il s'était acquitté de sa mission en me fustigeant, il organisa, peu après, selon ses habitudes, une « fuite » dans la presse, demandant à l'un de ses obligés de relater, dans la rubrique « confidentielle » d'un hebdomadaire ami, cet épisode qui ne regardait pourtant que nous.

De ce jour-là, la rupture entre Hollande et moi fut consommée

Pas de mon côté : d'un naturel entier et parfois brutal, je dis sans détour ce que je pense être important et comprends que l'on fasse de même avec moi, y compris de façon dure et violente.

De surcroît, je savais, pour l'avoir déjà vécu, que l'exercice du pouvoir peut susciter des moments de grande tension, politique mais aussi personnelle. J'en avais connu un, à Matignon, douze ans auparavant, lorsque, à l'occasion de la crise des « farines animales », j'avais été amené à m'opposer à Lionel Jospin ; dans le secret de son bureau, nous en étions alors pratiquement arrivés à nous colleter – ce dont, compte tenu de son gabarit, j'avais gardé un souvenir précis... Du côté de François Hollande, en revanche, les choses étaient devenues irréconciliables ; sa décision d'en finir avec moi fut prise à ce moment précis ; à sa manière, bien entendu, inavouée et silencieuse, dissimulée et néanmoins irrémédiable.

De ce jour-là, il me mit à distance, m'écartant des réunions les plus importantes, ne sollicitant plus mon avis, ne me fournissant plus les informations dont j'avais besoin pour faire mon métier de porte-parole, me tenant en lisière, me mettant sur la touche pour de longs mois – jusqu'à ce que la dureté des temps rende mon retour auprès de lui nécessaire, à l'automne 2013.

Six mois de bannissement politique.

Organisant aussi, de façon méthodique et secrète, mon éviction. Cela, je ne le compris pas immédiatement et, quand je le compris, il était trop tard. J'avais une circonstance atténuante à cette cécité : je croyais être son ami. Beaucoup m'avaient prévenu : « Fais attention, il n'a pas d'affects, il ignore le sens du mot amitié »... Mais la campagne nous avait tant rapprochés que j'avais fini par négliger ces avertissements. Et puis, parce que je crois en l'amitié et parce que j'en ressentais pour lui, je voulais croire que nous étions devenus amis. J'ignorais alors que *lui* ne croit en rien d'autre qu'en *lui* et que l'amitié n'a de sens pour *lui* que si elle est à son service à *lui*. Enfin je pensais, comme le grand Péguy, qu'« aux amitiés véritables, il faut de belles cassures. Un beau métal casse net, une ancienne amitié bien cassée laisse dans la mémoire une image intacte ».

Je pensais donc, simplement, que, s'il souhaitait mon départ, il lui suffirait de le dire, de déjeuner ou de dîner avec moi, comme nous l'avions fait tant de fois, et de me le demander : je me serais alors exécuté sans barguigner, le désaccord politique entre nous, grandissant, le justifiait. J'ignorais qu'il ne savait pas, qu'il ne pouvait pas, rompre franchement ; que, définitivement, il était resté ce petit enfant incapable d'affronter son père et en ayant inféré que la dissimulation et l'évitement étaient les modes normaux de relations entre personnes humaines. Surtout, je n'imaginais pas que l'on pût se comporter avec un ami – ou même seulement avec un collaborateur qui s'était dévoué pour vous, puisque je n'étais pas son ami – comme il allait le faire avec moi.

Trop de divergences politiques, trop de différences de caractère.

Jamais je n'aurais dû accepter la proposition de François Hollande de l'accompagner à l'Élysée. Jamais, surtout, il n'aurait dû me faire cette proposition. Là réside notre faute, partagée, même si ses torts sont en l'occurrence plus grands que les miens. Pas seulement parce que c'était lui, le Président. Pas seulement parce que c'était lui qui m'avait proposé de le suivre à l'Élysée. Mais parce que j'étais politiquement transparent pour lui, et qu'il savait tout de moi, l'inverse n'étant pas vrai : je ne savais pas ce que j'ai appris de lui dans l'exercice du pouvoir – de ses convictions, sincères ou feintes, de sa vraie personnalité aussi ; je ne savais pas qu'il était resté Jean-François Trans, j'ignorais même jusqu'à l'existence de cet *alias*. En revanche, lui savait qui j'étais et ce à quoi je croyais. Il savait que j'avais voté « non » en 1992 au référendum sur le traité de Maastricht. Lui savait, pour m'avoir vu à l'œuvre aux côtés de Lionel Jospin à Matignon, mon attachement intransigeant à la République et à la Nation, mon patriotisme viscéral, ma conception volontariste de la politique, mon refus du conformisme intellectuel de la gauche parisienne, la défiance que m'inspirait de longue date la manière choisie pour « construire l'Europe », la priorité absolue que j'accordais à la défense des intérêts des classes populaires. Lui savait qu'en 2005, pour mener campagne pour le « non » au référendum sur le traité constitutionnel européen, j'avais même accepté de rejoindre Laurent Fabius. Lui savait qu'alors je ne faisais pas semblant.

Aussi, s'il avait fait le choix de me proposer de devenir son conseiller politique, moi qui n'étais pas l'un de ses compagnons de route, moi qui ne l'avais pas soutenu tout au long de ses trente années de vie politique, qui n'avais pas partagé les vicissitudes d'une telle trajectoire, qui ne connaissais pas les secrets de son clan auquel je n'appartenais pas, moi qui n'étais pas du premier cercle ; s'il avait fait ce choix, donc, au moment de toucher au Graal politique, en accédant enfin à la magistrature suprême, s'il m'avait demandé de le suivre à l'Élysée, plutôt qu'à l'un de ses amis qui n'attendaient que cela, ce n'était pas seulement parce qu'il pensait que je le méritais, qu'il m'avait vu à l'œuvre dans la campagne présidentielle, que j'étais le meilleur pour occuper la fonction, et que Lionel Jospin m'avait déjà en son temps distingué ; pas seulement parce qu'il savait qu'il pourrait s'appuyer sur moi en toutes circonstances, que j'avais la force de caractère pour affronter les épreuves du pouvoir, que j'étais capable de conduire une analyse politique personnelle et que j'avais une expérience intime du fonctionnement de l'État ; pas seulement parce qu'il pensait ainsi se « couvrir » à gauche et disposer d'un instrument pour contrôler et canaliser Montebourg ; non, s'il avait fait ce choix, c'était sûrement pour toutes ces raisons, mais c'était aussi, surtout et malheureusement, parce qu'il se trompait sur moi.

Il pensait qu'une fois à l'Élysée je ferais taire mes convictions pour rester, à toute force, en place et dans la place ; que je serais trop heureux d'être au cœur du pouvoir pour vouloir continuer à penser et à parler librement. Il escomptait que j'avalerais sans sourciller le naufrage de Florange, le pacte de stabilité budgétaire adopté sans renégociation, le faux plan de relance européen de 120 milliards d'euros, la loi bancaire tronquée, la litanie de ses renoncements. Il espérait que, plus tard, j'accepterais le virage libéral d'un pacte de responsabilité remodelé à la convenance du Medef, l'austérité fiscale, la soumission européenne, le rapport Attali recyclé en lois Macron et El Khomri. Bien entendu, il n'espérait pas que je fisse, comme lui, un « coming out » libéral – il savait mes convictions et combien elles différaient des siennes ; mais il devait se rassurer en se disant que je ferais comme les autres : me taire pour profiter jusqu'au bout de la caresse du soleil.

Je ne me suis pas tu. Et je ne me tairai pas.

Cela, il ne pouvait pas le prévoir, parce que, les apparences étant trompeuses, il ignorait l'essentiel. Il ignorait que je n'appartenais pas à son monde même si j'y évoluais avec aisance ; que, sous la parure du Parisien, demeurait le fils d'ouvrier espagnol ; que derrière l'homme parvenu au sommet de l'État persistait l'enfant d'immigrés ; qu'en dépit de l'ascension sociale je resterais le fils d'Aquilino Morelle Coto et d'Elena Suarez Cimadevilla ; et que, même si je vis désormais rue du Val-de-Grâce avec bonheur, je suis resté fidèle à la villa Faucheur.

Comme tant d'autres immigrés, mes parents ont quitté leur pays pour chercher en France une vie meilleure. Ils l'ont trouvée. Originaires des Asturies, région ouvrière et minière du nord de l'Espagne, un des deux foyers de résistance républicaine avec la Catalogne lors de l'atroce guerre civile, ils se sont installés dans la région parisienne, à Montmorency, en 1959. Pour ma mère, alors âgée de trente-sept ans, ce fut un vrai départ. Pour mon père, un retour espéré : venu en France une première fois en 1924, à l'âge de deux ans, il était retourné, l'été 36, comme chaque année, en vacances outre-Pyrénées ; de très longues vacances, car la guerre ayant éclaté, les frontières avec la France furent fermées (elles ne rouvriraient qu'en 1948), et il fut contraint de rester dans un pays qu'il ne considérait pas comme le sien. Là, il dut accomplir un service militaire qui durait alors trois ans, rencontra et épousa une jeune femme avec laquelle il fonda une famille.

Après avoir travaillé, comme tout le monde là-bas, au fond de la mine, il quitta les Asturies avec l'espoir de retourner en France dès que possible et, dans cette perspective, s'installa avec femme et enfants à Irun, ville-frontière, où il gagna sa vie comme facteur dans la journée et projectionniste, le soir venu, dans un cinéma de Hendaye. Son vrai pays lui manquait ; ma mère et lui voulaient vivre libres ; aussi, dès que mon père put signer un contrat de travail en France, en l'occurrence avec les usines Citroën du quai de Javel, puis de Nanterre, ils fuirent le franquisme et passèrent la frontière avec mes quatre premières sœurs nées en Espagne. La cinquième vit le jour à Montmorency ; moi, puis mon frère, rue d'Arcole, à la maternité de l'Hôtel-Dieu. Après la rue Chapon et celle du Faubourg-Saint-Denis, mes parents s'installèrent dans le XXe arrondissement de Paris, d'abord au 54 de la rue des Envierges, puis, en 1969, deux cents mètres plus haut, au 5 de la villa Faucheur. C'est là que j'ai grandi.

Une voie pavée, en fer à cheval, bordée de part et d'autre de petites maisons ouvrières, chacune avec son jardin d'une centaine de mètres carrés. Le nôtre était planté de tomates, de menthe, de fleurs et un lilas tendait ses branches jusque sous les fenêtres de ma chambre, au premier étage. Situé sur l'un des sommets de la colline de Belleville, d'où le regard embrassait tout Paris, le quartier de la villa Faucheur, aujourd'hui gagné par la *gentrification*, abritait à cette époque une population diverse, mêlant ses origines sociales et géographiques sans interrogations et avec le plaisir de l'échange et même du partage, réalisant et illustrant sans le savoir ce creuset français et républicain qui est et restera l'âme de notre pays. Nous avions là comme voisins les Graindorge, un couple de modestes retraités ; les Ducrocq, famille nombreuse d'un ingénieur d'EDF ayant trouvé sur ces terres populaires de quoi loger toute sa progéniture ; les Flèchemuller, que la peinture de Jacques ne parvenait alors pas à nourrir tous les jours ; Joaquim, réfugié chilien, ingénieur du son dont le salon embaumait de fragrances exotiques et souvent illégales ; Hung Dang, artisan bijoutier, et sa compagne Anne ; l'atelier du grand céramiste Le Tallec, enfin. L'ambiance qui régnait entre nous tous était chaleureuse, amicale et solidaire, presque fraternelle, faite d'entraide et de conversations.

Ce sont les débuts qui importent. Les miens furent heureux.

Grandir dans une famille nombreuse – sept enfants –, sous le regard de deux parents s'aimant et nous aimant, dans l'atmosphère joyeuse d'une fratrie unie et qui l'est restée, fut une belle chance pour mes cinq sœurs, mon frère et moi. Pauvres, nous l'étions sans aucun doute ; mais nous n'avons jamais manqué de rien, l'ingéniosité de ma mère et l'aide matérielle de nos deux sœurs aînées – déjà engagées dans la vie active – permettant de compléter le salaire de mon père. Ouvrier affûteur, il travaillait à la chaîne selon le rythme, répandu à l'époque, des « 3-8 ». Dur, usant, fatigant et sans intérêt, ce labeur était le sien : il a toujours refusé d'en changer ; jamais il n'a accepté les propositions « d'évolution » qui lui furent régulièrement faites : la perspective de devenir contremaître lui faisait horreur ; il préférait la compagnie de ses camarades d'atelier et, surtout, celle de ses livres ; pour lui, le séjour quotidien à l'usine n'était qu'une parenthèse imposée, dont il se moquait dans le fond : sa vie était ailleurs, près de sa femme et de ses enfants, dans les promenades au marché aux puces de la porte de Saint-Ouen où il nous faisait partager, le dimanche matin, les secrets du dénicheur qu'il était. Rentré du boulot, il reprenait le cours de sa vie de famille, se plongeait dans la lecture, aimait regarder le soir à la télévision les émissions de Jean-Christophe Averty, écoutait la radio, tard dans la nuit. Lecteur assidu et rigolard du *Canard enchaîné*, sa culture littéraire était vaste ; sur sa table de chevet, on croisait *Le Bruit et la Fureur* de Faulkner, la dernière série noire de J.-P. Manchette ou les *Antimémoires* de Malraux. Athée et anticlérical – comme nombre de républicains espagnols –, il fit néanmoins baptiser ses sept enfants ; viscéralement de gauche, c'était un homme d'ordre et d'autorité : c'était là sa « synthèse » à lui. Sûr de lui et de la solidarité de ses compagnons de trime, il était l'incarnation tranquille et narquoise d'une aristocratie ouvrière qui a, je le crains, disparu. Père aimant mais secret, affectueux et mystérieux pour l'enfant que j'étais.

Avec les gamins montés des rues avoisinantes – la rue du Transvaal, les rues de la Mare, des Rigoles, des Cascades, des Couronnes, la rue Julien-Lacroix, la rue Henri-Chevreau, la rue Piat – nous formions une petite troupe turbulente qui se retrouvait, l'école finie, pour de longues parties de football, dans ce passage où les voitures ne s'aventuraient que rarement. De temps à autre, un rat surgissait de la bouche d'égout, poussé par la faim, que nous pourchassions à grands cris et à jets de pierres. L'âge et le goût de l'aventure venant, nous profitions d'une liberté généreusement accordée par des parents au travail ou occupés aux tâches ménagères pour pousser jusqu'à un terrain vague tout proche, que nous appelions « la placette », étendue rocailleuse et défendue par des ronces, descendant en pente vive jusqu'aux contreforts de la colline de Belleville, véritable « zone » en plein Paris, espace mystérieux, attirant et inquiétant à la fois, sorte de limes marquant la fin de notre territoire de jeu, frontière touffue que nous ne franchissions jamais, moins par crainte que parce que l'empire que nous quadrillions nous comblait.

Tel était notre petit monde, joyeux et insouciant comme l'enfance, bigarré et égalitaire comme le Paris populaire d'alors, resté presque inchangé depuis le temps de Casque d'or et des apaches, mais qui serait bientôt dévasté par la spéculation immobilière, la corruption politique, la bêtise administrative, et cela dans une incompréhension et une indifférence presque générales, à l'image de cette belle villa Faucheur qui serait, en 1979, sacrifiée, ses maisons rasées – un massacre architectural, patrimonial, historique, culturel, un scandale politique au bout du compte, perpétré par le chiraquisme triomphant[1].

Un monde dont le centre devint très vite pour moi l'école élémentaire de garçons de la rue Levert. N'ayant pas fréquenté la maternelle – ni celle de la rue du Jourdain, ni celle de la rue Olivier-Métra –, mon père dut m'arracher au cocon familial pour me traîner, le matin du 16 septembre 1968, hurlant et tentant par tous les moyens de m'échapper, jusqu'au charmant carrefour des rues des Envierges, de la Mare, des Cascades, des Rigoles et des Couronnes – aujourd'hui rebaptisé place Henri-Krasucki – d'où démarre la minuscule rue Levert, tout entière occupée par l'école située aux numéros 1 et 3, où l'ancien secrétaire général de la CGT avait autrefois brillé. Pour ce moment solennel, ma mère – qui avait pour habitude de découper les patrons qui l'intéressaient dans les magazines, d'acheter les tissus au marché Saint-Pierre, puis de coudre les vêtements de ses enfants – m'avait confectionné une blouse d'un bleu profond, agrémentée de poches en demi-lune rouges, que j'avais revêtue comme une armure pour me donner le courage d'affronter le monstre, tapi dans son antre, qui m'attendait depuis longtemps.

1. On peut prendre la mesure de ce saccage organisé en se plongeant dans *L'Assassinat de Paris* (Calmann-Lévy, 1977) de Louis Chevalier, témoignage personnel, dissertation historique, méditation sociologique autant que réquisitoire implacable. Le grand historien, professeur au Collège de France, y restitue la combinaison de mutations économiques et sociales – la « société de consommation », le culte de la « bagnole » –, de prise de pouvoir par la technocratie – avec la figure centrale de Pierre Sudreau, nommé à l'automne 1955 commissaire à la Construction et à l'Urbanisme pour la région parisienne avant de devenir le ministre de la Construction du général de Gaulle –, de complicité politique – l'auteur, ami depuis la khâgne de Georges Pompidou, souligne avec raison le rôle tenu par celui-ci et son soutien à la construction de tours, notamment à Belleville, dont il a pu dire : « La place n'y manque pas et ce n'est pas tellement beau » – et de voracité financière, combinaison qui a débouché, à partir de 1963-1964 sur ce qu'il appelle « la liquidation de Paris sous le signe des affaires ». Liquidation à coups d'« opérations » immobilières rendues possibles, notamment, par l'abrogation, en mars 1956, de l'ancienne interdiction de bâtir au-delà de 31 mètres de hauteur.

Ce matin-là, le monstre avait pris la forme énorme, pachydermique, du directeur de l'école, qui veillait au bon déroulement de sa rentrée des classes, juché au sommet, pour moi effrayant, d'une volée de quelques marches. Lorsque mon père tendit sa main vers lui et que le brave homme saisit la mienne, je redoublai de cris. En vain. Impassible, sans aucun effort il me souleva et me déposa, hoquetant, sur un banc du préau, où je continuai à pleurer, en silence cette fois, la lutte étant désormais vaine et ma défaite acquise. J'étais au comble du désespoir quand une fée s'accroupit à mes côtés, prenant mon visage dans ses mains, essuyant mes larmes et me consolant d'un des plus jolis sourires que l'on m'ait jamais adressés : c'était Madame Donnadieu, ma maîtresse du cours préparatoire. Avec elle commença le temps béni de l'école.

Après le CP, il y eut le CE2 de Madame Dufour – on avait décidé que je « sauterais » le CE1 –, le CM1 de Monsieur Salem, le CM2 de Madame Papakiriakis. Autant d'années de bonheur. J'étais plus qu'un très bon élève : j'étais amoureux de l'école et, pendant quatre ans, j'occupais toutes les premières places dans toutes les matières, sans exception et sans pitié pour mes camarades. Ceux-ci s'appelaient Marc, Stéphane, Vincent, Thierry, Pascal, David, Olivier, Rudy ou Fabrice ; Farid ou Juan José, plus rarement. Leurs pères étaient recensés sur le registre de l'école comme manœuvre, monteur P1, agent d'entretien, terrassier, monteur en chaussures, manutentionnaire, maçon, ferrailleur, peintre ou métallurgiste affûteur comme le mien – autant de déclinaisons du mot « ouvrier » ; parfois, employé de bureau, agent de la RATP, représentant de commerce ; rarement, ingénieur ou directeur commercial. Quelques-uns étaient de nationalité algérienne ou tunisienne ; la plupart français, mais d'origine étrangère : espagnole ou italienne, pour l'essentiel.

À mes cinq sœurs, à moi et mon frère, nos parents avaient répété le même message, rappelé une même ambition : « Vous êtes français. Nous avons quitté l'Espagne pour que vous le soyez. La France est votre pays ; aimez-la, elle le mérite. Regardez devant vous et pas en arrière. Soyez plus français que les Français ! » Sixième de la fratrie, premier garçon après cinq filles, j'avais pris cette injonction au pied de la lettre, avec grand sérieux – j'ai toujours été sérieux, dès l'enfance. Cette volonté acharnée d'être français, comme les autres, comme les gamins avec lesquels je tapais dans la balle, était devenue une part de moi-même ; une des raisons, aussi, pour lesquelles je vénérais l'école, à commencer par *mon* école.

Une seule chose me gênait, gâtait quelque peu mon bonheur. Une chose que je n'avais pas choisie, contre laquelle je ne pouvais rien, qui me collait à la peau, me ramenant sans cesse à ma condition de fils d'immigrés, un caillou dans ma chaussure, qui se faisait oublier pour mieux se rappeler à mon souvenir au moment où je m'y attendais le moins et qui m'était pour cela suprêmement désagréable. Un gros caillou, en vérité, en huit lettres et quatre syllabes. Mon prénom.

Car l'injonction paternelle avait été paradoxale : parce que j'étais son premier héritier mâle, mon père m'avait légué son prénom, Aquilino, alors même qu'en obtenant, par décret de Georges Pompidou, sa naturalisation, celle de ma mère et de leurs six enfants mineurs, il deviendrait, lui, Achille Morelle. Or ce prénom, curieux – beaucoup me diraient, plus tard, qu'ils le trouvaient beau –, signait une origine étrangère (espagnole ? italienne ?) aux yeux de tous. Fâcheux pour un petit garçon, un adolescent, un jeune homme qui voulait plus que tout être français.

Et ce n'était pas tout. Non seulement ce prénom avait une consonance étrangère, mais il était accolé à un patronyme qui, lui, sonnait des plus français, seule son orthographe pouvant laisser imaginer une autre origine. Voilà qui rendait ma situation baroque – c'est ainsi en tout cas qu'elle m'apparaissait et que je la ressentais. S'appeler Aquilino Lopez ne m'aurait pas fait plaisir, mais au moins les choses auraient été claires. Tandis que l'association « Aquilino Morelle » représentait une singularité troublante : par quelle fantaisie des parents français – Morelle – avaient-ils pu donner un prénom étranger – espagnol – à leur enfant ? Qu'avaient-ils alors eu en tête ? Quelle avait été leur intention ? Quelle signification accorder à cette anomalie ? Car c'était bien une anomalie et elle m'était pénible. Pénible de devoir répéter ce prénom, de devoir l'épeler, de devoir répondre aux questions – même, le plus souvent, bienveillantes – qu'il suscitait : « Quel joli prénom ! Cela vient d'où ? » Cela venait des Asturies et cela me gênait. Car moi, j'étais un petit Parisien, un petit Français, comme les autres, et je le montrais chaque trimestre en étant le meilleur élève de mon école.

Vint le moment de quitter mes maîtres chéris, de gravir l'escalier menant de la rue Levert à celle des Pyrénées et de rejoindre le collège d'enseignement secondaire qui n'avait pas encore été baptisé Françoise-Dolto, et où serait tourné, trente-cinq ans plus tard, le film *Entre les murs*. Quatre ans après, en 1976, au moment pour moi d'entrer au lycée, contraints par la folie des hommes et le pouvoir de l'argent de quitter la villa Faucheur, mes parents aboutirent, par le truchement mystérieux des services sociaux de la Ville de Paris, près de la place Victor-Hugo, rue Boissière, au numéro 59, dans l'immeuble mitoyen de celui où vivait alors le futur maire de la capitale, Jacques Chirac.

Affecté au lycée Claude-Bernard, je n'eus pas la chance d'y rencontrer Julien Gracq, le professeur Louis Poirier ayant déjà cessé d'y enseigner l'histoire et la géographie pour prendre sa retraite à Saint-Florent-le-Vieil, mais j'y découvris la bourgeoisie du XVIe arrondissement. J'avais quatorze ans ; les filles du lycée La Fontaine me plaisaient beaucoup, elles étaient jolies et délurées sous leurs bonnes manières et leurs jupes plissées ; je voulais ressembler aux garçons qui les séduisaient : jean repassé, chemisette Lacoste, tennis Stan Smith (déjà) immaculées ; j'y réussis fort bien. Rapidement, il m'apparut que tous ces jeunes gens, si leurs poches étaient pleines d'un argent que leurs parents ne leur comptaient pas, n'en étaient pas pour autant plus intelligents que moi, ni plus cultivés ; ils retiraient seulement de leur aisance – et c'était beaucoup – une tranquillité et une assurance qui me manquaient. Ils eurent le bon goût de ne pas trop me faire sentir cette différence qui n'était que financière et les choses se passèrent somme toute agréablement.

Arriva le moment de choisir une voie. Aux yeux de mes parents comme de beaucoup d'immigrés, deux métiers étaient prestigieux et symbolisaient la réussite personnelle et sociale : médecin et avocat. Bon élève, on m'avait fait suivre la filière scientifique et j'avais obtenu le baccalauréat série C. Normale Sup', HEC, Sciences Po étaient pour moi des terres inconnues ou presque ; seule l'École polytechnique m'était familière, mon père, avec lequel, enfant, je regardais rituellement le défilé du 14 Juillet, ne manquant jamais de m'en vanter les mérites ; mais il aurait fallu des notes en mathématiques autrement meilleures que les miennes pour y songer sérieusement. Je choisis donc la médecine.

Après avoir franchi aisément le concours de fin de première année, je m'engageai pleinement dans ces études qui me passionnaient. Les rencontres – qui sont le sel de la vie –, la découverte d'horizons nouveaux qu'elles permettent, la crainte d'une forme d'enfermement que la perspective d'exercer le métier de médecin toute une vie faisait naître en moi, l'envie de servir l'État, l'ambition rentrée, aussi, de ne pas avoir suivi la voie des grandes écoles : tout cela m'amena à concevoir le projet d'entrer à Sciences Po, afin d'y préparer le concours de l'École nationale d'administration. L'été 1985 fut donc acrobatique : il me fallait terminer la préparation du concours de l'internat des hôpitaux de Paris tout en engageant celle de la procédure d'admission en deuxième année à l'Institut d'études politiques de Paris, interrompre les révisions des programmes de physiologie, de spécialités médicales et chirurgicales, pour m'entraîner à la dissertation d'histoire et à l'oral qui m'attendaient. J'y parvins.

J'avais vingt-trois ans, mes études de médecine étaient achevées, je travaillais le matin à l'Hôtel-Dieu, Cochin, Boucicaut ou la Pitié comme interne des hôpitaux, suivais l'après-midi et dans la soirée mes conférences à Sciences Po, veillais tard pour apprendre goulûment l'économie, l'histoire, le droit public, les relations internationales, les finances publiques, les questions sociales ; les journées étaient longues, mais l'air léger ; trois années passèrent ainsi, intenses et heureuses.

Ce que j'appris rue Saint-Guillaume ne se résuma pas aux milliers de pages englouties. J'y découvris Paris, ses librairies, ses cafés, ses cinémas, ses terrasses, ses conversations, son esprit. En quittant Belleville pour Passy, nous avions certes changé d'univers social ; mais le XVIe arrondissement de Paris, ce n'est pas Paris ; Paris, c'est le Quartier latin, Montparnasse, le Luxembourg, le « faubourg Saint-Germain » de Marcel Proust ; le monde de l'Université et des grandes écoles, des éditeurs, de la haute fonction publique, des ministères, celui où se font les carrières – comme elles se faisaient jadis, du temps de Lousteau et de Rubempré, sous les arcades du Palais-Royal racontées par Balzac. En arrivant à Sciences Po, ce sont les portes de Paris qui se sont ouvertes.

J'y découvris aussi la bourgeoisie, la vraie. Les jeunes gens avec lesquels j'allais au café Basile prendre un verre ou qui préparaient avec moi le prochain « galop d'essai » – car nous étions, cela allait de soi, des pur-sang promis aux plus grands succès –, étaient aussi différents des braves rejetons de bourgeois d'Auteuil que j'avais côtoyés au lycée Claude-Bernard, que ceux-ci l'étaient des enfants de prolétaires avec lesquels j'avais dévalé les pentes de Belleville. Sciences Po était encore à l'époque la chasse gardée des meilleures familles parisiennes, un monde clos, bien ordonné et policé, peuplé de jolies filles en fleurs et de « jeunes vieillards », pour reprendre le mot féroce et juste de Marc Bloch, un monde avec ses codes et ses rites – qui n'étaient pas seulement l'exposé « en deux parties et en dix minutes ». Une façon de parler de tout en ayant l'air de rien, de jauger les personnes tout en leur souriant, une facilité de paraître en toutes circonstances, une forme d'assurance propre à ceux qui savent le dessous des cartes, une faculté de distinction sociale inculquée depuis l'enfance et devenue naturelle.

C'était la noblesse de robe, alors que je n'avais connu jusqu'alors que de futurs apothicaires. Une noblesse sûre d'elle-même et de son bon droit, sans aucun doute ; mais, comme toute élite, inquiète aussi de son devenir et soucieuse de régénération, attentive aux talents nouveaux et toujours prête à les faire entrer dans la ronde pourvu qu'ils se prêtent à la danse, soucieuse d'attirer à elle ceux dont elle décelait la vigueur et qu'elle jugeait prometteurs, acceptant et même encourageant la critique et la contestation tant que celles-ci ne portaient pas sur l'essentiel et restaient formulées en termes choisis et mesurés – même le camarade Lénine aurait pu avoir une très bonne note au « Grand O » de sortie, à condition de respecter le « balancement circonspect » propre à la maison. Une noblesse consciente de l'enseignement de Pareto – « L'histoire est un cimetière d'aristocraties » – et bien décidée à se reproduire et à se perpétuer.

Un monde nouveau à pénétrer, une grammaire nouvelle à maîtriser, un vocabulaire nouveau à apprendre, des manières nouvelles à acquérir : tout était à recommencer pour moi. Ou, plus exactement, à commencer : car, si réussir à me hisser jusqu'à la médecine et l'internat des hôpitaux de Paris avait représenté une prouesse pour le fils d'ouvrier et d'immigré que j'étais, me garantissant une position sociale sans comparaison avec celle de mes parents, cela restait une prouesse « démocratique ». Avec Sciences Po et, consécration ultime, avec l'ENA, autre chose se jouait : l'entrée dans « l'aristocratie », dans cette « noblesse d'État » dépeinte par Bourdieu.

Les statistiques sont éloquentes : avec constance, elles indiquent que seulement 1 % des enfants d'ouvriers accèdent aux grandes écoles[1]. Elles restent silencieuses sur la part de cette infime minorité qui serait de surcroît issue de l'immigration : 0,5 % ? Moins ? Jamais elles ne pourront dire l'essentiel, que seuls connaissent ceux qui ont vécu l'épreuve et escaladé le sommet : la violence symbolique subie – « Cela ? Mais c'est une fourchette à poisson, voyons… », « Tu devrais vraiment aller voir *Mort à Venise* de Visconti, c'est un grand film », « Que fais-tu ce week-end ? Tu pars à la campagne ? À Deauville ? », « Ton père travaille où ? » –, le risque de coupure d'avec les siens, la solitude au sein de la multitude, l'attirance pour un univers que l'on veut conquérir et qui bien souvent vous inspire pourtant le mépris, la nécessité acceptée de changer pour réussir et l'orgueil revendiqué de vouloir rester soi-même, un chemin parcouru dont on est fier mais que l'on est heureux d'épargner à ses enfants.

Cette grande bourgeoisie parisienne qui était le cœur de Sciences Po, je l'ai observée, analysée, décryptée, apprivoisée puis séduite. Elle m'a réservé le meilleur accueil ; elle aime le sang neuf et apprécie le futur chef qu'elle distingue vite – elle a une longue pratique de l'exercice – sous la timidité et la gaucherie de l'impétrant. Tous mes enseignants, mes « maîtres de conférences », comme on les désigne dans cette vénérable institution, m'ont encouragé et aidé autant qu'ils le pouvaient : « Vous devriez vous présenter à l'ENA. Vous serez reçu. » Ils étaient sincères, bienveillants et avisés : j'ai été reçu à l'ENA, brillamment. Je leur en suis reconnaissant. L'un d'entre eux a fait plus encore : il s'est intéressé à moi, m'a entouré de son amitié et de son intelligence, m'a fait parler et m'a écouté, m'a prêté sa maison à Gordes pour que je découvre le Luberon, m'a fait bénéficier de son expérience et prodigué ses conseils, a

1. Pour une illustration relativement récente et détaillée de cette pérenne reproduction culturelle des élites sociales, bien connue depuis les travaux fondateurs de Pierre Bourdieu, Jean-Claude Passeron et Claude Thélot, on peut consulter « Les inégalités sociales d'accès aux grandes écoles », de Valérie Albouy et Thomas Wanecq, *Économie et statistiques*, revue de l'INSEE, n° 361, juin 2003.

suivi ma progression avec attention. Il s'appelait Gérard Vincent, professeur à l'Institut d'études politiques de Paris, auteur d'un manuel de référence sur l'histoire du XXe siècle, homme bon et désabusé, blessé et orgueilleux, amoureux des femmes et amateur de Harley Davidson, peintre et sculpteur talentueux aussi.

Un soir, dans l'attente des résultats de l'admission à l'ENA, chez lui où il m'avait invité à dîner, il me lança, sur le mode de la démonstration : « Aquilino, je vais vous dire ce que vous êtes. Vous êtes un sursocialisé anticipatoire de la strate inférieure. » Davantage que le jargon marxisant de la formule, c'est le ton clinique qu'il utilisa pour assener celle-ci et la vérité abrupte qu'elle recelait qui me saisirent : je n'étais donc pas un individu singulier sur le point de réussir une performance académique exceptionnelle, un tour de force personnel ; je n'étais qu'un spécimen, d'une espèce fort rare, certes, mais parfaitement connue et identifiée, occupant une place bien précise dans le tableau animal que cet entomologiste avait patiemment constitué.

Cette révélation soudaine me libéra définitivement de tout scrupule à l'égard de l'univers social d'où je venais et auquel j'étais en train d'échapper : je ne suivrais pas la leçon de morale du roman oublié – *L'Étape* – d'un écrivain que plus personne ne lit – Paul Bourget – condamnant les ascensions sociales trop rapides ; mon devoir serait d'aller aussi loin que mes facultés et les circonstances me le permettraient. Rien ne me serait donné, tout serait conquis, ce que j'arracherais serait à moi, mais je le ferais aussi au nom d'autres – les miens, qui le resteraient. Le néologisme ne serait forgé que trente ans plus tard, par Chantal Jaquet – dont j'aurais le plaisir de suivre le séminaire de recherche sur Spinoza à la Sorbonne –, mais je pris conscience, ce soir-là, que j'étais et que je resterais, quoi qu'il arrive, un « transclasse », un homme qui « connaît la lutte des classes à l'intérieur de lui-même[1] ».

1. Professeur de philosophie à l'Université Paris 1 Panthéon-Sorbonne, spécialiste de Spinoza, Chantal Jaquet a publié en 2014 *Les Transclasses*

Il arriva bien des choses : l'entrée à l'Inspection générale des affaires sociales (IGAS), l'enquête sur l'affaire du sang contaminé, la découverte à cette occasion d'une immense faillite politique et morale, le livre qui en naquit[1] ; la rencontre avec Bernard Kouchner, le travail à ses côtés, à la veille de la déroute de 1993, bref mais intense, première expérience politique et administrative, humaine surtout ; le compagnonnage auprès de Lionel Jospin, rue de Solférino puis à Matignon pendant cinq ans, l'apprentissage de l'État, l'éducation politique, l'amitié avec Manuel Valls, la morsure du 21 avril 2002 ; à nouveau les missions à l'IGAS, le choc de l'affaire du Mediator, tissée de conflits d'intérêts sordides, de corruption ordinaire, de lâcheté médicale et de bêtise administrative ; la complicité politique et amicale nouée avec Arnaud Montebourg lors de la joyeuse campagne des primaires de la gauche ; l'engagement aux côtés de François Hollande, pour faire gagner la gauche.

Bien des choses que l'enfant de la villa Faucheur n'aurait pu imaginer ; bien des choses qui auraient surpris ses parents s'ils avaient été encore là pour les voir.

Voilà comment je suis arrivé à l'Élysée.

Et voilà pourquoi, aussi, j'ai refusé de respecter les règles du petit jeu jusqu'au bout.

Quand il m'a proposé de devenir son conseiller politique, le président de la République n'ignorait pas cette histoire personnelle, mais il en a sous-estimé l'importance. Comme tous ceux qui n'ont pas éprouvé une telle aventure humaine, il n'en avait

---

ou la non-reproduction, aux PUF, analyse pleine d'intelligence et de sensibilité des manières dont peut se produire le passage, exceptionnel, de la classe populaire à la classe dominante, ainsi que des conséquences, intimes et sociales, de ce passage. La citation est tirée d'un entretien qu'elle a accordé à *L'Obs* le 7 mai 2016.

1. *La Défaite de la santé publique*, Flammarion, 1996.

compris et retenu qu'une seule dimension, celle qui convenait à ses intentions et à ses intérêts, la belle trajectoire du gamin de Belleville ayant arraché ses galons sur le champ de bataille pour atteindre le centre du pouvoir.

Il ignorait que ceux qui parviennent à se hisser ainsi au sommet de la société au mépris de ses propres lois – qui, sans être celles de la physique, sont pourtant bien réelles – gardent au fond d'eux-mêmes, telle une pierre précieuse, brillante, dure et tranchante, le souvenir de ce qu'ils ont été et la connaissance de ce qu'ils auraient dû devenir « normalement ».

Il ignorait que ceux-là conservent toujours, sous le brillant du vernis social, derrière la conversation si déliée, au-delà de la personnalité si chatoyante, une force primitive demeurée intacte, une colère rentrée, toujours prête à jaillir, avec laquelle chacun d'entre eux compose comme il peut, une violence refoulée mais inentamée ; qu'en dépit des années passées à polir leurs discours et leur apparence, ils restent des Barbares, comme l'avait compris et proclamé le grand Michelet[1].

Il ignorait que j'étais resté un Barbare.

Barbare : il ne faut pas confondre l'adjectif et le substantif, il faut savoir distinguer la minuscule de la majuscule.

Le Barbare n'est pas obligatoirement, pas seulement, pas toujours, l'homme au comportement barbare. Grave erreur que de considérer le Barbare comme celui qui méconnait, méprise, bafoue, violente ou détruit la civilisation et ses œuvres. L'Histoire nous apprend l'inverse : loin d'être grossier, le Barbare fait souvent preuve d'un raffinement suprême ; il n'est pas délicat, mais il peut être d'une très grande finesse ; il connaît et maîtrise

1. Jules Michelet, *Le Peuple* (1846), Flammarion, 1974.

les secrets de la culture, même s'il ne s'y réduit pas, car il veut préserver en lui la force de la Nature. Mieux encore : sans Barbare(s), la civilisation finit par s'étioler et s'éteindre, l'empire par se désagréger avant de disparaître, la flèche de l'Histoire par ralentir puis se figer, l'art par stagner si ce n'est dégénérer[1]. Le Barbare apporte la vie, la force de la vie, la puissance, le soleil, le renouvellement, le regain, la sève, et c'est pourquoi il fascine le monde civilisé qui tend à s'assoupir et qu'il vient régénérer. Venu des marges, le Barbare accède au centre, toujours, c'est sa vocation, son destin.

Non, ce qui définit le Barbare, c'est qu'il ne maîtrise pas, au moins au début, la langue des dominants.

Historiquement et étymologiquement, le fait est bien connu, le mot « barbare » servait aux Grecs anciens, puis aux Romains, à désigner les individus ou les peuples qui ne parlaient pas le grec (ni le latin, ultérieurement). « Bar-bar » est une onomatopée, forgée pour moquer et tenir à distance ceux qui ne sont capables de faire que « du bruit avec leur bouche », d'émettre des sons incompréhensibles – *phone* – et non de formuler une parole porteuse de sens – *logos* –, la seule qui définisse l'homme en tant qu'homme, c'est-à-dire en tant qu'animal politique – le *zoôn politikon* d'Aristote. Animal politique, maîtrisant et articulant dans un même mouvement la pensée, la parole, la citoyenneté et l'accomplissement de sa nature d'homme. Pour les Grecs, être humain c'était parler, parler c'était interpeller d'autres hommes, donc faire de la politique, donc devenir citoyen et ainsi, bouclant la boucle, devenir un homme véritable. À l'inverse, pour eux, celui qui ne parlait pas le grec ne parlait pas tout court ; il n'était par conséquent pas un homme, mais une sorte d'animal ;

1. C'est précisément sur le modèle anthropologique du peuple barbare que s'est dégagée et construite, à la fin du XVIIIe siècle, notre histoire de l'art, comme l'a montré de manière convaincante Éric Michaud dans *Les Invasions barbares. Une généalogie de l'histoire de l'art*, Gallimard, coll. « NRF Essais », 2015.

plus tard, leurs héritiers, les Romains, diraient d'eux qu'animaux ils venaient de la forêt – *selva* –, et les désigneraient pour cette raison comme des « sauvages ».

Dans la société bourgeoise, celui qui ne maîtrise pas la langue – si reconnaissable – des beaux quartiers, ni le langage social – les codes culturels – propre à la caste dominante, celui-là aussi est un Barbare. Le premier devoir d'un Barbare est donc d'apprendre les codes et de savoir les reproduire ; d'acquérir la « culture générale ».

Toutefois, même très cultivé, même enseignant la « culture générale » dans les meilleures écoles et universités, celles où les bourgeois viennent l'apprendre, même plus cultivé que les plus cultivés des meilleurs enfants de la bourgeoisie, le Barbare reste un Barbare. Il reste – et c'est sa force – fondamentalement indifférent à l'avis des autres, ceux qui ne sont pas comme lui, qui n'ont pas vécu ce qui a fait son existence. Il reste insensible à leurs coups et à leurs jugements, car il lui suffit alors de penser un seul instant à son origine et au chemin parcouru pour oublier la douleur et pour rire des morsures infligées. Rien de cela ne l'atteint. Et ce qui pourrait l'affecter est incompréhensible, inaccessible, à ceux qui voudraient tant le ramener dans sa forêt originelle. Il reste indifférent, en vérité, à l'opinion commune, celle des petites gens si heureux d'être enfin montés sur le manège enchanté qu'est la petite société parisienne, et si terrorisés d'en être éjectés qu'ils n'osent plus rien, ne pensent plus rien, ne font plus rien que répéter le babillage de la ville, tant ils craignent de perdre le peu qu'ils détiennent, le baluchon qu'ils ont réussi à constituer. La grande maladie de l'élite : le psittacisme.

Le Barbare, lui, n'a peur de rien ; il n'a peur de rien car il n'a rien à perdre ; il n'a rien à perdre car il a déjà tout gagné.

C'est pourquoi, même ourdie de longue date, même venimeuse, même ayant abouti à ma proscription – la proscription, oui, comme à Rome au temps de Sylla –, leur machination ne m'aura pas détruit. Elle fut bien organisée, pourtant. Ils y ont mis toute leur méchanceté, leur mesquinerie, leur jalousie, leur médiocrité, leur vilenie.

C'était au mois d'avril 2013. Juste après la rupture avec le Président – il n'y a pas de coïncidences dans la vie.

Quelques semaines auparavant, j'étais allé acheter un costume au Bon Marché, dans la perspective d'un déplacement à l'étranger avec le Président. Il y avait là un artisan, un cireur de chaussures qui distribuait sa carte professionnelle aux clients du magasin. J'en avais rapporté une et mon secrétariat en avait enregistré les coordonnées. Peu de temps après, donc, un soir, j'avais un rendez-vous important ; mes chaussures étaient sales, ou pas nettes, tout du moins. J'étais pressé, j'ai fait appeler le cireur ; il était disponible, il est venu. À l'hôtel de Marigny, une annexe de l'Élysée, il les a cirées. Je l'ai payé, il est parti. C'était une bêtise, une faute de goût, une ânerie, une faute politique, une faute tout court.

Qui n'en commet pas ?

Le Président a été informé très vite de cette péripétie, si ce n'est le jour même : on ne pénètre pas comme on veut à l'Élysée, les gardes républicains contrôlent les entrées et les sorties, dressent un relevé de ces mouvements de personnes et l'adressent au secrétaire général et à la directrice de cabinet, qui informent le chef de l'État de ce qui est notable. Rien que de très normal. Celui-ci a donc été prévenu, très rapidement, de cette faute commise.

Qu'a-t-il alors fait ? Rien.

M'a-t-il convoqué, pour me morigéner, m'adresser un avertissement, me sanctionner le cas échéant ? Non.

A-t-il demandé à l'un de ses collaborateurs, un des deux qui l'avaient informé, par exemple, de le faire ? Non.

A-t-il préféré attendre un moment propice, quelques jours ou semaines plus tard, pour me tancer en tête à tête ? Non.

Il n'a rien dit, rien fait.

Ou plutôt si : il a continué à me parler tous les jours, les yeux dans les yeux, à me sourire, de son large sourire de brave homme, à me demander mon avis, à solliciter mon conseil, à le suivre même, parfois, comme si de rien n'était. Il a continué à s'appuyer sur moi, quand, plus tard, il me demanderait d'organiser le limogeage de son Premier ministre parce qu'il n'avait pas le courage de l'affronter ; quand il était affaibli, accablé, acculé, anéanti ; quand tout s'effondrait autour de lui, sa vie privée dévastée et son image ridiculisée ; quand il avait besoin de ma force pour tenir, quand il ne quittait pas mon bureau – arrivé à 7 heures, parti à minuit ; quand il avait peur et venait chercher près de moi la réassurance dont il avait besoin.

Pendant un an, alors qu'il la connaissait, pas une seule fois il n'a évoqué cette faute avec moi. Pas une seule fois. Pas une seule fois, il ne s'est comporté normalement, simplement, humainement – je n'ose écrire loyalement –, me convoquant pour demander une explication et, le cas échéant, me punir comme il aurait alors jugé bon de le faire. Au contraire, il s'est tu, a précieusement conservé cette affaire par-devers lui, la mettant de côté, comme on place à l'abri une perle dans un coffre-fort, sachant qu'il l'en extrairait le moment venu, quand il donnerait l'ordre de ma liquidation.

Pendant un an, il a patienté, ne laissant rien paraître de ses intentions. Après notre violente altercation provoquée par l'entretien de Montebourg au journal *Le Monde*, les choses s'étaient, du moins en apparence, normalisées. À la rentrée, une fois sa décision de changer de Premier ministre prise, sachant qu'il aurait besoin de mon appui pour y parvenir, il a fait semblant de renouer avec moi ; prévoyant, il s'est même doté d'un alibi, en me nommant, en janvier 2014, chef du pôle « Communication » à l'Élysée, alors que, secrètement, il recevait déjà ceux qu'il avait choisis pour me succéder. Une seule fois, ne pouvant se priver de faire un bon mot dont il dut bien rire *in petto* sur le moment – Hollande ne sait pas résister à un bon mot –, il a pris le risque de m'alerter. Au retour des vacances de l'été 2013, un matin de bonne heure, comme à l'accoutumée, j'étais allé faire le point avec lui. Après m'avoir salué, assis à son bureau alors que je me tenais debout devant lui, il m'a examiné de pied en cap, et glissé, dans un sourire : « Tu es très élégant, ce matin, comme d'habitude. Et tes chaussures sont bien cirées, comme toujours. » Sur le moment, la remarque m'avait surpris ; je l'avais notée, puis oubliée.

Pendant un an, il a dissimulé, menti, feint l'amitié, m'a trahi, tranquillement, méthodiquement, sans rien laisser paraître, attendant le moment opportun pour utiliser cet épisode à la seule fin de me salir et de garantir mon élimination. Il savait ce qu'il faisait. Il savait que cette histoire du cireur de chaussures serait douloureuse pour moi, le « fils d'ouvrier ». Il savait que dans un univers médiatique simplificateur et simpliste, fonctionnant sur le modèle de la spirale mimétique, sans cesse en quête d'histoires à raconter, celle-ci s'arracherait, ferait la une de tous les journaux – et cela d'autant qu'il orchestrerait en sous-main la campagne de presse. Il avait besoin de cet épisode pour réussir son coup, pour justifier mon départ, pour lester le paquet de calomnies lancé contre moi, pour rendre les choses irréversibles.

Car – et il le savait mieux que personne – il n'avait rien de tangible à me reprocher, si ce n'est notre désaccord politique lancinant et mon refus de renoncer à l'esprit du Bourget. Mais on ne limoge pas son conseiller politique, que l'on a choisi personnellement, parce qu'il est resté fidèle, lui, à la campagne qui vous a conduit à l'Élysée. Alors, il a ordonné à ses sicaires de constituer un dossier à charge contre moi, de « monter un chantier » comme l'on dit dans le milieu de la police. Fait son miel de l'accusation, inventée de toutes pièces par une industrie pharmaceutique dont j'étais la bête noire depuis mon rapport sur l'affaire du Mediator, d'un conflit d'intérêts qui n'avait jamais existé et dont la justice ferait litière en un temps record[1]. Y a ajouté, pour faire bon poids et avec l'intention de nuire – *Vae victis !* – l'épisode du cireur.

A mobilisé ses proches pour organiser, le moment venu, avec la complicité de pseudo-journalistes d'investigation qui ne sont que des exécuteurs des basses œuvres présidentielles, un véritable lynchage médiatique. A choisi, pour garantir le succès de l'opération, un homme sûr, avec lequel il avait jadis commis un ouvrage[2], auquel il était lié par bien des secrets, un ami, donc, partageant avec lui le même avocat, un avocat qui était son intime, le parrain de deux de ses quatre enfants ; la ficelle était grosse, mais la réussite de ma liquidation était à ce prix.

Le moment finit par arriver.

Décidée de longue date – en avril 2013 –, organisée patiemment, sournoisement, mon éviction a été exécutée un an plus tard ; les circonstances étaient alors propices. Le Président s'était servi de moi pour accomplir ce qu'il ne parvenait pas à faire seul : changer de Premier ministre. De même pour le secrétaire général de l'Élysée, dont il se débarrasserait par un roque inédit dans l'histoire de la République, le nommant à la tête de la Caisse des dépôts et consignations pour en faire venir le directeur général, celui auquel

1. Après ma démission, le 18 avril 2014, la Haute Autorité pour la transparence de la vie publique s'est saisie de mon dossier : elle n'y a relevé aucun « conflit d'intérêts ». Le Conseil de l'Ordre des médecins, après m'avoir auditionné le 9 juillet, n'a non seulement retenu aucune faute contre moi, de quelque nature que ce soit, mais m'a, par la bouche de sa présidente, assuré de sa solidarité et de son soutien. La police judiciaire m'a entendu, sous le régime de l'audition libre, le 29 décembre ; le 8 février 2015, soit moins de dix mois après mon éviction, le Parquet national financier classait l'« affaire » sans suite.

2. François Hollande, *Devoirs de vérité. Dialogue avec Edwy Plenel*, Stock, 2006.

il avait toujours pensé pour occuper la fonction de numéro un à l'Élysée, son compagnon de toujours, Jean-Pierre Jouyet, mais qui, ayant accepté de devenir ministre sous Nicolas Sarkozy, avait dû, au préalable, passer par ce « sas de décontamination » doré[1].

Témoin et acteur de ces changements, ayant porté à bout de bras le Président lors de la crise personnelle et politique du début de l'année 2014, ayant alors vu « le Roi nu », ami personnel des deux hommes forts du nouveau dispositif de l'exécutif – le nouveau Premier ministre et le nouveau ministre de l'Économie –, j'étais devenu à la fois encombrant et trop puissant. Trop puissant, et en même temps très fragile. Sans mandat électoral, sans responsabilité au PS, sans autre titre à faire valoir que celui de conseiller du Président, sans poids politique donc, mon sort était tout entier entre les mains du chef de l'État. S'il venait à me lâcher, mon sort était scellé. Tant d'ennemis ligués contre moi, tant de jalousies et de haines. S'il levait sa main de dessus ma tête – comme on disait du temps de Philippe le Bel –, ce serait la curée. Il leva sa main et donna le signal de l'hallali.

La tornade s'abattit sur moi le 16 avril 2014 au soir, deux semaines après le départ de Jean-Marc Ayrault de Matignon, moins d'une semaine après celui du secrétaire général de l'Élysée, le jour même de la mort de Jacques Servier. Il n'y a décidément pas de coïncidences dans la vie politique.

La journée suivante fut comme suspendue. La mise en cause était d'une extrême violence, mêlant les accusations les plus extravagantes, dans un souci évident d'atteindre une « masse critique » de calomnies susceptible de faire basculer le système contre moi.

Grossier, le procédé témoignait en lui-même de ce qu'aucun reproche sérieux ne pouvait être retenu contre moi. « Quand on

---

1. Jean-Pierre Jouyet fut nommé directeur général de la Caisse des dépôts et consignations le 19 juillet 2012.

veut noyer son chien, on dit qu'il a la rage » : la sagesse populaire résumait parfaitement la situation. La presse, d'ailleurs, hésitait. Avant de se jeter sur moi, il lui fallait plus que cet amoncellement presque burlesque de mensonges qui en devenait, par leur nombre même, suspect ; il lui fallait un signe du pouvoir indiquant qu'elle était autorisée à le faire. On ne s'attaque pas au « plus proche collaborateur du Président » ainsi, sans raison valable – il n'y en avait pas –, ni permission expresse – il n'y en avait pas encore. Dans l'attente de ce feu vert, elle retenait son souffle et ses coups. Elle n'aurait pas à patienter longtemps. Vers 20 heures, Hollande me fit venir dans son bureau et asseoir en face de lui. Son regard était fuyant et sa voix métallique.

— Tu as vu les dépêches ?

— Oui. J'ai préparé et publié une réponse à ces attaques sur Facebook.

— On n'y arrivera pas. On ne résistera pas. La vague médiatique sera trop forte.

À ce moment-là, quand il prononça ces paroles-là, je compris subitement à quel point j'avais été aveugle et sourd. En une seconde mes yeux se dessillèrent et j'aperçus, si tard, trop tard, le piège qu'il m'avait tendu depuis un an, et qui se refermait sur moi, là, dans le Salon Doré, ce jeudi 17 avril 2014.

— On y arrivera si tu le veux. Tu sais très bien que cette accusation de conflit d'intérêts est un pur mensonge. Tu sais très bien d'où vient le coup et pourquoi. Si tu me soutiens, cela se dégonflera, parce qu'il n'y a rien.

— Non, tu te trompes. Les journalistes sont comme des chiens : une fois qu'ils ont trouvé un os, ils ne le lâchent plus. Ils ne te lâcheront plus, tu finiras en lambeaux, et j'en ferai les frais. Ce n'est pas possible.

Il se tut. Même en cet instant où il me tenait entre ses pattes, il ne trouvait pas le courage de demander ce qu'il espérait tant :

ma démission. Comme la petite chèvre de Monsieur Seguin, je savais bien que le loup qu'il était me mangerait ; comme elle, je décidai de me battre, sans espoir, sans illusion, jusqu'au bout, jusqu'à la dernière minute, la dernière seconde.

— Demain matin, je ferai un communiqué de presse ; j'y redirai la vérité : je n'ai pas le souvenir d'avoir demandé l'autorisation de faire cette étude au chef de l'IGAS de l'époque, et je n'en ai pas gardé de trace écrite ; cela ne constitue en rien un conflit d'intérêts.

— Ce n'est pas possible, je te dis. Cela ne tiendra pas. La pression sera trop forte.

— Demande à Marisol Touraine d'interroger la direction des affaires juridiques du ministère ; ou que le chef de l'IGAS le fasse. Tu auras une réponse dès lundi, il n'y a aucun problème de droit, je te l'ai dit et tu le sais.

— Ce n'est pas possible. Demain, j'ai ce déplacement chez Michelin, à Clermont-Ferrand, toute la presse sera là, ils ne me laisseront pas de répit.

L'exaspération se lisait dans son regard. Il la surmonta pour me dire enfin, à sa manière jusqu'au bout contournée, ce qui lui tenait tant à cœur.

— Pourquoi ne pas prendre un peu de champ ? Tu pourrais quitter provisoirement tes fonctions, cela ferait immédiatement baisser la pression, on verrait après.

« On verrait après »...

Qu'il essaie de me prendre pour un imbécile, dans ces circonstances, en me proposant une « démission réversible », qu'il n'ait pas le cran d'exiger mon départ comme il en avait le droit, qu'il tente une dernière manœuvre alors que tout était fini, qu'il me propose une transaction absurde et indécente, tout cela était insupportable. Pour moi. Pour lui. La colère qui me saisit fut contenue par le souvenir que cette scène m'inspirait, celui d'un jugement de Péguy sur Jaurès, qui collait si bien à la situation : « Car c'est un homme de marchandage, et le plus maquignon que je connaisse. » Contenue, mais pas éteinte.

— Tu te moques de moi ? Tu me suggères de démissionner pour me défendre, et puis de revenir ? Tu te fous de ma gueule, François ? Tu veux que je te dise ce que je pense de toi ?

Je n'eus pas le temps de préciser ma pensée – ce n'était d'ailleurs guère utile ; un chuintement parfaitement reconnaissable se fit entendre, celui de gonds entrant en action. Tendu, violent, notre échange n'avait cependant pas donné lieu à des éclats de voix. Alors, hasard ? Prescience ? Ouïe particulièrement développée ? Consigne donnée par le Président ? Vilaine habitude contractée au cours d'une longue carrière administrative ? Quoi qu'il en soit, à ce moment précis, la porte donnant sur le Salon Vert s'ouvrit doucement et le nouveau secrétaire général de l'Élysée, de son pas glissé semblable à celui d'un chanoine, fit une entrée providentielle dans le bureau présidentiel.

— Ah ! Jean-Pierre, viens ! Explique, toi, à Aquilino, comment se présentent les choses.

Elles se présentaient de façon très claire. L'entretien dura encore une quinzaine de minutes, même s'il était achevé depuis la seconde où Hollande avait osé me faire cette proposition qui lui ressemblait tant.

En rentrant chez moi, vers 22 heures, j'appelai le Premier ministre. Il était au courant. Nous convînmes de nous retrouver le lendemain à 10 heures.

J'entrai à Matignon par l'issue de derrière, celle du 34 bis rue de Babylone. Le garde républicain qui m'accompagna durant la traversée du parc, toujours aussi beau, fleuri, étincelant sous le soleil du printemps, me souriait gentiment, sans un mot. Dans la salle de réunion des ministres, avant de prendre le petit ascenseur qui mène aux appartements privés du chef du gouvernement, l'huissier qui m'attendait, et que j'avais connu quinze ans auparavant, m'accueillit avec un air navré et des mots de réconfort : « Monsieur Morelle, ici personne ne croit ces histoires. Tout le monde vous connaît et vous apprécie. Tenez bon. »

L'échange avec Manuel Valls fut bref ; il me dit l'essentiel : « Il a pris sa décision, il veut que tu partes. Tu le connais... Je te conseille de démissionner ; de toute façon, si tu ne l'as pas fait à son retour de Clermont-Ferrand, il mettra fin à tes fonctions. Alors, autant que ce soit toi qui prennes l'initiative. »

À midi, après une dernière et brève conversation téléphonique avec le Président – j'ai encore le son doucereux de sa voix dans l'oreille, il était si soulagé, si heureux, il m'en aurait embrassé si cela avait été possible –, je démissionnai et quittai l'Élysée pour me réfugier dans ma tanière.

Alors, ce fut le torrent.

La boue, les calomnies hissées au rang d'informations, sans aucun contrôle, aucune vérification, même élémentaire, un flot ininterrompu de mensonges et de caricatures, parfaitement orchestré, d'une puissance signant l'orchestration. Le signal avait été donné à l'Élysée même – les journalistes me le raconteraient plus tard –, sans équivoque et sans précaution. Il ne s'agissait pas seulement de se débarrasser de moi en m'extorquant ma démission ; il fallait m'éliminer, me détruire, s'assurer que je ne me relèverais pas de cette exécution publique. Et pour cela, taper, taper, taper là où cela devait faire le plus mal, salir cette histoire de fils d'ouvrier et de fils d'immigrés qu'ils ne supportaient pas.

Parce que les fils d'ouvriers, les fils et les filles d'immigrés, ils ne les aiment que soumis, bien sages, dociles, obéissants, demandant la permission de penser et de parler, enfermés dans la petite case qu'ils leur ont assignée pour leur plus grand profit. Alors, pour tenter de faire oublier que la seule raison de mon départ était le désaccord politique lancinant entre le Président et moi, on me présenta comme un Sardanapale, un satrape élyséen, un homme aimant le luxe et vivant dans le luxe.

Ce qu'ils ne comprirent pas, c'est qu'en s'abaissant ainsi à de telles méthodes, ils traçaient leurs propres portraits et non le mien.

Le luxe ? Quel luxe ?

Suis-je propriétaire d'un magnifique appartement aux fenêtres donnant si près et si bien sur Notre-Dame qu'on la semblerait installée dans le salon ? D'une splendide propriété au Pays basque ? D'une charmante maison à Mougins, sur les hauteurs huppées de Cannes ? Sur le bassin d'Arcachon ? Ou sur l'île d'Yeu ? Suis-je collectionneur de tableaux, de merveilleux dessins de Géricault ou de Delacroix ? De monnaies antiques ? D'œuvres d'art contemporain, alors ? De belles voitures anciennes ? De précieuses montres à complications, au moins, comme tout le monde ? Vais-je en vacances l'hiver à l'île Maurice, dans un somptueux riad à Marrakech ou un palais à Mogador, l'été sur un caïque en mer Égée ou dans une belle villa sur la presqu'île de Saint-Tropez ?

Je suis locataire de l'appartement dans lequel vit ma famille ; et nos biens immobiliers ont été acquis par notre effort d'épargne, louable, et grâce à de nombreux emprunts, encore à rembourser. Je suis père de cinq enfants et j'ai appris à l'école, dans le cours de morale civique de Monsieur Salem, en CM1, que la prévoyance est une vertu. J'ai retenu sa leçon, j'ai toujours été un très bon élève.

Je ne porte pas de montre et n'en possède aucune, pas même la *Reverso* de chez Jaeger-LeCoultre que l'on voit au poignet de tant de mes camarades socialistes.

Depuis vingt-trois ans, chaque été, nous partons retrouver notre famille d'amis, avec lesquels nous louons la même maison, un ancien couvent devenu au fil du temps notre phalanstère, immergé dans la forêt, à la sortie d'un beau village de la campagne du sud de Sienne, Montalcino. De là, de cette cité-forteresse située à 564 mètres au-dessus du niveau de la mer, on peut admirer d'autres vagues, grises, ocre, rouges, vertes, violettes parfois, celles formées par l'océan de collines dans lequel le regard se perd, fascinant et émouvant paysage du val d'Orcia, fait d'ondulations naturelles et pourtant façonnées méticuleusement par la succession des hommes qui, au cours des siècles, ont dessiné, aimé, entretenu, préservé, valorisé cette terre. Dans le ciel limpide, se détachent au loin les silhouettes familières de San Quirico d'Orcia, de Pienza et de Montepulciano. Le froid venu, c'est à Venise, vide et glacée au mois de janvier, dans le tortillon sans fin de ses ruelles que je connais si bien que je peux y avancer les yeux fermés, que nous effectuons notre pèlerinage.

Et avec quel argent aurais-je pu assouvir ces soi-disant goûts de luxe ?

Suis-je riche de naissance ? Ai-je trouvé dans mon berceau des centaines d'hectares de terres, dans le Berry par exemple ? Des appartements à Paris ? Des placements financiers ? Des œuvres d'art aussi agréables à contempler que lucratives à céder ? Ai-je eu la chance d'acquérir à bas prix un appartement dans la banlieue Ouest de Paris grâce à un viager ayant providentiellement bien – c'est-à-dire mal – tourné ? Ou bien ai-je eu la riche idée d'épouser une héritière – un « sac », comme on dit si élégamment dans la bonne bourgeoisie parisienne ? Ai-je cumulé les mandats électoraux, les droits à la retraite qu'ils ouvrent, les prêts à des conditions privilégiées qui les agrémentent ? Ai-je été appointé par une banque d'affaires ? Par un grand cabinet d'avocats alors, un de ceux qui vivent grassement de leur capacité d'influence plus que de leur compétence juridique ? Suis-je imposable à l'ISF ?

Mes parents m'ont légué l'essentiel, qui ne s'achète pas. Ma mère m'a donné la confiance fondamentale, celle qui naît de savoir que l'on est aimé. Mon père, la liberté de l'esprit et la vénération du savoir. Ensemble, comme couple, l'évidence que rien ne doit, jamais, être placé au-dessus de la simple vie d'homme ; comme parents, l'exemple de la droiture et la force de la tendresse ; comme citoyens, la vénération de la France et de sa République, qui nous ont tout offert.

Tout cela ne laisse pas de traces sur un compte en banque, mais vous leste pour toujours.

Depuis notre sortie de l'ENA, en 1992, ma conjointe et moi tirons l'essentiel de nos revenus de nos traitements de hauts fonctionnaires, virés directement de la paierie générale du Trésor public sur notre compte courant. Nous vivons confortablement et très agréablement, comme des gens qui, après vingt-cinq ans de travail, par leurs efforts et leurs mérites, ont avancé dans la vie. C'est tout et cela nous convient.

Ma compagne est elle aussi issue du peuple. Juifs émigrés de Pologne, arrivés en France sans un sou et pour éviter le pire, ses parents ont travaillé dur, son père d'abord comme tapissier, puis en couple comme commerçants, marchands de meubles du faubourg Saint-Antoine ; avec leur labeur et leur bon sens, ils ont fait leur pelote ; c'est une aristocratie populaire qui vaut celle des beaux quartiers, je peux le garantir. Je l'ai rencontrée à Sciences Po où, après Normale Sup', elle préparait l'ENA ; elle y a été reçue, évidemment : c'est aussi une très bonne élève. Depuis, elle a fait son chemin, dans ce secteur de la culture qui la passionne, par son talent et son intelligence, sa ténacité et son engagement. Elle n'est pas un « sac » – je l'en félicite et m'en réjouis. Mais elle vaut de l'or.

Je n'ai pas besoin, contrairement à certains, de sous-évaluer notre patrimoine pour échapper à l'ISF ; pas davantage, comme l'a fait un autre, de jouer de notre situation conjugale ; inutile, pour moi, de mener, à l'instar d'un dernier, de longues tractations avec les services fiscaux afin de déterminer la valeur de nos biens : il me suffit d'additionner, d'un côté, nos actifs et, de l'autre, les dettes contractées pour les acquérir ; le calcul est vite fait : nous ne sommes pas assujettis à l'ISF.

Mon luxe à moi ne s'achète pas dans les magasins.

Mon luxe, c'est d'avoir accordé à mes cinq enfants ce que mes parents ne pouvaient pas m'offrir : une culture dans laquelle ils baignent depuis toujours, qui leur paraît naturelle, alors qu'elle fut une conquête pour moi. De leur avoir permis de fréquenter ces beaux lieux de savoir que sont la Sorbonne, l'École du Louvre, l'École normale supérieure de la rue d'Ulm, alors que je n'en ai découvert l'existence qu'adulte. Mon luxe, c'est de dîner, dans la douceur de la nuit tombée, sous les arcades encore chaudes du soleil d'août, devant l'olivier et le chêne, contemplant ce *paesaggio meditativo*, comme le qualifient les amis italiens, entouré de ceux qui comptent pour moi, les adultes autour de la table dressée, les enfants continuant leurs jeux au second étage, les adolescents riant trop fort dans l'ombre propice. De savoir que, chaque été, je retrouverai le sourire énigmatique de la Madonna del Parto, l'émotion devant le cyprès de Sant'Antimo – quand aura-t-il rattrapé la tour millénaire ? –, la terrasse animée et chaleureuse de la Cantina del Brunello.

Et puis, au fond, pourquoi n'aurais-je pas le droit, moi aussi, d'aimer le luxe ? Le luxe ordinaire, le luxe vulgaire – dans tous les sens du terme –, celui que les autres pratiquent assidûment en se dissimulant soigneusement ?

Serait-il réservé aux seuls gens bien nés ? Aux rejetons de notaire, de médecin, d'antiquaire, d'avocat, de psychanalyste, de sociologue, d'ingénieur, d'architecte, de haut fonctionnaire ? Pourquoi, moi, le fils d'ouvrier, n'aurais-je pas le droit de bien me vêtir ? De porter de beaux souliers ? Pourquoi donc une veste bien coupée d'un tailleur renommé de la rue de Sèvres, ayant désormais plié bagage, où s'habillaient tant d'autres hommes politiques, du PS et d'ailleurs, devient-elle, si je la porte, la marque d'un dandy ? Pas un mot, pas une ligne, quand le vêtement tombe sur les épaules d'un grand bourgeois ou d'un fils d'archevêque ; mais le fait est toujours relevé dans mon cas. Pourquoi ? Serais-je tenu d'exhiber un nœud de cravate récalcitrant, des manches de costume trop courtes, un pantalon froissé, un manteau trop long, pour être socialiste ? Faudrait-il avoir l'allure d'un pingouin mal fagoté pour se dire de gauche ? L'absence de goût serait-elle un critère d'engagement politique ?

Mais c'est ma mère, qui ne parlait pas français, qui avait souffert dans sa chair du franquisme, qui, comme mon père, votait toujours pour le candidat de gauche quel qu'il fût – communiste, socialiste, radical, peu importait pour eux –, qui, sans se poser la moindre question, apporterait même sa voix à François Hollande le printemps prochain – si la chose était seulement envisageable –, qui a travaillé dur pour élever ses sept enfants, tenant les comptes de la maisonnée au franc le franc, c'est elle qui m'a transmis le goût des jolies choses, des belles étoffes, des souliers bien cirés ; elle qui m'a montré par son exemple que l'on pouvait, à force de labeur et d'ingéniosité, être pauvre, faire attention à chaque dépense, veiller à tout pour tenir le budget familial et être néanmoins vêtue comme une princesse – mieux : avoir l'allure d'une princesse ; elle qui m'a appris, sans le dire, sans avoir les mots pour le dire, que, pour un petit garçon comme moi, l'élégance vestimentaire n'était pas seulement le début de la politesse autant qu'une exigence personnelle, mais un devoir politique.

Pourquoi me reprocher, aussi, d'aimer Saint-Germain-des-Prés ? Devrais-je à toute force préférer la pompeuse avenue d'Eylau ? La lugubre rue Raynouard ? Le sinistre VIIIe arrondissement ? Ou bien n'est-ce pas plutôt une assignation à résidence ? Une invitation – musclée – à retourner d'où je viens ? Ce Belleville de mon enfance, auquel je suis resté fidèle et où je retourne régulièrement, m'a fait aimer Paris, tout Paris, même le XVIe arrondissement, qui vaut mieux que l'image qu'on se plaît à en donner.

Demain comme aujourd'hui, je continuerai à musarder autant qu'il me plaira dans ce Saint-Germain-des-Prés que j'ai découvert à dix-sept ans, en commençant mes études de médecine. Rue Guillaume-Apollinaire, rue des Saints-Pères ou du Pré-aux-Clercs. Parce que je l'ai conquis ce droit, et de haute lutte. Par plaisir, avant tout. Par volonté politique, aussi. Je persisterai à appliquer l'incroyable, l'inouï message lancé par Jamel Debbouze à la face de tous les jésuites, de tous les partisans de l'entre-soi – fût-il, et il l'est souvent, de gauche –, de tous ces crétins hypocrites qui lui reprochaient d'avoir abandonné Trappes pour vivre dans le VIe arrondissement – mais c'est en parvenant à habiter Saint-Germain que l'on reste fidèle à Trappes, en demeurant au Val-de-Grâce que l'on garde au cœur la villa Faucheur : « Les Arabes à Saint-Germain ! »

Oui, les Arabes, les Noirs, les Jaunes, les ouvriers, les Barbares, à Saint-Germain ! Au Flore, aux Deux-Magots, au Bonaparte ! Voilà un mot d'ordre politique, un vrai, plus fort et plus fécond que toutes les motions adoptées par mon parti au cours de ces dix dernières années.

C'est dit. Et écrit. Il aura fallu toute cette histoire pour en arriver là, pour rompre le silence que je m'étais imposé autant qu'il s'était imposé à moi. Sur le coup, sous le coup, j'ai fait le choix du silence. « Se retirer n'est pas fuir », fait dire le géant Cervantès à son Quichotte. Je me suis retiré, pour me sauver, pour sauver ce qui devait l'être : la promesse de la vie, la possibilité du retour – celui du désir, celui de la gaieté –, une part de soi qui ne doit, en aucun cas, être souillée.

Je n'ai pas fui. Je suis là.

Je n'ai pas changé et je ne changerai pas.

Je préfère être taxé d'arrogance parce que je dis ce que je pense, que de ne rien penser du tout pour ne gêner personne. Je préfère que l'on me dise raide que de courber l'échine. Je préfère être imprudent que cauteleux. Je préfère rester un Barbare que devenir un de leurs laquais. Je préfère ne pas m'être méfié si le prix à payer pour cela était de leur ressembler.

J'aurais dû me méfier.

Trop grande, trop belle. Trop proche, surtout. Si prestigieuse, symbole de ma réussite, la chambre d'Eugénie fut aussi la cause de mon échec. Tant de jalousies, tant de rancœurs, tant de haines se cristallisèrent sur ce bureau. Tant de compagnons de route du Président – ce que je n'étais pas – estimaient que l'un des leurs aurait dû l'occuper et non moi, qui n'avais jamais fait partie du premier cercle et qu'ils considéraient pour cette raison comme un usurpateur. Là, si près, j'avais été, pourtant, après la crise de Florange et pendant six longs mois, comme en exil. Cet éloignement n'avait fait qu'attiser leurs convoitises et aiguiser leur impatience. Eux savaient que ma chute était programmée ; ils l'avaient tramée avec l'assentiment et la complicité de leur chef ; ils rongeaient leur frein, attendaient leur heure. Elle finit par sonner, à leur joie mauvaise. Toutefois, par un de ces coups de patte dont il est familier, le Président ne leur donna pas entière satisfaction, les privant *in extremis* de leur trophée.

Un samedi matin, peu après ma démission, alors que j'étais revenu, discrètement, archiver les milliers de courriers électroniques reçus pendant ces vingt-trois mois passés à l'Élysée, un garde républicain toqua à la porte de ce qui était encore mon bureau et, après m'avoir serré la main et avoir pris de mes nouvelles, me confia : « Monsieur Morelle, je peux vous dire un mot ? Voilà, je voulais vous prévenir d'une chose qui vous concerne et qui va vous intéresser. Le Président a décidé qu'après votre départ personne ne vous succédera ici. » Devant mon regard stupéfait et mon silence éloquent, il reprit : « Si, si, je vous assure. Il l'a dit, j'étais là. Votre bureau ne sera attribué à personne. Il ne deviendra même pas une salle de réunion. Personne, il ne veut plus personne ici. »

Comment mieux signifier les choses ?

Il avait voulu et organisé mon éviction, assurément ; mais ce qu'il voulait surtout, c'était ne plus avoir de conseiller politique. Il voulait être seul, enfin seul, sans mauvaise conscience à ses côtés, sans que qui que ce soit se mêle de sa politique, sans importun à quelques mètres de lui, libre, enfin libre.

Depuis, j'ai lu que, quelquefois, pour apporter l'ultime touche à un discours, il lui arrivait de s'asseoir à la table ovale si agréablement éclairée par la lumière venant à la fois de l'est et du sud. Il a raison, c'est un endroit si doux, dont il faut savoir profiter.

Peut-être est-ce là, assis à ce qui fut ma place, qu'il a rédigé, seul, si seul, sa dernière allocution de Président ? Celle où il a annoncé aux Français son abdication.

Une abdication à laquelle il avait consenti, dans le secret de son âme, dès son premier jour de pouvoir, dès le 15 mai 2012, en montant dans l'avion qui le conduirait à Berlin.

Bientôt, un nouveau Président sera élu ; un nouveau conseiller – une conseillère ? – renouera avec la tradition républicaine et s'installera là. S'il m'invitait à boire un café, je viendrais volontiers.

Je serais heureux de revoir Eugénie.

TABLE

Composition et mise en pages
Nord Compo à Villeneuve-d'Ascq

Cet ouvrage a été imprimé par
CPI Brodard et Taupin
en décembre 2016

PAPIER À BASE DE FIBRES CERTIFIÉES

Grasset s'engage pour l'environnement en réduisant l'empreinte carbone de ses livres. Celle de cet exemplaire est de :
1,2 Kg Éq. CO_2
Rendez-vous sur www.grasset-durable.fr

N° d'édition : 19750 – N° d'impression : 3020982
Dépôt légal : janvier 2017